普通高等院校经管系列『十四五』规划教材·数字化财税应用系列

INTERNAL CONTROL PRACTICE

内部控制实务

张蕾 主编
何斯佳 吴燕妮 副主编

立信会计出版社
LIXIN ACCOUNTING PUBLISHING HOUSE

图书在版编目(CIP)数据

内部控制实务 / 张蕾主编. --上海：立信会计出版社，2025.4. --(普通高等院校经管系列"十四五"规划教材). -- ISBN 978-7-5429-7822-6

Ⅰ. F272.3

中国国家版本馆 CIP 数据核字第 2025SK7880 号

策划编辑　　张巧玲
责任编辑　　张巧玲
助理编辑　　裴　灿
美术编辑　　吴博闻

内部控制实务
NEIBU KONGZHI SHIWU

出版发行	立信会计出版社		
地　　址	上海市中山西路 2230 号	邮政编码	200235
电　　话	(021)64411389	传　　真	(021)64411325
网　　址	www.lixinaph.com	电子邮箱	lixinaph2019@126.com
网上书店	http://lixin.jd.com		http://lxkjcbs.tmall.com
经　　销	各地新华书店		
印　　刷	上海华业装璜印刷有限公司		
开　　本	787 毫米×1092 毫米　　1/16		
印　　张	19.75		
字　　数	506 千字		
版　　次	2025 年 4 月第 1 版		
印　　次	2025 年 4 月第 1 次		
书　　号	ISBN 978-7-5429-7822-6/F		
定　　价	55.00 元		

如有印订差错，请与本社联系调换

前 言

当今世界是不断变化的,变化就意味着不确定,意味着风险。而企业生产经营和管理活动经常面临着各种风险,如利率风险、汇率风险、价格风险、法律风险、技术风险等。风险对目标的影响可能是正面的,也可能是负面的,或者两者兼有。面对纷繁复杂的外部环境,有效的内部控制与风险管理机制可以提升企业经营效率、规避风险以及有助于企业战略目标的实现,保证财务信息的完整性及经营的合法、合规性等。

本教材根据五部委发布的《企业内部控制基本规范》《企业内部控制应用指引》《企业内部控制评价指引》《企业内部控制审计指引》《行政事业单位内部控制规范(试行)》《关于加强中央企业内部控制体系建设与监督工作的实施意见》《中央企业合规管理办法》以及《关于进一步提升上市公司财务报告内部控制有效性的通知》等法规,结合《中华人民共和国公司法》《中华人民共和国证券法》及其他相关法律的规定,对内部控制与风险管理的理论及方法展开深入研究编写而成。本教材适用于高等院校财经专业本科生的教学。

本教材立足于我国企事业单位内部控制管理实践现状,秉持立德树人、培育德才兼备的卓越管理人才的根本任务,以系统论、控制论和信息论为指导,在"模块一 内部控制理论篇"的介绍中以"理论—实践—案例"为主线,化抽象为具象,便于学生理解;在"模块二 内部控制实务篇"的学习中,按照"目标—风险—控制"的逻辑简化业务活动内部控制思路,将复杂的内容简单化。

从整体看,本教材具有下列四方面的特色。

1. 体系完整

本教材全面涵盖企事业单位内部控制的基本概念、原则、方法以及应用,从内部控制的理论基础出发,逐步深入内部控制的实际操作层面,形成一个完整的知识体系。

2. 价值引领

本教材以党的二十大精神为引领,注重培养学生的职业素养,包括严谨的工作态度、团队协作和沟通能力等,为内部控制工作提供有力支持。在培养学生职业素养的同时,本教材还强调内部控制工作的道德要求,引导学生树立正确的职业道德观念,遵守职业道德规范,维护企业和社会的利益。

3. 立体交互

本教材通过设置"教学目标""导入案例"以及"复习思考题"等功能性栏目,为学生提供更加完美的学习体验,为教师提供更为便利的教学资料,搭建起纸质教材与移动终端交互立体可视化的教学模式。

4. 融入实践

本教材注重将理论知识应用于实际工作中。在编写教材时,编者充分考虑了企业运营中内部控制的实际需求与挑战,将理论知识与实际情况相结合,提出了切实可行的解决方案。这些解决方案不仅具有理论价值,更具有实践意义,可以帮助企业解决实际问题,提高运营效率。

本教材由西安欧亚学院张蕾担任主编,何斯佳和吴燕妮担任副主编。各章节撰写分工如下:吴燕妮编写第一章、第二章、第三章、第十五章;何斯佳编写第四章、第五章、第六章、第十四章;张蕾负责前言、第七章至第十三章的编写。何斯佳、吴燕妮、张蕾共同完成校稿工作。

由于编者水平有限,本教材难免存在疏漏和不足之处,欢迎各位读者提出宝贵意见。联系邮箱:zhanglei2@eurasia.edu。

编　者

2025 年 5 月

目 录

模块一　内部控制理论篇

第一章　企业内部控制概述 003
- 第一节　企业内部控制的产生与发展 003
- 第二节　企业内部控制的含义及层次 007
- 第三节　企业内部控制的基本原则及规范体系 010
- 第四节　企业内部控制的建设思路和方法 012
- 第五节　企业内部控制的局限性 016

第二章　内部环境 019
- 第一节　组织架构 020
- 第二节　发展战略 025
- 第三节　人力资源 028
- 第四节　社会责任 030
- 第五节　企业文化 034

第三章　风险评估 039
- 第一节　风险概述 040
- 第二节　目标设定 044
- 第三节　风险识别 046
- 第四节　风险分析 050
- 第五节　风险应对 057

第四章　控制活动 061
- 第一节　控制活动概述 061
- 第二节　常用的控制措施 064

第五章　信息与沟通 076
- 第一节　信息与沟通机制概述 076
- 第二节　内部信息传递 084
- 第三节　信息系统 088

第六章　内部监督 ····· 092
第一节　内部监督概述 ····· 092
第二节　内部监督的方法 ····· 096
第三节　风险导向的内部监督模式 ····· 100
第四节　优化内部监督机制的运行效果 ····· 101

模块二　内部控制实务篇

第七章　采购业务 ····· 108
第一节　采购业务内部控制 ····· 108
第二节　采购业务案例分析 ····· 119

第八章　销售业务 ····· 122
第一节　销售业务内部控制 ····· 122
第二节　销售业务案例分析 ····· 132

第九章　资金管理 ····· 139
第一节　资金管理业务内部控制 ····· 139
第二节　筹资业务内部控制 ····· 141
第三节　投资业务内部控制 ····· 147
第四节　货币资金业务内部控制 ····· 156

第十章　资产管理 ····· 173
第一节　资产管理业务内部控制 ····· 174
第二节　存货业务内部控制 ····· 174
第三节　固定资产业务内部控制 ····· 187
第四节　无形资产业务内部控制 ····· 199

第十一章　其他业务活动控制 ····· 207
第一节　研究与开发 ····· 207
第二节　财务报告 ····· 211
第三节　合同管理 ····· 214
第四节　业务外包 ····· 219
第五节　担保业务 ····· 222
第六节　工程项目 ····· 225

模块三　内部控制绩效篇

第十二章　内部控制评价 ····· 233
第一节　内部控制评价概述 ····· 233
第二节　内部控制评价的组织与实施 ····· 238

  第三节 内部控制缺陷的认定 ·· 241
  第四节 内部控制评价工作底稿与报告 ·· 245

第十三章 企业内部控制审计 ··· 251
  第一节 内部控制审计概述 ·· 251
  第二节 内部控制审计程序 ·· 253
  第三节 信息系统控制测试 ·· 257
  第四节 内部控制审计缺陷评价 ··· 260
  第五节 内部控制审计报告 ·· 264

模块四 行政事业单位篇

第十四章 行政事业单位内部控制基本理论 ·· 275
  第一节 行政事业单位内部控制内涵 ·· 275
  第二节 行政事业单位内部控制建设的必要性 ··· 279
  第三节 行政事业单位内部控制的主体和客体范围界定 ································· 282
  第四节 行政事业单位内部控制目标 ·· 283
  第五节 行政事业单位内部控制原则 ·· 285
  第六节 行政事业单位内部控制方法 ·· 286

第十五章 行政事业单位内部控制建设及报告 ·· 290
  第一节 行政事业单位整体层面的内部控制 ··· 290
  第二节 行政事业单位业务层面的内部控制 ··· 292
  第三节 行政事业单位公共事务活动风险管理 ·· 300
  第四节 行政事业单位内部控制的监督与评价 ·· 305
  第五节 行政事业单位内部控制报告 ·· 307

模块一

内部控制理论篇

第一章
企业内部控制概述

【教学目标】

知识目标：
1. 熟悉企业内部控制的产生与发展。
2. 理解和掌握企业内部控制的含义及层次。
3. 理解和掌握企业内部控制的基本原则。
4. 熟悉我国企业内部控制规范体系。
5. 熟悉并理解企业内部控制的固有局限性。

能力目标：
1. 熟悉企业内部控制的建设思路和方法。
2. 理解并掌握企业内部控制的目标。

素养目标：
1. 明确内部控制在企业管理中的地位和作用，树立现代内部控制理念和思维方式。
2. 强调伦理道德观念，培养学生的道德责任感和职业操守。

【导入案例】

二维码1-1　从王熙凤协理宁国府看
企业内部控制制度的建立与执行

第一节　企业内部控制的产生与发展

内部控制和风险管理经历了由低级到高级的演进变化，先后经历了内部牵制、内部控制制度、内部控制结构、内部控制整合框架和风险管理整合框架等阶段。特别是2007年下半年的全球金融危机爆发后，人们对内部控制和风险管理的认识进一步提升，两者的融合趋势日益显著。

一、内部牵制阶段

两个或两个以上的人或部门无意识地犯同样错误的概率是很小的,两个或两个以上的人或部门有意识地合伙舞弊的可能性,远低于单独一个人或部门舞弊的可能性,这是内部牵制的规律。内部牵制是为了保证有效的组织经营、防止错误和其他非法业务的发生而存在的。而以不相容岗位分离和账目核对为基础的制度设计包括实物牵制、程序牵制、体制牵制、簿记牵制等。

实物牵制又称实物负责制,其是指将财产物资的保管责任落实到特定的部门和人员头上,以达到保护这些财产物资安全完整的目的。例如,现金出纳必须对库存现金的短少承担责任,仓库保管人员必须对库存物资承担安全责任等。企业通过落实实物保管责任,并辅之以清查盘点、账实核对、考核奖惩等措施,对相关财产物资的安全完整起到良好的保障作用。

程序牵制是指只有按正确的程序操作才能完成一定过程的操作。例如,如果系统操作员连续3次输入错误的密码,程序将自动报警或锁死该用户名;销毁保管期满的会计档案时,必须按规定程序进行;超过正常信用条件的赊销,必须按规定程序报批等。程序控制要求单位将各类业务及事项的处理过程,以文字说明或流程图的形式表示出来,形成制度并颁布执行。

体制牵制又称分权牵制,其是指通过分工和制衡,由不同的部门和人员来完成不同的业务环节,以达到牵制的目的。体制牵制主要通过组织分工来实现,要求明确划分各部门和岗位的职责权限,规定相互配合与制约的方法。例如,会计中约定俗成的"钱(出纳)账(记账)分设、管钱不管账",构成亲属关系的人员不应在本单位财务部门担任不同财务权限的职务,财务负责人直系亲属不得担任本单位的出纳等。

簿记牵制又称会计系统牵制,其是指通过簿记内在的控制职能而实现的牵制。复式簿记体系对于所有的业务和事项都要以原始凭证为基础进行序时和分类记录,这就在账证、账账、账表、账实之间形成了严密的勾稽核对关系。因而可以用它们来实施对业务事项、财产物资等的有效控制。例如,定期将账簿记录与库存实物、货币资金、有价证券、债权人或债务人记录等进行核对。

内部牵制制度是现代企业内部控制理论中有关组织机构控制、职务分离控制的基础。严格地说,这种以内部牵制而实现的控制活动,主要还是建立在以会计手段为平台的管理活动上,不论是它的控制宽度,还是管理层次、管理人员进入企业内部牵制的程度都是不深的。这一阶段的不足之处,在于人们还没有意识到内部控制的整体性,只强调内部牵制机能的简单运用。

二、内部控制制度阶段

1949年,美国注册会计师协会(America Institute of Certified Public Accountants,AICPA)审计程序委员会首次提出内部控制制度(internal control system)的概念,认为内部控制制度是企业制定的旨在保护资产安全、保证会计信息可靠、提高企业经营效率、推动管理部门制定的各项政策得以贯彻执行的组织计划和相互配套的各种方法及措施。后来,该程序委员会又将内部控制划分为内部会计控制(internal accounting control)和内部管理控制(internal administrative control)两类。由于这一阶段的内部控制已经超越了会计领域,扩展到了管理领域,它也被称为内部控制二要素阶段。

会计控制由所有与保护资产安全、保证会计信息可靠性有关的组织计划、方法和程序构成,包括授权与批准制度,记账、编制财务报表、保管财物等职务的分离,财产的实物控制,内部审计等。管理控制由所有为提高经营效率、保证管理部门制定的各项政策得到贯彻执行等有关的组织计划、方法和程序构成。管理控制的方法和程序通常只与财务记录发生间接关系，如统计分析、经营报告、雇员培训和质量控制等。独立审计师主要检查会计控制，管理控制通常只对财务记录产生间接的影响，审计人员可以不对其做出评价。

三、内部控制结构阶段

1988年，AICPA发布了《审计准则公告第55号——在财务报表审计中考虑内部控制结构》，以内部控制结构（internal control structure）取代了原有的内部控制制度。内部控制结构包括为合理保证企业特定目标的实现而建立的各种政策和程序，包括控制环境、会计系统和控制程序三个要素。控制环境是指对建立、加强或削弱特定政策和程序效率产生影响的各种因素，如管理者的思想和经营作风、企业组织结构、董事会及其所属委员会（特别是审计委员会）发挥的职能等。会计系统规定各项交易及事项的分析、归类、计量、记录和编报的方法等。控制程序是经理层制定的用以保证达到一定目标的措施和方法，如授权审批、不相容岗位分离、内部稽核等。

内部控制结构阶段对于企业内部控制发展的贡献主要体现在两个方面：其一，首次将控制环境纳入内部控制的范畴。因为人们在管理实践中逐渐认识到控制环境不应该是企业内部控制的外部因素，而应该作为企业内部控制的一个组成部分来考虑，尤其是董事会、管理层及其他员工对内部控制的态度和行为，是充分有效的内部控制体系得以建立和运行的基础和有力保障。其二，不再区分会计控制和管理控制，而统一以要素来表述。因为人们发现内部会计控制和管理控制在实践中其实是相互联系、难以分割的。

可见，这一阶段的企业内部控制将会计控制和管理控制融于一体，从"系统二分法"阶段步入了"结构三要素"阶段。这是内部控制发展史上的一次重要改变。

四、内部控制整合框架阶段

1992年，美国反虚假财务报告委员会下属的发起人委员会（The Committee of Sponsoring Organizations of the Treadway Commission，COSO）发布了《内部控制——整合框架》（Internal Control—Integrated Framework），将内部控制定义为：由企业董事会、经理层和其他员工实施的，为运营的效率和效果、财务报告的可靠性、相关法律法规的遵循等目标的实现提供合理保证的过程。整合框架认为内部控制是由目标层面、要素层面和结构层面构成的三维度整合框架。目标层面包括财务报告目标、运营目标及合规目标三个方面；要素层面包括控制环境、信息与沟通、控制活动、风险评估、监控五个要素；结构层面包括各业务单位和业务活动。

COSO的《内部控制——整合框架》获得了广泛的认可，美国公共监督委员会（Public Oversight Board，POB）不仅特地为这个报告发布了推荐公告，还建议美国证券交易委员会（Securities and Exchange Commission，SEC）要求上市公司在公司年报中进行内部控制有效性评价，并把该框架设定为内部控制有效性的评价标准，但是SEC没有采纳将该框架作为内部控制强制性标准的建议。主要原因如下：一是COSO主要由财务、会计、审计领域的人员组成，代表性不够，在平衡各利益相关者的利益关系上缺乏权威性；二是该框架明显偏向会计、审计视角，内部控制目标过分强调财务报告的可靠性，经理层和其他利益相关者不太愿意接受这一点；三是该框架对内部控制的有效性缺乏清晰的判断标准。

五、风险管理整合框架阶段

2004年9月，COSO根据《萨班斯法案》的具体要求，修订了原报告内容，发布了《企业风险管理——整合框架》(Enterprise Risk Management: Integrated Framework, ERM)。ERM认为,风险管理是一个过程,受企业董事会、经理层和其他员工的影响,包括内部控制及其在战略管理和整个企业活动中的应用,旨在为实现经营的效率和效果、财务报告的可靠性及法规的遵循提供合理保证。ERM涵盖了先前的内部控制整合框架,认为内部控制是实现风险管理的手段,是企业风险管理的重要内容,两者应融为一体,整合为一个完整的框架。

ERM具备完整的三维度结构,目标层面包括战略目标、运营目标、合规目标和报告目标;要素层面包括控制环境、目标设定、事项识别、风险评估、风险应对、控制活动、信息与沟通、监控八要素;结构层面包括企业整体层面的控制、业务层面的控制、对子公司的控制和对分支机构的控制四个方面。企业整体层面的控制是指存在于企业整体范围内,对内部控制目标的实现能够产生深远影响,对业务层面的控制及其他控制的有效实施能够产生普遍影响的控制领域。企业整体层面的控制是与内部控制各要素直接相关的基础性控制。例如,企业的风险管理理念、风险承受能力、全面预算管理、信息系统及沟通机制、内部监督的有效性、公司治理水平、内部机构设置和运行的有效性、对诚信和道德价值观的遵守、管理理念和经营风格、员工素质与权责配置等。业务层面的控制是指针对企业主要业务活动开展的控制,涉及资金业务、资产管理、投资业务、筹资业务、采购业务、生产业务、销售业务、工程项目、担保业务、业务外包等。对子公司的控制主要涉及选任子公司董事、经理、总会计师等高管人员,并对选派人员进行绩效考核与薪酬激励;修订子公司章程以体现母公司的意志,限制子公司的某些业务或经营行为;控制子公司重大的投资、筹资、合同、利润分配、担保、捐赠、关联交易、经营等活动等。企业可以比照对子公司控制的制度,对分公司和具有重大影响的参股公司进行控制,根据各分支机构的管理水平、风险管理能力、地区经济和业务发展的需要,建立相应的授权体系。

ERM在内部控制整合框架的基础上增加了战略目标和目标设定、事项识别、风险应对三个要素,从而形成了一个三维度的整合框架。在目标层面,ERM认为风险管理的最高目标是帮助企业实现发展战略,促进企业的可持续发展。另外,在报告目标方面,ERM还拓展了范围,由财务报告目标扩大到促进公司整体报告可靠性的提高。在要素层面,ERM突出了风险评估和风险应对的重要性,从目标设定、事项识别、风险评估和风险应对四个方面完善了风险管理流程,并定义了风险偏好和风险容忍度两个概念。在结构层面,ERM认为风险管理活动贯穿于企业上下和业务始终,上至公司战略和经营计划,下至业务单元和职务岗位,是一种全面的风险管理,涉及企业整体、业务活动、子公司和分支机构四个层面,必须依靠企业管理系统整体推进。

六、内部控制与风险管理新发展

近几十年来,经济、社会和技术环境发生了巨大变化。生态和资源环境压力越来越大,组织结构和商业模式日益复杂,金融和商业创新的步伐越来越快,企业生产经营和日常管理更加依赖创新和复杂技术,等等。这些企业内外部环境变化对组织的风险管理与内部风险控制带来了巨大影响,财务舞弊和内部控制失效事件频发。这些变化和内部控制失效事件也促进了内部控制与风险管理理论及实践进一步向前发展。

2013年5月,COSO发布《内部控制——整合框架(2013)》及其配套指南(包括《内部控制体系有效性评估工具示例》和《基于外部财务报告的内部控制:方法与实例概览》等),对1992年版的框架进行了修订和完善。新框架提出了基于内部控制五要素的17项原则和相应的关注点,这些原则和关注点构成了建立与评价组织内部控制的主要标准,并与五大要素和三大目标构成了一个层次分明的体系:系统—目标—要素—原则—关注点。

2017年9月,COSO发布新版《企业风险管理框架——与战略和绩效整合》,将企业风险管理重新定义为主体在创造、实现和维护企业价值的过程中,为战略制定和执行而管理风险所依赖的文化、能力和实践。新框架更加注重对企业战略和愿景的支撑,与价值创造紧密关联,更加强调和业务活动的融合,倡导决策和目标导向,明确风险管理对战略计划和嵌入整个组织的重要性。

2018年2月,国际标准化委员会(International Organization for Standardization,ISO)发布新版《ISO 31000 风险管理国际标准》,对2009年的版本进行了修订,对风险管理的原则、框架和流程进行了改进和优化。新标准更加简洁,强调了风险管理对决策支持的重要性,更加注重风险管理与其他管理活动的整合。

数字化、网络化和智能化让工作变得更轻松,让生活变得更美好,但风险和挑战无处不在。组织既要充分利用大数据分析和人工智能技术来提升风险管理水平及能力,又要注重由此而产生的算法错误、数据质量、人机互动、黑客攻击、文化伦理、人才短缺等特殊风险。为指导组织有效应对"互联网+"环境下的重要风险,2015年1月,COSO发布《网络时代的内部控制》,以方便组织应用COSO《内部控制——整合框架(2013)》防范网络风险。

第二节 企业内部控制的含义及层次

一、企业内部控制的含义

1992年之前,人们对内部控制存在多种解释。1992年9月,COSO在《内部控制——整合框架》中指出:内部控制是由企业董事会、经理层和其他员工实施的,为运营的效率和效果、财务报告的可靠性、相关法律法规的遵循等目标的实现提供合理保证的过程。2004年9月,COSO发布《企业风险管理——整合框架》,认为企业风险管理是一个过程,受企业董事会、经理层和其他员工的影响,包括内部控制及其在战略管理和整个公司活动中的应用,旨在为实现经营的效率和效果、财务报告的可靠性以及法规的遵循提供合理保证。2013年5月,COSO发布新版《内部控制——整合框架(2013)》,将内部控制定义为:由一个主体的董事会、经理层和其他员工实施的,旨在为实现运营、报告和合规目标提供合理保证的过程。

我国2008年5月发布的《企业内部控制基本规范》将内部控制定义为:由企业董事会、监事会、经理层和全体员工实施的,旨在实现控制目标的过程。内部控制的目标是合理保证企业经营管理合法合规、资产安全、财务报告及相关信息真实完整,提高经营效率和效果,促进企业实现发展战略。

以上关于内部控制的表述略有不同,但都可以从人员、目标、过程三个方面加以理解。

(一)企业内部控制的参与者,包括公司董事会、管理层、基层员工在内的企业全体成员

企业内部控制是全员控制的过程,鉴于企业内部控制来源于组织内部需求,企业内部控制的主体应为组织的全体内部人员,包括董事会、监事会、经理层和全体员工。领导者与普通员工在企业内部控制中的区别仅仅是分工不同、承担的权责大小不同,不能因为普通员工的职位较低而忽略其在企业内部控制中的重要作用。具体而言,董事会负责企业内部控制的建立健全和有效实施,监事会对董事会建立和实施企业内部控制进行监督,经理层负责组织领导企业内部控制的日常运行,基层员工则根据各自岗位职责承担相应的内部控制责任。

(二) 内部控制不是企业目标,而是保证企业目标实现的手段

很多企业高层管理者会质疑企业内部控制的作用:为什么明明花了大量资金进行企业内部控制的建设,企业还会遭遇各种风险?需要注意的是,企业内部控制只能为企业提供合理保证,而非绝对保证,企业不能为了内部控制而建立内部控制,而应当以内部控制为手段,来保障企业目标的实现。

COSO框架下的内部控制目标与我国《企业内部控制基本规范》界定的目标略有不同,下面我们重点介绍我国内部控制"五目标"。

(1) 促进企业发展战略的实现。这是企业内部控制的战略目标,也是最高目标和终极目标。战略目标是对企业全局的一种总体构想,是企业整体发展的总任务和总要求,是企业宗旨的展开和具体化,是对企业经营活动预期主要成果的期望值。战略目标具有宏观性、全局性、长期性、可分解性、可接受性、可检验性和相对稳定性等特点。内部控制的最高目标是促进企业实现发展战略,促进企业可持续发展。将战略目标设定为内部控制的最高目标,有利于企业将当前利益与长远利益、局部利益与全局利益结合起来,在生产经营和管理活动中做出符合战略要求,有利于提升可持续发展能力和创造长久价值的选择与判断,从而克服片面追求当前利益和局部利益的短期行为,也有利于社会资源的合理配置。

(2) 提高经营效率和效果。这是企业内部控制的经营目标,也是要达到的最直接和最根本的目标。企业需要设立自己的使命和愿景,制定战略目标和战略规划,确立运营目标并将目标层层细分,制订和执行实现目标的具体计划。运营目标是战略目标的细化、分解与落实,是战略目标的具体化。企业的主要功能是开展生产经营活动,实现其目标。一般来说,企业的主要功能是创造价值,实现企业价值最大化。内部控制作为企业管理系统的重要内容,应服务于企业的价值创造,与企业运营目标保持一致。识别、分析和应对企业价值创造过程中的风险因素,以减少损失、提高收益,促使生产经营活动达到预期目标。生产经营与管理活动的效率和效果是企业运营目标得以实现的根本。因此,内部控制的核心目标是提高企业运营的效率和效果。

(3) 财务报告及相关信息真实准确。这是企业内部控制的报告目标,即企业内部控制要合理保证企业提供真实可靠的财务信息及其他信息。企业内部控制的重要控制活动之一是对信息系统的控制,尤其是对财务报告的控制。财务报告及相关信息反映了企业的经营业绩,以及企业的价值增值过程。财务报告反映了企业的过去和现状,并可预测企业的未来发展,其是投资者进行投资决策、债权人进行信贷决策、管理者进行管理决策和宏观经济调控部门进行政策决策的重要依据。因此,财务报告目标是经营目标的成果反映。此外,财务报告及相关信息的真实披露还可以将企业诚信、负责的形象公之于众,有利于市场地位的稳固与提升以及企业未来价值的增长。从这点来看,报告目标的实现程度又在一定程度上影响着经营目标的实现程度。

要确保财务报告及相关信息真实、准确、完整,一方面应按照《企业会计准则》的有关会计制度如实地核算经济业务、编制财务报告,满足会计信息的一般质量要求;另一方面则应通过企业内部控制制度的设计,包括不相容职务分离控制制度、授权审批控制制度、日常信息核对制度、惩罚制度等,来防止提供虚假会计信息,抑制虚假交易的发生。

(4) 保障企业资产安全。这是企业内部控制的资产安全目标,即要合理保证企业的资产安全。资产安全目标主要是为了维护资产的安全完整,防止资产流失。资产的安全完整是投资者、债权人和其他利益相关者普遍关注的重大问题,是企业开展经营活动、实现可持续发展的物质基础,也是企业经营者的基本职责。良好的企业内部控制,应当为资产安全提供坚实的制度保障。

资产安全目标包括以下两层含义:一是资产使用价值的完整性。企业要确保企业货币资金和实物资产的安全,防止被挪用、转移、侵占、盗窃,以及防止无形资产控制权的旁落。二是资产价值的完整性。企业要防止资产被低价出售,损害企业利益,要充分发挥资产效能,提高资产管理水平。为了实现资产安全目标,企业应建立资产的记录、保管和盘点制度,确保资产记录、保管与盘点岗位的相互分离,并明确职责和权限范围。提高资产使用决策的合理性和科学性,以堵塞漏洞、消除隐患,防止资产因不当经营决策遭受损失,提升资产使用管理水平。

(5)遵循相关法律法规。这是企业内部控制的合规目标,即要合理保证企业经营管理的合法合规。企业要在国家法律法规允许的范围内开展经营活动,严禁违法经营、非法获利。守法和诚信是企业健康发展的基石。逾越法律、投机取巧可能会使企业获得短期发展,但终将付出沉重代价。企业内部控制要求企业必须将发展置于国家法律法规允许的基本框架之下,在诚信守法的基础上实现自身的可持续发展。合规性目标强调企业必须遵守社会基本规范,该目标与企业生存密切相关,是预防和控制违法违规的风险和损失,是内部控制应达到的最基本的目标,是实现其他内部控制目标的保证。

企业内部控制的五个目标不是彼此孤立的,而是相互联系、共同构成了一个完整的内部控制目标体系。其中,战略目标是最高目标,是与企业使命相联系的终极目标;经营目标是战略目标的细化、分解与落实,是战略目标的短期化与具体化,是企业内部控制的核心目标;资产安全目标是实现经营目标的物质前提;报告目标是经营目标的成果体现与反映;合规目标是实现经营目标的有效保证。企业内部控制的五个目标的关系如图1-1所示。

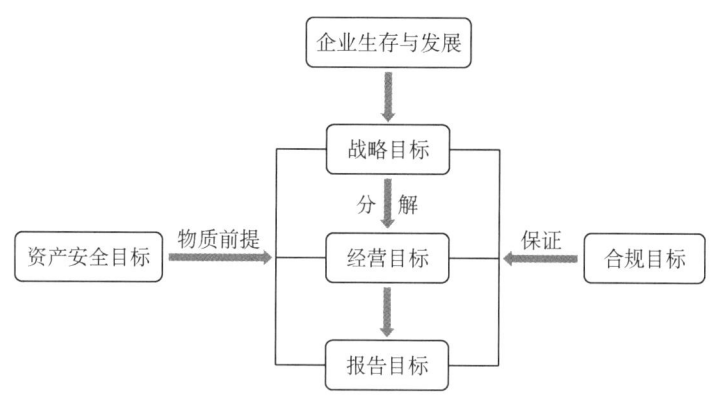

图1-1 内部控制目标关系图

(三)企业内部控制是一个系统的过程

我国《企业内部控制基本规范》指出,内部控制包括内部环境、风险评估、控制活动、信息与沟通以及内部监督五个方面,其具体内容将在第二篇展开介绍。内部控制是动态的,包括事前控制、事中控制和事后控制的过程,涉及企业的方方面面。

以上三个方面环环相扣,彼此配合,共同构成了一个完整的企业内部控制体系。

二、企业内部控制的层次

企业内部控制由企业全体成员参与,根据成员的层次高低可划分为公司治理层内部控制、管理控制层内部控制、流程控制和任务控制层三个层次。

(一)公司治理层内部控制

公司治理层内部控制居于企业内部控制的最高层次,主要是从公司架构的角度进行机构设置、权责分配,所有者通过制定绩效目标,对经营者进行激励、监督。公司股东会、董事会、监事会、经理层之间各司其职、相互制衡。例如,股东会选举更换董事、监事,董事会安排经理层的人员组成,以使经理层内部可以形成制衡机制。又如,公司可以安排两个性格差异较大的人做副总经理,以利于经理层做出合理的决策。

(二) 管理控制层内部控制

管理控制是衔接企业内部控制高层与基层的中间层次,是指企业管理者实施战略,协调企业内部各类业务、各个业务流程,进行预算,考核绩效,促使这些相关部门和人员统一行动,共同追求企业管理目标的过程。这里的战略主要指常用的控制措施,即不相容职务分离控制、授权审批控制、财产保护控制、会计系统控制、预算控制、运营分析控制、绩效考评控制等。

(三) 流程控制和任务控制

企业内部控制的最终工作还是以日常的企业业务为对象,具体体现为对企业业务流程的控制和对日常工作任务的控制。这一层次的内部控制是企业的基础,是企业内部控制中容易被忽略但却十分重要的内容。流程控制是对业务流程进行的控制,如采购流程控制、销售流程控制;任务控制包括审核、定期盘点与对账、账实核对等具体任务的控制。这个层面的企业内部控制如果建立在完善的标准流程上,控制效率会更高,否则,企业内部控制成本会上升。

一般来说,如果企业治理层面、企业管理控制层面内部控制做得好,企业的机构设置、人员分工合理,管理控制到位,那么企业业务流程及任务控制层次出问题的可能性会相对较小。而企业业务流程及任务控制层次的工作到位,也会相对减轻对企业治理层面、管理控制层面的工作压力。

第三节 企业内部控制的基本原则及规范体系

原则是指处理问题的准绳和规则。要使企业内部控制达到既定目标,保障企业内部控制有效,就必须在企业内部控制的建立和实施过程中遵循一定的原则。尽管每家企业在组织形式、行业特点、业务类别、经营范围、规模大小、管理模式等方面存在差异,其内部控制模式也不尽相同,但内部控制体系在建立和实施的过程中,也存在一些共性的原则。企业应根据内部控制目标,遵循这些具有规律性和指导性的原则,建立并实施内部控制。

一、企业内部控制的基本原则

企业建立与实施内部控制,应当遵循下列原则。

(一) 全面性原则

全面性原则即企业内部控制应当贯穿决策、执行和监督全过程,覆盖企业及其所属单位的各种业务和事项。企业内部控制的建立在层次上应该涵盖企业董事会、管理层和全体员工;在对象上应该覆盖各项业务和管理活动;在流程上应该渗透到决策、执行、监督、反馈等各个环节,避免企业内部控制出现空白和漏洞。总之,企业内部控制应该是全程控制、全员控制和全面控制。

(二) 重要性原则

内部控制应在全面控制的基础上,关注重要业务和事项及高风险领域,针对重要业务和事项、高风险领域和环节采取更为严格的控制措施,确保不存在重大缺陷。基于企业资源有限的客观事实,企业在设计内部控制制度时不应平均使用资源,而应该寻找关键控制点,并对关键控制点投入更多的人力、物力和财力进行重点关注,即要"突出重点,兼顾一般",避免企业出现"伤筋动骨"的重大风险。

国企执行的"三重一大"制度正是重要性原则的充分体现。所谓"三重一大",是指重大决策、重大事项、重要人事任免及大额资金使用。《企业内部控制应用指引第1号——组织架构》第五条也对此做出了规定。

"三重一大"事项应坚持集体决策原则。任何个人不得单独进行决策或者擅自改变集体决策意见。企业应当健全议事规则,明确"三重一大"事项的决策规则和程序,完善群众参与、专家咨询和集体决策相结合的决策机制。要坚持务实高效,保证决策的科学性;充分发扬民主,广泛听取意见,保证决策的民主性;遵守国家法律法规和有关政策,保证决策合法合规。

(三)制衡性原则

企业内部控制的制衡性原则要求企业在治理结构、机构设置及权责分配、业务流程等方面相互制约、相互监督,同时兼顾运营效率。相互制衡是建立和实施企业内部控制的核心理念,更多地体现为不相容机构、岗位或人员的相互分离和制约。无论是在企业决策、执行环节还是在监督环节,如果不能做到不相容职务的相互分离与制约,那么就会造成滥用职权或串通舞弊,导致企业内部控制的失效,给企业经营发展带来重大隐患。

(四)适应性原则

适应性原则的思想基础是"权变"理论。所谓权变,是指权宜应变。权变理论认为,在管理中要依据环境和内外条件随机应变,灵活地采取相应的、适当的管理方法,不存在一成不变的、普遍适用的"最好的"管理理论和方法,也不存在普遍不适用的"不好的"管理理论和方法。根据权变理论建立企业内部控制制度不可能一劳永逸,相关制度应当与企业的经营规模、业务范围、竞争状况和风险水平等相适应,并随着情况的变化及时加以调整。在当今日益激烈的市场竞争环境中,经营风险更具复杂性和多变性。企业应当根据内外部环境的变化,适时地对内部控制加以调整和完善,防止出现"道高一尺,魔高一丈"的现象。

(五)成本效益原则

企业内部控制的成本主要有以下三个方面的内容:企业内部控制的设计成本,包括自行设计和外包设计成本;企业内部控制的实施成本,包括评价和监督人员的工资、实施内部控制因降低了效率带来的机会成本以及将内部控制制度嵌入到信息系统后的信息系统的运行和维护成本;企业内部控制的鉴证成本,一般是聘请注册会计师实施内部控制审计的鉴证费用。

成本效益原则要求实施企业内部控制应当权衡成本与预期效益,以适当的成本实现有效控制。成本效益原则有两个要义:一是努力降低企业内部控制的成本,即在保证内部控制制度有效性的前提下,尽量精简机构和人员,改进控制方法和手段,减少过于繁琐的程序和手续,避免重复劳动,提高工作效率,节约成本;二是合理确定企业内部控制带来的经济利益,实施内部控制的效益并非不可计量,只是这种效益往往具有滞后性,当期效益并不明显。为了做大做强,企业一定要避免"短视行为",立足长远,充分考虑内部控制带来的未来收益并与成本进行对比,运用科学、合理的方法,有目的、有重点地选择控制点,实现有效控制。

值得说明的是,企业内部控制的建立和实施要符合成本效益原则,这也是内部控制对目标的保证程度不是绝对保证而是合理保证的重要原因之一。

二、企业内部控制的规范体系

2008年5月,财政部、证监会、审计署、银监会、保监会五部委根据有关法律联合制定了《企业内部控制基本规范》;2010年4月,上述五部委又联合发布了《企业内部控制配套指引》,并对每项指引逐项进行了深入而权威的解读;2012年2月,财政部会同相关部门发布《企业内部控制规范体系实施中相关问题解释第1号》;2012年9月,财政部发布《企业内部控制规范体系实施中相关问题解释第2号》;2013年12月,财政部发布《石油石化行业内部控制操作指南》;2014年12月,财政部发布《电力行业内部控制操作指南》。自此,中国形成了较为完整的企业内部控制规范体系。

如图1-2所示,中国企业内部控制规范体系由企业内部控制基本规范、企业内部控制配套指引、企业内部控制解释公告及特殊行业内部控制操作指南等层次构成。企业内部控制配套指引包括应用指引、评价指引和审计指引三个系列。内部控制应用指引又可细分为内部环境类应用指引,包括组织架构、发展战略、人力资源、社会责任和企业文化等;控制活动类应用指引,包括资金运动、采购业务、资产管理、销售业务、工程项目、担保业务、业务外包、财务报告、研究与开发等;控制手段类应用指引,包括全面预算、合同管理、内部信息传递、信息系统等。

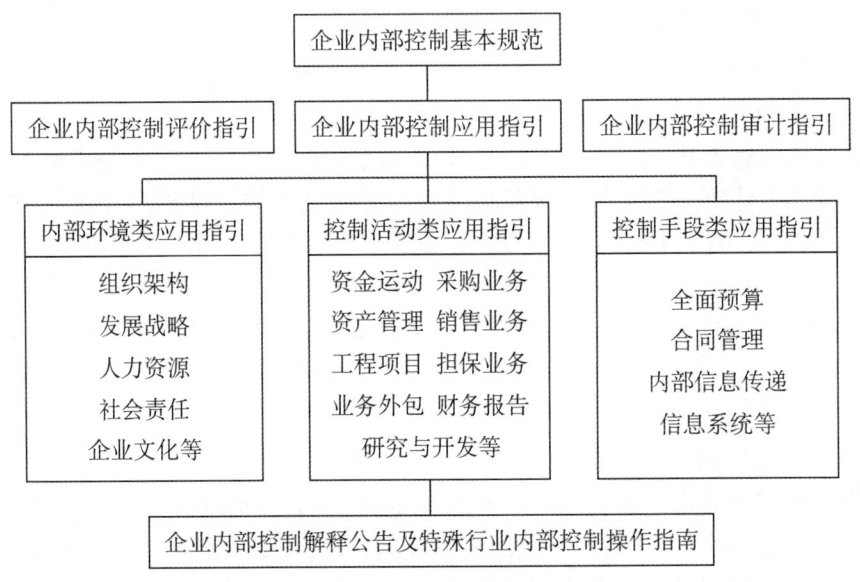

图1-2 中国企业内部控制规范体系

内部控制评价是公司董事会或类似权力机构对内部控制的健全性和有效性进行全面评价、形成评价结论、出具评价报告的过程。《企业内部控制评价指引》主要规范企业对自身内部控制健全性和有效性的评价行为,用于引导企业全面评价内部控制的设计与执行状况。内部控制审计是会计师事务所接受委托,对客户在特定基准日内部控制设计与执行的健全性和有效性进行审计。

第四节 企业内部控制的建设思路和方法

不同企业在组织形式、行业特点、业务类别、经营范围、规模大小、管理模式等方面存在差异。毋庸置疑,现实中并不存在一种适用于所有企业的内部控制模式,但在建设内部控制时是有一些通用的思路和方法。管理的基本逻辑是:明确目标-分析现状-确认差异-改进提升。在实践中,企业可以按照这个逻辑开展内部控制建设工作。企业应依照内部控制规范体系的要求,结合企业实际,以提高生产经营与管理活动的效果为核心,以风险管理为导向,以流程构建为基础,以关键控制点为重点,制订内部控制建设实施方案,明确总体建设目标和分阶段任务;按照管理制度化、制度流程化、流程信息化的要求,倡导全员参与、全业务覆盖,注重控制实效,抓好内部控制建设的基础工作和关键环节。企业要重视内部控制的监督和评价工作,促进内部控制持续地改进与优化。

一、明确内部控制的定位和目标

内部控制是一项全面风险管理活动,内部控制建设不等于制度建设,企业应重视内部控制建设,特别是软环境的培育,不能一味地追求控制越严越好,制度越多越好。内部控制不等于会计控制,也不是针对基层岗位和普通员工的控制,更不仅仅是经理层的责任,而是全员控制,上至董事会、经理层,下至普通员工,各部门、各岗位和全体员工在内部控制中都有自己的职责权限。内部控制既涉及企业整体层面,又涉及业务和事项单元,还涉及下属部门或附属公司(包括控股子公司、分公司和具有重大影响的参股公司)层面,覆盖企业生产经营和管理活动的全过程。

目标引领行动,内部控制目标是构建企业内部控制体系的出发点,也是测试和评价企业内部控制建设与执行状况的基本标准。只有明确内部控制目标,才能确定内部控制建设与实施的方向。内部控制的目标不是仅仅"纠错防弊",而是要帮助企业实现发展战略,促进企业的可持续繁荣,打造百年老字号的优秀企业。企业应明确内部控制建设的五大总体目标和分阶段建设任务,并将这些总体目标细分到具体业务或特定事件的日常管理和控制上。

二、摸清现状,分析缺陷和薄弱环节

除了新建企业,绝大多数情况下,企业的内部控制建设不是推倒重来,而是在现有基础上结合企业实际进行补充、改进和完善的过程。内部控制建设没有终点,而是一个精益求精的持续改进过程。已建立起内部控制体系的企业,应重点抓好有效执行和持续改进工作,着力提升内部控制的健全性和有效性。

改进和优化的前提是对企业的内部控制现状进行调查与评估,摸清现状,分析现有内部控制的缺陷和薄弱环节,弄清楚阻碍内部控制目标实现的因素,确定需要改进和优化的方面。企业应对现有的规章制度、业务流程、权责配置、风险信息等进行全面梳理,并与《企业内部控制基本规范》及其配套指引、监管要求等规范性文件进行比较,识别、分析和确认其中的差异,针对不同情况分别进行优化:

(1) 对于内部控制规范体系要求建立而企业没有的空白领域,企业应建立健全相关制度和标准。

(2) 对于已建立规章制度或操作标准,但达不到内部控制规范体系要求的,企业应按内部控制规范体系的要求进行改进和优化。

(3) 对于已建立并高于内部控制规范体系要求的规章制度或操作标准,企业可以保留现有做法,并进行动态改进和持续提升。

(4) 对于内部控制规范体系未要求而企业确实需要的特殊控制、行业惯例、上级要求等,企业应遵循内部控制规范体系的原则和方法,保留和完善相关控制标准。

（5）对于已识别和认定的内部控制执行缺陷，企业应通过绩效考评、内部监督、建立激励和约束机制等强化内部控制的执行与建设。

三、搭框架、定基调，顶层设计至关重要

企业进行内部控制建设要制订整体建设方案，搭好基本框架，定好基调，做好顶层设计。具体工作包括组建内部控制组织体系、确定内部控制建设范围、建立规章制度、统一内部控制标准，加强信息系统建设等。

（一）组建内部控制组织体系

1. 健全治理结构

企业应建立健全法人治理结构，依法设置董事会、监事会、高级经理层等组织机构，明确各自的权利和义务；结合业务特点和内部控制要求设置内部机构，明确职责权限，将权力与责任落实到各级单位、部门和岗位。

2. 成立专门机构

企业应在董事会下组建全面风险管理（或内部控制）委员会等类似机构，负责企业内部控制与风险管理的整体工作；在全面风险管理（或内部控制）委员会下成立专门的内部控制管理部门，或在已有部门中成立具备此类职能的专门机构，具体负责组织协调内部控制的建设、实施、评价及日常运转。该机构应配备适当的人员，明确权责范围，归属最高管理层管理，能够对业务单元和职能部门的工作拥有直接接触及监督评价的权力，并能直接向董事会或类似权力机构报告工作。

3. 强化专业岗位

业务部门负责本专业内部的日常管理工作，指导和监督本专业内部控制工作的开展，配合全面风险管理（或内部控制）部门开展风险评估、内部控制评价等相关工作。业务部门应配备专人或专岗，负责组织开展本专业内部控制的相关工作。

4. 建立授权体系

企业应构建分级授权体系，将各项职责权限和管控要求逐级落实到各级单位、部门和岗位。

5. 加强内控监督

审计委员会、审计部门等内部监督机构负责对内部控制的建设与执行状况进行监督、检查，并提出完善建议。

（二）确定内部控制建设范围

企业内部控制建设范围包括企业整体层面、业务层面、子公司层面和分支机构层面等。在整体层面，企业应开展内部环境、风险评估、控制活动、信息与沟通、内部监督建设，确保企业内部控制的整体有效性。在业务层面，企业应依据目标实现所需开展的业务活动构建业务流程框架。一般来说，随着企业目标的逐级分解，围绕这些目标的实现，企业业务也应逐级划分为一级、二级、三级等不同层级，形成业务流程框架。对于跨专业流程的衔接问题，企业要明确流程的跨专业接口，促进业务横向融合。通过流程构建，促进风险、控制、岗位、职责、制度等管理要素的有机融合，建立动态联系，实现各要素的一体化管理。企业应着力抓好资金、投资、采购、基建、销售、产权、人力资源、质量、安全生产等关键业务的流程管理，加强境外资产、金融及其衍生业务、重大经济合同和节能减排等特殊业务的内部控制建设。企业应加强对下属部门和附属企业的控制及管理，管控重点应放在组织规划和人员管理、重大政策制定、重大经营风

险控制、重大业务活动控制、重大财务收支活动控制、经营活动分析、绩效考评控制等方面。企业应制定针对子公司的控制政策及程序,并充分考量子公司的业务特征,督促其建立与母公司相一致的内部控制体系。

(三)建立规章制度,统一内部控制标准

管理制度化、规范化是现代企业管理的重要特征,建立规章制度、统一内部控制标准是制度化、规范化管理的前提。企业应以流程构建为基础,规范各类业务活动的办理程序,将控制目标、主要风险点、关键控制点、应对措施、控制标准、部门和岗位职责权限等内容制度化,健全企业制度体系。特别是大型企业集团内部应建立统一的内部控制标准体系,通过制度固化必要的员工行为,使企业内部上下各管理层级、各职能部门和各业务单元都使用统一的内部控制术语和风险管理语言。企业应定期梳理内部控制、风险和合规管理相关制度,及时将法律法规等外部监管要求转化为企业内部规章制度。

(四)加强信息系统建设

企业应加强信息系统建设,利用现代管理手段,开发信息系统,优化管理流程,减少人为操纵因素,推进内部控制建设与信息化建设的融合对接,结合企业信息化建设进程,将制度要求、业务流程和控制措施逐步固化到信息系统,实现在线运行,强化刚性约束,从而不断提高内部控制执行效能。

四、围绕风险点,设置控制点,抓好流程建设

内部控制建设应以防范和化解风险、规范和审慎经营为出发点。风险是影响目标实现的不确定性。针对风险,企业应在控制点上采取相应的控制措施,以实现业务管控目标。控制点是在日常运作过程中能降低风险发生概率或减少风险损失、协助控制目标实现及前一步骤正确性的操作步骤。主要风险必须在关键控制点上加以预防和控制。关键控制点是执行人能够进行控制,并且该控制对防范、消除或降低相关风险到可接受水平所必需的某一步骤。在相关流程中,关键控制点是影响力和控制力相对较强的一项或多项控制,应设置在最佳、最有效的控制点上。一系列控制点按业务办理的先后顺序和逻辑关系组合起来,便构成了流程的核心内容。流程是企业为了完成特定业务管控目标而采取的一系列动作的集合体。

企业应基于业务流程框架,对影响企业目标实现的风险展开识别与评估,识别各类业务、各流程、各环节的风险点,分析和评估风险发生的原因、可能性及其潜在影响,结合风险承受能力,明确相应的风险管理策略。企业应依据风险评估结果,设置关键控制点,并在业务流程中标识清楚,记录在内部控制文档中。企业应将关键控制点作为实施控制活动的重点,对其实行全面、严格的管控,防范重大风险的产生。在实施控制活动时,企业可以遵循"5W1H"原则进行,即WHY——此项控制的目的是什么?WHERE——哪个部门来执行此项控制?WHO——谁来执行此项控制?WHEN——执行此项控制的时间及频率是什么?WHAT——对什么进行控制?HOW——实施此项控制的方法和工具是什么?

五、重视内部控制评价,做好动态改进和持续优化

内部控制评价是对企业内部控制设计和执行的有效性进行评价,识别控制缺陷,形成评价结论,出具评价报告的过程。内部控制评价工作应包括内部控制的设计与运行,涵盖内部控制的各个要素及各类业务和事项,对实现内部控制目标的各个方面进行全面、系统、综合的评价;在全面评价的基础上,关注重要业务单位、重大业务事项和高风险领域。内部控制评价工作要

与部门绩效考核及员工薪酬挂钩,达到"以评促建"的效果。

对于内部控制评价中发现的设计缺陷和运行缺陷,企业应进行记录,分析其成因、表现形式和影响程度,明确责任单位和个人,提出整改方案及整改计划,并监督与追踪整改的具体落实情况和整改效果,做好内部控制的持续改进与优化工作,确保将影响企业目标实现的风险控制在可接受水平内,实现企业内部控制建设的良性循环和更新。

第五节 企业内部控制的局限性

企业内部控制制度在保证企业经营管理合法合规、资产安全、财务报告及相关信息真实完整、提高经营效率和效果、促进企业实现发展战略方面具有一定的作用。但内部控制仅仅为以上目标的实现提供合理保证,而不是绝对保证,原因就在于内部控制本身具有一定的局限性。正是由于内部控制存在固有的局限性,设计再完美的内部控制也不能完全保证企业不出任何问题。一般而言,企业内部控制的局限性可以概括为以下八个方面。

一、目标设定不当可能导致内部控制失效

目标引领行动,内部控制主要是对影响目标实现的风险进行评估和管控,设立目标是管理工作的重要内容。尽管目标并非内部控制要素,但却是内部控制得以实施的先决条件,也是促成内部控制的要件。如前文所述,内部控制有合规目标、报告目标、资产目标、运营目标和战略目标五个方面。这五大目标必须被细分和具体化到战略、运营和操作等各个层次,明确到企业整体层面、业务层面,以及对子公司和分支机构的管控等各个领域。目标设定及其细分的科学性和适当性直接关系内部控制的有效性。例如,发展战略为内部控制设定了最高目标,是企业执行层的行动指南。如果企业为了追求"超常规""跨越式"的发展制定了激进的发展目标,则可能造成企业盲目做大,不惜成本地"铺摊子",试图在短期内打造成为巨型企业。但是,这种所谓的"跨越式"发展,在内部管理能力难以跟上、风险管理水平不匹配的情形下,一旦遇到外部环境"风吹草动",就很可能迅速走向衰败。

二、判断失误可能导致内部控制失效

在现实工作中,很多事项都需要判断,很多工作都需要职业判断,如医生对病情的诊断、法官对案件的审判、气象工程师对天气的预测等。一个有效的内部控制体系不仅要求严格遵守政策和程序,还必须运用判断。例如,董事会和经理层运用判断确定所需控制的程度,经理层与其他人员在日常的生产经营和管理中每天都会运用判断进行选择、开展和实施控制,经理层与内部审计人员则运用判断监督和评估内部控制体系的有效性。一方面,治理层和经理层可以运用判断,消除无效、冗余及低效率的控制;另一方面,人们在进行选择和判断时可能出现错误、偏差或人为失误,从而导致内部控制失效。

三、员工串通可能导致内部控制失效

内部控制起源于内部分工、相互牵制和权力制衡,不相容岗位分离是内部控制的基本设计;但如果执行控制的相关人员通过串通或合谋而发生舞弊,则很容易规避控制,使相关控制措施失效。执行控制的相关人员包括企业经理层、员工和第三方等。内部控制至今尚未能有效地解决企业内部的合谋和串通舞弊问题。合谋是指两个或两个以上的员工或管理者或第三

方串通起来欺诈企业,使内部控制体系失效。如果经理层企图共同进行欺诈,就有可能形成内部人控制,即经理层事实上或依法掌握了企业的控制权,经理层利益在企业战略决策中会得到充分的体现。

四、经理层凌驾可能导致内部控制失效

现代企业的所有权与经营权一般是分离的,出资者并不直接经营和管理企业,经理层接受股东会和董事会的委托,主持企业的生产经营和管理工作并获得相应报酬。通过公司治理结构,股东会、董事会、监事会、经理层形成权力的监督和制衡机制,各自在职能范围内独立地行使权力并承担相应的责任,同时享有相应的权益。在制衡机制的作用下,各方独立运作、相互制约,共同实现企业目标。在内部控制建设中,经理层理应以身作则、带头垂范,保持恰当的高层基调。然而,在信息不对称和公司治理结构不完善的情境下,很容易出现经理层权力过大和滥用权力等问题,从而越过内部控制谋取私利。经理层不遵守既定的内部控制政策或程序,是威胁内部控制有效执行的重大障碍。另外,管理者自身素质、行事作风、决策能力、经营风格和管理哲学等会对内部环境产生重大影响,进而直接或间接地影响内部控制的有效性。企业可通过健全公司治理、完善约束机制、制定"三重一大"决策机制和议事规则等措施,来增加透明度,缓解信息不对称从而抑制经理层凌驾。

五、人员素质参差不齐可能导致内部控制失效

企业活动的核心是人的活动,内部控制是由人设计的,也是由人执行的,内部控制的许多局限归根结底是人性的局限。用正确的人做正确的事是保证组织成功运行的根本,人员素质是影响内部环境的关键因素。员工素质的高低与内部控制制度的多寡及控制措施的严松呈反向变动关系。若员工素质良好、诚实守信、有正义感,则即使某些控制缺失,企业也能保持良好的发展;反之,若员工油滑、无原则、无诚信、无正义感,则即使有完美的控制制度,企业也可能蒙受损失或信誉扫地。内部控制执行人员玩忽职守,不按制度要求执行或操作疏忽,都将大大降低内部控制的应用效果。人格修养、职业道德和专业胜任能力应是企业选拔与聘用员工的重要标准,企业应切实加强员工培训和继续教育,不断提升员工素质,从而提高内部控制的有效性。

六、权衡成本效益可能导致内部控制失效

权衡成本效益是企业从事一切经济活动的出发点,设计和实施内部控制也不例外。如果设计和实施某项控制的成本超过实施该项控制的预期效益,则该项控制就会因成本太高而失去现实意义。例如,当货币资金收支频繁、业务量很大时,企业可以设置收入和支出两个出纳岗位,实行收支两条线,这样能更好地起到内部控制效能;但当货币资金业务不多时,设置两个出纳岗位就可能不符合成本效益原则。随着内外部环境的变化,很多企业的控制系统变得越来越复杂,相应的控制成本也越来越高,甚至影响企业生产经营和日常管理的效率。风险管控的目标并不是消除风险,因为在多数情形下风险是无法消除的,而是降低风险带来的负面影响。企业应在权衡成本效益的前提下,采取适当措施降低风险,将风险控制在可接受水平之内;而不是不计成本地杜绝差错或舞弊。对于可接受水平之内的风险,企业不必采取额外的控制措施。企业应在综合考虑成本效益的基础上,建立能够为达成组织目标提供合理保证的内部控制体系。

七、环境变化可能导致内部控制失效

内部控制可能因经营环境、业务性质的改变而弱化或失效。内部控制一般是为企业日常发生的经常性业务而设计的,一旦发生异常、变化或未预计到的业务,内部控制就可能失效或原有的控制不再适用。设计并实施一个有效的内部控制体系具有很大的挑战性,要使这一控制体系每天保持有序且高效地运行也是非常艰难的。新兴和急剧变革的商业模式、对信息技术应用和依赖程度的不断提高、日益增加的监管要求和细致审查、不断深化的全球化趋势及其他挑战等,都要求内部控制体系能更灵活地应对业务、运营和监管环境的变化。

八、外部突发事件可能导致内部控制失效

任何企业的生产经营和管理活动都处在特定的环境中,与环境进行着物质、能量或信息交换,并在与外界不断交换的过程中得到发展和壮大。企业应高度重视包括经济、技术、社会、政治和伦理等方面的外部环境因素及其变化。对企业而言,外部环境分析是非常重要的,特别是要重点关注超出企业控制能力的外部事件及其发展趋势,分析和评估企业面临的机会与威胁,从而采取进一步的应对措施。内部控制的最高目标是促进企业战略的实现,企业目标及其战略规划的提出离不开具体的内外部环境,而企业的内外部环境处于不断的变化之中,当这种变化累积到一定程度时,特别是发生超出企业控制能力的外部事件时,内部控制体系可能会滞后或偏离既定的目标,从而降低其有效性。

【复习思考题】

1. 内部控制经历了哪几个发展阶段?每个阶段的核心思想是什么?
2. 我国企业内部控制的目标有哪些?
3. 我国企业内部控制要素有哪些?
4. 企业内部控制分为哪几个层次?
5. 内部控制建设应遵循哪些基本原则?
6. 我国企业内部控制规范体系是怎么构成的?
7. 内部控制有哪些固有局限性?

第二章
内部环境

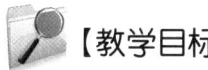
【教学目标】

知识目标:
1. 理解内部环境在内部控制建设中的作用和影响。
2. 理解并掌握内部环境的构成要素及其主要内容。
3. 熟悉企业组织架构设计与运行的主要风险及其控制。
4. 熟悉企业发展战略制定与实施的主要风险及其控制。
5. 熟悉企业人力资源政策与实践的主要风险及其控制。
6. 熟悉企业履行和管理社会责任的主要风险及其控制。
7. 熟悉企业文化建设过程中的主要风险及其控制。

能力目标:
1. 能够分析不同企业内部环境的特点,评估现有内部环境的优势和不足,识别潜在风险。
2. 能够运用所学的内部环境理论和方法,结合具体企业的实际情况,进行内部环境的构建和优化。

素养目标:
认识到内部环境建设对于保障企业资产安全、提升运营效率、维护公众利益的重要性,从而增强自身的职业道德和责任感。

【导入案例】

二维码2-1 南方航空:
优化公司治理 建设世界一流航空公司

内部环境构成了一家企业的基本氛围,是影响和制约企业内部控制设计、实施与监督的各种内部因素的总称。内部环境是内部控制存在和发展的基础,是内部控制赖以生存的土壤,控制环境的好坏直接决定着其他控制要素能否发挥作用。内部环境支配并左右着员工的意识和行为,影响着全体员工实施控制活动和履行控制责任的态度、认识和行为,直接影响着内部控制的效率和效果。

《内部控制——整合框架(2013)》认为,控制环境包括:①企业对诚信和道德价值观的承诺；②董事会应独立于经理层；③经理层为实现目标，应在董事会的监督下确立组织架构、明确汇报路线、合理划分权利与责任；④企业应致力于吸引、发展和留住优秀人才，以配合企业目标的实现；⑤组织为实现目标，应要求员工承担内部控制的相关责任等。

2008年，我国财政部等五部委联合颁布的《企业内部控制基本规范》中，将内部环境列为内部控制五大核心要素之首，内部控制五大核心要素一般包括治理结构、机构设置及权责分配、内部审计、人力资源政策、企业文化等。2010年，财政部等五部委联合颁布《企业内部控制应用指引》中的第1至第5号应用指引，分别从组织架构、发展战略、人力资源、社会责任和企业文化等不同层面解读了内部环境的主要构成内容。

第一节 组织架构

在内部控制五要素中，内部环境是其他内部控制要素的基础，而组织架构又是内部环境建设的核心，建立和完善组织架构有助于防范和化解各种舞弊风险，强化企业内部控制建设。现代企业制度的核心是组织架构问题，企业应不断完善法人治理结构，持续优化内部机构利、权、责分配设置，为优化内部环境、实现企业目标提供有力的组织保障。

一、组织架构的概念

企业作为一个组织，其体系的形成和组织功能的实现，有赖于合理的组织架构设计和有效的运行。基于现代企业制度下所有权和经营权分离而产生的委托代理关系，企业的组织架构实质上就是一种决策权的划分体系以及各部门的分工协作体系，并为企业提供了一个规划、执行、控制和监督活动的合理框架，服务于企业发展战略的制定与实施。

我国《企业内部控制应用指引第1号——组织架构》明确界定：组织架构是指企业按照国家有关法律法规、股东会决议和公司章程，结合本企业实际，明确股东会、董事会、监事会、经理层和企业内部各层级机构设置、职责权限、人员编制、工作程序和相关要求的制度安排。COSO《内部控制——整合框架(2013)》中的原则3指出：经理层为实现目标，应在董事会的监督下确立组织架构、汇报路线、合理的权力与责任。

二、组织架构的内容

企业组织架构主要包括公司治理结构和内部机构。

(一) 公司治理结构

在现代企业制度下，所有权和经营权是分离的，所有者和管理者之间形成了一种委托代理关系，管理为了实现自身利益的最大化，可能会偏离所有者的目标。为了尽可能地降低这种偏离，就需要良好的公司治理结构。公司治理结构是指为实现企业最佳经营业绩，企业所有权与经营权基于信托责任而形成相互制衡关系的结构性制度安排，具体表现为股东会、董事会、监事会和经理层等职责分配与制衡关系的安排。

(1) 股东会由全体股东组成，是企业的最高权力机构和最高决策机构，具有选举董事和监事、进行重大决策及依法行使企业经营方针、筹资、投资、利润分配等重大事项的表决权。

(2) 董事会对股东会负责，是股东会闭会期间的办事机构，负责制定战略、进行重大决策、聘任经理并对生产经营和管理活动进行监督，依法行使企业的经营决策权。在内部控制建立健全和有效实施的过程中,董事会应充分认识到自身对企业内部控制所承担的责任,加强对本企业内部控制建立与实施情况的指导和监督。另外,董事会可以按股东会的有关决议,设立战略、审计、提名、薪酬与考核、风险管理等专门委员会,为董事会的科学决策提供支持。各专门委员会对董事会负责,提案应提交董事会审查决定。

(3) 监事会对股东会负责,监督企业董事、经理和其他高级管理人员依法履行职责。

(4) 经理层对董事会负责,负责组织实施股东会、董事会的决议事项,主持企业的生产经营和管理工作。企业应明确经理和其他高级管理人员的职责分工。

(二)内部机构

内部机构是企业内部机构层面的组织架构。它是指企业根据业务发展需要,分别设置不同层次的管理人员及其由各专业人员组成的管理团队,针对各项业务功能行使决策、计划、执行、监督、评价的权利并承担相应的义务,从而为业务顺利开展进而实现企业发展战略提供组织机构的支撑平台。内部机构设置的关键在于权责分配,即依据运营目标、职能划分和管理要求,结合业务特点而进行的权责分配。在内部控制建设的过程中,内部机构设置在明确各职能部门和分支机构及基层作业单位的职责权限、将权利和责任落实到各责任单位的同时,也应特别注意内部控制要求在上述过程中的体现和落实。只有将内部控制要求所对应的权利和责任落实到具体的责任单位与岗位,才能为内部控制的设计和运行奠定良好的基础。

三、组织架构的内部控制目标

企业建立和培育内部环境,首先,应根据内部控制的五大目标,确定其内部环境要素应达到的目标;其次,对目标进行分解,确定组织架构设计与运行应达到的具体目标,以识别和分析影响预期目标实现的主要风险;最后,及时采取有效措施将风险降到可接受水平,以保证企业目标的实现。组织架构设计与运行的内部控制目标主要包括以下四个方面:

(1) 根据相关法律法规,结合公司章程和实际情况,建立规范的法人治理结构,促进企业内部控制的有效执行。企业应科学地界定决策、执行和监督各层面机构的地位、职责与任务,形成有效的分权和制衡机制,切实发挥相关机构的作用,为内部控制的建立和实施提供强有力的组织保障与工作机制保障。

(2) 建立科学合理的组织架构,适应企业生产经营和管理活动的实际需要,并能适应内外部环境的变化,提高管理效能,避免机构重叠和效率低下,促进内部控制的有效实施。

(3) 根据运营目标、职能划分和管理要求,明确高级管理人员、各职能部门和分支机构以及基层作业单位的职责权限,将权力与责任分解到具体岗位,为内部控制的设计和实施创造良好的条件。

(4) 通过内部管理制度汇编、员工手册、组织结构图、业务流程图、岗位描述、权限指引等适当方式,帮助企业员工了解和掌握内部机构设置及权责分配状况,促进企业内部各层级员工明确职责分工,正确行使职权,并加强对权责履行的监督。

四、组织架构设计与运行的主要风险

企业至少应当关注组织架构设计与运行中的下列风险。

(一)治理结构层面

治理结构设计与运行的主要风险在于治理结构形同虚设,缺乏科学决策、良性运行机制和

执行力,可能导致企业经营失败,难以实现发展战略。具体表现为:

(1) 股东会无法规范而有效地召开,股东无法可以通过股东会行使其权利。

(2) 企业与控股股东无法在资产、财务、人员方面实现相互独立,企业与控股股东的关联交易无法贯彻平等、公开、自愿的原则。

(3) 与控股股东相关的信息无法根据规定及时、完整地披露。

(4) 企业无法对中小股东权益采取必要的保护措施,使中小股东能够在与大股东同等的条件下参加股东会,获得与大股东一致的信息,并行使相应的权利。

(5) 董事会无法独立于经理层和大股东,董事会及其审计委员会中是否有适当数量的独立董事存在且能有效发挥作用。

(6) 董事对自身的权力和责任没有明确的认知,并且有足够的知识、经验和时间去勤勉、诚信、尽责地履行职责。

(7) 董事会无法保证企业建立并实施有效的内部控制,审批企业发展战略和重大决策并定期检查、评价其执行情况,明确设立企业可接受的风险容忍度,并督促经理层对内部控制的有效性进行监督和评价。

(8) 监事会的构成无法保证其独立性,监事能力是否与相关领域匹配。

(9) 监事会无法规范而有效地运行,监督董事会、经理层正确履行职责并纠正损害企业利益的行为。

(10) 对经理层的权力无法设置必要的监督和约束机制。

(二) 内部机构层面

内部机构设计与运行的主要风险在于内部机构设计不科学,权责分配不合理,可能导致机构重叠、职能交叉或缺失、推诿扯皮、运行效率低下。具体表现为:

(1) 企业内部机构是否考虑经营业务的性质,按适当集中或分散的管理方式设置。

(2) 企业是否对内部机构设置、各职能部门的职责权限、组织的运行流程等做出明确的书面说明和规定,是否存在关键职能缺位或职能交叉的现象。

(3) 企业内部机构是否支持发展战略的实施,并根据环境变化及时做出调整。

(4) 企业内部机构的设计与运行是否适应信息沟通的要求,有利于信息的上传、下达以及在各层级、各业务活动间的传递,有利于为员工提供履行职权所需的信息。

(5) 关键岗位员工是否对自身权责有明确的认识,有足够的胜任能力去履行权责,是否建立了关键岗位员工轮换制度和强制休假制度。

(6) 企业是否对董事、监事、高级管理人员及全体员工的权限有明确的制度规定,对授权情况是否有正式的记录。

(7) 企业是否对岗位职责进行了恰当的描述和说明,是否存在不相容岗位未分离的情况。

(8) 企业是否对权限的设置和履行情况进行了审核与监督,对于越权或权限缺位的行为是否及时予以纠正和处理。

五、组织架构设计的风险控制

组织架构的设计既能保证企业高效运营,又能根据内部环境的需要进行相应的调整。具体而言,企业设计组织架构时应遵循以下原则:一是依据法律法规;二是有助于实现发展战略;三是符合管理控制的要求;四是能够适应内外部环境的变化。

(一)治理结构层面

1. 治理结构设计的一般要求

健全的治理结构一般要求涉及股东会、董事会、监事会和经理层。企业应根据国家有关法律法规的规定,按决策机构、执行机构和监督机构相互独立、权责明确、相互制衡的原则,明确董事会、监事会和经理层的职责权限、任职条件、议事规则与工作程序等。

2. 上市公司治理结构设计的特殊要求

上市公司是公众公司,具有重大的公众利益,因而必须对投资者和社会公众负责。上市公司治理结构的设计,应当充分反映"公众性"特点。具体而言,上市公司治理结构设计除上述内容外,应重点关注以下三个方面:

(1) 独立董事制度的设立。上市公司董事会应当设立独立董事。独立董事是指独立于公司股东且不在公司内部任职,与公司或公司经营管理者没有重要的业务联系或专业联系,并对公司事务做出独立判断的董事。独立董事不得在上市公司担任除独立董事外的其他任何职务,独立董事对上市公司及全体股东负有诚信与勤勉等义务。

(2) 董事会专业委员会的设置。上市公司董事会应当根据治理需要,按照股东会的有关决议设立战略决策、审计、提名、薪酬与考核等专门委员会。其中,战略决策委员会主要负责制定公司长期发展战略,监督、核实公司重大投资决策等;提名委员会主要负责拟订公司董事和高级管理人员的选拔标准和程序,搜寻人选,进行选择并提出建议;审计委员会主要负责审查公司内部控制制度及重大关联交易,审核公司财务信息及其披露,负责内、外部审计的沟通、监督和核查工作;薪酬与考核委员会主要负责制定公司董事及经理人员的考核标准并进行考核,负责制定、审查公司董事及经理人员的薪酬政策与方案。其中,审计委员会、薪酬与考核委员会中独立董事应当占多数并担任负责人,审计委员会中至少还应有一名独立董事是会计专业人士。

董事会专业委员会中的审计委员会,对内部控制的建立健全和有效实施发挥着尤其重要的作用。审计委员会对经理层提供的财务报告和内部控制评价报告进行监督。审计委员会成员应当具备独立性、专业性、道德性。

(3) 设立董事会秘书。董事会秘书为上市公司的高级管理人员,直接对董事会负责,并由董事长提名,董事会负责任免。董事会秘书是一个重要的角色,负责上市公司股东会和董事会会议的筹备、文件保管以及公司股东资料的管理,办理信息披露事务等事宜。

(二)内部机构层面

内部机构的设计是组织架构设计的关键环节,只有切合企业经营业务特点和内部控制要求的内部机构,才能为实现企业发展目标发挥积极作用。

(1) 企业应按照科学、精简、高效、透明、制衡的原则,综合考虑企业性质、发展战略、文化理念和管理要求等因素,合理设置内部机构,明确各机构的职责权限,避免职能交叉、缺失或权责过于集中,形成各司其职、各负其责、相互制约、相互协调的工作机制。

(2) 企业应对各机构的职能进行科学合理的分解,确定具体岗位的名称、职责和工作要求等,明确各个岗位的权限和相互关系。企业在确定职权和岗位分工过程中,应当体现不相容职务相分离的要求。不相容职务通常包括:可行性研究与决策审批;决策审批与执行;执行与监督检查等。

(3) 企业应制定组织架构图、业务流程图、岗(职)位说明书和权限指引等内部管理制度或相关文件,使员工了解和掌握组织架构设计及权责分配情况,正确履行职责。企业内部各级员工必须获得相应的授权才能实施决策或执行业务,严禁越权办理。

（三）"三重一大"事项的特殊考虑

企业的重大决策、重大事项、重要人事任免及大额资金支付业务等,应当按照规定的权限和程序实行集体决策审批或者联签制度。任何人不得单独进行决策或者擅自改变集体决策意见。重大决策、重大事项、重要人事任免及大额资金支付业务的具体标准由企业自行确定。

六、组织架构运行的风险控制

企业应根据组织架构的设计规范,对现有治理结构和内部机构设置进行全面梳理,确保本企业的治理结构、内部机构设置和运行机制等符合现代企业制度的要求。

（一）治理结构的梳理

企业梳理治理结构,应当重点关注董事、监事、经理及其他高级管理人员的任职资格和履职情况,以及董事会、监事会和经理层的运行效果。如果治理结构存在问题,企业就应采取有效措施加以改进。

（1）就任职资格而言,企业应重点关注行为能力、道德诚信、经营管理素质、任职程序等方面。

（2）就履职情况而言,企业应重点关注合规、业绩以及履行忠实、勤勉义务等方面。

（3）就运行效果而言,企业应重点关注：①董事会是否按时定期或不定期地召集股东会并向股东会报告；是否严格、认真地执行了股东会的所有决议；是否合理地聘任或解聘经理及其他高级管理人员等。②监事会是否按规定对董事、高级管理人员的行为进行监督；在发现违反相关法律法规或损害企业利益的行为时,能否对其提出罢免建议或制止、纠正其行为等。③经理层是否认真、有效地组织并实施董事会决议；是否认真、有效地组织并实施董事会制订的年度经营计划和投资方案；是否能够完成董事会确定的生产经营计划和绩效目标等。

（二）内部结构的梳理

企业梳理内部机构设置,应当重点关注内部机构设置的合理性和运行的高效性等。内部机构设置和运行中存在职能交叉、缺失或运行效率低下的情况,应当及时解决。

（1）从设置的合理性角度梳理,企业应重点关注：内部机构设置是否适应内外部环境的变化；是否以战略目标为导向；是否满足专业化的分工和协作,有助于企业提高劳动生产率；是否明确界定各机构和岗位的权力与责任,不存在权责交叉重叠,不存在只有权力而没有相应的责任和义务的情况等。

（2）从运行的高效性角度梳理,企业应重点关注：首先,内部各机构的职责分工是否针对市场环境的变化做出及时调整。特别是当企业面临重要事件或重大危机时,各机构间表现出的职责分工协调性,可以较好地检验内部机构运行的效率。其次,企业应关注权力制衡的效率评估,包括机构权力是否过大并存在监督漏洞,机构权力是否被架空,机构内部或各机构之间是否存在权力失衡等。最后,企业还应关注内部机构运行是否有利于保证信息及时、顺畅地流通,实现各机构间的快捷沟通。

（三）集团公司对组织架构的梳理要点

企业拥有子公司的,应当建立科学的投资管控制度,通过合法有效的形式履行出资人职责、维护出资人权益,重点关注子公司特别是异地、境外子公司的发展战略、年度财务预决算、重大投融资、重大担保、大额资金使用、主要资产处置、重要人事任免、内部控制体系建设等重要事项。

(四) 评价与改进

企业应当定期对组织架构设计与运行的效率及效果进行全面评估,发现组织架构设计与运行中存在缺陷的,应当及时进行优化调整。企业组织架构调整应当充分听取董事、监事、高级管理人员和其他员工的意见,按规定的权限和程序进行决策审批,通过后予以调整并及时将调整结果以适当的形式通知企业的全体员工。

第二节 发 展 战 略

发展战略事关企业长远发展和总体规划,关系企业的发展方向、业务范围与运营目标,是企业何去何从的行动纲领。现代企业如果没有明确的发展战略,就不可能在当今激烈的市场竞争和国际化浪潮下求得长远发展,战略失误很可能把企业引向绝路。

一、发展战略概述

(一) 发展战略的概念

我国《企业内部控制应用指引第 2 号——发展战略》明确:发展战略是指企业在对现实状况和未来趋势进行综合分析与科学预测的基础上,制定并实施的长远发展目标与战略规划。这一定义表明,发展战略不仅要确定企业未来的方向和使命,还涉及企业所有的关键活动。同时,发展战略必须根据内外部环境的变化不断加以调整和完善。

发展战略是一幅科学勾画的、积极的、向前的、全局性的蓝图,完善且科学的发展战略可以为企业发展指明前进的方向。企业发展战略还有以下两个方面的作用:

第一,发展战略可以为企业找准市场定位。市场定位就是要在激烈的市场竞争环境中找准位置,获得竞争优势,不断发展壮大。

第二,发展战略是企业执行层行动的指南。发展战略指明了企业发展的方向、目标与实施路径,描绘了企业未来经营方向和目标纲领,是企业发展的蓝图,关系着企业的长远生存与发展。

(二) 发展战略的内容

发展战略包括战略目标和战略规划两个方面。战略目标是在重要经营领域对企业使命的具体化,表明企业在未来一段时间内所要努力的方向和所要达到的水平;战略规划是为了实现战略目标而制定的具体规划,即企业通过什么路径实现战略目标,表明企业在每个发展阶段的具体目标、工作任务和实施路径。

二、发展战略制定与实施的内部控制目标

企业应确定战略制定与实施所应达到的内部控制目标,以识别和分析影响目标实现的主要风险。发展战略制定与实施的内部控制目标主要包括以下四个方面:

(1) 为了确保企业制定的战略目标和战略规划科学合理,企业应综合考虑宏观经济政策、国内外市场需求变化、技术发展趋势、行业及竞争对手状况、可利用的资源水平、自身的优势与劣势等多种因素。

(2) 为了确保企业发展战略的有效落实和顺利实施,企业必须加强对战略实施的统一领

导。战略具有宏观性和长期性，企业应根据战略需要制订详细的年度工作计划，对年度目标进行分解、落实，通过人员安排、薪酬激励、财务安排、管理变革等配套措施，确保战略落地。

（3）为了及时发现和处理战略实施中的问题与偏差，企业应建立发展战略评估制度，加强对发展战略制定与实施的事前、事中和事后评估。对于发展战略制定与实施过程中存在的问题和偏差，企业应及时进行内部报告，并采取措施予以纠正。

（4）结合战略期内每一年度工作计划和预算的完成情况，企业对战略执行能力和执行效果进行分析与评价，确保发展战略贯彻实施，促进企业健康、可持续地发展。

三、发展战略制定与实施的主要风险

为了实现组织发展战略和运营目标，企业制定与实施发展战略至少应当关注下列风险：

（1）缺乏明确的发展战略或发展战略实施不到位，可能导致企业盲目发展，难以形成竞争优势，丧失发展机遇和发展动力。

（2）发展战略过于激进，脱离企业实际能力或偏离主业，可能导致企业过度扩张，甚至经营失败。

（3）发展战略出于主观原因频繁变动，可能导致资源浪费，甚至危及企业的生存和持续发展。

四、制定发展战略的风险控制

制定发展战略是企业实现健康、可持续发展的起点。企业应按科学发展观的要求，将企业前途与国家命运紧密地联系起来。立足当前，面向未来，针对发展战略的风险评估结果，设置关键控制点，科学地制定既切合自身实际又符合市场经济发展规律的发展战略。

（一）综合分析与评价发展战略的内外部影响因素

企业外部环境、内部资源等因素，是影响发展战略制定的关键因素。企业在制定发展目标的过程中，应综合考虑宏观经济政策、国内外市场需求变化、技术发展趋势、行业及竞争对手状况、可利用资源水平和自身优势与劣势等影响因素，在充分调查研究，科学分析预测和广泛征求意见的基础上制定发展战略。

（1）外部环境是制定发展战略的重要影响因素，包括企业所处的宏观环境、行业环境及竞争对手、经营环境等。分析企业面临的外部环境，应着重分析环境的变化和发展趋势及其对企业战略的重要影响，同时评估有哪些机会可以挖掘，以及企业可能面临哪些威胁。

（2）内部资源是企业发展战略的重要制约条件，包括企业资源、企业能力、核心竞争力等各种有形和无形资源。只有对企业所处的外部环境和拥有的内部资源展开深度分析，才能制定出科学合理的发展战略。分析企业拥有的内部资源和能力，应着重分析这些资源和能力，以及企业在同行业中处于何种地位，与竞争对手相比有哪些优势和劣势。

（二）建立和健全发展战略制定机构

企业应当在董事会下设立战略委员会，或者指定相关机构负责发展战略的管理工作，履行相应的职责。

（1）企业应当明确战略委员会的职责和议事规则，对战略委员会会议的召开程序、表决方式、提案审议、保密要求和会议记录等做出规定，确保议事过程规范透明、决策程序科学民主。

（2）战略委员会应当组织有关部门对战略目标和战略规划进行可行性研究与科学论证，形成发展战略建议方案；必要时，可借助中介机构和外部专家的力量为其履行职责提供专业咨

询意见。

(3) 战略委员会成员应具有较强的综合素质和实践经验,其任职资格和选任程序应符合有关法律法规与公司章程的规定。

(三) 严格审议和批准发展战略

发展战略方案拟定后,企业应按规定的权限和程序对发展战略方案进行审议与批准。审议战略委员会提交的发展战略方案是董事会的重要职责。在审议过程中,董事会应当严格审议战略委员会提交的发展战略方案,重点关注其全局性、长期性和可行性。董事会在审议方案中如果发现重大问题,应当责成战略委员会对方案做出调整。企业发展战略方案经董事会审议通过后,报经股东会批准实施。

五、实施发展战略的风险控制

(一) 发展战略的细化

发展战略制定后,企业应着手对发展战略进行逐步细化,确保发展战略得到有效实施。

(1) 企业要根据战略规划,制订年度工作计划。

(2) 企业要按上下结合、分级编制、逐级汇总的原则编制全面预算,将战略目标分解并落实到产销水平、资产与负债规模、收入及利润增长幅度、投资回报、风险管控、技术创新、品牌建设、人力资源建设等可操作层面,确保发展战略能够真正有效地指导企业各项生产及生产经营和管理活动。

(3) 企业要进一步将年度预算细分为季度、月度预算,通过实施分期预算控制。促进年度预算目标的实现。

(4) 企业要通过建立发展战略实施的激励约束机制,将各责任单位年度预算目标完成情况纳入绩效考评体系,切实做到有奖有惩、奖惩分明;此外,企业在管理体制、机制及管理模式等方面实施变革,由粗放、层级制管理向集约、扁平化管理转变,为发展战略的有效实施提供强有力的支持。

(二) 发展战略在企业的传递

企业应当重视发展战略的宣传工作,为推进发展战略的实施提供强有力的思想支撑和行动导向。

(1) 企业要在企业董事、监事和高级管理人员中树立战略意识与战略思维,充分发挥其在战略制定与实施过程中的模范带头作用。

(2) 企业要采取内部会议、培训、讲座、知识竞赛等多种行之有效的方式,把发展战略及其分解落实情况传递到内部各管理层级和全体员工,营造战略宣传的强大舆论氛围。

(3) 企业高级管理人员要加强与广大员工的沟通,使全体员工充分认清企业的发展思路、战略目标和具体举措,自觉将发展战略与自己的具体工作结合起来,促进发展战略的有效实施。

(三) 发展战略的动态调整

(1) 加强对发展战略实施的监控。战略委员会应当加强对发展战略实施情况的监控,定期收集和分析相关信息,对于明显偏离发展战略的情况,应当及时报告。

(2) 根据监控情况持续优化发展战略。发展战略明确了企业的长期发展目标,在一定时期内应保持相对稳定。但是,如果经济形势、产业政策、技术进步、行业状况以及不可抗力等因素发生重大变化,确需对发展战略做出调整,应当按照规定权限和程序调整发展战略,以促进企业内部资源整合能力和外部环境条件保持动态平衡。

(3) 把握机遇顺利实现战略转型。当企业外部环境尤其是所处行业的竞争状况发生重大变化时,或者当企业步入新的成长阶段需要对生产经营与管理模式进行战略调整时,企业必须选择新的生存与发展模式,即战略转型。

第三节 人力资源

企业竞争归根结底是人力资源的竞争,人力资源已经成为促进经济社会发展的第一要素。良好的人力资源管理是增强企业活力的源泉,是提升企业核心竞争力的重要基础,是实现发展战略的根本动力。内部控制是全员控制,实施主体包括董事会、监事会、经理层和全体员工。因此,人力资源水平直接影响企业内部环境的质量。良好的人力资源政策及实践,不但有利于改善内部环境,而且有利于提升企业内部控制的有效性。企业应加强人力资源管理,强化对员工招聘、培训、评价、晋升和激励、退出等环节的风险评估与控制。

一、人力资源概述

(一) 人力资源的概念

关于人力资源的定义,一般认为,人力资源是组织中拥有的成员的体质、智力、知识、技能以及潜能和协作力的总和。我国《企业内部控制应用指引第3号——人力资源》明确界定:人力资源是指企业组织生产经营活动而录(任)用的各种人员,包括董事、监事、高级管理人员和全体员工。

(二) 人力资源的内容

企业应重视人力资源建设,根据发展战略,结合人力资源现状和未来需求预测,建立人力资源发展目标,制定人力资源总体规划和能力框架体系,优化人力资源整体布局,明确人力资源的引进、开发、使用、培养、考核、激励、退出等管理要求。企业的人力资源政策应包括下列内容:

(1) 员工的聘用、培训、辞退与辞职。
(2) 员工的薪酬、考核、晋升与奖惩。
(3) 关键岗位员工的强制休假制度和定期岗位轮换制度。
(4) 掌握国家秘密或重要商业秘密的员工离岗的限制性规定。
(5) 有关人力资源管理的其他政策。

二、人力资源的内部控制目标

人力资源的内部控制目标可以设定为以下五个方面:

(1) 确保企业的人力资源政策与实践合法合规,能有效支撑企业发展战略、社会责任和企业文化等内部环境的培育。

(2) 建立科学、规范、公平、公开、公正的人力资源政策,调动员工的积极性、主动性和创造性。

(3) 确保企业选拔和聘用的员工具备良好的道德素养与专业胜任能力,能够满足企业生产经营和管理活动的需要,促进员工的价值取向和行为特征符合内部控制与风险管理的有关要求。

(4) 重视并加强员工培训,制订科学合理的培训计划,提高员工培训的针对性和实效性,不断提升员工的道德素养和业务素质。

(5) 建立和完善针对不同层级员工的激励约束机制,通过制定合理的目标、建立明确的标准、执行严格的考核和落实配套的奖惩,促进员工责、权、利的有机统一和企业内部控制的有效执行。

三、人力资源政策与实践的主要风险

关于人力资源风险,按照《企业内部控制应用指引第 3 号——人力资源》的要求,评估人员至少应当关注以下三个方面的风险:

(1) 人力资源缺乏或过剩、结构不合理、开发机制不健全,可能导致企业发展战略难以实现。这一风险侧重于企业决策层和执行层的高级管理人员,当然,其他人员缺乏和过剩、结构不合理等,也可能影响企业实现发展战略。

(2) 人力资源激励约束制度不合理、关键岗位人员管理不完善,可能导致人才流失、经营效率低下,或者关键技术、商业秘密和国家机密泄露。这一风险侧重于专业技术人员,特别是掌握企业发展命脉的核心技术人员。

(3) 人力资源退出机制不当,可能导致法律诉讼或企业声誉受损。这一风险侧重企业辞退员工、解除员工劳动合同等引发的劳动纠纷。

四、人力资源引进与开发的风险控制

(一) 建立和完善人力资源引进的相关制度

1. 完善人力资源的引进制度

企业应当根据人力资源的总体规划,结合生产经营的实际需要,制订年度人力资源需求计划;完善人力资源引进制度,规范工作流程,按计划、制度和程序组织人力资源引进工作。

2. 优化选聘和选拔人才制度

(1) 企业应当根据人力资源能力框架要求,明确各岗位的职责权限、任职条件和工作要求,遵循德才兼备、以德为先,以及公开、公平、公正的原则,通过公开招聘、竞争上岗等多种方式来选聘优秀人才,重点关注选聘对象的价值取向和责任意识。

(2) 企业选拔高级管理人员和聘用中层及以下员工,应当切实做到因事设岗、以岗选人,避免因人设事或设岗,确保选聘人员能够胜任。

3. 完善选聘人员合同管理

(1) 企业确定选聘人员后,应依法签订劳动合同,建立劳动用工关系。

(2) 企业对于在产品技术、市场、管理等方面掌握或涉及关键技术、知识产权、商业秘密或国家秘密的各工作岗位,应当与该岗位员工签订有关岗位保密协议,明确保密义务。

4. 建立选聘人员试用期和岗前培训制度

企业应当建立选聘人员试用期和岗前培训制度,对试用人员进行严格考察,促进选聘员工全面了解岗位职责、掌握岗位基本技能、适应工作要求。试用期满考核合格后,选聘员工方可正式上岗;试用期满考核不合格者,企业应当与之及时解除劳动关系。

(二) 加强人力资源开发过程的管控

企业应当重视人力资源开发工作,建立员工培训长效机制,营造尊重知识、尊重人才和关

心员工职业发展的文化氛围,加强后备人才队伍建设,促进全体员工的知识、技能持续更新,不断提升员工的服务效能。

五、人力资源使用与退出的风险控制

（一）人力资源使用的风险控制

（1）建立激励约束机制。企业应当建立和完善人力资源的激励约束机制,设置科学的业绩考核指标体系,对各级管理人员和全体员工进行严格考核与评价,以此作为确定员工薪酬、职级调整和解除劳动合同等的重要依据,确保员工队伍处于持续优化状态。

（2）完善薪酬制度。企业应当制定与业绩考核挂钩的薪酬制度,切实做到薪酬安排与员工贡献相协调,体现效率优先,兼顾公平的原则。

（3）建立轮岗制度。企业应当制定各级管理人员和关键岗位员工的轮岗制度,明确轮岗范围、轮岗周期、轮岗方式等,形成相关岗位员工的有序持续流动,全面提升员工素质。

（二）人力资源退出的风险控制

（1）建立退出机制。企业应当按照有关法律法规的规定,结合企业实际,建立健全员工退出(辞职、解除劳动合同、退休等)机制,明确退出的条件和程序,确保员工退出机制得到有效实施。人力资源只进不出就会造成滞胀,严重影响企业的有效运行。人力资源退出机制可以保证企业人力资源团队的精干、高效和富有活力。

（2）解除劳动合同。企业对在考核中不能胜任岗位要求的员工,应及时暂停其工作,安排再培训或调整工作岗位,安排转岗培训;仍不能满足岗位职责要求的,应当按照规定的权限和程序解除劳动合同。

（3）保守企业秘密。企业应当与退出员工依法约定保守关键技术、商业秘密、国家机密和竞业限制的期限,确保知识产权、商业秘密和国家机密安全。企业关键岗位人员离职前,应根据有关法律法规的规定进行工作交接或离任审计。

企业应当定期对人力资源计划执行情况进行评估,总结人力资源管理经验,分析存在的主要缺陷和不足,完善人力资源政策,促进企业整体团队充满生机和活力。

第四节 社 会 责 任

安全生产、产品质量、环境保护、资源节约、员工权益、公益慈善等企业社会责任问题事关民生和社会稳定。企业忽视履行社会责任可能带来重大风险。近年来,中国企业频发危及食品安全、环境污染、资源破坏的恶性事件,对企业、社会和公众造成严重危害,对企业价值造成重大损害。企业可能因社会责任问题导致经济损失、法律风险、道德缺失等,使企业难以持续发展。

一、社会责任概述

（一）社会责任的概念

我国《企业内部控制应用指引第4号——社会责任》明确界定,社会责任是指企业在经营发展过程中应当履行的社会职责和义务,主要包括安全生产、产品质量(含服务)、环境保护、资源节约、促进就业、员工权益保护等。

一般来说,企业就是创造利润的,利润最大化或股东财富最大化是企业发展的唯一目标,社会责任是政府的事情,与己无关。这种观点和定位失之偏颇。企业创造利润或实现股东财富最大化固然重要,但在经济社会高速发展的今天,尤其是在作为发展中国家的我国,企业作为重要的市场主体,履行社会责任是其应尽的义不容辞的义务,也是企业的光荣使命。

(二)社会责任的内容

基于利益相关者的视角,系统梳理企业在生产经营过程中的主要社会责任,如图 2-1 所示。

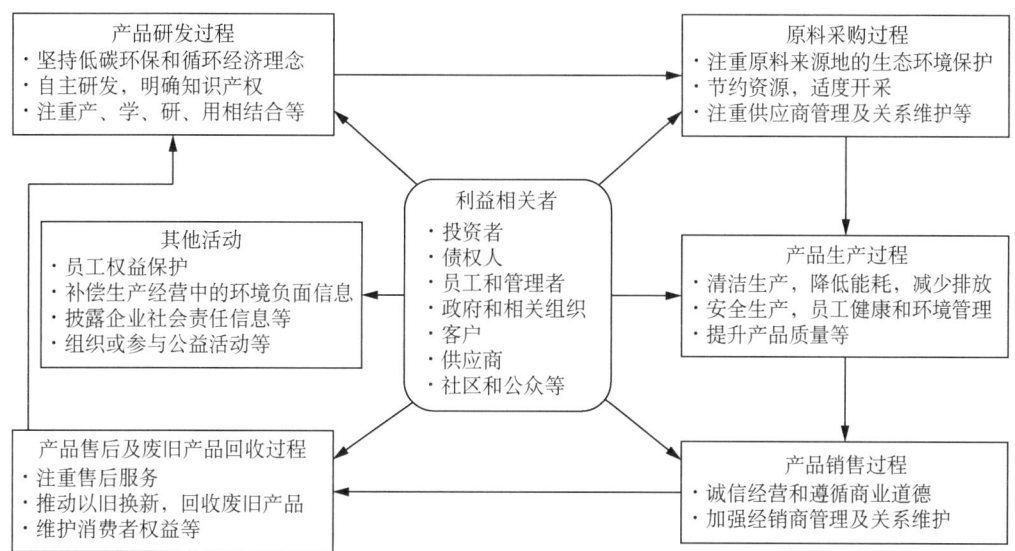

图 2-1 企业在生产经营过程中的主要社会责任

(1)在产品研发过程中,企业应坚持低碳环保和循环经济理念,自主研发,明确知识产权,避免侵权纠纷;同时,应积极推动产、学、研、用相结合,注重人才培养和交流,开展与高校及科研院所的合作,实现优势互补,激发创新活力。

(2)在原料采购过程中,企业应重视原料来源地的生态环境保护,努力节约资源,适度开采;依靠科技进步和技术创新,着力开发利用可再生资源;同时,注重供应商管理及关系维护,努力实现共赢多赢,避免侵害供应商权益等。

(3)在产品生产过程中,企业应坚持清洁生产,降低能耗,减少废弃物排放,加强对废弃物的回收、利用和处置;安全生产、员工健康和环境管理事关企业发展、员工权益与社会稳定,企业应加强管理,建章立制,并确保落实到位;低劣的产品质量损人不利己,企业应努力提升产品(包括服务)质量,这既是对消费者和整个社会负责,又是对自己负责。

(4)在产品销售过程中,企业应诚信经营,公平交易,遵循商业道德,避免商业贿赂;加强对经销商的管理及关系维护,坚持共赢多赢,避免侵害经销商和消费者权益等。

(5)在产品售后及废旧产品回收过程中,企业应注重售后服务,维护消费者权益,保持畅通的沟通平台;积极推动以旧换新,回收废旧产品,促进废旧物资再利用。

(6)在其他活动中,企业应积极促进就业,保护员工权益,维护员工健康,推动员工培训,为员工提供良好的发展平台;还应主动补偿生产经营中的环境负面影响,积极组织或参与公益活动、慈善事业,披露企业社会责任信息等。

二、企业社会责任的内部控制目标

内部控制与风险管理的五大目标具体到企业社会责任领域,可设定为以下五个方面:

(1) 在战略层面,企业在发展规划和战略决策中应贯彻社会责任思维,综合考量各利益相关者的利益,关注和妥善处理企业活动对社会与环境的影响。

(2) 企业在生产经营和管理活动中,要符合社会责任标准,遵守社会责任相关法律法规及单位内部的相关规章制度。

(3) 企业在生产经营和管理活动中,要积极履行和主动管理社会责任,主要包括:建立健全安全管理体系,加强安全措施,搞好安全生产;节能减排、减少污染,提高资源综合利用效率;为社会提供优质、安全、健康的产品和服务,最大限度地满足消费者的需求;主动保护员工权益,积极促进就业。

(4) 加强对与企业社会责任活动相关资产(劳保用品、消防设施、职工食堂、康乐设施等)的管理,确保相关资产的安全完整和有效使用。

(5) 加强与利益相关者的沟通,定期编制和发布企业社会责任报告,如实反映企业履行和承担社会责任的相关情况。

三、企业社会责任的主要风险

企业社会责任贯穿企业生产经营和管理的全过程,既涉及公司治理层面,又涉及内部机构和业务层面。按照《企业内部控制应用指引第4号——社会责任》的要求,企业至少应当关注在履行社会责任方面的下列风险:

(1) 安全生产措施不到位,责任不落实,可能导致企业发生安全事故。

(2) 产品质量低劣,侵害消费者利益,可能导致企业巨额赔偿,形象受损,甚至破产。

(3) 环境保护投入不足,资源耗费大,造成环境污染或资源枯竭,可能导致企业巨额赔偿、缺乏发展后劲,甚至停业。

(4) 促进就业和员工权益保护不够,可能导致员工积极性受挫,影响企业发展和社会稳定。

四、企业社会责任的风险控制

企业重视并切实履行社会责任,既是对企业的前途、命运负责,又是对社会、国家、公众负责。企业应切实做到经济效益与社会效益、短期利益与长远利益、自身发展与社会发展相互协调,实现企业与员工、企业与社会、企业与环境的健康和谐发展。

(一) 安全生产的风险控制

(1) 建立健全安全生产管理体系。企业应当根据国家有关安全生产的规定,结合本企业的实际情况,建立严格的安全生产管理体系、操作规范和应急预案,强化安全生产责任追究制度,切实做好安全生产。企业应设立安全管理部门和安全监督机构,负责企业安全生产的日常监督管理工作。

(2) 加大安全生产投入和经常性管理。企业应当重视安全生产投入,在人力、物力、资金、技术等方面提供必要的保障,健全检查监督机制,确保各项安全措施落实到位,不得随意降低保障标准和要求。

(3) 预防为主,实行特殊岗位资格认证制度。企业应当贯彻预防为主的原则,采取多种形式增强员工的安全意识,重视岗位培训,对于特殊岗位实行资格认证制度。企业应加强生产设备的经常性维护管理,及时排除安全隐患。

(4) 建立安全生产事故应急预案和报告机制。企业如果发生生产安全事故,应当按安全生产管理制度妥善处理、排除故障、减轻损失、追究责任。重大生产安全事故应当启动应急预案,同时按国家有关规定及时报告,严禁迟报、谎报和瞒报。

（二）产品质量的风险控制

(1) 建立健全产品质量标准体系。企业应当根据国家和行业相关产品质量的要求从事生产经营活动,切实提高产品质量和服务水平,努力为社会提供优质、安全、健康的产品和服务,最大限度地满足消费者的需求,对社会和公众负责,接受社会监督,承担社会责任。

(2) 严格质量控制和检验制度。企业应当规范生产流程,建立严格的产品质量控制和检验制度,严把质量关,禁止缺乏质量保障、危害人民生命健康的产品流向社会。

(3) 加强产品售后服务。企业应当加强产品的售后服务。售后发现存在严重质量缺陷、隐患的产品,企业应当及时召回或采取其他有效措施,最大限度地降低或消除缺陷、隐患产品对社会的危害。企业应当妥善处理消费者提出的投诉和建议,切实保护消费者权益。

（三）环境保护与资源节约的风险控制

(1) 转变发展方式,实现清洁生产和循环经济。企业应当按照国家有关环境保护与资源节约的规定,结合本企业的实际情况,建立环境保护与资源节约制度,认真落实节能减排责任,积极开发和使用节能产品,发展循环经济,降低污染物排放,提高资源综合利用效率。企业应当通过宣传教育等有效形式,不断提高员工环境保护和资源节约的意识。

(2) 依靠科技进步和技术创新,着力开发利用可再生资源。企业应当重视生态保护,加大对环境保护工作人力、物力、财力的投入和技术支持,不断改进工艺流程,降低能耗和污染物排放水平,实现清洁生产。企业应当加强对废气、废水、废渣的综合治理,建立废料回收和循环利用制度。

(3) 关注资源节约和资源保护。企业应当重视资源节约和资源保护,着力开发利用可再生资源,防止对不可再生资源进行掠夺性或毁灭性的开发。企业应当重视国家产业结构的相关政策,特别关注产业结构调整的发展要求,加快高新技术开发和传统产业改造,切实转变发展方式,实现低投入、低消耗、低排放和高效率。

(4) 建立监测考核体系,强化日常监控。企业应当建立环境保护和资源节约的监控制度,定期开展监督检查,发现问题,及时采取措施予以纠正。污染物排放超过国家有关规定的,企业应当承担治理或相关的法律责任。发生紧急、重大环境污染事件时,企业应当启动应急机制,及时报告和处理,并依法追究相关责任人的责任。

（四）促进就业与员工权益保护的风险控制

(1) 企业应当依法保护员工的合法权益,贯彻人力资源政策,保护员工依法享有劳动权利和履行劳动义务,保持工作岗位相对稳定,积极促进充分就业,切实履行社会责任。企业应当避免在正常经营情形下批量辞退员工,增加社会负担。

(2) 企业应当与员工签订并履行劳动合同,遵循按劳分配、同工同酬的原则,建立科学的员工薪酬制度和激励机制,不得克扣或无故拖欠员工薪酬。企业应当建立高级管理人员与员工薪酬的正常增长机制,切实保持合理水平,维护社会公平。

(3) 企业应当及时办理员工社会保险,足额缴纳社会保险费,保障员工依法享受社会保险待遇。企业应当依照有关规定做好健康管理工作,预防、控制和消除职业危害。企业按期对员工进行非职业性健康监护,对从事具有职业危害性作业的员工进行职业性健康监护。企业应当遵守法定的劳动时间和休息休假制度,确保员工的休息休假权利。

(4) 企业应当加强职工代表大会和工会组织建设,维护员工合法权益,积极开展员工职业教育培训,创造平等发展机会。企业应当尊重员工人格,维护员工尊严,杜绝性别、民族、宗教、年龄等各种歧视,保障员工的身心健康。

(5) 企业应当按照产、学、研、用相结合的社会需求,积极创建实习基地,大力支持社会有关方面培养、锻炼符合社会需求的应用型人才。

(6) 企业应当积极履行社会公益方面的责任和义务,关心和帮助社会弱势群体,支持慈善事业。

(五) 企业社会责任信息披露的风险控制

企业应建立社会责任信息报告制度,定期发布社会责任报告,向股东、债权人、员工、客户、社会等利益相关者如实陈述本企业在社会责任领域所做的工作、所取得的成就。企业社会责任信息披露可以增强企业的战略管理能力,使企业由外而内地深入审视与社会的互动关系,全面提高企业的服务能力和水平,提高企业的品牌形象和价值。

第五节 企 业 文 化

内部控制是根植于制度和文化的科学,制度建设是企业内部控制的基础,而道德和文化建设是企业内部控制的灵魂,两者的有机耦合共同影响着企业内部控制的效率和效果。内部控制建设不仅要有科学的制度和流程,还要注重正直诚信、社会责任、价值观等软环境的培育。内部软环境的培育依靠企业文化建设来推动,企业文化不仅能为企业提供精神支柱,而且对促进企业实现发展战略、提升核心竞争力、增强内部控制有效性等具有重要意义。因此,企业应加强文化建设,培育积极向上的价值观和社会责任感,倡导诚实守信、爱岗敬业、开拓创新和团队协作精神,树立现代管理理念,强化风险意识。

一、企业文化概述

(一) 企业文化的概念

企业文化是员工广泛接受的价值观念,以及由这种价值观念所决定的行为准则和行为方式。我国《企业内部控制应用指引第5号——企业文化》明确:企业文化是指企业在生产经营实践中逐步形成的、为整体团队所认同并遵守的价值观、经营理念和企业精神,以及在此基础上形成的行为规范的总称。

根据企业文化的定义,其内容是十分广泛的,但其中最主要的应包括以下几点:

(1) 价值观。价值观是个人对客观事物(包括人、物、事)以及对自己行为结果的意义、作用、效果和重要性的总体评价,其关系对是非曲直的基本判断,是推动并指引一个人做出决定和采取行动的原则及标准。

(2) 经营理念。经营理念是企业在生产经营实践中逐步形成的基本原则和核心思想,任何生产经营和管理活动都要符合这些基本原则及核心思想。

(3) 企业精神。企业精神是企业基于自身特定的性质、任务、宗旨、时代要求和发展方向,为谋求生存与发展,在长期的生产经营实践中经过精心培育、提炼而逐步形成的,为员工群体所认同的正向心理定式、价值取向和主导意识的统称。

(4) 行为规范。行为规范是用来规范个人行为、调解人际交往、维护社会秩序的思想工具，是人们说话、做事所依据的标准，也是社会成员都应遵守的行为准则。如茅台集团的经营理念为"酿造高品位的生活"，核心价值观为"以人为本，以质求存，恪守诚信，团结拼搏，继承创新"，企业精神为"爱我茅台，为国争光"。

(二) 企业文化建设的重大意义

1. 企业文化为企业发展提供精神支柱和灵魂归宿

企业作为社会的一个单元，要实现可持续发展、打造百年基业，就必须重视文化建设，有自己的企业文化。企业文化渗透于管理制度设计和执行的各个层面，是内部控制的灵魂。企业有了积极向上的优秀文化，就会重视创新、尊重知识、尊重人才、赢得客户、打响品牌，终成"百年老店"；反之，如果缺乏优秀的文化，企业就像一个没有个性和创业激情的人，终将在市场竞争中湮没沉沦、失去竞争力、为市场所唾弃。内部控制的核心是人，个人品行（包括诚信、道德价值观和胜任能力）是内部环境中最重要的因素。企业文化是重要的内部环境，能够培育员工认同感，增强凝聚力。企业文化是象征企业灵魂的价值导向，是内部控制的最高境界，反映着以人为本的管理理念，重视人的因素，强调精神文化的力量，希望用无形的文化力量形成一种行为准则、价值观念和道德规范，凝聚企业员工的归属感、积极性和创造性，引导企业员工为企业和社会的发展而努力工作、积极进取。因此，一个企业如果道德缺失、文化贫瘠是很难走向持续繁荣的。

2. 企业文化能够提升企业核心竞争力

核心竞争力是企业不可交易和不可模仿的独特优势，是企业竞争中最具有长期决定性影响的内在因素。企业的核心竞争力是优秀的企业文化，成功的企业总是与成功的企业文化紧密相连，优秀的企业无不有着优秀的企业文化。企业文化对提升企业竞争力、推动企业可持续发展具有重大的作用。拥有核心竞争力的企业一般具有以下特征：具有良好市场前景的关键技术、真实稳健的财务状况、内外一致的企业形象、真实诚信的服务态度、团结协作的团队精神、以客户为中心的经营理念、善待员工的公平机制、鼓励员工开拓创新的激励机制等。这些特征几乎都与企业文化有关。

我国中医药行业的著名老字号北京同仁堂，历经三百多年而不衰，不可否认的是其拥有"核心技术"，但同样重要的在于，历代同仁堂人前赴后继、不懈追求，始终恪守和培育"炮制虽繁必不敢省人工，品位虽贵必不敢减物力"的文化信条。

3. 企业文化为提高内部控制的有效性奠定了坚实基础

企业的内部控制主要针对员工行为而设计，而员工行为受企业文化的影响。在内部控制建设中，制度和流程是基础，是保证内部控制有效执行的前提和保障；道德和文化建设是内部环境培育的重要内容，是内部控制建设的更高境界，道德能够引领员工由被动走向主动，文化能够凝聚人心。制度是一种"硬约束"，必须融入企业道德和文化的"软约束"才能实现"他控"和"自控"结合，达到内部控制的目标。企业文化不仅能提高制度效力，还能弥补制度约束的漏洞。

二、企业文化的内部控制目标

企业应根据内部控制与风险管理的五大目标，确定内部环境要素应达到的目标，并将目标分解落实，确定企业文化应达到的具体目标。企业文化的内部控制目标可设定为以下四个方面：

（1）培育健康向上的核心价值观，培育员工社会责任感和遵纪守法意识，倡导团结友善、相互尊重、学习创新和热爱生活的企业精神。

（2）管理团队和各级管理人员要树立有利于实现企业目标的管理理念与经营风格，避免因个人风险偏好而可能给企业带来的不利影响和损失。

（3）全体员工要培养以正直诚信、敬岗爱业、廉洁自律为核心的职业操守，坚持客观公正、依法办事的准则，不损害投资者、债权人、供应商、客户、员工和社会公众的利益。

（4）坚持以人为本、文化育人，培育高素质的员工队伍，不断提升企业的核心竞争力。企业应建立一种团结和凝聚员工的文化力量，培育与现代企业制度相适应的思想观念，增强员工的团队意识、责任意识、风险意识、效率意识、开拓创新意识等。

三、企业文化建设的主要风险

按照《企业内部控制应用指引第5号——企业文化》的要求，加强企业文化建设至少应当关注下列风险：

（1）缺乏积极向上的企业文化，可能导致员工丧失对企业的信心和认同感，企业缺乏凝聚力和竞争力。

（2）缺乏开拓创新、团队协作和风险意识，可能导致企业发展目标难以实现，影响企业的可持续发展。

（3）缺乏诚实守信的经营理念，可能导致舞弊事件的发生，造成企业损失，影响企业信誉。

（4）忽视企业间的文化差异和理念冲突，可能导致并购重组失败。

四、企业文化建设的风险控制

企业文化是一个企业的灵魂，是推动企业不断发展的潜在的、不竭的动力源泉。没有优秀的企业文化，就不能统一董事、监事、高级管理人员和全体员工的思想与意志，就不能激发其潜力和热情，就不能培育对企业的认同感，就不能形成卓越的执行力。

（一）塑造企业的核心价值观

核心价值观是企业在经营过程中坚持不懈、努力使全体员工都必须信奉的信条，体现了企业核心团队的精神，往往也是企业家身体力行并坚守的理念。这种价值观和理念是一家企业的文化核心，凝聚着董事、监事、高级管理人员和全体员工的思想观念，从而使大家的行为朝着一个方向努力，反映出一家企业的行为和价值取向。企业文化建设始于核心价值观的精心培育，终于核心价值观的维护、延续和创新，这是成功企业不变的法则。

为此，企业应注重以下方面：

（1）挖掘自身文化。企业要注意从特定的外部环境和内部条件出发，把共性和个性、一般和个别有机地结合起来，总结本企业的优良传统和经营风格，挖掘整理出本企业长期形成的宝贵的文化资源，在企业精神提炼、理念概括、实践方式上体现出鲜明的特色，形成既具有时代特征又独具魅力的企业文化。

（2）博采众长。企业要紧紧把握先进文化的前进方向，以开放、学习、兼容、整合的态度，坚持以我为主、博采众长、融合创新、自成一家的方针，广泛借鉴国外先进企业的优秀文化成果，大胆吸取世界新文化、新思想、新观念中的先进内容，取其精华、去其糟粕、扬长避短、为我所用。

（3）根据塑造形成的核心价值观指导企业的实际行动。核心价值观明确提倡什么、反对什么，哪一种行为是企业所崇尚的、鼓励大家去做的，哪一种行为是企业所反对的、大家不应去做的，企业应根据塑造形成的核心价值观指导企业的实际行动。

（二）打造以主业为核心的品牌

品牌通常是指能够给企业带来溢价、产生增值的一种无形资产，其载体是用以和其他竞争者的产品或服务相区分的名称、术语、象征、标志或设计及其组合。企业产品或服务的品牌与企业的整体形象联系在一起，是企业的"脸面"或"标识"。品牌能够增值，主要来自消费者心智所形成的关于其载体的印象。在市场竞争中，企业无不重视其产品或服务品牌的建设。打造以主业为核心的品牌，是企业文化建设的重要内容。企业应将核心价值观贯穿于自主创新、产品质量、生产安全、市场营销、售后服务等方面的文化建设中，着力打造源于主业且能够让消费者长久认可、在国内外市场上彰显其强大竞争优势的品牌。

（三）充分体现以人为本的理念

以人为本是企业文化建设应坚守的重要原则。企业应在企业文化建设的过程中牢固树立以人为本的思想，坚持全心全意依靠全体员工办企业的方针，尊重劳动、尊重知识、尊重人才、尊重创造，用美好的愿景鼓舞人，用宏伟的事业凝聚人，用科学的机制激励人，用优美的环境熏陶人。企业应努力为全体员工搭建发展平台，提供发展机会，挖掘创造潜能，增强其主人翁意识和社会责任感，激发其积极性、创造性和团队精神；尊重全体员工的首创精神，在统一领导下，有步骤地发动全体员工广泛参与，从基层文化抓起，集思广益、群策群力、全员共建；努力使全体员工在主动参与中了解企业文化建设的内容，认同企业的核心理念，形成上下同心、共谋发展的良好氛围。

（四）强化企业文化建设的领导责任

在建设优秀企业文化的过程中，领导是关键。要建设好企业文化，领导必须高度重视、认真规划、狠抓落实，这样才能取得实效。企业主要负责人应站在促进企业长远发展的战略高度重视企业文化建设，切实履行第一责任人的职责，对企业文化建设进行系统思考，出思想、谋思路、定对策，确定本企业文化建设的目标和内容，提出正确的经营管理理念。董事、监事、经理和其他高级管理人员应当在企业文化建设中发挥主导与垂范作用，不断提高自身的道德操守和文化素养，以自身优秀的品格和脚踏实地的工作作风，带动并影响整个团队，共同营造积极向上的企业文化环境。

（五）将企业文化融入生产经营的全过程

企业文化建设应当融入生产经营的全过程，切实做到文化建设与发展战略的有机结合，增强员工的责任感和使命感，做到与企业同呼吸、共命运、同成长、共生死，真正实现"人企合一"。企业应着力将核心价值观转化为企业文化规范，梳理完善相关的管理制度，对员工日常行为和工作行为进行细化，逐步形成企业文化规范，以理念引导员工的思维，以制度规范员工的行为，使员工自身价值在企业的发展中得到充分体现。

【复习思考题】

1. 内部环境在内部控制中的地位和作用有哪些？
2. 什么是企业的组织架构？它分为哪几个层面？

3. 企业组织架构设计与运行的主要风险有哪些?如何应对这些风险?
4. 企业发展战略制定与实施的主要风险有哪些?如何应对这些风险?
5. 企业人力资源政策与实践的主要风险有哪些?如何应对这些风险?
6. 如何理解企业的社会责任?它具体包括哪些内容?
7. 企业履行和管理社会责任的主要风险有哪些?如何应对这些风险?
8. 企业文化建设的主要风险有哪些?如何应对这些风险?

第三章
风险评估

【教学目标】

知识目标：
1. 理解和掌握风险的概念、特征和分类。
2. 熟悉风险的组成要素及其作用原理。
3. 掌握并能熟练运用风险识别的方法。
4. 理解和掌握固有风险与剩余风险的概念。
5. 理解并能熟练运用风险应对策略。

能力目标：
1. 能够准确识别企业在经营活动中面临的各种风险，并对识别出的风险进行深入分析，制定有效的风险应对策略和措施。
2. 能够不断学习和掌握新的风险评估方法和工具，根据企业内外部环境的变化及时调整风险评估策略，保持风险评估工作的有效性和适应性。

素养目标：
1. 具备敏锐的风险感知能力，察觉和识别企业内外部环境的变化，及时捕捉潜在的风险因素。
2. 能够遵守职业道德规范，保持客观公正的态度，具备高度的责任感和保密意识，保护企业的商业秘密和信息安全。

【导入案例】

二维码 3-1　融创中国 150 亿元并购乐视，为什么会风险失控？

内部控制的建立和实施不仅要明确目标，更要始终贯穿风险导向。对于影响目标实现的风险因素，企业要提高警惕，树立风险意识，积极主动地识别风险，科学地分析和评估风险，上传下达已识别和评估出来的主要风险，以便引起相关人员的注意和重视，并采取适当的策略和措施来应对风险，将其控制在可接受水平之内。风险评估作为内部控制的一个要素，主要涉及目标设定、风险识别、风险分析和风险应对等内容。

第一节 风险概述

一、风险的概念

关于风险的概念,人们有着不同的认识和理解,出现过的观点有:可能发生的危险,发生不幸事件的可能性,事件产生我们所不希望的后果的可能性,实际结果与人们所期望目标之间的差异程度,遭受不利、伤害、损失或毁灭的可能性,某一特定危险情况发生的可能性和潜在后果的组合,结果的潜在变化,未来结果的不确定性,可能的结果及其概率分布的组合函数——$R = F(E_i, P_i)$ 等。

COSO 在 1992 年出版的《内部控制——整合框架》认为,风险是任何可能影响目标实现的负面因素,所有企业,无论规模、结构和行业性质,都面临诸多来自内部和外部的风险,影响既定目标的实现。COSO 在 2013 年出版的《内部控制——整合框架》认为,风险是事件发生并对组织实现其目标产生负面影响的可能性。COSO《企业风险管理——整合框架》指出,所有主体都面临不确定性,管理当局面临的挑战就是在为增加利益相关者价值而奋斗的同时,确定要承受多大的不确定性。不确定性可能破坏或增加价值,因而它既代表风险,又代表机会。

我国《中央企业全面风险管理指引》认为,风险是未来的不确定性对企业实现其经营目标的影响。2009 年 11 月,国际标准化委员会(ISO)发布《ISO 31000 风险管理国际标准》,将风险定义为不确定性对目标的影响。其中,影响是预期的偏差,包括积极的影响、消极的影响,或者两者兼而有之;目标可以有不同方面(如财务、健康安全和环境目标),可以体现在不同层次(如战略、组织结构、项目、产品和过程);风险通常以潜在事件和后果或它们的组合来描述;不确定性是指认识或理解事件及其后果或可能性所需信息的缺乏或不完整的状态。

综上所述,经过不断演化,风险一词已经大大超越"遇到危险"的狭窄含义,越来越倾向于未来的不确定性对实现目标的影响。企业在实现其目标的经营活动中,会遇到各种不确定事件,这些事件发生的概率及其影响程度是无法事先预知的;这些事件将对经营活动产生影响,从而影响企业目标实现的程度。这种在一定环境下和一定限期内客观存在的、影响企业目标实现的各种不确定性因素就是风险。不确定性既可能给企业带来损失,又可能使企业获得收益。如果企业采取适当措施管理这种不确定性,则不仅能够减少损失,还可能形成机会而获得收益,有时风险越大,回报越高。

二、风险的特征

对风险的不同理解和定义,使风险具有多种属性和特征。就单项风险而言,每项风险都有不确定性、动态性、偶然性、可知性等特征。其中,不确定性是风险的本质特征。从宏观层面和风险总体来看,风险又有一定的客观性和必然性,能够呈现出规律性和普遍性。

1. 风险具有不确定性

企业在一个变化的、多样的、复杂的环境中从事经营活动,在经营管理过程中,随时会面临各种不确定性。风险事件是否发生,何时、何地发生,以及发生之后会造成什么样的后果等,都是不确定的。例如,交通事故每天都在发生,但具体是哪一辆车,何时、何地发生是无法预先确定的;万一发生交通事故,将会造成怎样的损失和伤害,我们也无法确切预知。

2. 风险具有动态

任何风险都是一定条件下的风险,是一定时空内的风险。当条件发生变化时,风险也随之发生变化。风险的动态性表现为风险性质的变化、风险量值的变化和风险结果的变化。风险既可以从无到有,又可以从有到无;既可以从大到小,又可以从小到大。风险在一定条件下可以转化为机会,反之亦然。风险的动态性要求企业的风险评估、控制活动、内部监督等都要动态跟进,持续改进。

3. 风险具有偶然性

风险虽然客观存在,但就某一具体风险而言,风险事件的发生具有偶然性或随机性。风险事件的发生是诸多因素共同作用的结果,每一因素的作用时间、作用点、作用方向、先后顺序、作用强度等都是在特定条件下发生的。每一因素的出现本身就具有偶然性,这就导致风险事件的发生具有偶然性。风险事件发生的偶然性还意味着发生时间的随机性,俗话说的"天有不测风云"就是风险突发性的体现。风险事件的偶然性和突发性可能会加剧风险的破坏性。

4. 风险具有可知性

如果一种事物不可认知,便会陷入神秘主义的泥潭。人们既可以认识风险的性质和大小,又可以观测和度量风险的后果。对于事件发生的不确定性程度,可以用概率来描述。例如,当概率在0～50%时,随着概率的增加,不确定性随之加大,概率为50%时不确定性最大;当概率在50%～100%时,随着概率的增加,不确定性随之减小;当概率为0和100%时,不确定事件即转变为确定事件。对于事件结果的不确定性,可以用实际结果与预期目标的偏差或可能结果的变动来描述,极差或全距、标准差、方差、离散系数、β系数等指标可以用来衡量可能结果的变异程度。

5. 风险具有客观性

风险不以人的意志而转移,独立于主观意识之外而客观存在。例如,我们所熟知的自然灾害、意外事故、生老病死及决策失误等,虽然我们知道这些风险的存在,也能部分地控制风险,但我们无法完全消除它们。风险的存在取决于决定风险的各种因素,人们只有承认和识别风险、分析和评估风险,并采取应对措施,改变风险存在和发生的条件,才可能降低或化解风险。但是,风险一般是不可能彻底消除的,远离风险,也就意味着放弃收益和机会。

6. 风险具有相对性

俗话说福祸相依,没有绝对的风险,风险总是与机会并存。风险是相对于机会而言的,没有风险,也就没有机会。一般而言,风险大,潜在收益就多,反之则潜在收益少。不同主体对同一事件的感受和处理方式不同,风险便不相同。不同主体对风险的承受能力不同,风险所产生的影响力也不同。而主体的风险承受能力受时间、空间的影响,具有个体差异。风险的这种相对性,要求我们面对风险应保持正确的认识理念和态度。

7. 风险具有普遍性

风险无处不在,只要某一事件的发生存在两种或两种以上的可能性,即可认为该事件存在风险。人类历史总是与各种风险相伴,天灾人祸、意外事故、生老病死、冲突战争等从未远离人们。随着科学技术和人类社会的进步,新的风险层出不穷,物价、利率、汇率、股票指数、信用、技术、政策、法规等都处于不断变化之中。变化就意味着风险,变化越快、越大,风险越大;没有变化,就没有风险。

8. 风险具有规律性

就单个风险事件而言,其发生和影响具有偶然性和突发性。但从宏观层面和风险总体来看,一定时期某种风险的发生概率及其影响程度具有一定的必然性,能够呈现出规律性。我们可以借助数理统计的方法处理大量相互独立的随机事件,发现和归纳其固有的规律性。例如,每一笔应收账款的收回都具有不确定性,该笔应收账款是否成为坏账具有一定的偶然性,但我们可以运用过去的数据和经验,估计出应收款项总体的收回比例和坏账损失情况,这种情况具有一定的必然性。

三、风险的分类

为了更全面地了解和认知风险,按照不同标准,可以将风险分为不同类别。

1. 以风险对企业目标实现产生的影响为标准分类

以风险对企业目标实现产生的影响为标准,可以将风险分为战略风险、运营风险、合规风险、资产风险和报告风险:

(1) 战略风险是影响企业战略目标实现的不确定性因素,如战略规划风险、战略实施风险等。战略风险是高层次风险,影响着整个企业的发展方向、资源配置、企业文化、生存能力、整体效益、核心竞争力等。

(2) 运营风险是企业在运营过程中存在的影响运营效率和效果的不确定性因素,如产品价格风险、人力资源风险、融资风险、投资风险、资本结构风险等。

(3) 合规风险是企业在生产经营和管理活动中,未按法律法规、合同约定、监管要求、内部规章等的规定行使权利、履行义务,而对企业造成负面后果的不确定性因素。

(4) 资产风险是影响企业资产安全完整和使用效能的不确定性因素。

(5) 报告风险是因企业的对内或对外报告达不到应有的质量要求而影响其目标实现的不确定性因素。

2. 以风险的来源为标准分类

以风险的来源为标准,可以将企业风险分为内部风险和外部风险:

(1) 内部风险包括董事、监事、经理及其他高级管理人员的职业操守和员工专业胜任能力等人力资源风险;组织机构、经营方式、资产管理、业务流程等管理风险;研究开发、技术投入、信息技术运用等自主创新风险;财务状况、经营成果、现金流量等财务风险;营运安全、员工健康、环境保护等社会责任风险;等等。

(2) 外部风险包括经济形势、产业政策、融资环境、市场竞争、资源供给等经济方面的风险;法律法规、监管要求等法律方面的风险;安全稳定、文化传统、社会信用、教育水平、消费者行为等社会方面的风险;技术进步、工艺改进等科学技术方面的风险;自然灾害、环境状况等自然环境方面的风险;等等。

3. 以风险的经济后果为标准分类

以风险的经济后果为标准,可以将风险分为纯粹风险和机会风险:

(1) 纯粹风险是指会带来损失等不利后果的可能性,如火灾、洪水、被盗等。对当事人而言,有的纯粹风险可以回避,有的可能无法回避。例如,不乘飞机的人不会有空难风险,但像地震、疾病这类风险则无法回避,总有发生这类风险事件的可能。在纯粹风险面前,人们往往处于较为被动的地位。

(2) 机会风险带来损失和盈利的可能性并存,例如,股票市场的变化既可能使持股者获得盈利,又可能给持股者带来损失。在机会风险面前,人们往往处于较为主动的地位,有决策的余地。

4. 以风险产生的原因为标准分类

以风险产生的原因为标准,可以将风险分为自然风险和人为风险:

(1) 自然风险是指由自然界不可抗力因素引起的自然灾害导致的物质损失和人员伤亡，如台风、洪水、地震等。

(2) 人为风险是指由人类行为及各种经济、政治、技术活动引起的风险。人为风险又可以分为行为风险、经济风险、政治风险和技术风险。行为风险是由个人或团体的行为不当、过失及故意行为造成的风险，如盗窃、渎职、故意破坏等行为造成的损失和不良后果。经济风险是由市场预测失误、经营管理不善、价格波动、汇率变化、需求变化、通货膨胀等因素导致的经济影响。政治风险是由政局、政策的变化引发的不确定性。技术风险是由科学技术发展的副作用带来的种种影响，如环境污染、技术犯罪等。

5. 以人对风险的承受能力为标准分类

以人对风险的承受能力为标准，可以将风险分为可接受风险和不可接受风险：

(1) 可接受风险是指预期风险事件的最大损失在单位或个人承受能力的最大限度之内。

(2) 不可接受风险是指预期风险事件的最大损失已经超过单位或个人承受能力的最大限度。

6. 以风险预期的严重程度为标准分类

以风险预期的严重程度为标准，可以将风险分为一般风险、中等风险和重大风险：

(1) 一般风险是指风险事件发生的可能性较小，或者风险事件发生所致损失较小的风险。

(2) 中等风险是介于一般风险和重大风险之间发生危害较大的风险。

(3) 重大风险是指发生的可能性较大且一旦发生危害极大的风险。

7. 以风险存在的层级为标准分类

以风险存在的层级为标准，可以将风险分为一级风险、二级风险、三级风险，甚至更细分的风险：

(1) 一级风险是企业整体及主要业务领域所面临的总体性风险，如战略风险、财务风险、销售风险、工程项目风险、人力资源风险等。

(2) 二级风险是在企业各主要业务领域中的具体经营活动和管理行为所产生的风险，是对一级风险的细分。例如，与销售风险相关的二级风险有销售计划管理风险、客户开发风险、信用管理风险、销售定价风险、销售合同风险、发货管理风险、收款管理风险、售后服务风险等。

(3) 三级风险是可能导致二级风险发生的主要风险诱因，是对二级风险的细分。例如，与客户开发风险和信用管理风险相关的三级风险有客户管理制度缺失或不完备、客户档案不健全、缺乏合理的资信评估等。此外还可以再按销售业务岗位，将三级风险细分为岗位类操作风险（四级风险）。

8. 以风险是否可被分散为标准分类

以风险是否可被分散为标准，可以将风险分为系统性风险和非系统性风险：

(1) 系统性风险又称市场风险，是政治、经济、社会等外部环境变化对所有个体造成的影响。系统性风险包括政策风险、经济周期性波动风险、利率风险、购买力风险、汇率风险等，不能通过多样化投资加以分散或消除，因此也称不可分散风险。

(2) 非系统性风险是只对某个行业或个别企业产生影响的风险，通常由某一特殊因素引起，与整个市场不存在系统性关联，只对个别企业或个别行业产生影响。非系统性风险包括产品风险、管理风险、财务风险、经营风险、信用风险、偶然事件风险等，可以通过多样化投资来分散，因此也称可分散风险。

第二节 目标设定

内部控制是对影响企业目标实现的风险进行控制,而风险是影响企业目标实现的不确定性因素。因此,恰当的目标设定是企业建立和实施有效内部控制的基础,是进行风险识别、风险评估和风险应对的前提。管理当局应采取恰当的程序去设定目标,确保所选定的目标切合企业使命,并且与企业的风险容忍度相一致。

一、企业内部控制目标的含义

企业内部控制的目标包括战略目标、经营目标、报告目标、合规目标及资产目标。在这五大目标中,战略目标是最高层次的目标,经营目标、报告目标、合规目标及资产目标都是建立在战略目标基础上的业务层面目标。在企业内部控制目标设定的过程中,企业要根据自己的风险偏好和风险承受能力先制定企业层面的战略目标,然后再制定具体业务层面的其他四个目标。对已经制定的目标要进行审阅,以保证这些目标与企业的风险偏好、风险承受能力相一致。目标设定具体如图3-1所示。

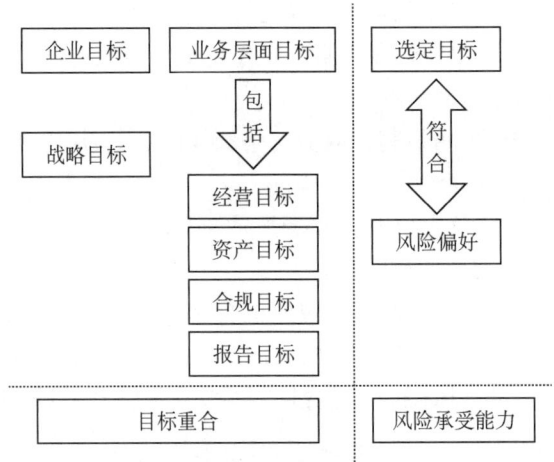

图3-1 目标设定

战略是实现企业目标的全面性、方向性的行动计划。企业在考虑实现战略目标的各种方案时,必须考虑与各种战略相伴的风险及影响。对于同样的战略目标,企业可以选择不同的战略加以实现,而不同的战略则具有不同的风险。因此,企业在战略选择之前,有必要对当前的经营状况进行评估,分析内、外部环境因素,公司在行业中所处的位置及面临的机遇和挑战,不断审视当前的目标与使命。

经营目标与企业经营的有效性和效率有关,其包括业绩和盈利目标的实现,反映企业运营所处的特定经营、行业和经济环境。经营目标的设定需在战略目标设定的前提下根据企业的资源、能力加以确定,经营目标是战略目标的阶段化、具体化的表现。

报告目标与报告的可靠性有关。企业报告包括内部和外部报告,可能涉及财务和非财务信息。可靠的报告为管理层提供适合其既定目标的准确而完整的信息,支持管理层的决策,并对主体活动和业绩实施有效监控。财务报告向报告使用者提供与企业财务状况、经营成果等有关的会计信息,反映企业管理层受托责任的履行情况,有助于报告使用者做出经营决策。内部控制报告可以增强CEO及其他高层管理人员的控制意识,传递高层管理人员对内部控制的承诺,进而增强内部控制的有效性。

合规目标与企业活动的合法性有关。企业从事活动必须符合相关的法律和法规,并有必要采取具体措施。相关法律法规可能与市场、价格、税收、环境、员工福利以及国际贸易有关。企业需要根据相关法律法规制定最低行为标准并作为企业的遵循依据,企业的合规记录可能对它在社会上的声誉产生极大影响。

资产目标指的是资产安全,资产安全目标是我国内部控制体系在COSO框架基础上结合国情的创新,资产的安全与完整对于我国企业尤其是国有企业有非常重要的现实意义。近年来国有资产流失的案件时有发生,内部控制应该把资产安全作为一个重要目标来实现。

企业的战略目标一般是稳定的,但与其相关的业务层面的目标具有动态性,会随着内部和外部的条件而调整。因此,在企业风险管理目标的设计过程中,企业首先要确定企业层面的目标,即战略目标。

二、制定战略目标

战略目标需要在董事会及员工相互沟通后确定,同时还要有支持其实现的资金预算及战略计划。

(一)战略目标制定的过程

战略目标的制定需要经过如下四个阶段:

(1)明确企业发展目标。企业在长期规划中应明确自身的发展目标和发展方向,通过培训、宣传手册、领导讲话等方式将企业目标清晰地传达给员工。

(2)制定实现目标的战略规划。企业通过SWOT分析,在了解自身的优势、劣势、机会和威胁的基础上制定帮助企业实现目标的战略规划。

(3)制订年度计划及资金预算。企业根据制订的中长期战略规划,编制年度经营计划、年度资金预算等。该年度经营计划及预算应符合企业中长期战略、效益目标、投资方向和投资结构。

(4)企业编制《企业预算管理办法》,明确编制预算的基本原则、内容、编制依据等。

(二)战略目标的分解

战略目标作为一种总目标、总任务和总要求,可以分解成一些具体目标、具体任务和具体要求。这种分解既可以在空间上把总目标分解成多个方面的具体目标和具体任务,又可以在时间上把长期目标分解成多个阶段的具体目标和具体任务。只有把战略目标加以分解,才能使其具有可操作性。战略目标的分解一般采用自上而下的方式,逐层分解,形成部门的子目标,直至基层的目标,以实现战略目标的可操作性。

战略目标的分解主要包括职能分解、时间分解、平衡与协调三个方面。

1. 职能分解

职能分解即把战略目标按职能部门进行分解,即按照企业的组织系统展开,把企业的战略方案逐级落实到各事业部门、业务部门、分公司或车间,再由它逐层分解到岗位和个人,形成一个层层目标明确、岗位职责清楚的责任与目标相结合的实施体系,它同企业的组织结构相对应。

2. 时间分解

时间分解即把战略方案的长期目标,从时间上分解为一个个短期目标,使企业的长期行为转化为短期安排。把长远目标分解为短期目标,明确规定什么目标在什么时候完成到什么程度,便于实施、检查。一般企业会将每年的方针目标分解成年、季、月目标,在时间的分解上要注意时间的同步性,各项目标在时间上是同步的,在时间序列上是符合需要的。

3. 平衡与协调

平衡与协调指按照时间的同步和有序、职能的相互协调和各种资源在时间和部门、项目上的平衡,进行综合平衡和系统协调。值得注意的是,整个目标体系的建立需要所有管理者的参与。公司中的每一个单元都必须有一个具体的、可测度的业绩目标,每个单元的目标都必须对完成公司的目标有实际意义。如果整个公司的目标体系分解成了各个组织单元和低层管理者明确的具体目标,那么,整个公司就会形成一种以结果为导向的气氛。最理想的情形是,树立团队工作精神,组织中的每一个单元都奋力完成其职责范围内的任务。

三、确定业务层面目标

业务层面目标包括如上所述的经营目标、报告目标、合规目标和资产目标,它来自企业战略目标及战略规划,并制约或促进企业战略目标的实现。业务层面的目标应具体并具有可衡量性,且与重要业务流程密切相关。

业务层面目标的制定需要经过如下四个阶段:

(1) 制定业务层面目标。企业的总目标及战略规划为业务层面的目标指明方向,业务层面根据自身的实际情况及总体目标的要求提出本单位的目标,通过上下不断沟通最终确定。

(2) 根据企业的发展变化,定期更新业务活动的目标。

(3) 配置资源以保证业务层面目标的顺利实现。企业在确定各业务单位的目标之后,将人、财、物等资源合理分配下去,以保证各业务单位有实现其目标的资源。

(4) 分解业务目标并下达。企业确定业务层面的目标后,再将其分解至各具体的业务活动中,明确相应岗位的目标。

四、合理确定风险承受能力

为了合理地确定风险承受能力,在目标设定阶段,企业必须解决以下三个基本问题:

(1) 风险偏好。风险偏好是指企业在实现其目标的过程中愿意接受的风险的数量。企业可以采用定性和定量两种方法对风险偏好加以度量。风险偏好与企业的战略直接相关,在战略制定阶段,企业应进行风险管理,考虑将该战略的既定收益与企业的风险偏好结合起来,目的是帮助企业的管理者在不同的战略之间选择与企业风险偏好相一致的战略。

(2) 风险容忍度。风险容忍度是指企业在目标实现的过程中对差异的可接受程度,是企业在风险偏好的基础上设定的对相关目标实现过程中所出现的差异的可容忍限度。在确定各目标的风险容忍度时,企业应考虑相关目标的重要性,并将其与企业风险偏好联系起来。

(3) 风险组合观。企业风险管理要求企业管理者以风险组合的观点看待风险,对相关的风险进行识别并采取措施,以使企业所承担的风险在风险偏好的范围内。对企业内每个单位而言,其风险可能落在该单位的风险容忍度范围内,但从企业整体来看总风险可能超过企业总体的风险偏好范围。因此,应从企业总体的风险组合的角度看待风险。

第三节 风险识别

风险识别是发现、辨识和表述风险的过程,其包括对风险源、风险事件、风险原因和风险潜在后果的识别。企业应及时识别可能对其目标实现产生影响的潜在事项,并确定它们是否代表机会,或者是否会对目标实现产生负面影响。在风险识别的过程中,企业应全面考虑一系列可能对目标实现产生影响的内部风险和外部风险,包括潜在的风险源、风险事件、风险原因、风险后果等。

一、风险的组成要素及其作用原理

(一)风险的组成要素

风险的组成要素包括风险因素、风险事件及风险后果。

1. 风险因素

风险因素也称风险因子,是指引起或增加风险事件发生的机会或条件,是风险事件发生的潜在原因。不同领域的风险因素表现形态各异。例如,一栋大楼所用建筑材料的质量和建筑结构的合理性都是造成房屋倒塌的潜在因素。

根据风险因素的性质,还可以将其分为三种:一是物理风险因素,属于有形因素,可以直接影响某事物的物理性质,如传动系统、刹车系统的不安全因素等直接影响汽车的安全使用;二是道德风险因素,属于无形因素,与人的品行修养、价值观、人生观及道德操守等有关,如人的欺诈行为、诚信缺失等;三是认知风险因素,属于无形因素,与人的心理状态、认知状况有关,如投保后不注意防范损失等。

2. 风险事件

风险事件是对目标实现产生影响的偶发事件,风险事件的发生会给企业造成人身伤亡、财产损失、客户流失、声誉受损等后果。风险事件意味着潜在后果成了现实结果。

3. 风险后果

风险事件的发生对目标实现的影响可以是负面的,也可以是正面的,或者两者兼之。风险后果可以分为直接后果和间接后果。例如,某企业因遭受火灾而导致的设备损毁属于直接后果,间接后果包括企业因修理或重置设备而支出的费用、因设备损毁无法运营而减少的利润、因无法正常生产不能履约而造成的违约金或罚款等。

(二)风险要素的作用原理

风险是由风险因素、风险事件和风险后果构成的统一体。风险要素的作用原理可以用图3-2所示的因果关系描述:风险因素的产生或增加诱发风险事件的发生,风险事件的发生带来现实的风险后果,风险后果形成实际结果与预期目标的差异。例如,雪天路滑导致车祸的发生,造成人员伤亡和财产损失。此时,"雪"是风险因素,"车祸"就是风险事件,"人员伤亡和财产损失"是风险后果。

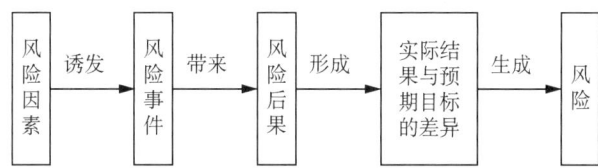

图3-2 风险要素的作用原理

二、风险识别的方法

风险识别从理论上可以分为筛选、监测和诊断三个环节。风险筛选是将各种风险参照本企业的实际情况对号入座,按其明显程度和重要程度进行排序。风险监测是根据某种风险及其后果,对涉及这种风险的产品、过程、现象或个人进行观测、记录和分析,以掌握它们的活动范围与变动趋势。风险诊断是根据企业的风险症状、后果及可能的因果关系进行评判,找出可疑的起因,并仔细审查。

风险识别过程可能包含多种技术及支持性工具,针对不同情况使用不同的方法或工具。下面介绍几种常用的方法。

(一) 现场调查法

现场调查法是对风险进行全面普查的方法,一般分为三步:调查前的准备、现场调查以及形成调查报告与反馈。调查前的准备工作包括设计调查表格和确定调查内容事件(如调查对象、时间、地点)。现场调查过程需要认真记录并填写调查表。

现场调查法的优点是可获得第一手资料,有助于调查者与基层人员和一线员工建立良好关系。其缺点是耗时较长,成本较高,有时调查过量还会引起调查对象的反感。

(二) 风险清单分析法

风险清单分析法又称列表检查法,即事前设计好调查表,将已经识别的企业主要风险填列其中,进行对照检查。调查表可以是制式表格,也可以是专用表格。制式表格多由风险管理方面或保险咨询的机构和专家提供,包含人们已经识别出的最基本的各类风险。专用表格仅适合某一特定企业,多为企业自己的风险管理人员根据企业自身资产状况和经营特点制作的风险一览表,由于其更加注重本企业具有的特殊风险,所以它的针对性更强。

风险清单分析法有诸多优势,包括成本低廉,风险识别过程简单迅速,可以同时跟踪检测整个风险管理过程,不断修订检查表以适应变化的情况。其缺点是检查表的初次制作比较费时,检查表的回收率可能较低,而且质量难以有效控制。

(三) 财务状况分析法

财务状况分析法又称财务报表分析法,是指基于对资产负债表、利润表和其他附表等财务信息的分析来识别风险。具体来说,其包括比较分析法、比率分析法、趋势分析法、结构分析法和因素分析法等。例如,持续监测应收账款周转率可及时识别应收账款管理方面的风险,持续监测存货周转率可及时识别存货积压风险。

财务状况分析法的优点是信息准确、客观、清晰、扼要,而且易于被内外部人员接受。其缺点是无法反映企业风险的全貌,部分信息仅能被专业人士所利用。

(四) 流程图法

流程图法是识别企业潜在风险的系统方法,它将企业组织按照生产经营过程的内在逻辑绘制成作业流程图,然后针对其中的关键步骤或薄弱环节进行调查和分析,即通过描述产品、服务、会计、营销等过程来识别流程中的风险。流程图法的应用分为三步。第一,分析、识别产品从设计至销售所历经的各个阶段;第二,据此绘制流程图,解释流程中的所有风险;第三,进一步解释风险发生的原因以及可能造成的影响。针对复杂的流程图,我们可以通过简表的方式来进行解释,直观反映可能发生的风险、原因及结果。

流程图法的优点在于可以将复杂的生产过程或业务流程简单化,清晰明了,易于操作,且组织规模越大,流程越复杂,流程图分析法就越能体现出优越性。其缺点是流程图的绘制要耗费时间,且该方法的使用效果依赖于流程图绘制者与使用者的水平。

(五) 风险图法

风险图法是将企业面临的风险以图解形式逐层分解,将大系统分解为具体的组成要素,以便从中找出企业所承受风险的具体形态。常见的风险图有风险流程图、鱼骨图、故障树图等。

(六) 头脑风暴法

头脑风暴法是在主持人的推动下,通过营造一个无批评的自由环境,使参与者畅所欲言、充分交流、互相启迪,产生大量创造性意见的过程。头脑风暴法可在项目团队中进行,也可邀请多学科专家参与其中。例如,一名财务主管与其团队成员一起开会以识别对外部财务报告目标有影响的事项。

头脑风暴法的优点在于激发了参考者的想象力,有助于发现新的风险和全新的解决方案;让主要的利益相关者参与其中,有助于进行全面沟通;速度较快并易于开展。其缺点是参与者可能缺乏必要的技术及知识,无法提出有效的建议;头脑风暴法相对松散,因此较难保证过程的全面性;可能会出现特殊的小组状况,导致某些有重要观点的人保持沉默而其他人成为讨论的主角,因此,要求参与者有较好的素质。这些因素会影响头脑风暴法实施的效果。

(七) 德尔菲法

德尔菲法又称专家意见法,是众多专家就某一专题达成一致意见的方法,源于20世纪40年代末,由美国兰德公司首次用于预测,后来被广泛运用。德尔菲法依据系统的程序,采用匿名发表意见的方式(专家之间不得互相讨论,不发生横向联系,只与调查人员联系),多轮次调查专家对问卷所提问题的意见,反复征询、归纳、修改,最后汇总形成专家基本一致的看法作为风险识别的结果。

德尔菲法具有广泛性、匿名性、统计性和收敛性等特点,其优点是其观点是匿名发表的,因此专家更有可能表达出那些不受欢迎的看法;所有观点有相同的权重,避免重要人物占主导地位的问题;专家不必一次聚集在某个地方,比较方便。但其主要缺点在于过程比较复杂,花费时间较长。

(八) SWOT分析法

SWOT分析法是一种战略规划与风险识别工具,是strength(优势)、weakness(劣势)、opportunity(机遇)和threat(挑战)的首字母缩写,主要用来比较、分析与同行业企业所处的地位和实力、面临的内部和外部风险对企业的利弊影响等。

风险识别的方法有很多,不论采用什么方法,只要能把风险识别出来就行,而不必过分强调定量分析模型。对于已识别风险,应形成风险清单或风险数据库。风险数据库是企业内部的风险清单,可能没有统一的格式和内容,但能够把识别出来的风险按风险类别、风险描述、风险因素、管理部门、业务流程等列示出来。

三、如何建立风险识别系统

风险识别是事项识别的一个重要方面,影响着企业风险管理的完整性和有效性,对于有效的风险评估来说是极其重要的。我们一般从企业层面及业务层面来建立风险识别系统。

(一) 建立企业层面的风险识别系统

无数的内部和外部因素驱动着企业的战略执行和目标实现,能够识别这些因素,对于企业的风险管理来说,其重要性不言而喻。企业应从多方获得信息,识别风险。

1. 从外部专家处获得有关企业层面的风险意见

企业可从法律顾问、外部审计师等专业机构获得有关企业层面的风险意见,分析后在年报中予以披露。所披露的事项包括汇率风险、价格风险、行业风险、自然灾害风险等。同时企业还可以通过参加行业联合会,以与同行业知名企业、咨询机构沟通的方式,获得更多、更全面的信息,从而更准确地识别企业层面的风险。

  2. 从内部管理人员处获得有关企业层面的风险意见

管理人员通过对企业所处的内外部环境进行分析,从而识别出可能存在的风险。外部环境分析包括对宏观环境、行业情况、竞争态势等方面的分析。与此同时,企业也要对自身的资源及能力进行分析,内容包括人力资源分析、财务资源分析、无形资产分析、管理能力分析等,以此来识别影响企业战略目标实现的内部风险因素。

(二) 建立业务层面的风险识别系统

企业除了必须识别企业层面的风险,还应辨识业务层面的风险。通过采取必要措施管理业务层面的风险,有利于把企业层面的风险维持在一个合理的、可接受的水平上。企业同样可以通过听取内部及外部专家的意见来获取业务层面风险的有关信息。

  1. 从外部供应商、客户等相关利益方获取风险信息

管理人员可以从供应商、客户等相关利益方那里获得有关企业采购、生产、销售、技术等各方面的信息,从中辨识存在的风险。

  2. 从业务管理人员处获得风险信息

各业务部的管理人员,对本部门的情况比较了解。他们在管理过程中碰到的各种问题,可通过适当的渠道反映到高层管理者那里,以帮助管理者识别其中存在的风险,并采取措施避免风险事件的发生。

第四节 风险分析

风险分析是风险评估的重要步骤,通常采用定性和定量相结合的方法,在风险识别的基础上对风险事件发生的可能性、条件以及对目标实现的影响程度等进行描述、分析和判断,并确定风险重要性水平的过程。风险分析应以个别或分类考察的方式分析潜在事项的正面和负面影响,并基于固有风险和剩余风险进行风险评估。

一、风险分析的概念及维度

(一) 风险分析的概念

风险分析是在风险识别的基础上对风险发生的可能性、对企业目标的影响程度等进行综合评价的过程,是风险管理的重要环节,是企业采取风险应对策略和措施的依据。风险分析是理解风险特性和确定风险大小的过程,是确定风险应对策略的基础。风险分析通常采用定性和定量相结合的方法完成,量化风险不能像会计工具那样主要量化"过去",而应主要量化"未来",过去只是依据。虽然风险计量是非常困难的,但风险计量是很实用的(即便是不太精确的估计)。风险计量需要运用比较专业的方法和技能和较多的专业判断。

企业进行风险分析,既要考虑固有风险,又要考虑剩余风险。固有风险是指在管理当局不采取任何风险管理措施的情况下,企业所面临的风险;剩余风险是指在管理当局采取相应措施应对风险后仍然存留的风险。评估风险时先评估的是固有风险,当风险管理策略确定后,再考虑剩余风险,确保剩余风险在可接受水平之内。

（二）风险分析的维度

风险分析主要从风险发生的可能性及对企业目标的影响程度两个维度来分析。

1. 风险发生的可能性分析

可能性分析是指假定企业不采取任何措施去影响经营管理过程，将会发生风险的概率。一般来讲，风险发生概率大于0且小于或等于5%时，确定为风险"几乎不会发生"；风险发生概率大于5%且小于或等于50%时，被确定为风险"可能会发生"；风险发生概率大于50%且小于或等于95%时，被确定为风险"很可能发生"；风险发生概率大于95%时，被确定为风险"基本会发生"。对于风险发生概率的估计，主要考虑的因素有风险相关资产的变现能力、经营管理中人工参与的程度、经营管理中是否涉及大量繁杂的人工计算等。

2. 风险对企业目标的影响程度分析

影响程度分析主要是指风险对目标实现的负面影响程度分析。按照影响的结果（通常是量化成数值），一般将风险划分为"不重要""次要""中等""主要"和"灾难性"五级。风险影响程度大小是针对既定目标而言的，因此对于不同的目标，企业应采取不同的衡量标准。这里应注意的是，风险是一种变化的动态事物。基于动态条件的预测和分析，其结果不可能做到精确可靠。所有风险分析的目的，都尽量避免项目失控，或者为发生突发事件预留足够的后备措施和缓冲空间。

在进行风险分析的过程中，公司从自身具体状况出发，运用适当的风险分析技术，定量或定性地评估相关事项，根据风险分析的结果，按风险发生的可能性及影响程度进行排序分析，分清哪些是主要风险，哪些是次要风险，从而筛选出企业的关键风险，为风险应对提供依据。

二、风险分析应注意的事项

1. 关注事件之间的关联性

如果潜在事件之间没有关联，则企业对它们进行风险评估时就应该分别进行。例如，产品销售价格和安全生产风险通常是不相关的风险，应分别进行评估。但是当事件之间存在相互关联，或者事件组合会产生显著不同的可能性和影响时，企业就应该把它们放在一起进行评估。尽管单起事件的影响可能很轻微，但是事件组合的影响可能很大。例如，进口原材料可能遭受采购价格和汇率变动的双重市场风险，如果是贷款或采用商业信用采购，则还可能遭受利率风险，企业应将这些风险因素放在一起评估。

2. 关注事件潜在影响的范围和层级

企业进行风险评估时应关注事件潜在影响的范围和层级。如果风险可能影响多个业务单元或管理层级，则企业可以将它们归入同样的风险类别中，首先分单元逐个分析，然后从整体范围上将它们放在一起加以考虑。例如，一家金融机构的多个业务单元面临央行利率变动的风险，其管理当局不仅要从每个业务单元的角度分别评估风险，还要将它们组合起来进行风险评估。

3. 既要关注预期事件，又要关注非预期事件

企业在分析风险时，既要考虑预期事件发生的可能性及其影响，又要考虑非预期事件发生的可能性及其影响。许多事件是常规性和重复性的，并且已经在管理当局的计划和经营预算中提到，还有一些事件则是非预期的。

4. 尽量采用与衡量目标完成程度一致或类似的指标分析风险影响

管理当局在确定目标的完成程度时常常采用业绩指标,在分析风险对一项特定目标实现的潜在影响时通常也应采用相同或类似的指标。例如,A 企业的一个目标是将客户服务质量维持在特定水平,并为这个目标设计了客户满意度指数、客户投诉数量、客户投诉反应时间等测度指标。在评估一项可能影响客户服务质量的风险(如企业网站在一段时间内可能无法使用的可能性)的影响时,最好采用相同的指标。

5. 尽量参照相对客观的数据进行风险分析

对于风险可能性和影响的估计值,企业可以参照历史数据、以往经验、行业均值、市场参数、设计参数等可观察的数据来确定,这样可以提供一个比完全主观的估计值更加客观的依据。例如,一家企业在评估因设备故障所导致的生产中断风险时,可以参照该设备先前发生故障的频率和影响,再根据该设备的设计参数、行业基准等数据进行补充,就能对故障的可能性和影响进行更可靠的估计,从而制订更有效的防护性维护计划。

6. 关注风险评估决策人员的"过度自信偏差"

风险分析需要管理人员对不确定性做出主观判断,这时他们应该认识到自身的固有局限。心理学研究发现,不同能力的决策者(包括经营管理人员)都对自身的估计和判断能力过度自信,存在显著的过度自信偏差。企业可以通过有效地利用内部和外部的经验数据或其他更可靠的数据,使过度自信偏差最小化。

三、固有风险和剩余风险

企业进行风险分析既要考虑固有风险又要考虑剩余风险。固有风险是在管理当局没有采取任何措施来改变风险的可能性或影响的情境下,一家企业所面临的风险。剩余风险是在管理当局采取风险应对策略之后所剩余的风险,即未被控制的风险。一旦企业确定了应对风险的策略和措施,管理当局就要考虑剩余风险,确保剩余风险在可接受水平之内。

从严格意义上来说,企业风险评估主要是针对剩余风险,因为任何企业的管理或多或少地都有相应的风险应对措施,相应地,没有得到有效控制的风险形成剩余风险。剩余风险的大小与企业风险应对措施的有效性密切相关。剩余风险的大小直接关系企业目标的实现程度。剩余风险越大,内部控制的有效性越弱,内部控制对实现企业目标的保障程度就越低;剩余风险越小,内部控制的有效性越强,内部控制对实现企业目标的保障程度就越高。对控制之后的剩余风险进行评估,是一个持续的、重复的互动过程,我们不能将风险评估与一次性的风险活动联系起来。

四、风险分析的方法

很多风险难以被量化,因此企业通常采用定性和定量相结合的方法进行风险分析。

(一)定性方法

在风险分析的过程中,仅使用定类尺度或定序尺度描述风险是定性方法,即主要使用文字说明或定序数字来描述风险发生的可能性和潜在影响的方法。例如,用"极低、低、中等、高、极高"或"1、2、3、4、5"等描述风险发生可能性的大小。

定性方法通常应用于对决策而言不要求有定量分析的精确度、对风险的定量分析不具有较高的成本效益、数据无法可靠取得或数据的质量不高等情形,也可以应用在更深入的分析之前对风险的初步评价。用定性方法分析风险带有较强的主观性,往往要凭借分析者的经验和直觉,或者利用业界的标准和惯例来进行。企业应用定性方法时也可以加上定量的有关信息,以使定性分析尽量准确。

下面介绍两种常用的风险定性分析方法。

1. 风险坐标图法

风险坐标图是把风险发生的可能性作为一个坐标轴、风险潜在后果的严重性作为另一个坐标轴,绘制成直角坐标系;然后,根据对一项风险发生的可能性大小和影响程度,将该风险在直角坐标系上描绘出来,这样就形成了风险坐标图。绘制风险坐标图的目的在于对多项风险进行直观的比较,从而确定对各项风险进行管理的优先顺序和策略。制作风险坐标图的基本程序如下:

(1) 建立一个由上而下的构架,对企业面临的所有风险进行分类。

(2) 基于历史数据、同业比较和自我评估,按业务和职能部门设立一个自下而上的特定风险列表。

(3) 基于管理层的判断或风险模型,在一致的时间跨度内,定性分析或定量估计每项风险发生可能性的大小、风险对企业及其目标的影响程度,制作如图 3-3 所示的风险坐标图(图中数字代表风险编号)。

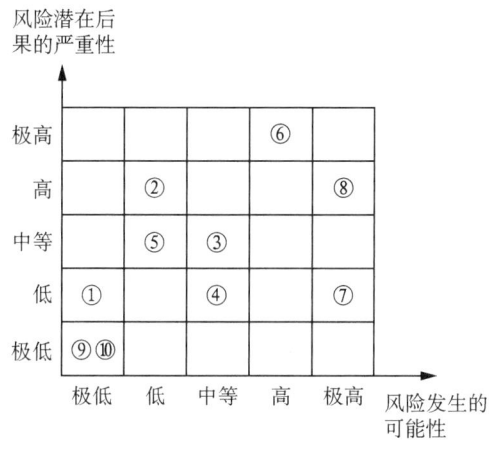

图 3-3 风险坐标图

2. 标杆分析法

标杆分析法是将企业各项活动、各方面状况和环节与竞争对手或行业最佳实践者进行比较,识别并确认差距,并提出改进方案的方法。在运用标杆分析法时,企业可以用来作为对比的最佳实践者通常有内部标杆、竞争对手标杆和通用标杆三类。

(二) 半定量方法

在风险分析的过程中,既使用定类尺度或定序尺度又部分地使用定距尺度或定比尺度来描述风险的方法,被认为是半定量方法。运用半定量方法一般是将文字描述的结果数字化,以便得到更好的顺序等级。

下面介绍两种常用的风险半定量分析方法。

1. 情景分析法

情景分析法(scenario analysis method)是在假定某种现象或趋势将持续到未来的前提下,对可能的未来情景加以描述,对预测对象可能出现的情况及其后果做出评估的方法。运用这种方法,以情景的发生概率为权重,对各种情景的后果进行加权平均,从而计算出项目风险

的潜在损失或收益。运用情景分析法时,企业还可以结合敏感性测试和压力测试等进行综合分析。运用情景分析法的基本步骤如下:

(1) 分析目前与未来的经济环境,确认经济环境可能存在的状态范围——情景。
(2) 分析在各种情景下,项目可能的损失或收益。
(3) 确定各种情景发生的概率。
(4) 以各种情景可能发生的概率为权重,加权平均估计项目的综合损失或收益。

在情景分析法中,对情景的构建可以根据历史情景、假设情景或两者综合进行分析。分析情景所处的环境可以运用多种技术和工具。例如,PEST 分析,即政治(political)、经济(economical)、社会(social)、技术(technological)。政治因素包括政治环境、法律环境、政府管制、产业政策等;经济因素包括要素市场与供给水平、劳动力市场、价格水平、财政与税收政策、顾客、利率、汇率、融资等;社会因素包括社会态度、信念与价值观、人口年龄结构与受教育程度等;技术因素包括技术变革、技术替代、信息技术等。再如,企业还可以基于 SWOT 矩阵对环境进行分析。

例如,某企业对一个投资项目进行风险评估时所进行的情景分析,如表 3-1 所示。

表 3-1　　　　　　　　　某投资项目的未来情景分析

项目		最佳情景	一般情景	最差情景
影响因素	市场需求	持续上升	保持不变	持续下降
	经济增长	增长 5%~10%	增长小于 5%	负增长
发生概率		20%	45%	35%
潜在后果		投资项目可在 5 年内实现盈亏平衡	投资项目可在 10~15 年实现盈亏平衡	高度不确定

2. 事件树分析法

事件树分析法(event tree analysis)起源于决策树分析,是一种按事件发生的时间顺序、由初始事件开始推导可能的后果,从而进行风险源辨识的方法。一起事故的发生,是许多事件相继发生的结果。其中,一些事件的发生是以另一些事件的首发为条件的,而一起事件的发生又会引发另一些事件。在事件发生的顺序上,存在因果逻辑关系。事件树分析法是一种时序逻辑的事件分析方法,它以初始事件为起点,按事件发生的顺序分成各阶段,一步一步地展开分析;每一事件可能的后续事件按照只能取完全对立的两种状态(成功或失败,正常或故障,安全或危险等)之一的原则,逐步向结果方面发展,直到发生系统故障或事故。因分析的情况用树枝状图表示,故称事件树。从中,企业既可以定性地了解整个事件的动态变化过程,又可以定量地计算出各阶段的概率,最终了解事故发展过程中各种状态的发生概率,事件树分析法的应用示例如图 3-4 所示。

(三) 定量方法

在风险分析的过程中,如果仅使用定距尺度或定比尺度,那么这种方法就是定量方法。如果风险发生的可能性和潜在影响能够被较好地量化,就可以运用定量方法进行风险分析。例如,风险发生可能性的大小用频数或概率表示,风险对目标影响的大小用货币金额表示等。

准确地度量风险可以提高风险管理的效率,定量技术能带来更高的精确度,通常应用在更加复杂和深奥的活动中,是对定性技术的补充。定量技术高度依赖支持性数据和假设的质量,

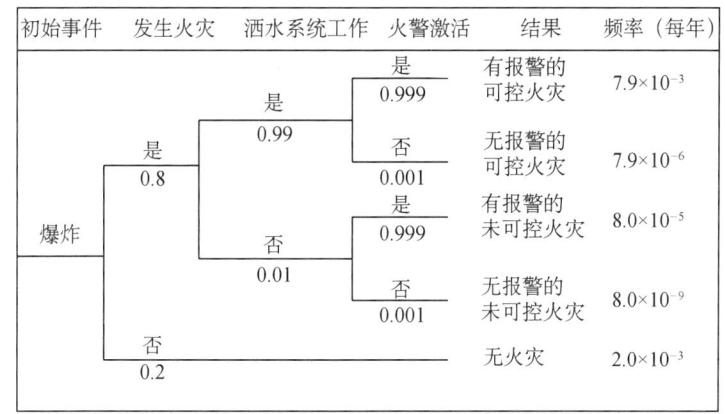

图 3-4　事件树分析法的应用示例

一般需要更高的要求和严密性,有时还要采用数学模型。当一项风险被认定是关键风险或风险水平被认定很高、需要进一步分析研究时,通常使用定量方法。在使用定量方法之前,企业要考察所用数据的真实性和可靠性。数据质量是进行风险分析的前提,在利用模型进行风险分析之前,企业要注意模型的假设条件和模型拟合度,评估模型对具体问题的适用性,切不可乱套模型。

下面介绍几种常见的风险定量分析方法。

1. 风险值

风险值(Value at Risk,VaR)是指在一定置信水平下,某一金融资产或投资组合价值在未来特定时期内的最大可能损失。如图 3-5 所示,在正常市场条件下,给定置信水平 $1-\alpha$ 和持有期 T,某种投资组合可能发生的最大损失值为 M,则 VaR 可表述为:

$$P\{损失额 > M\} < \alpha$$

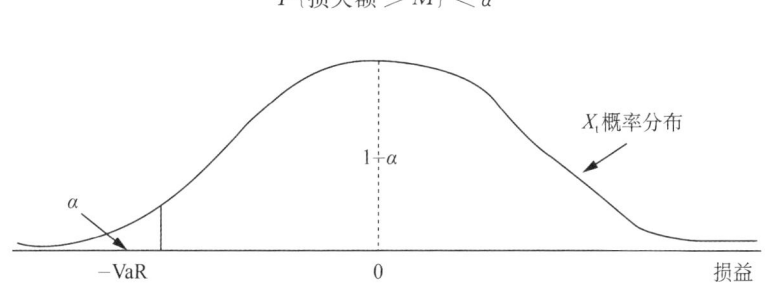

图 3-5　VaR 概念示意图

例如,某投资组合在置信水平为 99%、持有期为 1 天时的 VaR 为 65 万元,这表示有 99% 的把握相信持有 1 天该投资组合的最大损失为 65 万元,或者说持有 1 天该投资组合的损失超过 65 万元的可能性只有 1%,也可以说持有一天该投资组合损失超过 65 万元的可能性是百日一遇。

计算 VaR 需要时间跨度、置信水平、投资组合的市场价格及未来价值变动的分布特征等信息。

2. 敏感性测试

敏感性测试(sensitivity testing)是在保持其他条件不变的前提下,研究单个风险因素(如利率、汇率、股票价格或商品价格等)的变化可能对金融资产或投资组合的收益或者企业价值产生的影响。例如,某商业银行对利率和汇率变动的敏感性测试如表 3-2 所示。

表 3-2　　　　　　某商业银行对利率和汇率变动的敏感性测试表

币种	汇率变动	对税前利润的影响(万元)		对所有者权益的影响(万元)	
		2023 年度	2024 年度	2023 年 12 月 31 日	2023 年 12 月 31 日
美元	−1%	580	−125	65	−87
港币	−2%	890	1 100	108	578

利率	利率变动	对税前利润的影响(万元)		对所有者权益的影响(万元)	
		2023 年度	2024 年度	2023 年 12 月 31 日	2023 年 12 月 31 日
人民币利率	上升 100 个基点	−5 108	−8 212	−4 321	−5 612
	下降 100 个基点	5 108	8 212	4 321	5 612
美元利率	上升 100 个基点	−81	−126	−45	−55
	下降 100 个基点	81	126	45	55
港币利率	上升 100 个基点	−1 020	−1 231	−560	−658
	下降 100 个基点	1 020	1 231	560	658

3. 压力测试

压力测试(stress testing)是系统性能测试的一种,通常以持续不断地给被测系统增加压力,直到将被测系统压垮,来测试系统所能承受的最大压力。压力测试在风险评估中通常被用于衡量潜在最大损失,测算在遇到假定的小概率事件等极端不利情形下可能发生的最大损失,分析这些极端不利情形(如经济增长骤减、失业率快速上升到极端水平、房地产价格暴跌)下的负面影响,进而对脆弱性做出评估和判断,并采取相应的控制措施。压力测试是与风险价值模型 $VaR(99\%, X)$ 对应的概念,是对置信度 99% 以外突发事件的测试。

压力测试的质量取决于构造合理、清晰、全面的情景,可以采用敏感性测试和情景分析法进行模拟与估计。应用压力测试首先要确定风险因素,设计压力情景,选择假设条件,确定测试程序;然后定期进行测试,分析测试结果,通过压力测试确定潜在风险点和薄弱环节,并采取改进措施。例如,某商业银行针对个人住房类贷款违约率进行压力测试:采用自上而下的压力传导方法,选取影响个人住房类贷款(含个人住房贷款和个人商用房贷款)违约率的两个关键指标——未偿还贷款与房价比率和客户收入偿付比率,建立计量模型,分析房价、利率变动对个人住房类贷款违约率的影响。构造的压力情景是基于房价、利率、收入变动的分析和组合分析。房价变动情景是下降 15%(轻度)、下降 20%(中度)、下降 25%(重度),利率变动情景是加息 3 次(轻度,上升 0.81 个百分点)、6 次(中度,上升 1.62 个百分点)、8 次(重度,上升 2.16 个百分点),城镇居民收入增长假设预计达到 13%。压力测试结果如表 3-3 所示,从中可以看出,利率变动对个人住房类贷款违约率的影响比较大。

表 3-3　　　　　　某商业银行的个人住房类贷款违约率压力测试

利率	房价							
	基准		下降 15%(轻度)		下降 20%(中度)		下降 25%(重度)	
	违约率	上升	违约率	上升	违约率	上升	违约率	上升
基准	1.1		1.3	0.5	1.7	0.9	2.4	1.7
上升 0.81 个百分点	1.1	0.3	1.4	0.6	1.8	1.0	2.5	1.7

(续表)

利率	房价							
	基准		下降15%(轻度)		下降20%(中度)		下降25%(重度)	
	违约率	上升	违约率	上升	违约率	上升	违约率	上升
上升1.62个百分点	1.5	0.7	1.8	1.0	2.4	1.6	2.6	2.7
上升2.16个百分点	2.0	1.2	2.5	1.7	3.3	2.5	2.8	4.1

第五节 风险应对

风险应对是在风险评估的基础上，依据企业风险管理策略，根据自身条件和内外部环境，选择风险应对策略和具体控制措施的过程。对识别出来的风险进行评估后，企业应根据评估结果，针对不同风险选择不同的应对策略，为进一步采取具体的控制措施提供依据。风险应对策略包括风险规避、风险降低、风险共担、风险分散和风险承受。不论采用哪一类或组合的风险应对策略，主要目的都是要把剩余风险降到与期望的风险可接受水平相协调的范围之内。

一、风险应对策略

（一）风险规避

风险规避是指企业为了免除风险威胁，采取使损失发生概率近于零的风险应对策略，也就是退出会给企业带来风险的活动。例如，终止与不诚信的供应商合作、放弃一条产品生产线、拒绝向一个新的地区拓展市场、卖掉一个持续亏损的分部等。

风险规避策略是一种比较消极的风险应对策略，比较适合对危害性风险的控制。风险规避策略意味着所有应对方案都不能把风险发生的可能性和影响降到可接受水平，对于超出整体风险承受能力或具体业务层次上的不可接受风险，企业应实行风险规避。实施风险规避策略主要有彻底避免、改变条件、中途放弃三种情形。一般来说，企业最好是在选择决策方案或方案实施的早期阶段就考虑是否选用风险规避策略。

采取风险规避策略需注意以下几点：

（1）只有在风险可以避免的情况下，避免风险才有效果。
（2）有些风险无法避免，如市场风险、政治影响等。
（3）有些风险虽然可以避免，但成本过高。
（4）事事都采取避免风险的态度可能令企业产生安于现状、不思进取的心理。

（二）风险降低

风险降低是在权衡成本效益之后，采取措施降低风险发生的可能性或影响，或者同时降低两者的风险应对策略，是一种主动应对风险的策略。它几乎涉及各种日常的经营决策。例如，购置消防设施防范火灾的发生，定期为职工体检降低职业病风险，增加安保支出防范资产损失等。

降低风险主要有两个方面：一是控制风险因素，降低风险发生的概率；二是控制风险发生的频率和降低风险的损害程度。降低风险发生的频率，需要准确的预测，如利率预测、汇率预测、债务人信用评价等。降低风险的损害程度，需要果断地采取措施，如对债务人进行债务重组、积极调整收账政策。

风险降低的分类方法通常有三种:按控制目的,风险降低可分为损失预防和损失抑制;按措施的执行程序,风险降低可分为事前、事中和事后控制;按采取措施的性质不同,风险降低可分为工程控制、教育培训和管理控制。风险降低策略适用于企业不愿放弃也不愿转移,且在企业风险承受能力或风险容忍度之内的风险。

(三) 风险共担

风险共担指通过转移来降低风险发生的可能性或影响,或者分担一部分风险。风险共担与风险降低类似,也是将剩余风险降低到与期望的风险相协调的水平。企业为了避免自己在承受风险后对其经济活动产生妨碍或产生重大不利影响,可以对风险采取不同的转移方式,如通过保险或非保险方式进行转移。现代保险制度是转移风险的最理想方式之一,企业可以进行财产、医疗等方面的保险,将风险损失转移给保险公司。此外,企业还可以通过合同条款将部分风险转移给对方,如运输合同中有关事故责任人的界定。

一般来说,风险发生的影响是重大的,如若风险发生的可能性不大,企业就可以将它转移到别处。当风险不能通过风险降低策略降低其发生可能性、发生频率、损失额,或者采用风险降低策略后企业仍然受到威胁时,企业就要考虑风险转移策略。

(四) 风险分散

风险分散是企业采取多种经营、多方投资、多方筹资、外汇资产多元化、吸引多方供应商、争取多方客户以分散风险的策略。例如,不同的筹资渠道和方式有着不同的风险,企业可以进行多方筹资以分散筹资风险,外汇资产多元化可以分散外汇风险。

风险分散的目的是降低企业对特定事物或人的依赖或影响程度。"不要把所有的鸡蛋放在一个篮子里"这句话形象地说明了进行多元化投资与经营对风险分散的作用。多元化投资与经营,通常适用于财力雄厚、技术和管理水平较高的大型企业。但是这也不是万能的,如果不切实际地盲目搞多元化投资与经营,涉及过多的产品或项目,主业不突出,则不仅不能分散风险,还可能使企业遭受灭顶之灾。

(五) 风险承受

风险承受,即不采取任何措施去干预风险发生的可能或影响。也就是说,对于在整体风险承受能力和具体业务层次上可接受风险水平之内的风险,企业在权衡成本效益之后无意采取进一步的控制措施,接受可能发生的风险及其影响。例如,一家政府机构识别和评估它在不同地理区域的基础设施发生火灾的风险,并评估以保险分担风险影响的成本,发现保险费加上相关扣除所增加的成本超过重置成本,于是决定承受这一风险。

企业承担风险的方式可以分为无计划的单纯自留或有计划的自发保险。无计划的单纯自留,主要是指对未预测到的风险所造成损失的承担方式。有计划的自发保险是指对已预测到的损失的承担方式,如资产减值准备的提取、坏账准备的提取等。

选择风险承受策略,企业应具备足够的资源和财力以承担风险后果,即使风险发生也不会使生产经营活动受到很大影响。风险承受的财务补偿方式有:从当年净利润中直接补偿、设立专用基金、借入资金以及建立专业自保公司等。

二、企业选择风险应对策略应注意的问题

1. 注意权衡风险应对的成本和效益

资源总是有约束的,企业应注意评价备选风险应对方案的相关成本与效益。一方面,风

应对的目标并不是一味地降低或消除风险,事实上绝大多数风险是无法消除的,一味地增加控制、追求风险的无限降低可能不符合成本效益原则,只要使控制后的剩余风险降到可接受水平就可以了。另一方面,内部控制存在固有局限性,再好的控制也不可能杜绝错弊。企业应充分利用并优化相关制度,强化制度的执行和监督,实现制度化和规范化管理以降低风险应对成本。

2. 注意风险应对的效率和效果

企业应综合考虑风险应对的效率和效果及经济效益,采取与企业风险管理战略和风险容忍度相协调的风险应对策略与控制措施,确保总体剩余风险在企业的风险可接受水平之内。企业应根据不同业务的特点确定相应的风险偏好和风险容忍度,明确可以承担的风险及最大损失限额,并据此确定风险预警线及应对策略。对于不可控的风险点,企业应建立风险应对方案或危机与应急预案,落实资源、明确责任、定期演练,确保方案有效。当现有风险应对方案已达到其有效性的极限、进一步的改进只能微弱地影响风险的潜在后果或可能性时,可能需要创新风险应对方案。

3. 注意均衡风险和机会

风险的发生会给企业带来各种影响。在现实生活中,人们习惯于将具有负面影响的事项称为风险,将具有正面影响或抵消风险负面影响的事项称为机会。风险应对的目标是降低负面影响,放大正面影响。企业要正确地认识和把控风险与机会的平衡,既要重视风险的应对,又要善于抓住机会;既要防止和纠正忽视风险、片面追求收益,认为风险越大收益越高的观念和做法,又要防止单纯为风险规避而放弃发展机会的保守主义。

4. 注意风险之间的关联性

在评价应对方案时,企业应注意风险之间的关联性,这有助于企业从整体上综合选择最具有成本效益的应对方案。例如,在通过保险分担风险时,把风险组合到一个险种之下可能是有利的,这有助于降低保险定价。再如,在很多情形下,一项方案能够应对多重风险,那么企业就可以不再采取其他措施来处理某个特定的风险。

5. 注意风险组合观念

实际工作中,各风险责任归属单位通常都是从本业务单元、本部门或本岗位的角度去分析和应对风险,高层管理者应考虑采取风险组合观来确定总体应对方案,并评估总体剩余风险是否处于可接受水平之内。不同业务单元的风险可能处于该业务单元的可接受水平之内,但汇总后的风险可能超过整体的可接受水平,这时就需要附加的或另外的风险应对,以便使企业整体风险处于可接受水平之内。如果企业整体范围内的风险能够自然地相互抵消(例如,一些业务单元的风险较高,而其他业务单元的风险较低,这样整体风险可能会在可接受水平之内),从而不需要另外的风险应对。

三、设计关键风险预警指标,建立风险预警体系

风险预警是度量某种状态偏离预警线的强弱程度、发出警戒信号的过程,是企业实施内部控制和风险管理的有效工具。风险预警要在收集大量相关信息的基础上,借助信息技术、概率论和模糊数学等方法,设定风险预警指标体系及其预警警戒线,捕捉和监视各种细微的迹象变动,对不同性质和程度的风险及时发出警报,提醒决策者及时采取防范和化解措施。

企业应对风险及其变化进行实时监控,并将风险度量指标值与风险容忍度值进行比较,当风险度量指标值达到风险容忍度值时就发出预警提示。企业管理者应建立一套预警体系,在面临复杂多变的外部环境和内部风险因素时,尽可能地预先察觉经营中的危机,并采取有效的

应对措施化解风险,消除危机。

风险预警指标可分为定量指标和定性指标两大类。定量指标包括财务指标、杠杆系数、概率指标、盈亏平衡、敏感性分析等。定性指标是以定性描述说明风险状况。

在全面风险管理的实际工作中,风险预警工作的前提是根据不同企业的实际情况和行业特点确定风险预警指标与预警标准。相对而言,财务方面的指标好确定,其他指标则较难确定。

【复习思考题】

1. 如何理解风险的内涵和特征?
2. 为什么说目标设定的适当性是保证企业内部控制有效性的前提?
3. 风险的组成要素及其作用原理是怎样的?
4. 风险识别和分析的常用方法有哪些?
5. 什么是固有风险?什么是剩余风险?两者有什么关系?
6. 常用的风险应对策略有哪些?具体应用每种策略时应注意哪些问题?

第四章 控制活动

【教学目标】

知识目标：
1. 理解控制活动的定义。
2. 掌握控制活动的分类。
3. 记忆并理解一般控制措施，包括不相容职务分离控制、授权审批控制、会计系统控制、财产保护控制、预算控制、运营分析控制和绩效考评控制等。

能力目标：
1. 掌握各项控制措施的原理、作用和具体运用。
2. 能够根据企业内部控制目标，结合风险评估结果，为企业设计控制活动。

素养目标：
基于社会主义核心价值观、制度自信、文化自信、家国情怀、理想信念等，为企业设计控制活动。

【导入案例】

二维码4-1 谁动了科研经费的"奶酪"?

第一节 控制活动概述

一、控制活动的定义

控制活动是企业根据风险评估结果，采用相应的控制措施，将风险控制在可承受度之内。企业应当根据内部控制目标，结合风险应对策略，综合运用控制措施，对各种业务和事项实施有效控制。企业应当建立重大风险预警机制和突发事件应急处理机制，明确风险预警标准，对可能发生的重大风险或突发事件，制定应急预案、明确责任人员、规范处置程序，确保突发事件得到及时妥善处理。

二、控制活动的分类

(一) 按控制手段分类

按控制手段分类,控制活动可分为人工控制和自动控制。企业的生产经营过程总是会受到各种不确定因素的影响,管理者总是希望生产经营过程受到影响时还能按照预期运行,可以运用人工控制和自动控制的方法,采取相应的控制措施进行风险管控,促进内部控制目标的实现。

1. 人工控制

以人工方式执行的控制称为人工控制。

人工控制通常在处理需要主观判断或酌情处理的情形时更为适当,主要包括:存在大额、异常或偶发的交易,存在难以界定、预计或测算的错误;针对变化情况,对现有的自动控制进行人工干预,监督自动控制的有效性等。

相较于自动控制,人工控制的可靠性较低,不适宜人工控制的情形包括:存在大量或重复发生的交易,事先可预计或预测的错误能够通过自动控制参数得以防止或发现并纠正,用特定方法实施控制的控制活动可得到适当设计和自动化处理等。

人工控制由人执行,受人为因素的影响,所以会产生特定风险。这些风险包括:人工控制可能更容易被规避、忽视或凌驾,人工控制可能不具有一贯性,人工控制可能更容易产生简单错误或失误等。

2. 自动控制

如果由检测装置检测出生产经营过程出现了偏离预期的状态,则由某些装置按预先设计好的控制策略和干预措施自动矫正,使生产经营过程回到预期状态,这种控制方式就是自动控制。自动控制是在没有人工直接参与的情境下,利用外加的设备或装置,使机器、设备或生产过程的某个工作状态或参数自动地按照预定的规律运行。

在很多情形下,运用信息技术具有显著的优势,能够提高内部控制的效率和效果,具体包括:在处理大量的交易或数据时,一贯运用事先确定的业务规则,并进行复杂的运算;提高信息的及时性、可获得性及准确性;促进对信息的深入分析;提高对经营业绩及其政策和程序执行情况进行监督的能力;降低控制被规避的风险;通过对应用程序系统、数据库系统和操作系统执行安全控制,提高不相容岗位分离的有效性;等等。

信息技术在内部控制方面具有明显的优势,但也可能对内部控制产生特定风险,主要包括:所依赖的系统或程序不能正确地处理数据,或者处理了不正确的数据,或者两种情况并存;未经授权访问数据,可能导致数据的损毁或对数据进行了不恰当的修改,包括记录未经授权或不存在的交易,或者不正确地记录了交易;多个用户同时访问同一数据库可能造成特定风险;信息技术人员可能获得超越其职责范围的数据访问权限,从而破坏了系统应有的职责分工;未经授权改变主文档的数据;未经授权改变系统或程序;未能对系统或程序做出必要的修改;不恰当的人为干预;可能丢失数据或不能访问所需要的数据;等等。

现代企业的生产经营和管理活动广泛使用信息技术,借助信息技术执行自动控制,但在不同企业采用的控制系统中,人工控制和自动控制的比例是不同的。在一些小型的、生产经营不太复杂的企业,可能以人工控制为主;而在另一些企业,则可能以自动控制为主。内部控制采用人工系统还是信息技术系统,将影响交易生成、记录、处理和报告的方式。在以人工为主的系统中,内部控制一般包括审批和复核业务活动,编制调节表并对项目进行跟踪。当采用信息技术系统生成、记录、处理和报告交易时,交易的记录形式(如订购单、发票、装运单及相关的会计记录)可能是电子文档而不是纸质文件。信息技术系统中的控制可能既有自动控制(如嵌入计算机程序的控制),又有人工控制。人工控制可能独立于信息技术系统,但利用信息技术系统生成的信息,也可能用于监督信息技术系统和自动控制的有效运行或处理例外事项。

(二)按功能和作用分类

按功能和作用分类,控制活动可分为预防性控制和发现性控制。

1. 预防性控制

预防性控制是为了防止错误和非法行为的发生,或者尽量降低其发生的可能性所进行的一种控制。预防性控制有利于预先防止资金或其他资源被损耗,采取这种控制措施,要求对整个活动运行的关键点有比较深刻的理解,能够预见问题。一般来说,制定规章制度、规范工作程序、增加防护设施、实施人员训练和培养计划等,在管理活动中起着重要的预防控制作用。表 4-1 是预防性控制的描述及其示例。

表 4-1 预防性控制的描述及其示例

对控制的描述	防止的错报
生成收货报告的计算机程序,同时也更新采购档案	防止出现购货漏记账的情况
在更新采购档案之前必须有收货报告	防止记录未收到所购货物的情况
销货发票上的价格根据价格清单上的信息确定	防止销货计价错误
计算机将各凭证上的账户号码与会计科目表对比,然后进行一系列逻辑测试	防止出现分类错误
制度规定采购与验收不能由同一人负责	防止不合格的产品或服务验收合格

2. 发现性控制

发现性控制也称检查性控制,是为了及时查明已发生的错误和非法行为,或者增强发现错误和非法行为机会的能力所进行的各项控制。发现性控制一般通过监督检查业务流程和相应的预防性控制能否有效地发挥作用来实现其目标。发现性控制可以由人工执行,也可以由信息系统自动执行。发现性控制既可能是正式的程序,如编制银行存款余额调节表并追查调节项目或异常项目,又可能是非正式的程序,如财务总监复核月度毛利率的合理性,或者实施特定的分析程序以确定某些费用与销售的关系是否与经验数据相符,若不符则调查原因并采取纠正措施等。表 4-2 是发现性控制的描述及其示例。

表 4-2 发现性控制的描述及其示例

对控制的描述	防止的错报
定期编制银行存款余额调节表	在对其他项目进行审核的同时,查找存入银行但没有计入日记账的存款收入、未记录的现金支付或者虚构入账的不真实银行存款收入或支付、未及时入账或未正确汇总分类的银行存款收入或支付
将预算数与实际费用间的差异列入计算机编制的报告中并由部门经理复核;记录所有超过预算 2%的差异情况和解决措施	在对其他项目进行审核的同时,查找本月发生的重大分类错报或没有记录及没有发生的大笔收入、支出及相关联的资产和负债项目

(续表)

对控制的描述	防止的错报
计算机每天比较运出货物的数量和开票数量,如果发现差异就产生报告,由开票主管复核和追查	查找没有开票和记录的出库货物,以及与真实发货无关的发票
每季度复核应收账款贷方余额并找出原因	查找没有记录的发票和销售收入中的分类错报
每周对存货进行盘点,并针对差异找出原因	发现存货的账实差异

(三) 按实施控制活动的具体措施分类

按实施控制活动的具体措施分类,控制活动可分为不相容职务分离控制、授权审批控制、会计系统控制、财产保护控制、预算控制、运营分析控制和绩效考评控制等。在选择控制措施的过程中,企业应充分考虑各项控制活动的相互关联性。有时一项控制措施可以实现多项风险应对,有时一项风险应对则需要多项控制活动。另外,企业还要考虑控制措施与相关目标的相关性和适当性,综合考虑风险应对和相关控制活动之后的剩余风险,确保实施控制活动后的剩余风险在可承受度之内。

第二节 常用的控制措施

一、不相容职务分离控制

不相容职务是指那些如果由一个人担任,既可能发生错误和舞弊行为,又可能掩盖其错误和舞弊行为的岗位。《企业内部控制基本规范》指出:不相容职务分离控制要求企业全面系统地分析、梳理业务流程中所涉及的不相容职务,实施相应的分离措施,形成各司其职、各负其责、相互制约的工作机制。不相容职务分离的核心是内部牵制思想,其基本原理是两个或两个以上的人或部门无意识地犯同样错误的可能性是很小的,两个或两个以上的人有意识地合伙舞弊的可能性大大小于单独一个人或部门舞弊的可能性。

不相容职务分离控制要求根据企业目标和职能任务,合理地设置职能部门和工作岗位,全面系统地分析、梳理业务流程和交易活动所涉及的不相容职务,实施相应的分离措施,形成各司其职、各负其责、相互制约的工作机制。根据大部分企业的经营管理特点和一般业务性质,需要分离的不相容职务主要有图 4-1 所示的六种。以采购业务为例,常见的不相容职务有申请采购与请购审批、询价与确定供货商、采购合同的拟订与审批、采购与验收、采购与相关会计记录、验收与相关会计记录、付款申请与审批、付款审批与执行等。

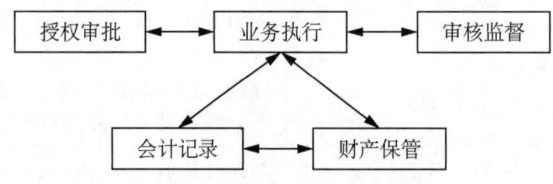

图 4-1 不相容职务分离控制关系图

如果担任不相容职务的员工相互串通勾结,则不相容职务分离控制就会失效。但如果企业没有适当的职务分离,则发生错误和舞弊的可能性就更大。因此,有条件的企业可借助现代信息技术,通过权限设定等方式,自动实现不相容职务的相互分离。另外,企业应结合职务特点和重要性程度,明确财会等关键职务员工轮岗的期限和有关要求,建立规范的职务轮换制度,对关键职务的员工可实行强制休假制度,并确保在最长不超过五年的时间内进行职务轮换,防范并及时发现职务职责履行过程中可能存在的重要风险。

二、授权审批控制

授权审批控制是在职务分工和不相容岗位分离的基础上,由企业权力机构或上级管理者明确规定有关人员或岗位办理业务和事项的权限范围、审批程序和相应责任。授权审批控制实际上由授权管理和审批控制两个环节构成。

(一) 授权管理

授权是企业为了完成既定目标,赋予特定单位、部门或岗位在其职责范围内合理支配企业资源的权力。授权管理要求企业建立分级授权体系,以书面文件明确授权管理职责分工、授权原则、授权内容及权限授予和变更等管理程序,以确保各单位、各部门和各岗位权责明晰、执行有序。

1. 授权原则

(1) 分级授权原则。授权应由上至下,逐级分解下达,原则上不应越级授权。

(2) 有限授权原则。授权单位、部门或岗位(以下简称"授权人")应在权限范围内进行授权,严禁超权限授权。

(3) 权责对等原则。被授权单位、部门或岗位(以下简称"被授权人")在授权范围、额度及授权期限内行使权力,并承担相应责任。

(4) 全过程监督原则。授权人应监督授权的履行情况,做到事前筹划、事中监督,事后评价。

2. 授权类别

企业授权管理包括常规授权和特别授权。《企业内部控制基本规范》指出:企业应当编制常规授权的权限指引,规范特别授权的范围、权限、程序和责任,严格控制特别授权。企业各级管理人员应当在授权范围内行使职权和承担责任。

常规授权是指企业在日常经营管理活动中按照既定的职责和程序进行的授权。常见的常规授权包括财务管理权限、投资管理权限、生产经营权限、销售与收款管理权限、采购与付款管理权限、薪酬与人事管理权限、资产管理权限、法律事务管理权限等。

特别授权是指企业在特殊情况、特定条件下进行的授权,是针对常规授权未规定的事项进行的特殊性、临时性授权。例如,发展新项目业务权限,洽谈投资、收购兼并、对外担保、关联交易及关联方资金往来等重要经济业务权限,超过常规授权限制的交易权限和其他经营管理权限等。企业应规范特别授权的范围、权限、程序和责任,严格控制特别授权,有条件的企业可采用远程办公等方式逐步减少特别授权。

3. 授权方式

企业应编制常规授权的权限指引,并以适当形式予以公布,提高权限的透明度,加强对权限行使的监督和管理。常规授权可以通过规章制度的形式明确被授权人的职责范围和权限,制度授权在发生变更时,应履行制度修订程序。特别授权和部分常规授权可以采用书面授权方式授予,即通过书面申请批复和签发授权书对被授权人进行授权。书面授权书应载明授权书编号、授权机构名称、授权机构法定代表人或主要负责人姓名、被授权机构名称或人员姓名及身份证号码、授权类型（常规授权和特别授权）、授权范围、授权事项、授权期限、授权限制性要求等。书面授权形式下的授权变更，应制定授权变更通知书，经原授权人审批后生效。

4. 授权变更、撤销与终止

授权变更、撤销与终止的适用情形如表 4-3 所示。

表 4-3　　　　　　　　授权变更、撤销与终止的适用情形

授权管理的类型	适用情形
授权变更	(1) 与常规授权相关的规章制度修订导致原授权需要变更的； (2) 企业内外部情况发生变化导致原授权需要变更的； (3) 授权人认为有必要对已签发的授权书进行变更的； (4) 授权事项相关的业务流程发生变更的； (5) 与授权有关的人员岗位设置或职能发生变更的； (6) 其他需要变更的情形
授权撤销	(1) 被授权人发生重大越权行为或超权限行为、限期未整改的； (2) 被授权人的行为失当造成重大经营风险或法律责任的； (3) 外部经营环境、内部机构和管理体制发生重大变化造成原授权不适用的； (4) 其他需要撤销的情形
授权终止	(1) 特别授权书中规定期限届满，如果原授权人未发出授权展期通知，则授权终止； (2) 采用制度授权形式的授权，在规章制度废止时自动终止； (3) 在特别授权相关事项处理结束后，授权即告终止； (4) 被授权人存在机构撤销、职务变动或丧失民事行为能力的； (5) 在授权期限内，自重新签发的授权书生效之日起，原授权书终止； (6) 其他应予终止授权的情形

（二）审批控制

审批控制要求企业各级管理人员应在授权范围内行使职权和承担责任。未经授权的部门和人员，不得办理企业各类交易与事项，发现超越授权或未经授权办理业务的，应及时制止并督促有关单位和个人限期整改。被授权人在行使授权权限时，必须遵守各项规章制度，在授权范围内行使职权并承担责任，不得损害企业的利益。被授权人在授权范围内发生滥用权力、不正当行使权利的行为，影响企业信誉或造成经济损失的，要追究被授权人及其直接责任人的责任。

被授权人在履行审批程序时，应对相关交易和事项的真实性、合规性、合理性及有关资料的完整性进行复核与审查，通过签署意见并签字或签章，做出批准、不予批准或其他处理的决定，及时报告并有效制止可能损害企业利益的行为。

根据审批主体的不同，审批可以分为"一支笔"审批、分级审批、多重审批、混合审批四种审批模式。

1. "一支笔"审批模式

在"一支笔"审批模式下，一切需要审批的经济业务全部由单位负责人或其授权人员（分管领导）一人审批。"一支笔"审批模式虽然能够克服因多头审批造成的监督失控或审批标准不一等弊端，但难以形成相互制约的机制，不符合内部控制的基本要求，权限过于集中，缺乏制约和监督，容易滋生腐败。

2. 分级审批模式

分级审批模式是根据业务范围和金额大小，分级确定审批人员，行使审批权利。例如，规定分管领导或职能部门的负责人在其主管业务范围和一定金额范围内具有审批权；而较重要

的经济业务或者金额较大的经济业务,必须由单位负责人审批;重要的经济业务则必须经过集体决策审批(联审会签)。这种按照重要性程度大小适当分层授权的模式,由于审批人员一般是职能部门负责人或单位分管领导,对审批范围内的经济业务比较了解,可以提高审批质量,同时避免了权力的过分集中,对审批人员形成了有力的牵制与约束。

3. 多重审批模式

多重审批模式是指所有需审批的经济业务都需要经过两个或两个以上的审批人员共同审批。实务中常见的具体做法有职能部门负责人先审,单位负责人后审;职能部门负责人先审,分管领导后审,单位负责人最后审批;分管领导先审,单位负责人后审等。这种审批模式符合内部控制的制衡性原则,能够提高审批质量,但审批程序相对繁琐,比较适合大型企业集团采用。

4. 混合审批模式

混合审批模式是以上三种模式的结合运用。在混合审批模式下,一定的业务范围和金额范围内由一人审批,超过一定范围和金额的经济业务必须由两个或两个以上审批人员共同审批。这种审批模式针对不同的经济业务采取不同的审批方式,可以在一定程度上简化审批程序,也加强了对重要项目的控制。但要注意实际运用时,容易被人采用化整为零的办法来逃避双审或多审。

对于重大问题决策、重要人事任免、重大项目投资决策、大额资金使用等事项,企业应实行集体决策审批或联签制度,任何个人不得单独进行决策或擅自改变集体决策。

(三) 授权审批控制应关注的关键问题

在授权审批控制的过程中,为了达到较好的控制效果,企业应关注以下关键问题:

第一,有关交易或事项的办理,必须经过授权批准;

第二,经过授权批准后的交易或事项,必须得到严格执行;

第三,授权批准控制必须有明确的权力和责任划分;

第四,授权和对授权的执行过程,必须有书面文件和书面的执行痕迹;

第五,对越权批准行为和拒绝执行经批准交易或事项的行为,必须进行相应的惩处。

三、会计系统控制

会计系统是企业为记录、分析、分类、汇总和报告单位经济活动而建立的制度、方法与程序。《企业内部控制基本规范》指出:会计系统控制要求企业严格执行国家统一的会计准则制度,加强会计基础工作,明确会计凭证、会计账簿和财务会计报告的处理程序,保证会计资料真实完整。企业应从以下五个方面做好会计系统的控制工作:

1. 控制会计系统的合规性风险

各项会计工作必须依法、依规进行。例如,企业应当依法设置会计机构,配备会计从业人员。从事会计工作的人员,必须取得会计从业资格证书,具备良好的职业道德操守和业务胜任能力。会计机构负责人应当具备会计师以上专业技术职务资格。大中型企业应当设置总会计师。设置总会计师的企业,不得设置与其职权重叠的副职。会计人员工作调动或因故离职,必须依法办理工作交接;没有办清交接手续的,不得调动或离职。接替人员应认真接管移交工作,并继续办理移交的未了事项。

企业应严格执行国家统一的会计准则,制定适合本企业的会计制度,加强会计基础工作,明确会计凭证、会计账簿和财务报告的处理程序,规范会计政策的选用标准和审批程序,依据会计准则进行会计确认、计量、记录和报告,确保会计职业判断符合会计准则,保证会计核算合法合规。因此,会计系统控制首先要做好自身工作的合规性风险控制。

2. 控制会计系统的报告风险

会计作为一个信息系统,其主要功能是,遵循会计准则和相关法规将会计数据加工成会计信息。会计信息要满足信息使用者的需求,必须具备相关性、及时性和如实反映等质量要求。因此,会计系统控制要做好报告风险的控制工作,确保企业会计资料和财务报告真实、可靠、完整。如果单位领导授意、强令或指使会计人员编报虚假会计信息,会计人员有权拒绝并阐明这样做的后果和责任,必要时应依法向有关部门报告。

3. 依法开展会计监督

会计人员应依法开展会计监督,确保各项经济活动和财务收支合法合规。例如,当业务人员提供虚假的会计凭证时,会计人员可以拒绝受理,并要求当事人按规定更正、补充或由出具单位重开,必要时报告相关领导。再如,当采购或销售价格明显不公允时,会计人员应质疑其合理性,并进一步审核交易是否得到恰当的审批;如果交易未得到恰当的审批或相关手续不全,会计人员应暂缓办理。

4. 为其他控制活动提供信息支持

会计系统是一个单位开展管理活动和实施内部控制的基础,会计信息是最重要的经济信息,被广泛地应用在企业内部控制和风险管理的方方面面。因此,会计系统控制要求充分利用会计系统的信息优势,为企业各项日常活动和风险管理提供信息支持。例如,企业开展运营分析和绩效考评所需要的数据主要来自会计信息系统;再如,企业可以利用财务报表数据建立财务风险控制指标,并设定警戒线进行财务风险预警。

5. 建立和完善以会计档案为核心的档案保管控制

文件记录和档案保管是记载、汇集、追溯和验证交易与事项的媒介,具有重要的信息传递、案件查证、决策支持、真相还原和风险控制功能。会计档案是记录与反映单位经济业务的重要史料和证据。企业应建立和完善以会计档案为核心的保管控制,加强对档案管理工作的领导,建立档案的立卷、归档、保管、查阅和销毁等管理制度,保证档案资料得到妥善保管、有序存放,方便查阅,严防毁损、散失和泄密。

四、财产保护控制

资产作为企业重要的经济资源,是企业从事生产经营活动并实现发展战略的物质基础。资产管理贯穿企业生产经营的全过程。现代企业的资产管理不仅要关注如何防止资金被挪用,非法占用以及实物资产被盗等财产保护问题,还要关注资产的使用效能,提高资产的使用效率。为了保障资产安全、提升资产管理效能,企业应全面地梳理资产流程,及时识别和认定资产管理中的薄弱环节,采取有效的措施及时加以改进、完善。《企业内部控制基本规范》指出:财产保护控制要求企业建立财产日常管理制度和定期清查制度,采取财产记录、实物保管、定期盘点、账实核对等措施,确保财产安全。企业可综合采取以下六项措施保护资产的安全完整。

1. 建立健全资产记录

会计部门应全面反映企业所有的资产,登记总账和资产明细分类账;对于已经领用下账的低值品应建立备查账;定期备份相关文件资料,避免记录受损、被盗或被毁。仓储部门或资产使用部门应建立健全资产管理台账,并定期与会计部门对账。

2. 限制未经授权人员直接接触资产

现金和银行存款只有出纳人员可以接触,各项财产物资除保管部门或其他授权人外,其他部门或人员不可直接接触。对外投资、债权债务通常由会计部门配合相关业务部门实施管理,存货通常由仓储部门负责管理,固定资产和无形资产通常由使用单位或专设资产管理部门负责管理。

3. 加强实物资产保管

存货流动性强,实物保管难度大,以存货管理为例,企业可从以下五个方面加强实物资产的保管控制:

(1) 严格执行存货入库管理规定。仓储部门应根据入库单的内容对存货的数量、质量、品种等进行检查,符合要求的予以入库;不符合要求的,应协助办理退换货等相关手续。入库记录要真实、完整,定期与会计等相关部门核对,不得擅自修改。

(2) 存货仓储期间应按照仓储物资所要求的储存条件妥善贮存,做好防火、防洪、防盗、防潮、防病虫害、防变质等保管工作,不同批次、型号和用途的产品要分类存放。生产现场的再加工原料、周转材料、半成品等应按照有助于提高生产效率的方式摆放,同时防止浪费、被盗和流失。

(3) 对代管、代销、暂存、受托加工的存货,应单独存放和记录,避免其与本单位存货混淆。

(4) 仓储部门应对库存物料和产品进行每日巡查与定期抽检,详细记录库存状况;发现毁损、存在减值迹象的,应及时与生产、采购、会计等相关部门沟通。进出仓库的人员应办理进出登记手续,未经授权人员不得接触存货。

(5) 制定严格的存货准出制度,明确存货发出和领用的审批权限,健全存货出库手续,加强存货领用记录。存货在不同仓库之间流动时,应办理出入库手续。

4. 定期进行财产清查

企业应重视财产的账面管理,在确保账账相符的前提下,明确财产清查规程,定期和不定期进行财产清查,账实对照,确保账实相符。财产清查过程中,企业既要核对实物数量,关注相关记录是否相符、账实是否相符;又要关注实物质量,查明是否有毁损、过时、积压等情况。企业要根据财产清查结果及时编制盘点表,形成书面报告;对盘点清查中发现的问题,应及时查明原因,落实责任,按规定权限报经批准后处理,包括对责任人的奖惩等。

5. 为重要财产购买保险

企业应重视和加强财产的投保工作,为重要财产购买保险(如火灾险、盗窃险、责任险等),降低企业经营风险,确保重要财产的安全和保值。企业应通盘考虑财产状况,根据其性质和特点,确定投保范围、投保金额等。对于重大财产项目的投保,企业应考虑采取招标方式确定保险人,防范财产投保舞弊。已投保财产发生损失的,企业应及时调查原因及受损金额,向保险公司办理相关的索赔手续。

6. 规范资产处置

资产处置主要有调拨、出售、投资转出、对外捐赠、非货币性资产交换、报废,以及将非经营性资产转为经营性资产(或经营性资产转为非经营性资产)等。企业的资产处置应按规定权限审批,对于重大的资产处置,企业应委托具有资质的中介机构进行资产评估,并经领导班子集体决策或联签后执行。对于非正常的资产毁损、报废或流失,企业要分析原因、落实责任、及时处理,必要时组织有关部门进行技术鉴定。投资转出及非货币性交换的资产应由有关部门或人员提出处置申请,对资产价值进行评估并出具资产评估报告,报经审批后执行。涉及产权变更的,应及时办理产权变更手续。

五、预算控制

目前,内部控制结构已不仅仅满足于传统意义上的查弊纠错和保护资产安全,其目标已延伸到提高效率和效益、保证管理政策和目标的实现。为此,预算控制已成为内部控制的重要手段。《企业内部控制基本规范》指出:预算控制要求企业实施全面预算管理制度,明确各责任单位在预算管理中的职责权限,规范预算的编制、审定、下达和执行程序,强化预算约束。

预算控制有利于优胜劣汰机制、激励约束机制的运行。一个预算管理松懈的企业必然难寻降本增效之源,难以摆脱低效率、高成本的困扰。预算管理的整体风险包括:第一,不编制预算或预算不健全,可能导致企业经营缺乏约束或盲目经营;第二,预算目标不合理、编制不科学,可能导致企业资源浪费或发展战略难以实现;第三,预算缺乏刚性、执行不力、考核不严,可能导致预算管理流于形式。

完整的预算控制体系包括预算编制控制、预算执行控制和预算考评控制三个环节在内的控制系统。

(一) 预算编制控制

1. 选择预算管理模式

作为实现企业战略目标的手段,预算管理的重点必然要体现战略的要求。不同的战略规划决定企业选择不同的预算管理模式,并进一步决定企业选择不同的预算编制切入点、程序和方法。

1) 以资本预算为核心的预算管理模式

该预算管理模式适用于处于初创期的企业,其预算管理重点为:谨慎进行投资概算;利用财务决策技术进行资本支出的项目评价;项目投资总额预算和各期现金流出总额预算;融资预算;以预算为标准对实际购建过程进行监控与管理;对照资本预算,评价资本支出项目的实际支出效果。

2) 以销售预算为核心的预算管理模式

该预算管理模式适用于步入成长期的企业,预算管理的重点是借助预算机制与管理形式来促进营销战略的全面落实,以取得企业可持续的竞争优势。以销售预算为核心的预算管理模式,能够为企业营销战略实施提供全方位的管理支持。

3) 以成本预算为核心的管理模式

该预算管理模式适用于处于成熟期的企业和大型企业集团的成本中心。以成本预算为核心的预算编制核心思想为:以期望收益为依据、以市场价格为已知变量来规划企业总预算成本;以总预算成本即目标成本为基础,分解到涉及成本发生的所有责任单位,形成约束各责任主体的分预算成本。

4) 以现金流量为核心的预算管理模式

该预算管理模式适用于处于衰退期的企业,其预算管理重点关注:企业及各部门、子公司现金的来源;企业现金支出的途径;现金流入、流出的具体时点;在某一时点上可用的现金余额;如何从外部筹措所需资金;控制不合理的现金支出,防止自由现金流量的滥用。

2. 明确预算编制程序

1) 自上而下式

自上而下式是指集团公司总部根据战略管理需要,制定全面和详细的预算,各部门或子公司只是预算执行主体,所有管理权力集中在总部的预算编制程序。自上而下式适用于集权制管理的企业和产品生产、经营单一的企业。

2) 自下而上式

自下而上式是指各部门和子公司负责编制、上报预算,总部对预算负有最终审批权的预算编制程序。预算管理的主动性在于基层单位,总部主要起到管理中心的作用。自下而上式适用于分权制管理的企业。

3)上下结合式

上下结合式,博采上述两种方式之长,在预算编制过程中,经历自上而下和自下而上的往复。上下结合式既体现了管理层的意志,反映了企业战略发展要求,又考虑到了基层单位的实际情况。这一方式的关键在于上与下如何结合、对接点如何确定的问题。

3. 选择预算管理方法

预算编制的具体方法视不同部门、不同单位的性质和费用形态而定,通常有六种方法可供选择:

1)固定预算

固定预算又称静态预算,是根据预算期内正常的、可实现的某一业务量水平为基础来编制的预算。

2)弹性预算

弹性预算在按照成本(费用)习性分类的基础上,根据量、本、利之间的依存关系,考虑到计划期间内业务量可能发生变动,编制出一套适应多种业务量的费用预算。

3)增量预算

增量预算是在上期成本费用的基础上根据预计的业务情况,再结合管理需求,调整有关费用项目。这种方法简便、便于理解,但缺乏灵活性,适用于业务量平稳、变化幅度不大的企业。

4)零基预算

零基预算是不考虑上期情况,从实际需要逐项审议预算期内各项费用的内容及开支标准是否合理,在综合平衡的基础上编制费用预算。这种方法编制过程繁琐耗时,适合研发部门使用。

5)定期预算

定期预算是以不变的会计期间作为预算期。多数情况下该期间为一年,并与会计期间相对应。

6)滚动预算

滚动预算是指在编制预算时,将预算期与会计期间脱离,随着预算的执行不断地补充预算,逐期向后滚动,使预算期间始终保持在一个固定的长度,一般为 12 个月。

(二)预算执行控制

1. 预算控制主体

企业应建立严密的预算监控机构,即预算控制主体,以保证全方位的预算控制。企业预算系统具有全面性和系统性的特点,而企业预算控制又受成本、工作人员能力等因素的制约,企业难以通过设置一个专门的预算监控机构来承担预算控制的重任。因此,有效的控制方式应该是自我控制和管理控制相结合,这就决定了预算组织机构即为预算的控制主体。与预算组织机构相对应,预算控制也是分三个层次展开的。

第一层次是预算管理委员会。预算管理委员会是全面预算管理的领导机构和决策机构,应作为最高级别的控制主体承担监控职责。一般来说,企业预算管理的决策机构设在董事会,董事会下设专业委员会——预算管理委员会,辅助董事会做好预算决策工作。预算管理委员会以预算会议的形式开展工作,主任一般由董事长或总经理兼任,总会计师或财务总监或分管财会工作的副总经理任副主任,委员由独立核算部门和各职能部门负责人兼任。

第二层次是预算管理机构。预算管理机构对企业预算执行情况进行日常监督和控制,收集预算执行信息,形成分析报告。预算管理机构一般设在财务部门,其主任一般由总会计师或财务总监或分管财务工作的副总经理兼任,工作人员除财会部门人员外,还应有计划、人力资源、投资、生产、销售、研发等业务部门人员,作为企业的预算监控中心和预算信息反馈中心。

第三层次是各预算责任中心。各预算责任中心既是预算的执行者,又是预算执行的监控者。各预算责任中心(包括所有基层预算人员)在各自职权范围内以预算指标作为生产经营行为的标准。企业内部预算责任单位的划分应遵循分级分层、权责利相结合、责任可控、目标一致的原则,并与企业内部机构的设置相适应。根据权责范围,企业内部预算责任单位可分为投资中心、利润中心、成本中心、费用中心和收入中心。各预算责任中心在预算管理委员会和预算管理机构的指导下,组织开展本部门或本企业预算的编制工作,并严格执行批准下达的预算。各预算责任单位负责人应对本单位预算的执行结果负责。

图 4-2 为某地铁集团公司预算管理组织架构图。

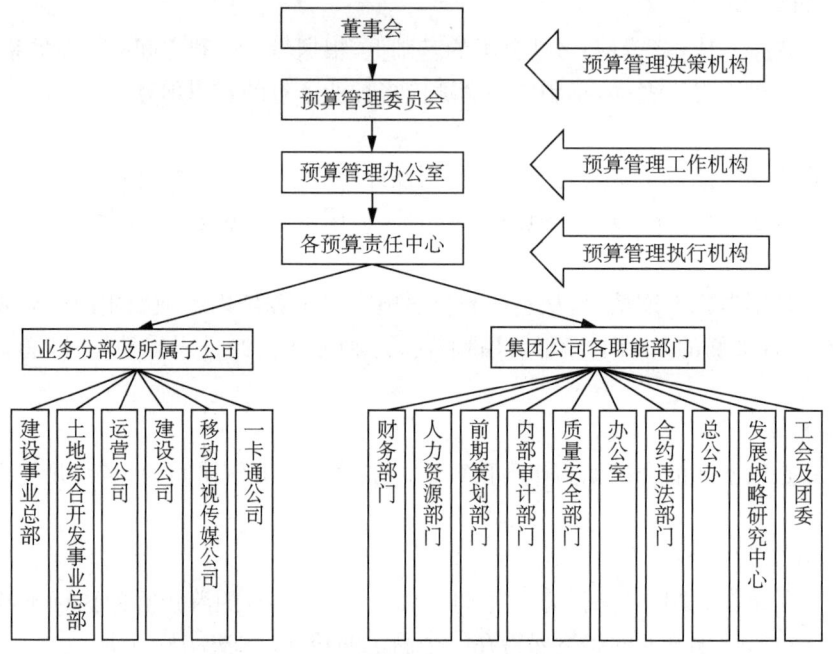

图 4-2　某地铁集团公司预算管理组织架构图

2. 预算控制流程

(1) 预算指标的分解与下达。年度预算经过董事会批准后,需要分解为月度预算,有条件的企业还可以分解到天,以保证预算的有效执行。企业将分解后的预算指标下达给各责任中心,以此作为对责任主体的硬约束。

(2) 业务执行。各预算责任部门以预算指标作为业务活动的标准,本月无法完成的预算可以留转下月执行,但要单独列示。各预算责任部门应指定专职或兼职预算管理员。登记预算台账,形成预算执行统计记录,并定期与财务部门核对。

(3) 业务审批。业务审批要素包括审批权限、审批依据和审批责任。对于预算业务申请,首先要划分预算内和预算外支出。如果属于预算内支出,则限额内实行责任人审批制;限额外的支出则由主管业务的副总经理及以上职位人员审批。预算外支出需要提交预算委员会审议。

(4) 财务审核。财务部门对各级业务部门的日常业务进行财务监督和审核。财务审核的重点是财务支出,尤其是成本支出和资本性支出。对于预算限额外支出,业务副总经理审批通过后,财务总监还要检查审批程序是否合规、合法,并签署意见。

3. 预算信息反馈

预算信息反馈是指预算指标执行情况的报告制度,包括预算责任报告和预算报告例会制度。

(三) 预算考评控制

预算考评以责任中心为考评主体,以预算指标为依据,定期比较预算执行结果与预算指标的差异,分析差异形成的原因,据以评价责任中心的工作业绩,并按照奖罚制度对各预算责任人进行考核与激励。

预算考评是对企业各级责任主体预算执行情况的考核和评价。从预算考评的方式看,预算考评可以分为动态考评和综合考评;从预算考评的内容和性质看,预算考评又可分为过程监控和结果评价。预算考评一般分两个阶段进行,即预算执行过程中的动态考评和预算期末的综合考评。

1. 预算执行过程中的动态考评

在预算执行过程中开展预算考评,能够及时更新各级责任主体预算执行情况的信息,通过差异分析,及时纠正行为偏差,督促预算任务按期落实。预算差异分析包括四个步骤:首先,确定差异分析对象和差异分析方法。一般针对金额较大、性质特殊的差异进行分析,具体分析项目的确定视企业情况而定。其次,收集企业内部和外部资料,计算差异数额。再次,进行差异分析,确定差异原因是差异分析的重点。最后,根据差异分析结果,考虑可能采取的应对措施。

2. 预算期末的综合考评

在预算期末对全面预算管理的运行情况进行总结和综合评价,为下一次准确地编制和有效地运行预算积累经验。预算期末考评应与企业的绩效考核和激励机制结合起来,分为高级经理、责任中心、基层员工等多个考核层次,并据此进行相应的惩罚与奖励。

预算考评通常采用定性考核和定量考核相结合、财务指标和非财务指标相结合的方式。预算考评是对预算目标实现和预算责任履行情况的考核,因此考核指标应与预算目标和责任指标相对应。定量考核就是对各责任主体预算责任指标和预算目标的实际执行情况进行差异分析,根据分析结果决定奖惩措施。定量考核侧重于结果评估和数量考核。定性考核则是对在全面预算管理实施过程中表现优异和突出的部门和个人进行奖励,偏重行为评估。

财务指标在预算考核中占据主导地位。但是,财务指标的局限性也是显而易见的,它过多关注过去的经营业绩而忽视未来的发展,片面分析容易误导经营行为,评价指标注重企业内部而忽视外部市场竞争。因此,在预算考评中很有必要引入非财务指标,更加注重企业的未来成长、战略发展和外部市场,促使经营者加强内部管理和员工的培训,加大市场开拓的力度。

六、运营分析控制

《企业内部控制基本规范》指出,运营分析控制要求企业建立运营情况分析制度,经理层应当综合运用生产、购销、投资、筹资、财务等方面的信息,通过因素分析、对比分析、趋势分析等方法,定期开展运营情况分析,发现问题后及时查明原因并加以改进。企业应按管理要求建立运营分析制度,通常每季度至少分析一次。

运营分析旨在了解企业经营的真实状况,发现和解决经营过程中存在的问题,并按照客观规律指导和控制企业的经营活动,从而提高企业的经营管理水平,提高相关人员的操作水平,促进企业目标的实现。运营分析按不同的标准有不同的分类:按分析频率划分,运营分析有日分析、周分析、月分析、季度分析、半年度分析、年度分析等;按分析内容划分,运营分析有安全生产分析、产品质量分析、生产效能分析、环境危害分析、预算执行分析、资产质量分析、盈利能力分析、财务状况分析等。企业开展运营分析控制应注意以下四点。

1. 运营分析要具有针对性

运营分析首先要明确分析要求和分析目标,确定要分析什么,怎样进行分析;然后紧紧围绕分析主题,有的放矢地从错综复杂的经营管理现象中抓住主要问题进行分析,不要眉毛胡子一把抓,抓不住要害就会偏离分析主题和分析目标。

2. 运营分析要考虑时效性

时效性是确保运营分析活动信息价值的关键所在。在一定时期的循环结束或一定分析对象的活动完结后,企业就应及时进行运营分析,以便对下一循环或一定分析对象的再次活动过程进行及时、有效的调整、改进和控制。

3. 运营分析要保证准确性和可靠性

准确性和可靠性是确保运营分析活动信息价值的决定性因素。运营分析活动必须准确而客观地揭示经济现象的变化过程及规律,总结经验、找出问题、提出建议。企业进行运营分析时,要从事物的相互依存、相互制约中观察问题,从事物的发展变化中分析问题,透过现象看本质,从经验中找不足,准确、全面、深刻地认识事物,使感性认识上升到理性认识,使分析结果得出科学的判断和客观的结论。

4. 运营分析要讲究科学实效

运营分析要以统计报表、会计核算、管理现象、市场参数、计划指标和相关资料为依据,综合运用比较分析法、比率分析法、因素分析法、趋势分析法等科学方法,以动态发展的眼光揭示经济运行的规律,把握经营运行的趋势,逐步建立符合本单位特点的运营分析模式。

七、绩效考评控制

绩效考评控制是通过设置考评指标体系,对企业内部各责任单位和全体员工的绩效进行定期考核与客观评价的过程。《企业内部控制基本规范》指出:绩效考评控制要求企业建立和实施绩效考评制度,科学设置考核指标体系,对企业内部各责任单位和全体员工的业绩进行定期考核和客观评价,将考评结果作为确定员工薪酬以及职务晋升、评优、降级、调岗、辞退等的依据。绩效考评控制主要通过考核与评价来规范企业各级管理者及员工的目标和行为,强调的是控制目标而不是控制过程。

从考评对象来分,绩效考评有经营者绩效考评和部门及员工绩效考评两大类。经营者绩效考评包括企业绩效考评和经营者个人绩效考评,考评主体是股东或股东会和董事会,评价客体是经营者。经营者是指企业的管理层,一般包括董事长或总经理和副总经理。经营者特殊的工作性质,决定了企业本身的绩效是其工作绩效的重要反映,因此经营者绩效考评有两个评价内容——企业绩效和经营者个人绩效。部门及员工绩效考评是由各级管理者按照一定的标准和方法对其下属部门及员工的工作完成情况进行考评。绩效考评控制主要包括制定考评指标和考评程序、选择公平公正的考评方法、管理考评过程、分析考评结果、结合考评结果落实奖励与处罚等关键环节。

1. 制定考评指标和考评程序

绩效考评指标是进行绩效考评的基本要素,制定合理且有效的绩效考评指标是绩效考评取得成功的前提。在绩效考评前,企业应制定合理且有可操作性的考评指标和考评程序并公开,为员工指明方向、确定目标并引领行动。在实务工作中,企业应尽量避免设计过于复杂的考评指标和考评程序。

2. 选择公平公正的考评方法

绩效考评有多种方法可供选择,如评级量表法、图尺度考评法、关键事件法、行为锚定等级评价法、直接排序法、目标考评法、书面叙述法和360°考评法等。

3. 管理考评过程

企业应严格管理考评过程,避免考评流于形式、形同虚设。在考评过程中,企业应尽可能地做到公平、合理,充分发扬民主,建立畅通的沟通渠道,使最关键的问题能够得到及时反馈,避免出现"一言堂",即单凭个人的印象评定结果,影响考评的公正性。

4. 分析考评结果

企业绩效考评结果应予以公示,以保证考评结果的公平与合理。绩效考评结果要对照预算指标、盈利水平、投资回报率、安全生产目标等方面的绩效指标,对各部门和员工的当期绩效进行考核与评价,强化对各部门和员工的激励与约束。

5. 结合考评结果落实奖励与处罚

企业应依据绩效考评结果,按照工作绩效的大小和好坏有奖有罚、有升有降。而且这种奖罚、升降不仅要与精神激励相联系,还要通过工资、奖金等方式与物质利益相联系,这样才能真正达到绩效考评控制的目的。

【复习思考题】

1. 如何对控制活动进行分类?
2. 不相容职务分离控制的原理是什么?以销售业务为例,常见的不相容职务分离有哪些?
3. 企业应该如何做好会计系统控制?
4. 财产保护控制的措施都包括什么?
5. 预算控制的流程和主要风险点是什么?如何控制这些风险?
6. 运营分析控制有哪些注意事项?
7. 绩效考评控制都包含哪些内容?有哪些关键控制环节?

第五章 信息与沟通

【教学目标】

知识目标：
1. 了解信息与沟通的重要性。
2. 理解信息与沟通的概念和特征。
3. 熟悉信息与沟通的过程和方式。
4. 掌握信息系统的生命周期和开发方式。

能力目标：
1. 掌握信息与沟通的总体风险、主要障碍及应对措施。
2. 熟悉内部信息传递各环节的风险及管控要求。

素养目标：
理解各类沟通中站位的重要性，正确认识权力、责任和利益之间的辩证关系，妥善处理各种关系，塑造"求真、向善、尚美"的思想、智慧和价值观。

【导入案例】

二维码 5-1　京东内部沟通四原则

第一节　信息与沟通机制概述

沟通是人类社会消除隔阂、达成共同愿景、朝着共同目标前进的桥梁和纽带。企业规模越大，组织结构越复杂，管理和控制的难度越大，信息与沟通也就越重要。

一、信息的概念、作用和分类

信息同粮食、能源一起被列为人类赖以生存的三大资源，也是客观世界中事物特征、状态及发展变化的直接或间接反映，还是影响信息使用者分析和决策的证据。我们的生活中充满着各种信息：新闻、消息、情报、数据、资料、现象、事物、主题、声音、图像、文字、信号、指令……

（一）信息的概念

信息是一种对人们决策有用的特殊数据，它的有用性是相对的，同一信息对不同决策目标利害各不相同，同一信息在不同时间、不同地点对同一决策的效用也有不同。

信息具有以下几个特征：

（1）有用性。信息是对人有用的、能够影响人们行为的数据。

（2）共享性。一方面，同一内容的信息可以在同一时间为多人所用；另一方面，同一内容的信息可以被多次使用，通过传递可实现信息共享。

（3）可编码性。信息可以用标准符号（如数字、字母等）来表示，在信息社会中将有更多的信息以数字形式表示，它的采集、存储、处理、传输都是数字化的，因此极易识别、转换、传递和接收，也更易于处理。

（4）可传递性。信息是事物存在方式的直接或间接显示，它依附于一定的载体（声、光、电、磁、语言、表情、文字、数字、图形、图像等）进行呈现、传递和扩散，这些载体就是我们广义所说的数据。信息技术极大地扩展了信息的传播范围，提高了信息的传递速度和共享程度。

（5）可加工性。信息的可加工性反映在两个方面：信息可以通过编码进行转换，如将信息存储在计算机里转换成二进制代码，便于存储或处理；信息可以被加工提炼，使杂乱无章的数据变为有使用价值的、有意义的知识。

（6）价值性。信息是一种资源，同样有其效用和成本。信息的效用表现为，其可能为使用者提供新的知识或创造新的价值，可能为使用者的特定决策减少不正确性。信息成本包括收集、输入、处理、存储以及信息形成与传递过程中的全部耗费。

（二）信息的作用

信息在企业的管理、决策等方面具有越来越重要的作用。

（1）信息是经营决策的基础。企业经营者要做出适应环境的正确决策，尤其是要做出战略决策，除了领先经营者的个人经验和直觉判断，更重要的是掌握足够的外部环境信息和企业内部信息，这些信息必须要正确、可靠、及时。只有掌握准确而及时的信息才能做出正确的判断和决策，错误的或过时的信息将导致错误的判断和决策。从企业经营管理角度来讲，信息就是企业的生命。

（2）信息是提高企业经济效益和竞争力的手段。由信息所具有的特征可知，要增强企业的竞争能力，最重要的是要增强企业的信息竞争能力，其关键在于要增强企业对信息的搜集、传递、加工、处理、利用上的竞争能力和敏感性，使企业能创造更大的经济效益。

（3）信息是企业统一思想、统一行动的工具。信息不仅存在于环境预测、经营决策、市场营销、生产管理、计划与控制、原材料的供应等业务流程中，还贯穿于企业的生产、销售、技术开发、财务、人事等各职能部门之间，通过信息的传递和交流将企业内各部门各环节的所有人的思想与行动统一起来，为企业经营目标服务。

（4）企业信息的沟通渠道影响着企业的组织结构、权力关系和工作方式。企业的组织结构是一种搜集、传递、加工、处理、利用信息的结构，企业内各种职位的权力及其相互关系、工作方式都受到它能够收集、掌握的信息量、信息内容和处理利用信息的能力的影响。从某种意义上来说，谁掌握了信息，谁能处理信息，谁就掌握了权力。

（三）信息的分类

信息一般由信息源、内容、载体、传输、接受者五个因素构成。信息一般有四种形态：数据、文本、声音、图像。这四种形态可以相互转化，例如，照片被传送到计算机，就把图像转化成了数字。

信息可以从不同角度来分类。

(1) 按照其重要性程度,信息可分为战略信息、战术信息和作业信息。
(2) 按照其应用领域,信息可分为管理信息、社会信息、科技信息和军事信息。
(3) 按照信息的加工顺序,信息可分为一次信息、二次信息和三次信息等。
(4) 按照信息的反映形式,信息可分为数字信息、图像信息和声音信息等。
(5) 按性质,信息可划分为定性信息和定量信息。

信息还可按照企业管理者对信息需求的层次性分类,不同的企业管理者需要的信息不同,企业的高层领导者需要的是战略信息,中层管理者需要的是战术信息,而基层管理者需要的是业务和作业信息。

二、沟通的概念、作用和分类

(一) 沟通的概念

沟通是将某一信息传递给接收对象,期望它做出预期反应效果的过程,是传递信息、交换思想、说明观点、表达需求、阐明意愿、增进理解、达成共识的过程。

(二) 沟通的作用

在现代企业中,如果长期沟通渠道堵塞、信息不通畅、感情不融洽、关系不协调,就会影响工作,甚至影响到企业正常周转。正如沃尔玛总裁山姆·沃尔顿所说:"如果将沃尔玛管理体系浓缩成一种思想,那就是沟通。因为它是我们成功的真正关键因素之一。"通用公司前CEO应飞曾说:"根据四十多年的管理工作经验,我发现所有的问题归结到最后都是沟通问题。"英国著名学者帕金森也说:"未能有效地沟通而造成的真空,将很快充满谣言、误解和废话。"有研究表明,人们除了睡眠,70%的时间用在沟通上,余下的30%用在分析和处理相关事务上。普林斯顿大学的一个研究小组对1万份人事档案进行分析,发现智慧、专业技术、经验只占成功因素的25%,其余75%取决于良好的人际沟通。哈佛大学的一项调查结果显示,在500名被解雇的劳动者中,因人际沟通不良而导致工作不称职者占82%。

沟通在内部控制中的作用是多方面的,其中突出的有以下四个方面:

(1) 沟通有助于决策的制定,任何决策都会涉及企业内部权、责、利的分配问题。在决策前,管理者就需要广泛地从企业内部的沟通中获取大量的信息作为决策的基础,以便于迅速解决问题。沟通对于基层工作人员也极为重要,上级管理人员对于下属工作的实际情况往往了解得不够全面,如果下属能主动和上级积极沟通反映真实情况,并提出自己的建议供领导者做出决策时参考,则其工作效率能得到提升;反之若沟通不足、信息不畅通则会导致企业管理层做出不切合实际的决策。

(2) 沟通能提高企业员工工作的协调性。企业中各个部门和各个职务是相互依存的,依存性越大,对协调的要求越高,这只有充分的沟通才能实现。没有适当的沟通,管理者对下属的了解也不够充分,反过来下属也可能对管理者所分配给的任务和要求产生错误的理解,最终导致工作任务不能正确圆满地完成,效益受到影响。

(3) 沟通有利于激励下属。在企业中建立良好的人际关系和组织氛围以达到提高员工士气的目标,需要充分沟通的支持。在沟通中,员工与管理者之间除了需要技术性和协调性的信息,还需要交流鼓励性的信息。如果领导的表扬、认可能够通过各种渠道及时传递给员工,便能够为其带来激励;同时,企业内部良好的人际关系更离不开沟通,思想上和感情上的沟通可以增进彼此的了解,使企业有和谐的组织氛围。

(4)沟通是创造和提升企业精神及完成企业内部控制目标的主要方式和工具。内部控制的最高境界就是在企业经营管理中创造出一种企业独有的精神和文化,对企业这一组织赋予人性,使企业内部控制的外在要求转化为企业员工内在的观念和自觉的行为,使其认同企业核心的价值观念、目标以及使命,从而形成创造性的合力。

(三)沟通的分类

随着大数据和现代信息技术的发展,沟通的方式越来越多样,我们可以从多种角度对其进行划分。

(1)按沟通的对象,沟通可分为内部沟通和外部沟通。内部沟通是存在于组织内部各管理层级、责任单位、业务环节之间的沟通,如开会学习董事会决策精神,培训新员工学习企业文化,等等;外部沟通是组织与外部单位或人员之间的沟通,如企业与投资者、债权人、客户、供应商、管理机构、审计师、律师等的沟通。

(2)按沟通的方向,沟通可分为横向沟通和纵向沟通。横向沟通又称平行沟通,是指处于同一层级的组织、单位或个人之间的信息传递和交流;纵向沟通又称垂直沟通,是指上下级之间的信息传递与交流,又可细分为上行沟通和下行沟通。

(3)按是否存在互动,沟通可分为单向沟通和双向沟通。单向沟通是接收者没有反馈的信息沟通,如通过广播、电视、报纸发布公告;双向沟通是存在互动过程的沟通,如谈话沟通、互动课堂、电话交流等。

(4)按沟通手段,沟通可分为语言沟通和非语言沟通。语言沟通又可细分为口头沟通和书面沟通;非语言沟通,则如表情、眼神、手势等。

(5)按是否正式,沟通可分为正式沟通非正式沟通。正式沟通,即如采取文件、书信、快报、会议、报告、手册、公告等方式进行的沟通;非正式沟通,即如采取微信和QQ等聊天平台、电话、短信等方式进行的沟通。

三、信息与沟通的主要障碍及应对措施

如图 5-1 所示,信息与沟通的过程大致分为信息传递和反馈两个阶段,其效率效果会受到各种噪声的干扰。

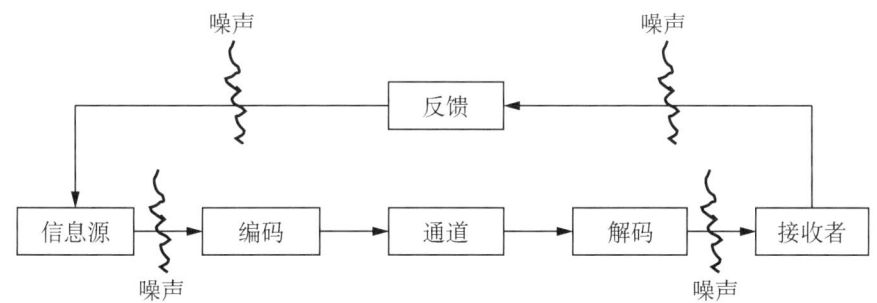

图 5-1　信息与沟通的过程

(一)信息与沟通的主要障碍

从信息与沟通的过程来看,影响效率效果的主要因素有以下五个方面:

(1)信息的长度和复杂程度。信息越复杂、越难以被传递,传递过程中丢失和扭曲的信息就会越多;信息过载,一次试图传递太多的信息,信息传递的效率和效果就会降低。

 案 例

上校的命令

一个上校向他的执行官发布命令:"晚上 8 点左右我们会在这个地区看见哈雷彗星,这种现象大约 75 年才出现一次。让所有人身着军装在原地解散,我将向他们解释这种罕见的现象。如果下雨,我们什么也看不见,那就让大家在礼堂集合,我给他们放映有关的影片。"执行官对连长说:"上校命令,明天晚上 8 点哈雷彗星将在营地上空出现。如果下雨,全体着装原地解散,然后列队去大礼堂,在那里这种 75 年才发生一次的罕见现象将出现。"连长对少尉说:"按上校的命令,明天晚上 8 点着装,哈雷彗星将在礼堂出现,如果下雨,上校将发布另一个命令,75 年才会发生一次。"少尉对上士说:"明天晚上 8 点上校将同 75 年才出现一次的哈雷彗星一起在礼堂出现,如果下雨,上校将命令哈雷彗星进入营地。"上士对士兵说:"明天晚上 8 点下雨时,少见的哈雷将军将由上校陪同,驾驶他的彗星着装穿过礼堂营地。"这个故事说明,信息越复杂,越难以被传递,传递层级越多,信息损失就越多。

(2) 信息发送者的个人特质。信息发送者的个人特质直接影响信息传递的质量。信息发送者的表达能力越强,人品越好,专业性越强,职务层级越高,名气越大,信息传递的效率、效果越好。例如,产品代言人的名气越大,效果越好;权威专家对专业标准的解读要比普通工作人员强很多;正直、诚信和品德高尚的人发布的消息比较有说服力等等。信息发送者的表达能力也是直接影响信息传递质量的关键因素。信息发送者用词不当、词不达意、断章取义、口齿不清、语速过快、字体难辨、观念含糊、逻辑混乱等都可能降低信息传递的效率和效果。

(3) 信息接收者的个人特质。信息接收者的教育水平、知识结构、接受能力、理解能力、专业经验、年龄背景、个人情绪等个人特质都直接影响信息接收的完整性和信息理解的准确性。专业经验不足、个人负面情绪、态度不端正等都可能降低信息接收的效率效果。例如,情绪激动时很难接受对方的观点;知识结构和工作经验不足直接影响对专业标准的理解;年纪较大的人对新技术、新事物的敏感性会降低,接受过程较慢等等。

(4) 信息传递的方式和渠道。信息传递渠道和沟通方式选择不当也会引起沟通障碍。例如,涉及商业秘密的信息,不宜采用电子邮件、QQ、微信等保密性差的方式沟通;投诉和举报电话、信箱应尽可能广泛地传播,不宜仅停留在文件上;对出席公司年会的重要嘉宾,应以请柬等书面形式正式邀请;讨论复杂问题的解决方案时,可选择研讨会沟通;在小范围内沟通简单问题时,可采用电子邮件、短信等比较经济的方式进行;等等。

(5) 其他干扰因素。例如,沟通涉及层级的多少、组织架构、环境噪声、企业文化、外部压力等都可能影响信息与沟通的效率和效果。

(二) 提升信息与沟通效率效果的对策

提升信息与沟通的效率和效果的对策主要有以下四个方面:

(1) 学会倾听。多数情况下,沟通是一个互动过程,学会有效地倾听既是技能,又是修养。倾听有听而不闻、假装倾听、选择性倾听、专注地倾听、设身处地地倾听等多种境界。有效的倾听,应认真地听、用心感受、大脑思考、适当记录、眼神交流、积极互动、概括复述重要内容,并与自己的经历体会做比较。沟通过程应避免不作任何努力地被动听、做出假象倾听或只听自己感兴趣的内容。

（2）提升表达能力。表达能力是人工作和生活的关键技能，一句话既可以架起友谊的桥梁，又可能成为隔阂的樊篱。语言表达有很多技巧和艺术。例如，说话时将"但是"换成"也"，沟通的效果可以显著提升。

（3）多用积极的肢体语言。积极的肢体语言包括精力集中、神情专注、恰当的表情和目光接触、思考性地点点头、身体正面朝向对方、身体适度前倾、表示理解的附和声等；消极的肢体语言包括身体远离对方、捂着鼻子、目光游离、手捂嘴巴、握紧拳头、烦躁地走动、玩弄手机、频繁看表、不停眨眼、乱写乱画等。

（4）营造良好的沟通环境。沟通前营造良好的沟通环境十分重要，如认真准备、尊重对方、面带微笑、相互信任、理解宽容、换位思考、建立感情、关闭手机、自我克制、不轻易打断对方、选择友好轻松的场所等。

四、建立健全信息与沟通机制

信息与沟通机制是企业及时、准确地收集、传递与内部控制相关的信息，确保信息在企业内部、企业与外部之间进行有效沟通的基础，是实施内部控制的重要条件。《企业内部控制基本规范》指出，企业应当建立信息与沟通制度，明确内部控制相关信息的收集、处理和传递程序，确保信息及时沟通，促进内部控制有效运行。站在企业内部控制的角度来说，信息与沟通要素的建设一般包括信息收集、内部沟通、外部沟通、媒体宣传、反舞弊机制、信息系统等。

（一）信息收集

信息收集是指企业通过各种方式获取所需要的信息。信息收集是信息得以有效利用的前提，信息收集工作的好坏，直接关系整个信息管理工作的质量。信息可以分为原始信息和加工信息两大类。原始信息是指在经济活动中直接产生或获取的数据、概念、知识、经验及其总结，是未经加工的信息。加工信息是指对原始信息经过加工、分析、改编和重组而形成的具有新形式、新内容的信息。企业在日常生产经营和管理控制中应收集各种内部信息和外部信息，并对这些信息进行合理筛选、核对、整合，以提高信息的有用性。

企业可以通过财务会计资料、经营管理资料、调研报告、专项信息、内部刊物、办公网络等渠道，获取内部信息；还可以通过行业协会组织、社会中介机构、业务往来单位、市场调查、来信来访、网络媒体及有关监管部门等渠道，获取外部信息。企业收集信息时，应注意信息的质量，坚持准确性、全面性、时效性、适当性等原则，收集高质量的内部信息和外部信息。

（二）内部沟通

信息的价值必须通过传递和使用才能体现。企业应将内部控制的相关信息在内部各管理层级、责任单位、业务环节之间进行沟通和反馈。企业可以采取互联网、电子邮件、电话传真、信息快报、例行会议、专项报告、调查研究、员工手册、教育培训、内部刊物、内部网络等多种方式，实现所需的内部信息、外部信息在企业内部得以准确、及时地传递和共享，确保董事会、经理层和企业员工之间进行有效的沟通。企业重要信息必须及时传递给董事会、监事会和经理层。

企业沟通的效率效果直接影响内部控制的有效性。畅通而有效的内部沟通有利于信息在企业内部充分地流动和共享，有利于提高工作效率，有利于增强民主管理，改善员工关系，增强员工参与度、归属感、荣誉感和责任心，有利于企业上下统一思想和行动，对于促进企业目标的实现能够起到事半功倍的效果。企业可以利用会议、报告、培训、调查、访谈、信件、内刊、手册、展板等正式沟通渠道，也可以利用旅游、晚会、节庆、微信、QQ等非正式沟通渠道。沟通过程中发现的问题,相关人员应及时报告并加以解决。

企业应建立有效的内部沟通制度,培育良好的沟通规则,约束沟通中的不良行为,促进员工行为的一致性,提高企业沟通的效率效果。在现代企业管理中,企业文化和价值理念等软约束对员工的引领作用已经超越权力、等级、制度等硬约束的规范作用。企业领导、部门主管要与时俱进地树立以人为本的理念,对下属的管理应主要体现在工作方向和企业目标上,采取的手段应体现在文化引导和人格魅力感染上,合理运用手中的职权,学会当教练而不是当家长,信任下属并放权给他们,让他们在企业统一价值理念和整体目标的前提下自主地开展工作,以激励他们的主动性和创造性,充分发掘自身潜能;同时,企业应扩大下属的知情权和参与权,提高决策的透明度。

(三) 外部沟通

企业有责任建立良好的外部沟渠道,及时处理和反馈外部信息。外部沟通应重点关注以下八个方面:

(1) 与投资者沟通。企业应按《中华人民共和国公司法》《中华人民共和国证券法》等法律法规以及公司章程的规定,通过股东会、投资者会议、意向信息报告等方式,及时向投资者报告企业的战略规划、经营方针、投资计划、融资计划、年度预算、经营成果、财务状况、利润分配方案,以及重大担保、合并分立、资产重组等方面的信息,听取投资者的意见和要求,妥善处理企业与投资者的关系。

(2) 与债权人沟通。企业可通过信函、会谈、电话、传真等方式,与债权人就账目核对、信用额度、贷款安排、债务清偿等进行定期或不定期的沟通,妥善处理企业与债权人的关系,维持或提升企业的信用和形象。

(3) 与客户沟通。企业可通过座谈、走访、专题调研等形式,定期听取与收集客户对消费偏好、销售政策、产品质量、售后服务、货款结算等方面的意见和建议,妥善解决可能存在的控制不当的问题。

(4) 与供应商沟通。企业可通过供需见面会、订货会、业务洽谈会等形式与供应商就供货渠道、产品质量、技术性能、交易价格、信用政策、结算方式等问题进行沟通,及时发现并妥善解决可能存在的控制不当的问题。

(5) 与监管机构沟通。企业应及时地向监管机构了解监管政策、监管要求及其变化情况,并相应地完善自身的管理制度;同时,企业应认真了解自身存在的问题,积极地反映诉求和建议,努力加强与监管机构的协调。

(6) 与外部审计师沟通。企业应定期与外部审计师进行会晤,听取外部审计师有关财务报表审计、内部控制等方面的建议,以保证内部控制的有效运行及双方的工作协调。

(7) 与律师沟通。企业可根据法定要求和实际需要,聘请律师参与重大业务、项目和法律纠纷的处理,并保持与律师的有效沟通。

(8) 公共关系协调。企业应关注与当地社区及社会公众的沟通,特别是当企业面临征地拆迁补偿、环境责任事件纠纷等问题时,应妥善处理好公共关系。

(四) 媒体宣传

随着社交网络、搜索引擎、网络杂志、QQ、微信等信息传播方式的迅速发展,信息传播已从纸质媒介进入传播速度更快、覆盖范围更广、内容更丰富、受众更广泛的新媒体时代。在新媒体时代,企业要更加重视对外宣传和与媒体的沟通,与媒体保持适度的联络关系,避免出现媒体关系不融洽的情况。企业对外宣传不当、应对媒体准备不充分、与媒体沟通不畅,可能导致媒体误解，从而带来不实报道，损害企业声誉。

根据对外宣传工作的需要，企业可以分别按日常信息、突发事件相关信息及专项信息的管理要求，及时收集和沟通与本单位有关的信息。日常信息包括日常生产经营情况、财务状况、价格政策、安全环保、科技进步、工程进展、重大合同、重大合资合作、公益事业、涉及本单位及同类单位的媒体报告和舆情等；突发事件相关信息是指在不可预见情形下发生的、经预判可能引起大规模社会负面影响、对企业形象造成损害或影响正常生产经营活动的事件所涉及的信息，如生产事故、金融财务、公共卫生、群体事件、涉外事件、媒体事件、竞争合作和自然灾害等；专项信息是根据企业对外宣传工作的需要，要求相关单位按要求向企业宣传部门呈报的信息。

如果发生可能带来重大负面影响的事件，企业应加强舆情管理，重视与媒体的沟通，及时向利益相关者和主流媒体澄清事实真相，积极采取措施降低负面影响，安抚公众情绪，挽回企业声誉和损失。在重大危机面前，为引导企业转"危"为"机"，可遵循以下处理原则：

(1) 告诉公众真相(tell the truth，TTT)原则。不要试图谎报和瞒报真相。

(2) 唯一而权威的新闻出口(only one out，OOO)原则。危机发生后，要迅速抢占舆论的"桥头堡"，由权威人士通过官方主流媒体对外发布新闻，并确保信息的权威可靠。其他人员未经审核和批准不得对外散布消息。

(3) 第一负责人在第一时间到达现场(first person，first time and first place，FFF)原则。事件发生后，相关单位或部门主要负责人反应要快，负责人和领导要迅速到达现场指挥应对。

(4) 救人优先(people，people and people，PPP)原则。人的生命安全和身体健康都高于一切。

(5) 让公众看到希望(see and seen，SAS)原则。人们正在努力，事情正在向好的方向转变。

(五) 反舞弊机制

如果信息沟通机制不畅通，就会产生信息不对称问题，舞弊产生的概率就会增大。舞弊是企业董事、监事、经理、其他高级管理人员、员工或第三方使用欺骗手段获取不当或非法利益的故意行为，它是企业应重点控制的领域之一。建立反舞弊机制对于企业防范、发现和处理舞弊行为具有重要意义。

《企业内部控制基本规范》规定：企业应当建立反舞弊机制，坚持"惩防并举、重在预防"的原则，明确反舞弊工作的重点领域、关键环节和有关机构在反舞弊工作中的职责权限，规范舞弊案件的举报、调查、处理、报告和补救程序。企业应明确举报、投诉的处理程序、办理时限和办理要求，确保举报、投诉成为企业有效掌握信息的重要途径。为了确保反舞弊工作落到实处，企业应建立举报投诉制度和举报人保护制度，设置举报信箱和投诉热线，鼓励员工及其他利益相关者举报与投诉企业内部的违法违规、舞弊和其他有损企业形象的行为。落实举报人保护制度是举报投诉制度有效运行的关键，举报投诉和举报人保护制度应及时传达至全体员工。企业应定期召开反舞弊情况通报会，由审计部门通报反舞弊工作情况，分析反舞弊形势，评价现有的反舞弊控制措施和程序。

反舞弊工作的重点包括以下四项：

(1) 未经授权或者采取其他不法方式侵占、挪用企业资产，牟取不当利益。例如，管理人员利用职务之便，把企业资产贱卖给他人从中套取好处；部分企业员工私用公车；员工使用企业的钱炒房或炒股；等等。企业应关注和监督重大不寻常交易及各管理层级的审批、授权、认证等,防止企业资产被侵占、资金被挪用等现象的发生。

(2) 在财务报告和信息披露等方面存在虚假记载、误导性陈述或重大遗漏等。例如,企业编制虚假财务报告以获得银行贷款;上市公司发布虚假财务报告以操纵股价;从股价波动中获利;等等。审计委员会应复查内部审计收集的信息,监督管理层对财务报告施加不当影响的行为、审核企业的重大会计政策变更和异常会计事项,防止虚假财务报告的出现。

(3) 董事、监事、经理及其他高级管理人员滥用职权。因为信息不对称,董事、监事、经理及其他高级管理人员可能发生道德风险和逆向选择,滥用职权是其中的表现之一,是内部控制较难控制的行为。企业应健全公司治理机制,做好高管团队的激励和约束工作。

(4) 相关机构或人员串通舞弊。如果忽视对员工的正直、诚信及道德价值观的培育和教化,或者内部监督、监察不到位,就很可能发生相关机构或人员串通舞弊的情况,不相容岗位分离控制就会失效。

(六) 信息系统

《企业内部控制基本规范》规定:企业应当利用信息技术促进信息的集成与共享,充分发挥信息技术在信息沟通中的作用。企业应当加强对信息系统开发与维护、访问与变更、数据输入与输出、文件储存与保管、网络安全等方面的管理,保证信息系统安全稳定运行。具体内容参见本章第三节。

第二节　内部信息传递

内部信息传递是企业内部各管理层级、各部门、各岗位之间传递生产经营和管理信息的过程。内部控制离不开信息的传递和沟通,信息在企业内部有目的地传递,对贯彻落实企业的发展战略和经营计划、执行企业的全面预算、识别企业生产经营活动中的内外部风险具有重要的作用。

一、信息收集与传递的总体风险和控制要求

为了更好地服务企业的生产经营和管理决策,企业应做好各项内部报告工作,从各种渠道获取相应的信息。企业内部信息有来自一线业务人员根据市场或业务工作整理的信息,也有来自管理人员根据相关内部信息而对所负责部门形成的指示或情况通报等。尽管有关信息的来源、内容、提供者、传递方式和渠道等各不相同,但收集和传递相关信息至少应关注以下总体风险:

(1) 内部报告系统缺失、功能不健全、内容不完整,可能影响生产经营有序运行。

(2) 内部信息传递不通畅、存在"信息孤岛",可能导致决策失误、相关政策措施难以落实。

(3) 信息收集和处理不及时、不准确、不适用,导致信息无效。

(4) 内部信息传递中泄露了商业秘密,可能削弱企业的核心竞争力,也可能遭受监管处罚(例如,上市公司高管提前泄露内幕消息等)。

为了应对信息收集与传递的总体风险,企业应采取以下控制措施:

(1) 明确内部信息传递的控制目标。"目标—现状—差异—行动"是任何管理行为的基本逻辑,面对信息收集与传递风险,企业首先应明确内部信息收集与传递的控制目标。这些控制目标一般包括:建立合理规范的内部信息报告流程,确保信息沟通及时、准确,确保内部信息得

到及时处理,确保内部信息报告机制能有效地发现舞弊行为,确保内部资料不被泄露;等等。

(2)核实信息的真实性和准确性。虚假或不准确的信息将严重误导信息使用者,甚至导致决策失误,造成损失。信息收集者和传递者应加强对信息源的核实与查验,确保信息与所要表达的现象和状况一致,若不能真实地反映所描述的经济事项,就不具有可靠性。

(3)注意信息的及时性和有效性。如果信息未能及时提供,或者信息不具有相关性,再或者相关信息未被有效利用,都可能导致企业决策延误,经营风险增加,甚至可能使企业较高层次的管理陷入困境。信息收集者和传递者应关注信息的及时性与相关性,以便管理者对实际情况进行及时、有效的控制和纠正,从而提高信息支持决策的有效性。只有切合具体任务和实际工作、符合使用者需求的信息,才是具有使用价值的。

(4)做好涉密信息的保密工作。企业内部的运营情况、技术水平、财务状况和有关重大事项等通常涉及商业秘密、内幕信息知情者(包括董事、监事、高级管理人员及信息披露有关部门的涉密人员)都负有保密义务,这些内部信息一旦泄露,就可能使企业的商业秘密被竞争对手获知,企业处于被动境地,甚至产生重大损失。

二、内部信息传递流程

内部信息通常以内部报告的形式传递,企业内部报告可分为定期报告和即时报告。定期报告是提供企业在某一时段内业务运转,生产经营和管理情况的周期性信息报告,通过周报、月报、季报等形式报告。常见的内部定期报告有生产经营统计报告、经济运行分析报告、财务相关报告、生产情况报告、研发情况报告、材料采购报告、设备运行报告、人力资源报告、应收账款报告等。即时报告是对企业在生产经营和管理过程中遇到的可能对企业运营产生重大影响的突发情况的说明等内部资料。例如,采购价格调整报告、安全事故报告、质量事故说明等。

企业应加强内部报告管理,全面梳理内部信息传递过程中的薄弱环节,建立科学的内部信息传递机制,明确内部信息传递的具体要求,关注内部报告的有效性、及时性和安全性,促进内部报告的有效利用,充分发挥内部报告的作用。企业内部信息传递的一般流程如图5-2所示。

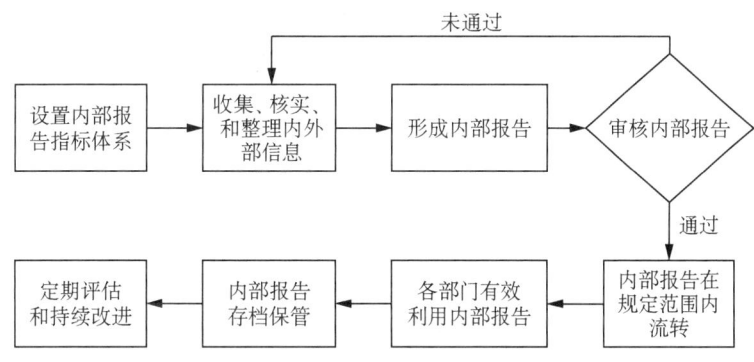

图 5-2 企业内部信息传递的一般流程

三、内部信息传递各环节的主要风险及其控制

(一)内部报告指标体系设计环节的主要风险及其控制

内部报告指标体系是否科学直接关系内部报告反映的信息是否有价值,这就要求企业根据自身发展战略、风险控制和绩效考核特点,科学地制定不同级次内部报告的指标体系,合理设置关键信息指标和辅助信息指标,并与全面预算管理等相结合,采用经营快报等多种形式,

全面反映与企业生产经营和管理活动相关的各种内部信息及外部信息。在设计内部报告指标体系时,企业应根据内部各"信息用户"的需求选择信息指标,以满足其经营决策、绩效考核、企业价值与风险评估的需要,并随着环境和业务的变化而不断地修订与完善。

内部报告指标体系设计环节的主要风险有:指标体系的设计未能结合企业的发展战略,指标体系级次混乱,与全面预算管理要求相脱节,未能根据环境和业务变化做适当调整等。

内部报告指标体系设计环节的控制措施主要有:

(1) 企业应认真研究自身的发展战略、风险控制要求和绩效考评标准,根据各管理层级对信息的需求和详略程度,建立一套级次分明的内部报告指标体系。

(2) 内部报告指标体系确定后,企业应进一步细化,层层分解,使各责任单位、相关职能部门和岗位都有自己明确的目标,以利于控制风险并进行绩效考核。

(3) 内部报告应依据全面预算管理的标准进行信息反馈,将预算控制的过程和结果向管理层报告,以有效控制预算执行情况、明确责任、考核业绩。

(4) 企业应根据新环境和新业务的发展需要,适当地调整决策部署,适时优化内部报告指标体系,以实现资源有效配置和管理协同效应。

(二) 内外部信息收集环节的主要风险及其控制

收集和整理各种内外部信息是形成内部报告的信息来源,企业应广泛收集、分析、整理内外部信息,并通过内部报告传递到企业内部各相关管理层级,以便及时采取应对策略。

内外部信息收集环节的主要风险有:收集的内外部信息过于散乱,重点不突出;信息收集范围界定不清,缺乏针对性;信息收集时效性差,内容准确性低,据此进行决策容易误导经营活动;获取内外部信息的成本过高,经济上不划算;等等。

内外部信息收集环节的控制措施主要有:

(1) 考虑信息用户的需求,信息收集过程中重点关注用户需要的信息类型和内容,按相应的标准对信息进行分类汇总。

(2) 对收集到的信息进行筛选、审核和鉴别,确定其真实性和合理性。

(3) 在收集信息的过程中考虑获取信息的便利性及其获取成本。如果需要付出较大代价获取信息,则应权衡其成本与使用价值,确保所获取信息符合成本效益原则。

(三) 内部报告形成环节的主要风险及其控制

企业各责任中心和职能部门应对收集到的有关信息按相应标准进行筛选与整理,根据各管理层级的信息需求和设计的指标体系,对有效数据进行分析和汇总,必要时可借助各种分析模型提高数据分析的科学性;在此基础上编制和审核内部报告,形成总结性结论,并提出相应的建议,从而为发展趋势、策略规划、前景预测等提供分析性支持,为企业决策提供有力保障。尽管企业内部报告的种类众多、格式不尽一致,但通常都应包括报告名称、文件号、执行范围、内容、起草或制定部门、报送和抄送部门以及时效要求等。内部报告形成环节的主要风险有:内部报告未能根据内部使用单位的需求进行编制,内容不完整,编制不及时,未经审核即向有关部门传递等。

内部报告形成环节的控制措施主要有:

(1) 内部报告编制者应紧紧围绕使用者的信息需求,以内部报告指标体系为基础,编制内容全面,简洁明了、通俗易懂的内部报告。

(2) 合理设计内部报告编制程序,提高编制效率,以保证信息的及时性,对于重大突发事件应以速度优先,尽快向董事会和相关人员报告。

(3)建立内部报告审核制度,设定审核权限,确保内部报告信息质量。企业必须对岗位与职责分工进行控制,内部报告的起草应与审核岗位分离,内部报告在传递前须经签发部门负责人审核。

(四)内部报告传递环节的主要风险及其控制

内部报告传递必须及时、准确,重要信息要及时传递给董事会、监事会和经理层。在正常情况下,内部报告应按职责分工和权限指引所规定的报告关系进行传递;对于重要的紧急信息,可越级向董事会、监事会或经理层直接报告,便于相关负责人迅速做出决策。

内部报告传递环节的主要风险有:缺乏内部报告传递流程,内部报告未按传递流程准确传递,内部报告传递不及时,内部报告传递过程缺乏记录和签字确认,不能追溯内部报告传递过程等。

内部报告传递环节的控制措施主要有:

(1)制定内部报告传递制度。企业可根据信息的重要性、内容等特征,确定不同的传递环节。

(2)严格按设定的传递流程进行传递,并做好传递记录,对未按传递制度进行操作的事件,应调查原因,并做相应处理。

(3)对于重要信息,企业应委派专门人员对其传递过程进行复核,确保信息正确地传递给使用者。

(4)充分利用信息技术,强化内部报告信息的集成和共享,将内部报告纳入企业的统一信息平台,构建科学的内部报告网络体系。

(5)及时更新信息系统,确保内部报告有效、安全地传递。

(五)内部报告利用环节的主要风险及其控制

企业应有效利用内部报告进行风险评估,准确识别、及时分析和有效应对企业生产经营与管理活动中的内外部风险。各级管理人员应充分利用内部报告进行有效决策,管理和指导日常生产经营活动,及时反映全面预算执行情况,协调企业内部相关部门和各单位的运营进度,对于内部报告反映出来的问题应及时解决,严格绩效考评和责任追究,促进企业实现发展战略和运营目标。

内部报告利用环节的主要风险有:企业未建立有效的决策支持系统,使信息不能辅助管理决策;管理人员在决策时未利用内部报告信息,内部报告未被用于风险识别和控制,降低了内部报告的有效性;商业秘密通过内部报告被泄露;等等。

内部报告利用环节的控制措施主要有:

(1)在经营分析和管理决策中充分利用内部报告提供的信息,要求各级管理人员有效利用内部报告信息对生产、采购、销售、投资、筹资等业务进行分析,发现存在问题的要及时查明原因并加以改进。

(2)在预算控制中充分利用内部报告提供的信息,将预算控制和内部报告接轨,通过内部报告及时反映全面预算的执行情况。

(3)将其绩效考评和责任追究制度与内部报告联系起来,依据及时、准确、按规范流程提供的信息进行透明、客观的定期业绩考核,并对相关责任人进行追究惩罚。

(4)在风险评估中充分利用内部报告提供的信息,准确识别和系统分析企业生产经营活动中的内外部风险,涉及突出问题和重大风险的应启动应急预案。

(5)从内部报告传递的时间、空间、节点、流程等方面建立控制,通过职权分离、授权接触、监督和检查等手段来防止商业秘密被泄露。

（六）内部报告后续管理环节的主要风险及其控制

持续生成的内部报告会产生大量的数据信息，企业应管理好这些资料，重要数据应备份并永久保存，以便为后续的数据查询、事件还原、责任追究等提供档案依据。

内部报告后续管理环节的主要风险有：缺少内部报告管理制度；内部报告管理杂乱无章；重要资料的保管期限过短、保密措施不严等。

内部报告后续管理环节的控制措施主要有：

（1）建立内部报告保管制度，指定专人负责保管。

（2）按类别保管内部报告，以便于查阅。

（3）对影响大、金额高的内部报告要严格保管，企业重大重组方案、公司章程及相应的修改、企业债券发行方案等应永久保管。

（4）有条件的企业应建立电子内部报告保管库，分性质，按类别、时间、保管年限、影响程序及保密要求等分门别类地储存电子内部报告。

（5）制定严格的内部报告保密制度，明确保密内容、保密措施、密级程度和传递范围，防止泄露商业秘密。有关企业商业秘密的重要文件要由企业较高级别的管理人员负责，至少由两人共同管理，放置在专用保险柜中。查阅保密文件，必须经该两位高层管理人员同意，由两人分别开启相应的锁具方可打开。

为了持续改进内部报告传递和利用的有效性与安全性，企业应建立内部报告评价制度，定期对内部报告是否全面、完整，内部报告传递是否及时、安全，内部报告利用是否有效等进行分析和评价，掌握内部报告收集、传递和利用的真实状况。企业对内部报告的评价工作应定期进行，一般至少每年度对内部报告进行一次评价。经过评价发现内部报告存在缺陷的，应及时改进，并对产生缺陷的单位或个人进行教育和处罚。

第三节 信息系统

一、信息系统的定义

《企业内部控制应用指引第18号——信息系统》规定，信息系统是指企业计算机和通信技术，对内部控制进行集成、转化和提升所形成的信息化管理平台。

信息系统是由计算机硬件、软件、人员、信息流和运行规程等要素组成的。信息在改变企业传统运营模式的同时，也对传统的内部控制观点和控制方法产生了深远的影响。企业原有的内部控制越来越不适应企业的业务发展和管理提升的要求。信息系统的实施触发了企业管理模式、生产方式、交易方式、作业流程的变革，为管理工作的重心从经营向经营过程的控制转移创造了技术条件。

二、信息系统的生命周期

信息系统的生命周期一般要经过信息系统规划期、信息系统开发期和信息系统运行与维护期三个主要阶段。

（一）信息系统规划期

在信息系统规划期，主要应该考虑实现企业发展战略向信息化流程的转变。因此，企业需要将信息系统战略规划的管理控制作为出发点,分析企业流程,研究信息技术的发展趋势,实现信息系统战略规划与企业发展战略的匹配,并由此制定信息系统管理、业务和技术三个方面的规范;同时,信息系统管理部门与企业各个层面的管理者、业务部门和最终用户要进行充分的沟通,以实现业务需求向信息化流程的转移。在此基础上,根据信息系统规划进行项目立项和可行性研究,以确定信息系统建设方案。

信息系统规划时期包括战略规划和项目计划。

战略规划通常将完整的信息系统分成若干子系统,并分阶段建设不同的子系统。比如,制造企业可以将信息系统划分为财务管理系统、人力资源管理系统、MRP(销售、采购、库存、生产)系统、计算机辅助设计和制造系统、客户关系系统、电子商务系统等若干子系统。

项目计划通常包括项目范围说明、项目进度计划、项目质量计划、项目资源计划、项目沟通计划、风险对策计划、项目采购计划、需求变更控制、配置管理计划等内容。项目计划不是完全静止、一成不变的。在项目启动阶段,企业可以先制订一个较为原则的项目计划,确定项目主要内容和重大事项,然后根据项目的大小和性质以及项目进展情况进行调整、充实和完善。

(二)信息系统开发期

信息系统开发期的任务是完成软件的设计和实现,具体包括系统分析阶段、系统设计阶段、系统实施阶段三个阶段。

1. 系统分析阶段

系统分析又称为用户需求分析,需求分析的目的是明确信息系统需要实现哪些功能。该项工作是系统分析人员和用户单位的管理人员、业务人员在深入调查的基础上,详细描述业务活动涉及的各项工作以及用户的各种需求,从而建立未来目标系统的逻辑模型。

2. 系统设计阶段

系统设计是根据系统分析阶段所确定的目标系统逻辑模型,设计出一个能在企业特定的计算机和网络环境中实现的方案,即建立信息系统的物理模型。系统设计包括总体设计和详细设计。总体设计的主要任务是:第一,设计系统的模块结构,合理划分子系统边界和接口。第二,选择系统实现的技术路线,确定系统的技术架构,明确系统重要组件的内容和行为特征,以及组件之间、组件与环境之间的接口关系。第三,数据库设计,包括主要的数据库表结构设计、存储设计、数据权限和加密设计等。第四,设计系统的网络拓扑结构、系统部署方式等。详细设计的主要任务包括程序说明书编制、数据编码规范设计、输入输出界面设计等内容。

3. 系统实施阶段

系统实施阶段是编程和测试阶段。这个阶段的任务包括计算机等设备的购置、安装和调试、程序的编写与调试、人员培训、数据文件转换、系统调试与转换等。编程阶段是将详细设计方案转换成某种计算机编程语言的过程。编程阶段完成之后,要进行测试。测试主要有以下目的:一是发现软件开发过程中的错误,分析错误的性质,确定错误的位置并予以纠正。二是通过某些系统测试,了解系统的响应时间、事务处理吞吐量、载荷能力、失效恢复能力以及系统实用性等指标,以便对整个系统做出综合评价。测试环节在系统开发中具有举足轻重的地位。在系统测试中,往往只能测试有限的程序,无法发现"潜伏"其中的危险程序。例如,曾有程序设计员在设计系统程序时加了一条"当他工资为0或工资单上他的名字被注销时,就删除所有的系统数据"的语段。几年后,当该程序员被解雇时,系统遭到了致命性的破坏。

(三)信息系统运行与维护期

系统投入运行后,需要经常进行维护和评价,记录系统的运行情况,根据一定的标准对系统进行必要的修改，评价系统的工作质量和经济效益。信息系统的运行与维护主要包含三个方面的内容：日常运行维护、系统变更和安全管理。

在信息系统开发的过程中，每一阶段有其独立的任务和成果，每一阶段使用规定的方法和工具，编制出阶段文档（阶段文档是阶段之间的管理控制点，需要经过正式的管理检验才能进入下一阶段工作；各阶段形成的文档资料共同构成了关于系统开发生命周期整体质量的审计证据）。前一阶段是后一阶段的基础和指导，只有完成了前一阶段的任务，才能进入下一阶段。每个阶段完成后，都要进行复查。如果发现问题，要停止前行，沿着所经历的阶段返回。在实践中，上述开发阶段会被分解成若干子阶段，每个子阶段还能够往下被分解为特定开发工程更为详细的活动。

三、信息系统的开发方式

信息系统的开发建设是信息系统生命周期中技术难度最大的环节，在开发建设环节，企业要将企业的业务流程、内控措施、权限配置、预警指标、核算方法等固化到信息系统中，因此开发建设的好坏直接影响信息系统的成败。开发建设主要有自行开发、外购调试、业务外包等方式。各种开发方式有其各自的优缺点和适用条件，企业应根据自身实际情况合理选择。

（一）自行开发

自行开发就是企业依托自身力量完成整个开发过程，其优点是开发人员熟悉企业情况，可以较好地满足本企业的需求，尤其是具有特殊性的业务需求，通过自行开发，还可以培养、锻炼自己的开发队伍，便于后期的运行和维护。其缺点是开发周期较长，技术水平和规范程度较难保证，成功率相对较低。因此，自行开发方式的适用条件通常是企业自身技术力量雄厚，市场上没有能够满足企业需求的成熟的商品化软件和解决方案。例如，百度的搜索引擎系统就偏重自行开发。

（二）外购调试

外购调试的基本做法是企业购买成熟的商品化软件，通过参数配置和二次开发满足企业需求。其优点是开发建设周期短，成功率较高，成熟的商品化软件质量稳定，可靠性高，专业的软件提供商具有丰富的实施经验。其缺点是难以满足企业的特殊需求，系统的后期升级进度受制于商品化软件供应商产品更新换代的速度，企业自主权不强，较为被动。外购调试方式的适用条件通常是企业的特殊需求较少，市场上已有成熟的商品化软件和系统实施方案，大部分企业的财务管理系统、ERP 系统、人力资源管理系统等多采用外购调试方式。

（三）业务外包

由于信息系统更新换代的周期短，信息系统工作人员的流动性高，人工费用与设备维修费用十分昂贵，近年来西方发达国家出现了利用外包信息系统资源的方法，简称"外包"。外包指组织只专注于自己的特定业务，而将相关的信息系统业务承包给外部的信息服务机构。通过外包，企业可以提高对信息技术、信息人才的利用效率，显著降低信息系统的运营成本，企业可以将自己的力量集中于其核心竞争优势方面，更加集中于实现企业的战略目标。

信息系统的业务外包是指委托其他单位开发信息系统，其基本做法是企业将信息系统开发项目外包出去，由专业公司或科研机构负责开发、安装和实施，企业直接使用。其优点是企业可以充分利用专业公司的专业优势，量体裁衣，构建全面、高效、满足企业需求的个性化系统，企业不必培养、维持庞大的开发队伍，相应节约了人力资源成本。其缺点是沟通成本高，系统开发方难以深刻理解企业需求，可能导致开发出的信息系统与企业期望有较大偏差。同时，由于外包信息系统与系统开发方的专业技能、职业道德和敬业精神存在密切关系,外包信息系统也可能泄露企业机密信息,因此企业必须加大对外包项目的监督力度。业务外包方式的运用条件通常是市场上没有能够满足企业需求的成熟的商品化软件和解决方案,企业自身技术力量薄弱或出于成本效益原则考虑不愿意维持庞大的开发队伍。

【复习思考题】

1. 什么是信息?信息的作用是什么?如何分类?
2. 什么是沟通?沟通的作用是什么?如何分类?
3. 信息与沟通过程中的主要障碍有哪些?如何应对?
4. 如何提升建立健全企业信息与沟通机制?
5. 内部报告传递过程中的主要风险有哪些?如何控制这些风险?
6. 内部报告利用过程中的主要风险有哪些?如何控制这些风险?
7. 信息系统的生命周期有哪几个阶段?企业可以采取什么方式开发信息系统?这些开发方式的优缺点分别是什么?

第六章 内部监督

【教学目标】

知识目标：
1. 理解内部监督的定义和分类。
2. 熟悉内部监督的流程。
3. 掌握内部监督机构设置及权责配置。

能力目标：
1. 能够帮助企业建立风险导向的内部监督模式。
2. 能够为企业优化内部监督机制的运行效果提出建议。

素养目标：
理解内部监督对于国家、社会和企业的发展及稳定所发挥的重要作用，培养"诚信为本，操守为重，实事求是，依法执业"的价值观，以系统施治、标本兼治的理念贯通监督、凝聚合力。

【导入案例】

二维码6-1　广州地铁内部审计做好
新时代新征程审计工作

第一节　内部监督概述

一、内部监督的定义

内部监督是企业对内部控制的设计和运行情况进行监督检查，对其健全性和有效性进行评估，发现和认定内部控制缺陷，并及时加以改进和完善的过程。《企业内部控制基本规范》规定，企业应当制定内部控制监督制度，明确内部审计机构（或经授权的其他监督机构）和其他内部机构在内部监督中的职责权限，规范内部监督的程序、方法和要求。

内部监督是内部控制的构成要素之一，同时又对内部控制的其他要素进行监控，是保障内部控制有效性的关键。有效的内部监督应该以风险导向为核心理念,实施风险导向的内部监督必须在明确风险归属的前提下,将风险评估与内部监督相联系,根据风险评估结果确定监督的侧重点;同时,全面、系统地识别和分析内部监督流程各环节的主要风险,针对风险点设置关键控制点,实施相应的风险控制措施。

二、内部监督的流程

内部监督是持续演进的动态过程,企业可通过持续监督、单独评估或两者并用来实现这个过程。依据 COSO 在 2009 年 1 月发布的《内部控制体系监督指南》,内部监督流程主要包括建立监督基础、设计和执行监督程序、评估和报告监督结果、形成内部控制有效性结论四个环节,如图 6-1 所示。

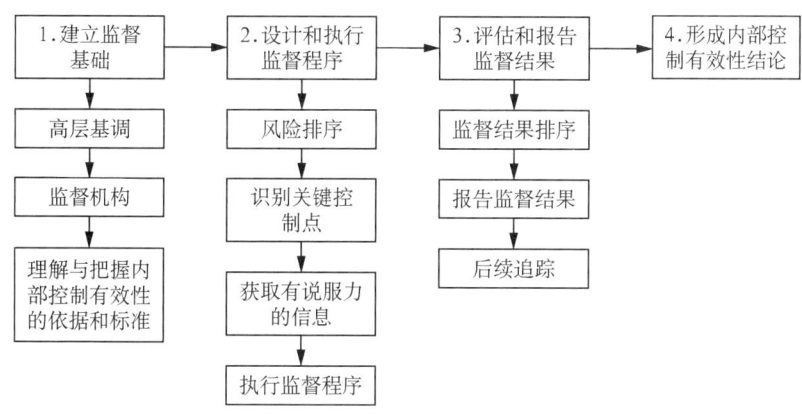

图 6-1 内部监督流程

(一) 建立监督基础

1. 高层基调

董事、监事和高级管理人员对内部监督要素应保持正确的论调,表达企业高层对内部控制及监督要素重要性的认识,强调监督机构及其人员的独立性,恰当表述高层对内部监督的期望。高层基调对于内部控制的有效性具有直接影响,董事、监事的言论基调会影响管理层执行监督以及对监督的反应方式,管理层的言行举止同样也会影响员工的行为。

企业高层应以身作则、诚实守信、恪尽职守,依据规程和制度实施管理,尊重和支持内部监督机构的工作,积极沟通和反馈监督结果。同时,企业高层应建立良好的沟通机制,确保沟通渠道畅通,使监督结果能够得到及时反馈。

2. 监督机构

监督职能依赖监督机构和监督人员来实施,因此监督机构设置和监督人员配备是影响内部监督有效性的重要因素。监督机构的独立性、监督人员的专业胜任能力及职业操守、监督机构及监督人员被适当授权是形成有效监督的重要基础。企业内部监督机构的设置一般包括董事会、监事会、审计委员会和内部审计部门等。

3. 理解与把握内部控制有效性的依据和标准

理解与把握内部控制有效性的评价依据和认定标准是进行有效监督的方向及基准。内部控制有效性是指企业建立和实施内部控制对实现控制目标提供合理保证的程度,其包括设计有效性和运行有效性。内部控制为目标实现提供的保证程度越高,内部控制就越有效;反之,则越无效。内部控制有效性评价应聚焦内部控制五大目标,围绕内部环境、风险评估、控制活动、信息与沟通、内部监督五要素进行综合评价。

内部控制缺陷是描述内部控制有效性的一个负向维度,其指企业内部控制的设计或执行无法合理保证内部控制目标的实现。《企业内部控制基本规范》规定,企业应当制定内部控制缺陷认定标准,对监督过程中发现的内部控制缺陷,应当分析缺陷的性质和产生的原因,提出整改方案,采取适当的形式及时向董事会、监事会或者经理层报告。企业应当跟踪内部控制缺陷整改情况,并就内部监督中发现的重大缺陷,追究相关责任单位或者责任人的责任。

内部控制缺陷按性质分为设计缺陷和运行缺陷,设计缺陷是指缺少为实现内部控制目标所必需的内部控制,或现有内部控制设计不适当,即使正常执行也不能实现预期的内部控制目标。执行缺陷是指设计合理且适当的内部控制没有按设计要求执行、执行的时间或频率不当、没有得到一贯的有效执行、执行人因缺乏必要授权或专业胜任能力而无法有效实施内部控制等原因形成的内部控制缺陷。内部控制缺陷按严重程度分为重大缺陷、重要缺陷和一般缺陷三个等级。重大缺陷是指一个或多个内部控制缺陷的组合,可能导致企业严重偏离内部控制目标;重要缺陷是指一个或多个内部控制缺陷的组合,其严重程度和经济后果不如重大缺陷,但仍有可能导致企业偏离内部控制目标;一般缺陷是指除重大缺陷、重要缺陷之外的其他缺陷。

(二) 设计和执行监督程序

1. 风险排序

风险是影响目标实现的不确定性,是不确定事件发生的概率及其影响结果的组合。企业应从整体层面、业务单元、分支机构及子公司四个方面系统地梳理各业务、各活动、各环节的风险点,进行风险识别、分析和排序,这是风险评估要素的重要内容。风险评估活动的结果将影响监督活动的类型、时间、范围和监督资源配置等决策。内部监督应与风险评估的结果联系起来,把焦点放在主要风险点的控制活动上。

2. 识别关键控制点

企业应按照"目标-风险-控制"的逻辑关系,针对风险在控制点上开展控制活动。控制点是在流程运行过程中能抑制风险发生或减少风险损失、协助业务控制目标实现,以及保证前一步骤正确性的操作环节、步骤或过程。例如,企业针对员工道德风险、员工胜任能力风险等可以设置招聘、培训、考核等控制点。主要风险必须在关键控制点上加以预防和控制;关键控制点即预期控制效果最佳、最有效的控制点。关键控制点应能够规避高风险,与该控制点相关的风险如果发生,就将对企业的生产经营、报告质量、合规责任等产生重大影响,并且该控制点对应的风险无其他控制点能够规避和防范。控制活动是针对风险点在控制点采取的控制措施,如制定员工行为守则、不相容岗位分离、绩效考评等。风险点是企业设置控制点、实施控制活动的依据。企业应依据风险评估结果确定关键控制点,这是建立控制活动的重点,内部监督应围绕主要风险点和关键控制点进行。

3. 获取有说服力的信息

针对关键控制点,监督者应努力获取有说服力的信息,以支持自己的监督结论。正如审计要获取足够多的高质量审计证据来支撑审计结论一样,内部监督者也要从"量"和"质"两个方面获取有说服力的信息以支撑监督结论。有说服力的信息是适当且充分的,适当要求信息具有相关性、可靠性和及时性。同时,获取有说服力的信息能够有助于确定使用哪些监督程序及监督频率。

4. 执行监督程序

监督程序包括日常监督和专项监督。日常监督即对日常生产经营和管理活动进行常规的、持续的监督检查,并提供关于控制有效性的日常信息。日常监督程序必须植入企业的日常经营活动中,以尽早识别和纠正内部控制缺陷。专项监督是指在企业发展战略、组织结构、经营活动、业务流程、关键岗位员工等发生较大调整或变化的情况下,对内部控制的某一或某些方面进行有针对性的监督检查。专项监督的范围和频率,主要取决于对风险的评价和日常监督执行的效率,日常监督的有效性越高,对专项监督的需要程度就越低。在进行专项监督时,企业应充分利用在日常监督中所获得的信息。

(三) 评估和报告监督结果

1. 监督结果排序

按缺陷的严重程度,内部控制缺陷可分为重大缺陷、重要缺陷和一般缺陷。企业应根据自身的实际情况,制定缺陷的定量和定性确认标准。定量方面可依据缺陷导致的可能损失占资产、收入或利润等的比率确定;定性方面可依据缺陷潜在负面影响的性质、范围等因素确定。按监督目的和缺陷严重程度进行排序,有助于确定所要报告的层级。

2. 报告监督结果

监督人员发现内部控制缺陷应及时报告给执行该流程和相关控制的人员,并向更高级别的管理层报告,以便及时采取纠正措施。监督人员应编制内部控制缺陷认定汇总表,对内部控制缺陷及其成因、表现形式和整改方案等进行综合分析与全面复核,并以书面形式向有关方面报告。内部控制缺陷应按严重程度的不同确定报告层级,重大缺陷应与董事会(审计委员会)、高级管理层沟通,涉及董事和高级管理人员的缺陷应与监事会沟通。

3. 后续追踪

针对监督中发现的问题,监督人员应根据监督结果,针对缺陷和薄弱环节给出整改建议,并汇总需进行后续整改的问题,编制后续整改工作通知书。董事会、管理层及相关人员应分析缺陷原因,及时采取措施予以纠正,并明确整改措施、整改时间、整改状态以及整改责任人等。内部监督人员应对整改的落实情况进行后续追踪,以确保发现的问题都得到改善。

(四) 形成内部控制有效性结论

无论是专项监督还是日常监督,都要对监督结果给出结论。在实施并完成以上三个步骤后,企业应根据监督结果排序、报告和纠正情况,对内部控制设计与运行的有效性进行全面评价,形成内部控制有效性结论,并出具监督评价报告。

三、监督机构设置及权责配置

监督职能依赖监督机构和监督人员来实施;监督机构设置及权责配置是影响内部监督有效性的重要因素。企业组织架构的设计应覆盖决策、执行、监督等企业活动的全过程,企业一般应设置相应的权力机构、决策机构、执行机构和监督机构,这些机构通过协作与制衡共同促进企业的运行和发展。设计合理的责任授权体系要解决三个问题:所有的事都有人做,做事者得到充分的授权行事,所有行为都有人承担责任。企业应建立良好的责任分配和授权体系,以确保分工合理、职责明确、相互制衡、报告关系清晰。

组织架构设计应清晰地定义董事会和管理层的职责权限,明确董事会和管理层在监督中的角色,将监督机构摆在恰当的位置,明确董事会(审计委员会)、监事会和内部审计部门的职责与权限,董事会(审计委员会)及监事会应发挥主导作用又关注公司治理和机构运行的有效性、高管操守及其胜任能力，授权的规范与执行、人力资源政策、防舞弊机制的构建与运行、信息系统及沟通机制等；内部审计部门应重点关注职能部门和业务单元岗位职责的履行情况、执行力情况、内部机构的运行情况等。

第二节 内部监督的方法

《企业内部控制基本规范》规定，内部监督分为日常监督和专项监督。

一、日常监督

（一）日常监督的定义

日常监督是指企业对建立与实施内部控制的情况进行常规、持续的监督检查。日常监督通常存在于单位基层管理活动之中，能较快地辨别问题，日常监督的程度越大，其有效性就越高，企业所需的专项监督就越少。

日常监督活动主要包括：在日常活动中获得内部控制执行的证据、外部反映对内部信息的印证程度、定期核对财务系统数据与实物资产、对内外部审计师关于加强内部控制的措施做出响应、培训会议等对内部控制有效性的反馈、定期询问员工是否理解并执行了公司的道德准则、内审活动的有效性等。

（二）日常监督的主体

一般按照监督的主体分为管理层监督、单位（机构）监督、内部控制机构监督、内部审计监督等。

1. 管理层监督

董事会和经理层充分利用内部信息与沟通机制，获取适当的、足够的相关信息来验证内部控制是否有效地设计和运行，并对日常经营管理活动进行持续监督，包括但不限于以下措施：

（1）董事会召开董事会议或专业委员会会议，获取来自经理层的风险评估与控制活动信息的同时，董事会可以利用内部审计、外聘专家及外部审计师、政府监管的力量，也可以通过询问非管理层员工、客户（供应商）等方式，持续监督经理层权力的行使情况。

（2）经理层召开经理办公会、生产例会、经济活动分析例会等，收集、汇总内部各机构的经营管理信息，持续监督内部各机构的工作进展、风险评估和控制情况。经理层听取员工的合理化建议，不断完善员工合理化建议机制，明确相应的责任部门的征集方式、评审办法、奖励措施等内容，对员工提出的问题予以及时解决。

（3）董事会（或类似权力机构）组织实施内部控制评价，听取内部控制评价报告，了解内部控制设计与运行中存在的缺陷，积极采取整改措施并督促整改，促进实现内部控制目标。

2. 单位（机构）监督

企业所属单位及内部各机构定期对职权范围内的经济活动实施自我监督，向经理层直接汇报，包括但不限于以下措施：

（1）企业所属单位及内部各机构召开部门例会或运营分析会等，汇集来自本单位（机构）内外部的有关信息，分析并报告存在的问题，对日常经营管理活动进行监控。

（2）企业所属单位及内部各机构对内部控制设计与运行情况开展自我测评，至少每年检查一次。

(3) 企业所属单位及内部各机构对与本单位（机构）环境变化、相关的新增业务单元以及业务性质变化、业务变更等导致重要性改变的业务活动进行跟进确认，进一步评价并完善相关的内部控制。

3. 内部控制机构监督

有条件的企业应当设置专门的内部控制机构。内部控制机构结合单位（机构）监督、内外部审计、政府监管部门的意见等情况，根据风险评估结果，对企业认定的重大风险的管控情况及成效开展持续性的监督。内部控制机构还可以通过控制自我评价的方法，召集有关管理层和员工就企业内部控制制度设计与运行中存在的特定问题进行面谈和讨论，同时通过开展问卷调查和管理结果分析等方式进行监督测试。

4. 内部审计监督

内部审计机构接受董事会或经理层委托，对日常生产经营活动实施审计检查，包括但不限于以下措施：

（1）制订内部审计计划，定期组织生产经营率计、内部控制专项审计和专项调查等，主要对企业董事、高级管理人员和下属单位负责人的廉洁从业状况、管理制度的落实情况，以及内部控制的实际效果等进行监督检查，并向董事会或经理层提出管理建议。

（2）内部审计机构对审计中发现的违反国家法律、法规和企业章程规定的事项提出审计建议，做出审计决定，并对审计建议和审计决定的落实情况进行跟踪监督。

（3）内部审计机构应当接受审计委员会的监督指导，定期或应要求向董事会及其审计委员会、监事会、经理层报告工作。

（三）日常监督的具体方式

1. 获得内部控制执行的证据

获得内部控制执行的证据，即企业员工在实施日常生产经营活动时，取得必要的、相关的证据证明内部控制系统发挥功能的程度。内部控制执行证据包括企业管理层搜集汇总的各部门信息、出现的问题，相关职能部门进行自我检查，监督时发现问题的记录及解决方案等。

2. 内外信息印证

内外信息印证，是指来自外部相关方的信息支持内部产生的结果或反映出内部的问题，主要包括来自监管部门的信息和来自客户的信息。来自监管部门的信息，是指企业接受监管部门的监督，汇总、分析监管反馈信息；来自客户的信息，是指企业通过各种方式与客户沟通所搜集的信息。例如，与外部有关监管部门沟通，以验证单位遵循各项法律、法规的情况，定期与客户沟通，以验证单位销售交易处理及采购业务处理是否正确，验证应收、应付账款记录是否完整、正确。

3. 数据记录与实物资产的核对

各单位应当定期将会计账簿记录与实物、款项及有关资料相互核对，保证会计账簿记录与实物及款项的实有数额相符、会计账簿记录与会计凭证的有关内容相符、会计账簿之间相对应的记录相符、会计账簿记录与会计报表的有关内容相符。例如，企业定期将会计记录中的数据与实物资产进行比较并记录存在的差额，对产生差额的原因进行分析。

4. 内外部审计定期提供建议

审计人员评估内部控制的设计以及测试其有效性，识别潜在的缺陷并向管理层建议采取替代方案，同时为做出决策提供有用的信息。

5. 管理层对内部控制执行的监督

管理层主要通过以下渠道进行监督：审计委员会接收、保留及处理各种投诉及举报，并保证其保密性；管理层在培训、会议等活动中了解内部控制的执行情况；管理层审核员工提出的各项合理建议等。

二、专项监督

（一）专项监督的定义

专项监督是指在企业发展战略、组织结构、经营活动、业务流程、关键岗位员工等发生较大调整或变化的情况下，对内部控制的某一或者某些方面进行有针对性的监督检查。

（二）专项监督的主体

企业内部控制（审计）机构、财务机构和其他内部机构都有权参与专项监督工作，也可以聘请外部中介机构参与其中，但参与专项监督的人员必须具备相关专业知识和一定的工作经验，而且不得参与对自身负责的业务活动的评价监督。

（三）专项监督的范围和频率

尽管日常监督可以持续地提供内部控制其他组成要素是否有效的信息，但是针对重要业务和事项而实施的控制活动进行重点监督也是必不可少的。专项监督的范围和频率应根据风险评估结果以及日常监督的有效性等予以确定。个别评估的范围和频率，应以被控制对象的风险大小及控制的重要性而定。

一般来说，处理风险顺位排列在前的那些控制，应经常进行评估；在相同顺位中，最不可缺失的那些控制，更要经常进行评估；对整体控制评估的次数，通常要少于对特定控制评估的次数。如有重大策略改变、管理阶层变动、重大的收购或处分、重大的营运方法改变或财务资讯处理方式改变等，就需要对整体内部控制制度进行评估。当管理阶层决定要对单位整体控制制度进行评估时，必须注意内部控制的每个组成要素及其所有重大活动的关系，同时还要考虑评估的范围受内部控制的影响。

专项监督的范围和频率取决于以下因素：

（1）风险评估的结果。重要业务事项和高风险领域所需的专项监督频率通常较高；对于风险发生的可能性较低但影响程度大的业务事项（突发事件），进行日常监督的成本很高，应更多地依赖专项监督。

（2）变化发生的性质和程度。当内部控制各要素发生变化时，可能对内部控制的有效性产生较大影响的情形下，企业应当组织实施独立的专项监督，专门就该变化进行分析研究。

（3）日常监督的有效性。日常监督根植于企业日常、反复发生的经营活动中，如果监督扎实有效，可以迅速应对环境的变化，对专项监督的需要程度就越低。反之，对专项监督的需要程度就越高。

（四）专项监督的重点

进行专项监督主要应关注以下两个方面。

1. 高风险且重要的项目

审计部门依据日常监督的结果，对风险较高且重要的项目要进行专项监督。考虑到成本效益原则，对风险很高但不重要的项目或很重要但是风险很小的项目可以减少个别评估的次数，将高风险且重要的项目作为个别评估对象。

2. 内部控制环境变化

当内部控制环境发生变化时,企业要进行专项监督,以确定内部控制是否还能适应新的环境。例如,业务流程的改变和关键员工发生变化时,就要进行个别评估,以确保内部控制体系正常运行。

(五) 专项监督的步骤

专项监督一般包括以下三个阶段:

1. 计划阶段

计划阶段的主要任务包括规定监督的目标和范围;确定具有该项监督权力的主管部门和人员;确定监督小组、辅助人员和主要业务单元联系人;规定监督方法、时间、实施步骤;就监督计划达成一致意见。

2. 执行阶段

执行阶段的主要任务包括了解业务单元或业务流程活动;了解业务单元或流程的内部控制程序是如何设计运作的;应用可比、一致的方法评价内部控制程序;通过与企业内部审计标准的比较来分析结果,并在必要时采取后续措施;记录内部控制缺陷和拟纠正措施;与对应的人员复核并验证调查结果。

3. 报告和纠正措施阶段

报告和纠正措施阶段的主要任务包括与业务单元或业务流程的管理人员以及其他相关人员复核结果;从业务单元或业务流程的管理人员处获得情况说明和纠正措施;将管理反馈写入最终的评价报告。

总之,日常监督和专项监督应当有机结合。前者是后者的基础,后者是前者的有效补充。如果发现某些专项监督活动需要经常性地开展,那么企业有必要将其纳入日常监督中,以便进行持续的监控。通常,两者的某种组合会确保企业内部控制在一定时期内保持其有效性。

(六) 书面记录

一个单位把内部控制制度作为书面文件的程度,因单位规模的大小、复杂程度的高低及其他因素影响而异,规模较大的单位通常有书面的政策手册、正式的组织架构图、书面的工作说明、操作指令及资讯系统流程图等,而规模小的单位则其书面文件通常较少。许多控制虽然正式,无书面文件,但仍有规律地执行,并且有效,因而也可视同有书面文件一样进行测试。某项内部控制虽未做成书面文件,并非意味其无效,或无法进行评估。但内部控制以适当的书面文件反映,不仅有助于提高评估效率,而且可以帮助员工了解控制制度如何运行、理解自己所扮演的角色,同时也方便对内部控制制度进行修订。

评估者应该将自己的评估过程做成书面记录,记录评估过程中所进行的测试、分析及测试结果,有必要时还可以进行有关系统文件的补充。有的评估者在原有的书面文件上进行批注,但仅仅依靠这种批注不是一种好的方法。

当内部控制制度的声明或评估结果发给较多的单位使用时,将会要求书面记录的内容更加具体。书面记录应该有利于证实内部控制有效性声明的所有内容,以防止日后有人对声明的可靠性产生怀疑。

(七) 行动计划

单位评估内部控制制度时,负责评估工作的高层管理人员应制订必要的行动计划。

(1) 根据目标的类别、内部控制的组成要素,以及欲讨论的活动来界定评估的范围。

(2) 根据持续监督活动中发现的应予评估的事项。

（3）分析内部审计人员所执行的评估和考察外部检查人员的发现，决定有关评估的内容。

（4）对必须注意的高风险区域，应按单位别、组成要素别或其他类别排列先后顺序。

（5）根据上述分析结果，制定评估计划，并做评估时间长短安排。

（6）集中将参与评估的人员，一起研究评估的范围、时长、使用的方法和工具、内部审计人员及主管机关所提供的资讯、预期报道评估发现及做成书面记录的方法等。

（7）监督评估的进度，复核评估的发现。

（8）必要时，修改评估计划的后续部分。

第三节 风险导向的内部监督模式

内部控制是对影响目标实现的各种风险进行控制，从而帮助企业实现目标的过程。内部监督的目标是评价并提高内部控制的有效性，而内部控制的对象是风险，实施内部监督必须以风险为导向。以风险为导向，可帮助企业将监督重点放在能为内部控制有效性结论提供足够支持的领域。关于风险导向的内部监督，COSO认为，内部监督应与风险评估结果相联系，根据风险内部监督模式水平采用监督检查程序和分配监督检查资源。我们认为，以风险为导向实施内部监督十分重要，但其内涵和要领并不仅仅是将风险评估结果与内部监督相联系，从而确定监督的侧重点；基于风险导向实施内部监督模式至少应关注以下三个方面。

一、明确风险归属

风险可能形成实际结果与预期目标的差异，企业实施内部控制和风险管理首先要明确风险归属。企业应通过书面授权文件清晰地定义风险归属，合理划分决策机构、执行机构和监督机构的职责权限，明确治理层（董事会、监事会、高层管理层等）和内部机构层面（业务单元和职能部门）的风险管理职责。治理层通常要对战略风险（包括战略决策风险和战略实施风险）负责，对经营、投资和筹资活动中的重大风险负责，对重要的人事任免风险负责。董事会负责设计、实施并维护有效的风险管理机制，COSO强调董事会在风险管理方面扮演重要角色，负有总体责任；监事会主要对董事、经理和其他高级管理人员履行职责的合法性、合规性进行监督；管理层与职能部门主要对经营和管理风险负责，并协助业务单元控制业务层面的风险；业务单元主要对业务层面的风险负责，重点关注业务流程风险；普通员工应结合岗位职责，对岗位操作风险负责。

二、将风险评估结果与内部监督相联系

内部监督应与风险评估结果联系起来，及时获取风险评估形成的风险清单，进行风险排序，根据风险排序结果确定监督侧重点，并据此分配监督资源，把监督侧重点放在重大风险点的控制活动上。风险会随着时间的推移而发生变化，监督人员对风险重要性水平的判断应是一个持续的动态过程；相应的，内部监督的侧重点也可能随着时间的推移而有所不同。风险重要性水平的持续判断对于提高内部监督的效果具有重要意义。

三、控制内部监督流程各环节的自身风险

如前所述，内部监督有特定的流程，每一环节的实施都有很多的不确定性，因此实施内部监督本身也面临诸多风险。例如，监督机构的独立性风险、监督人员的业务胜任能力风险和职

业操守风险、监督结果报告风险等。为了提高内部监督的效率和效果,企业应加强内部监督各环节的风险控制和管理,全面、系统地梳理和识别内部监督各环节的主要风险点,分析风险形成的原因,评估其发生的概率以及会产生哪些不利影响;针对内部监督流程各环节的主要风险点分别设置相应的关键控制点,采取风险控制措施,建立内部监督制度,这实际上是对内部监督流程的一种再控制、再监督。

第四节 优化内部监督机制的运行效果

内部监督机制运行的效率和效果不仅有赖于设计良好的监督流程、设置合理的监督机构、配置清晰的权责关系,还有赖于配备合格的监督人员、建立畅通的内部信息传递与沟通渠道、建立健全公开透明的议事规则、建立反舞弊机制等。

一、配备合格的监督人员

从治理结构层面来看,企业应关注董事、监事和高级管理人员的任职资格与履职情况。就任职资格而言,企业应重点关注行为能力、道德诚信、经营管理素质、任职程序等方面;就履职情况而言,企业应重点关注合规、业绩、履行忠实、勤勉尽责等方面,是否合理地聘任或解聘经理及其他高级管理人员等。董事会中应设立独立董事。独立董事是指独立于公司股东且不在公司内部任职,并与公司或公司经营管理者没有重要的业务联系或专业联系,并有能力对公司事务做出独立判断的董事。独立董事的责任是对控股股东和高级管理层进行监督与审查,对决策控制和决策执行进行监督,以及对公司信息披露进行监督。为了更好地行使监督职权,审计委员会中的独立董事应占大多数并担任负责人,且其中至少应有一名独立董事是会计专业人士。在监事会的人员配备和组成方面,监事应具有法律、会计等方面的专业知识或工作经验,监事会的成员和结构应确保监事会能够独立、有效地行使对董事、经理和其他高级管理人员及公司财务的监督与检查。企业应设有股东监事、债权人监事、职工监事及政府监事,分别接受股东、债权人、职工和政府的委托,为维护企业的利益行使监督权。

二、建立畅通的内部信息传递与沟通渠道

信息与沟通是企业内部控制的重要构成要素,企业应建立完整的机制,系统地收集与企业商务活动有关的各种内外部信息,并将这些信息以适当方式在企业内部及企业与外部之间进行及时传递、有效沟通和正确应用。监督活动需要协同,协同需要信息与沟通。在内部监督的过程中,监督人员应积极获取有说服力的信息,以支持自己的监督结论。有说服力的信息是适当且充分的,适当要求信息具有相关性、可靠性和及时性。获取有说服力的信息能够帮助监督人员确定使用哪些监督程序及其频率。有效的内部监督需要畅通的信息传递与沟通机制,以保证相关信息传递及时、沟通顺畅。企业应定期评估信息沟通效率,包括信息在内部机构间的流通是否通畅,是否存在信息阻塞;信息在现有组织结构下的流通是否及时,是否存在信息时滞;信息在组织中的流通是否有助于提高效率,是否存在沟通舍近求远等问题。

三、建立健全公开透明的议事规则

企业应按相关法规、股东会决议和公司章程,结合企业实际情况,以文件化的方式明确股东会、董事会、监事会、经理层和内部审计的职责权限、工作程序、议事规则、人员编制与工作要

求等,并给予人力、物力、财力等相应的监督资源。议事规则应公开透明,企业应重点关注董事会定期或不定期召开股东会并向股东会报告的情况,董事会执行股东会决议的情况,监事会按规定对董事、高级管理人员的行为进行监督的情况,制止、纠正违反相关法律法规或损害企业利益的行为等。企业应定期对监督机构设计和运行的效率与效果进行综合评价,以便发现可能存在的缺陷,及时优化调整,以确保企业内部监督有效地实施和运行。

四、建立反舞弊机制

企业应建立内部反舞弊机制,坚持做到"惩防并举、重在预防",明确反舞弊工作的重要领域、关键环节以及有关机构和人员在反舞弊工作中的权责配置,对舞弊行为的举报、投诉、调查、报告和处理等程序做出规范。企业必须建立健全投诉举报制度,开通投诉举报专线,规范投诉举报的办理程序、处理方法和办结要求。企业应建立健全举报人保护制度,对举报人的人身、家庭和财产进行有效的保护,使投诉举报能够成为企业有效获取员工贪腐、错弊等信息的重要途径。投诉举报制度和举报人保护制度应在企业内部公开,并及时广泛地传达至所有员工。在反舞弊机制建立和实施的过程中,企业应重点关注未经授权或采取其他方式侵占或挪用企业资产、高级管理人员滥用职权、员工串通舞弊、财务报告舞弊等领域。

【复习思考题】

1. 企业内部监督的含义是什么?
2. 内部监督的基本流程是什么?
3. 企业应该如何设置内部监督机构?职责权限如何分配?
4. 企业内部监督的方法包括什么?
5. 企业应该如何基于风险导向实施内部监督工作?
6. 企业优化内部监督机制运行效果的对策都有什么?

模块二

内部控制实务篇

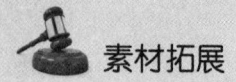 素材拓展

业务控制的基本思路

不同企业在组织形式、行业特点、业务类别、经营范围、规模大小、管理模式等方面各有不同,现实中并不存在一个适用于所有企业的内部控制模式;但在主要控制活动的设计和建设中,一些基本的思路和方法是值得借鉴的。业务层面风险控制的基本思路是:第一,明确该项业务活动的内部控制目标,根据内部控制的五大目标在该业务领域进行细分和具体化;第二,针对业务控制目标分析该业务活动面临的总体风险;第三,设计业务流程,识别和分析流程各环节的风险点;第四,针对风险点设置控制点,针对主要风险点设置关键控制点;第五,在控制点和关键控制点采取控制措施,实施控制活动;第六,定期评价该业务活动风险控制的有效性,持续改进内部控制和风险管理水平。

一、设定业务控制目标

目标引领行动,任何活动都要有明确的目标。内部控制是对影响企业目标实现的各种风险因素进行分析和应对,从而帮助企业实现目标的过程。按照"目标-风险-控制"的逻辑思路,明确业务控制目标是确保业务活动风险控制有效性的前提。业务控制目标是业务控制所要达到的预期,应根据内部控制与风险管理的五大目标予以细分和具体化。

内部控制与风险管理的目标包括战略目标、运营目标、合规目标、资产目标、报告目标。以货币资金业务内部控制为例,上述五大目标具体细化为:

(1) 有效防范货币资金业务过程中可能出现的差错和舞弊现象,促进其会计核算、财务收支等活动合法合规、手续齐备,符合单位内部各项规章制度的规定。

(2) 保护资产安全完整,防范资金被盗窃、诈骗和挪用,严防"小金库"。

(3) 做好并保持各种原始记录,及时、准确、完整地记录资金活动,按会计准则要求组织会计核算,并确保相关记录、资料和信息真实、完整、可靠,为相关用户提供相关和可靠的高质量信息。

(4) 合理调度资金,有效使用资金,加快资金周转,防止或减少资金的闲置与浪费,提高资金效益,提高企业经营的效率和效果。

(5) 货币资金业务与企业战略及经营计划紧密联系并相匹配,有效支持企业战略和经营计划的实施,促进企业战略目标的实现等。

上述五项目标还应进一步细分,以与业务流程的每一步骤相匹配。

二、分析业务总体风险

总体风险即一项业务活动在总体层面存在的一般性风险。以销售业务为例,总体风险可能包括销售业务控制制度及程序设计缺失或存在设计缺陷、客户信用调查缺失或流于形式、客户选择不当、业务谈判可能存在舞弊、合同签订存在重大遗漏或不利于企业的条款、产品发货及运输环节问题频发、客户投诉处理不当或反馈不及时、货款回笼不及时或出现舞弊或坏账等。再以担保业务为例,企业办理担保业务至少应防范以下总体风险:一是对担保申请人的资信状况调查不深、审批不严或越权审批,可能导致企业担保决策失误或操守欺诈;二是对被担保人出现财务困难或经营陷入困境等状况监控不力、应对措施不当,可能导致企业承担法律责任;三是担保过程存在舞弊行为,可能导致调查、审批、经办等相关人员涉案或企业利益受损等。

总体风险对业务控制目标的实现有重要影响,是企业制定业务管理制度和设计业务流程

的重要依据。

三、设计业务流程

现代企业管理的重要特征是规范化和制度化,而规范化和制度化的关键在于设计与执行先进、适用的业务流程。企业应以流程构建为基础,规范各类活动的办理程序,将控制目标、主要风险点、控制标准、关键控制点、应对措施、部门和岗位职责权限等固化于流程之内。

(一) 流程的概念及流程设计

流程可以被理解为一组将输入转化为输出的相互关联或相互作用的活动,是为完成特定目标所采取的一系列动作的集合体。业务流程是为实现特定业务目标而由不同的人共同完成的一系列活动。在业务控制目标的引导下,安排若干人员采取一系列连贯、衔接的活动,每个人一个或几个活动,环环相扣,串接起来就形成了一个活动链,即业务流程。业务流程的各项活动之间不但有严格的先后顺序,而且各项活动的内容、方式、责任,以及活动与活动之间的时间和空间上的转移交接等都有明确的安排及界定。

业务流程设计是建立在合理分工和相互牵制的基础上,为了实现企业目标,有效防范各类风险,利用内部控制的基本原理,将业务循环控制的目标、风险点、控制点、控制手段、控制措施、制度依据、职责分工、基本流程、考评政策等加以规范化、文件化、程序化的过程。

业务流程设计应遵循风险导向、标准化、专业化和协同性等原则。

(1) 风险导向原则。企业应围绕发展战略和运营目标,以风险识别和分析为切入点确定关键控制点,制定有效防范风险的控制措施和操作步骤。

(2) 标准化原则。企业应站在全局和整体的立场,统一设计跨专业、跨层级的业务流程体系,集中体现标准化和规范化的控制要求,实现流程步骤标准化、控制措施标准化和岗位责任标准化。

(3) 专业化原则。业务流程设计应由业务部门主导,结合日常活动,开展专业内部控制流程建设与维护,并对其完整性、正确性负责。

(4) 协同性原则。业务流程设计要加强业务协同,促进流程跨专业紧密衔接、跨层级无缝对接,实现横向融合、纵向贯通。

业务流程设计的基本步骤如下:

(1) 明确业务活动的控制目标,梳理业务活动的基础信息,明确流程的起点和终点,按风险导向原则,兼顾效率和效果,提炼流程步骤。

(2) 系统梳理各专业和各项业务活动的不相容职责或岗位,明确关键职责和岗位。

(3) 将流程所涉及的管理层级、部门和岗位按职责匹配到流程各步骤。

(4) 明确流程各步骤所涉及的业务活动、流程接口、文档等信息。

(5) 沟通协调流程中涉及的各部门,分清主体责任部门、牵头责任部门和配合部门,明确各部门责任和业务的衔接,厘清工作界限,设定流程横向衔接点。

(6) 沟通协调流程中涉及的上下各层级,厘清责任界限,明确流程上下对接点。

(7) 填写控制目标、风险点、控制点、控制手段、控制措施、涉及岗位、岗位权限、匹配制度等信息,绘制链接线条。

(8) 对流程信息的完整性、准确性进行审核,并对流程模拟穿行测试,检查流程能否走通。

(二) 流程图含义

流程图是用来描述操作步骤或演算过程的独特语言,是以图例的形式描述业务流转程序,展示责任部门和岗位,明确审核、审批关系的工具,是揭示和掌握业务操作和风险控制状况的有效方式。好的流程图清晰、直观、简洁,从中能够较好地理解步骤之间的逻辑关系,一般比文字叙述更具有逻辑性和启发性。

流程图中的每个符号都有着特定含义。具体如下表所示。

表　　　　　　　　　　　　流程图符号含义

符号	名称	含义
⬭	开始或结束	表示流程图的开始或结束
▯	职能带	部门和岗位
▭	步骤	流程中的主要步骤
▭	进程	流程中的每个动作,包括控制点
◇	判定	判定选择条件
▭	子流程	从其他子流程转入转出时使用
⬠	文档	流程步骤输出文档
⌐┘	连线	流程节点连接线
△	控制点	流程中的控制节点

(三) 流程图的绘制要求

流程图的绘制应注意整齐与美观,可以使用 Microsoft Visio 软件绘制,并使用统一、规范的图表。流程图的绘制应符合以下要求:

(1) 划线要求。每个流程图均有开始和结束(用类似椭圆的形状表示),或者流程转入或转出,禁止出现死循环;流程图通常只能有一个逻辑上的起点,至少有一个逻辑上的终点。判断和决策用菱形表示,通常有一条流入线、至少有两条流出线:二元选择有两条流出线,多元选择有多条流出线。作业用方框表示,终止符号不可以有流出线,除起始符号外,每个符号必须有一条流入线。

(2) 使用规范的流程图符号。目前,我们还没有全国统一的流程图符号,世界各国的流程图符号也不一致。企业可以自行设计流程图符号,基本原则是简易、形象和具有共识,也可以使用 Microsoft Visio 软件常用的制图符号。

(3) 流程各步骤的衔接要顺畅。流程图通常以业务流程为主线,自始至终要前后衔接、流程通畅,也就是一种业务的流程从头到尾不能出现不通畅的情况。

四、针对风险点设置控制点

按照"目标-风险-控制"的逻辑关系,针对风险点开展的控制活动,首先需要解决在哪些环节或步骤上设置控制点。控制点是在流程运行过程中能抑制风险发生或减少风险损失,并能协助业务控制目标实现,乃至确认前一步骤正确性的操作环节、步骤或过程。控制点是解决在哪些环节、步骤或过程采取措施和实施控制的问题。主要风险必须在关键控制点上加以预防和控制,关键控制点应设置在最佳、最有效的控制点上。

五、在控制点上采取控制措施

对于影响目标实现的风险点,企业必须在控制点上设计和执行具体的控制措施,以防范化解风险;主要风险必须在关键控制点上加以预防和控制。控制措施应详细描述每个岗位执行的操作内容及程序,包括涉及部门及人员、执行时间、控制频率、涉及表单、具体活动等内容。控制措施可按"5W1H"原则设计。

六、定期评价,持续改进

根据 PDCA 循环理论[①],按"目标—现状—差异—改进"的行动逻辑,管理总是在不断地发现问题、分析问题和解决问题的循环过程中得到改进与提升。针对业务活动风险控制的效率和效果,企业应定期开展控制有效性评价,分析现状,识别和认定缺陷或薄弱环节,分析各种影响因素及其产生的原因;针对影响因素和主要原因,提出解决问题的措施,并持续追踪措施的执行情况。

---

① PDCA 循环理论由美国质量管理专家沃特·阿曼德·休哈特(Walter A. Shewhart)率先提出,由戴明采纳、宣传、获得普及,所以又称"戴明环"。PDCA 循环将质量管理分为四个阶段,即计划(plan)、执行(do)、检查(check)和处理(act),工作在这种循环过程中得到改进与提升。

第七章 采购业务

【教学目标】

知识目标：

1. 理解采购业务内部控制的定义、目的和重要性，理解其在企业管理体系中的地位和作用。
2. 了解采购业务内部控制的基本框架，包括请购与审批、供应商管理、采购执行、验收付款等关键环节，以及每个环节中的关键控制点和控制措施。

能力目标：

1. 掌握业务活动内部控制建设思路及方法。
2. 掌握采购业务流程设计思路及要点。
3. 能够编制采购业务风险控制矩阵。

素养目标：

1. 了解国家相关法律法规对采购行为的严格约束，增强学生的法律意识。
2. 了解采购业务运行中容易出现问题的环节，梳理道德底线和职业操守，做到临财不苟。

【导入案例】

二维码7-1 中百仓储生鲜
采购存在"灰色地带"

采购业务是企业取得外购材料、商品或接受服务并支付价款的过程，是生产经营的重要环节。采购质量和价格在一定程度上影响着企业的生存与发展。采购业务和存货管理、生产活动及销售活动等紧密相关，业务发生频繁，交易金额大，运行环节多，容易产生管理漏洞，企业必须加强对采购业务的管理和控制。

第一节 采购业务内部控制

一、采购业务内部控制目标

为了确保采购业务合法合规、有序高效，采购业务的内部控制应实现以下目标：

（1）保证采购业务合法合规。采购业务必须符合国家法律法规和企业内部各项规章制度的要求，有效地预防差错和舞弊行为的发生。

（2）保证采购过程相关资产的安全完整。企业的内部控制既要保证企业所购货物安全完整、保质保量地运达企业，又要保证应付账款的真实性和货款支付的严密性。

（3）提高采购业务的效率和效益。采购必须适应企业生产、销售和管理的需要，既要避免重复采购、盲目采购，又要避免因采购不及时而影响生产经营的正常运行。在满足需求的前提下，合理决策，努力降低采购成本，减少采购资金占用和采购环节损失，提高采购业务的经济效益。

（4）保证采购业务的报告目标。按《企业会计准则》及相关规章制度的规定，及时、准确、完整地记录采购和付款过程，保证信息质量，为信息使用者提供真实、准确和完整的相关信息。

（5）与企业战略和经营计划紧密联系，使采购业务能有效地支持企业战略和经营计划。

二、采购业务总体风险

采购业务的类别多种多样，按采购对象可划分为货物采购和服务采购；按采购地区可划分为国内采购和国外采购；按采购方式可划分为直接采购、委托采购和招标采购；按约定方式可划分为订单采购、口头或电话采购；按定价方式可划分为招标采购、询价采购、比价采购、议价采购、定价采购和市场采购；按采购数量可划分为大宗采购和零星采购等。

在采购过程中，企业至少应关注以下总体风险：

（1）采购行为违反国家法律法规或部门规章，可能遭受外部处罚，造成经济损失或信誉损失。

（2）采购未经适当审批或越权审批，可能因重大差错、舞弊、欺诈而导致损失。

（3）请购依据不充分、不合理，审批程序不规范、不正确，可能导致企业资产损失、资源浪费或发生舞弊。

（4）询价与采购不规范，可能由于业务经办人员舞弊、腐败、渎职等行为而导致企业资金损失、信用受损，或者采购物品质量达不到合同的要求。

（5）付款方式不恰当、执行有偏差，可能导致企业资金损失或信用受损。

三、采购业务流程

（一）业务流程

采购是企业生产经营的起点，是"实物流"和"资金流"交织的经营活动。不同的企业有不同的采购方式，其业务流程也不尽相同。采购业务一般涉及请购与审批、供应商选择与维护、询价与采购、验收与付款等环节，主要作业有编制请购单并上报审批、编制采购计划、进行采购询价、确定供应商、签订采购合同、预付货款、组织送货、结算货款、记录应付账款、与供应商对账等环节。采购业务流程应能较好地保证物资和服务供应顺畅，并与生产和销售等环节紧密衔接。采购业务简化流程见图7-1。

采购业务环节虽不复杂，但蕴藏着大量风险。在设计采购业务流程的过程中，企业应对采购业务管理现状进行全面的分析与评价，系统地梳理采购业务各环节的控制目标、风险点、控制点、控制手段、控制措施、部门职责、涉及岗位、岗位权限、匹配制度等信息，将这些信息固化于流程之内。

（二）职责分工和授权批准

企业应建立采购业务岗位责任制，明确相关部门和岗位的职责权限，确保不相容岗位相互

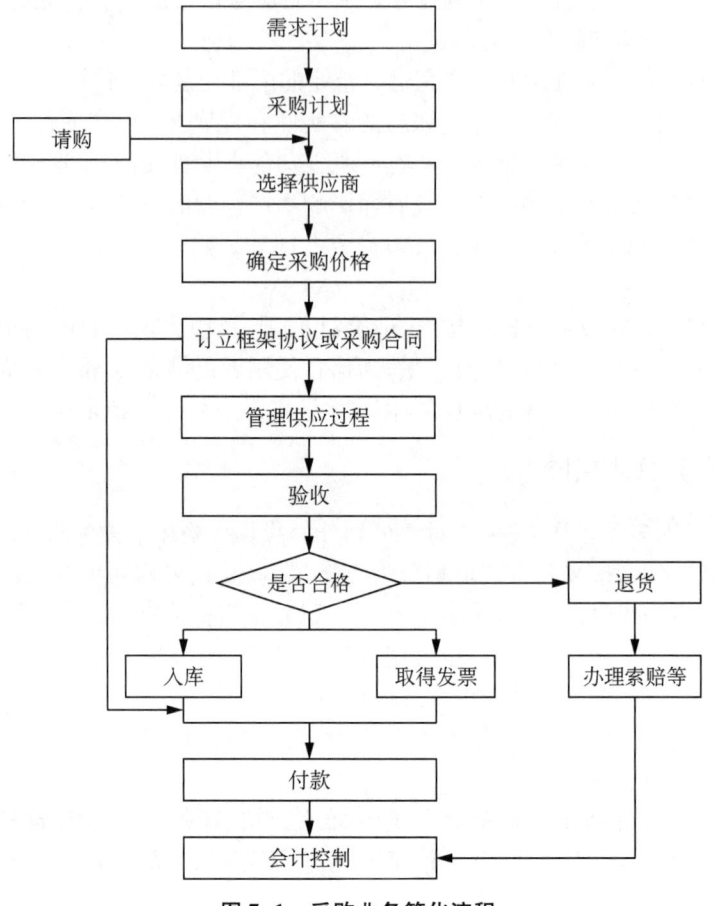

图 7-1 采购业务简化流程

分离、制约和监督。同一部门或个人不得办理采购业务的全过程。采购业务不相容岗位至少应包括：

（1）请购与审批。
（2）询价与确定供应商。
（3）采购合同的订立与审查。
（4）采购与验收。
（5）采购、验收与相关会计记录。
（6）付款申请、审批与执行。

企业应配备合格人员办理采购业务，办理采购业务的人员应具备良好的业务素质和职业道德。企业应根据具体情况对办理采购业务的人员进行岗位轮换。

企业应建立采购业务授权审批制度，对采购申请、采购计划、询价谈判、合同签订、结算付款等进行授权审批，明确授权审批的方式、权限、程序、责任和相关控制措施，规定经办人办理业务的职责范围和工作要求。审批人应根据授权审批制度，在授权范围内审批，不得越权审批。

经办人应在职责权限内，按审批人的批准意见办理采购业务；对审批人越权审批的事项，经办人有权拒绝办理，并及时向审批人的上级授权部门报告。严禁未经授权的机构或人员办理采购业务。

对于重要的和技术性较强的采购业务,企业应组织专家论证,实行集体决策和审批,防止决策失误。信息化技术较为先进的企业,采购职责权限可相对集中,以提高采购效率、堵塞管理漏洞、降低成本和费用。

企业应加强对购买、验收、付款业务的会计系统控制,详细记录供应商、采购申请,采购合同、采购通知、验收证明、入库凭证、退货、商业票据、款项支付等情况,确保会计记录、采购记录与仓储记录核对一致。企业应指定专人定期与供应商对账,对供应商的异议应及时查明原因,报经批准后做出相应调整。

四、请购与审批环节

（一）请购与审批环节的流程设计

请购与审批环节在采购业务中起着至关重要的作用,能够确保采购需求的合理性和必要性,有利于控制采购成本、提高采购效率,具体流程如图 7-2 所示。

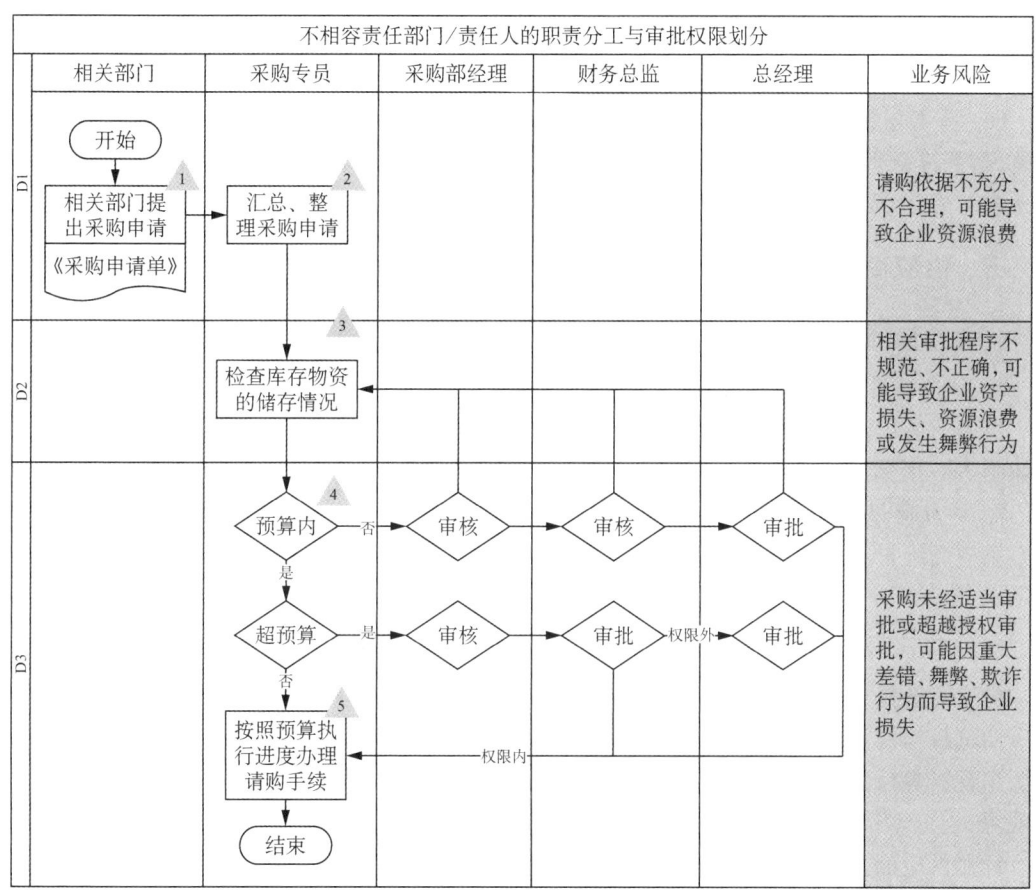

图 7-2 请购与审批流程设计

（二）请购与审批环节的主要风险及控制

请购与审批环节的主要风险包括:缺乏采购申请制度,请购未经适当审批或越权审批,可能导致采购物资过量或短缺;需求或采购申请不合理、不按实际需求安排采购或随意超计划采购,甚至与企业生产经营计划不协调等。针对请购与审批环节的主要风险,企业可以相应地采取以下控制措施:

(1) 生产、经营、项目建设等部门,应当根据实际需求及时、准确地编制需求计划。需求部门提出需求计划时,不能指定或变相地指定供应商。对独家代理、专有、专利等特殊产品,应提供相应资料,经专业技术部门研讨后,报经具备相应审批权限的部门或人员审批。

(2) 采购计划是企业经营计划的重要内容,企业应根据战略目标的实际需要,结合库存和在途情况,科学地安排采购计划,防止采购量过高或过低。

(3) 采购计划应纳入采购预算管理,经相关负责人审批后,作为企业的刚性指令严格执行。

(4) 建立请购制度,依据购买物资或接受服务的类型,确定归口管理部门,授予相应的请购权,明确相关部门或人员的职责权限及相应的请购程序。请购单应明确采购类别、质量等级、规格、数量、相关要求和标准、到货时间等。请购单通常一式三联,经审批后,一联退请购部门,以示答复;一联交财会部门,以筹备资金和备查;一联交采购部门,作为编制采购计划和签订采购合同的依据。

(5) 请购部门对于预算内的采购项目,应严格按预算执行进度办理请购手续,并根据市场变化提出合理的采购申请;对于超预算和预算外的采购项目,应先履行预算调整程序,由具备相应审批权限的部门或人员审批后,再办理请购手续。

(6) 具备审批权限的部门或人员审批采购申请时,应重点关注采购申请的内容是否准确、完整,是否符合生产经营需要,是否符合采购计划,是否在采购预算范围内等。对不符合规定的采购申请,应要求请购部门调整请购内容或拒绝批准。

五、供应商选择与维护环节

(一) 供应商选择与维护环节的流程设计

1. 供应商遴选

供应商遴选涉及对潜在供应商的全面评估和选择,以确保供应链的稳定性和效率,具体流程如图7-3所示。

2. 供应商维护

供应商维护主要涉及与供应商建立并维护长期、稳定且互利的关系,具体流程如图7-4所示。

(二) 供应商选择与维护环节的主要风险及控制

供应商选择与维护是采购业务中非常重要的环节,直接影响采购质量和相关风险的控制。供应商选择与维护环节的主要风险包括:若供应商选择不当,则可能导致采购物资质次价高,甚至出现舞弊行为;供应商关系维护不当,或者供应商信息更新不及时,未对供应商进行动态管理等。

针对供应商选择与维护环节的主要风险,企业可以相应地采取以下控制措施:

(1) 建立科学的供应商评估和准入制度,对供应商资质、信誉情况的真实性和合法性进行审查,确定合格供应商清单,建立健全统一的供应商网络。新增供应商市场准入、新增供应商服务关系以及调整供应商物资目录,都要由采购部门根据需要提出申请,并按规定权限和程序经审批后纳入供应商网络。必要时可委托有资质的中介机构对供应商进行资信调查。

(2) 采购部门应按公平、公正和竞争的原则,择优确定供应商;在切实防范舞弊风险的基础上,与供应商签订质量保证协议。

(3) 建立供应商管理信息系统和供应商淘汰制度,对供应商提供物资或服务的质量、价

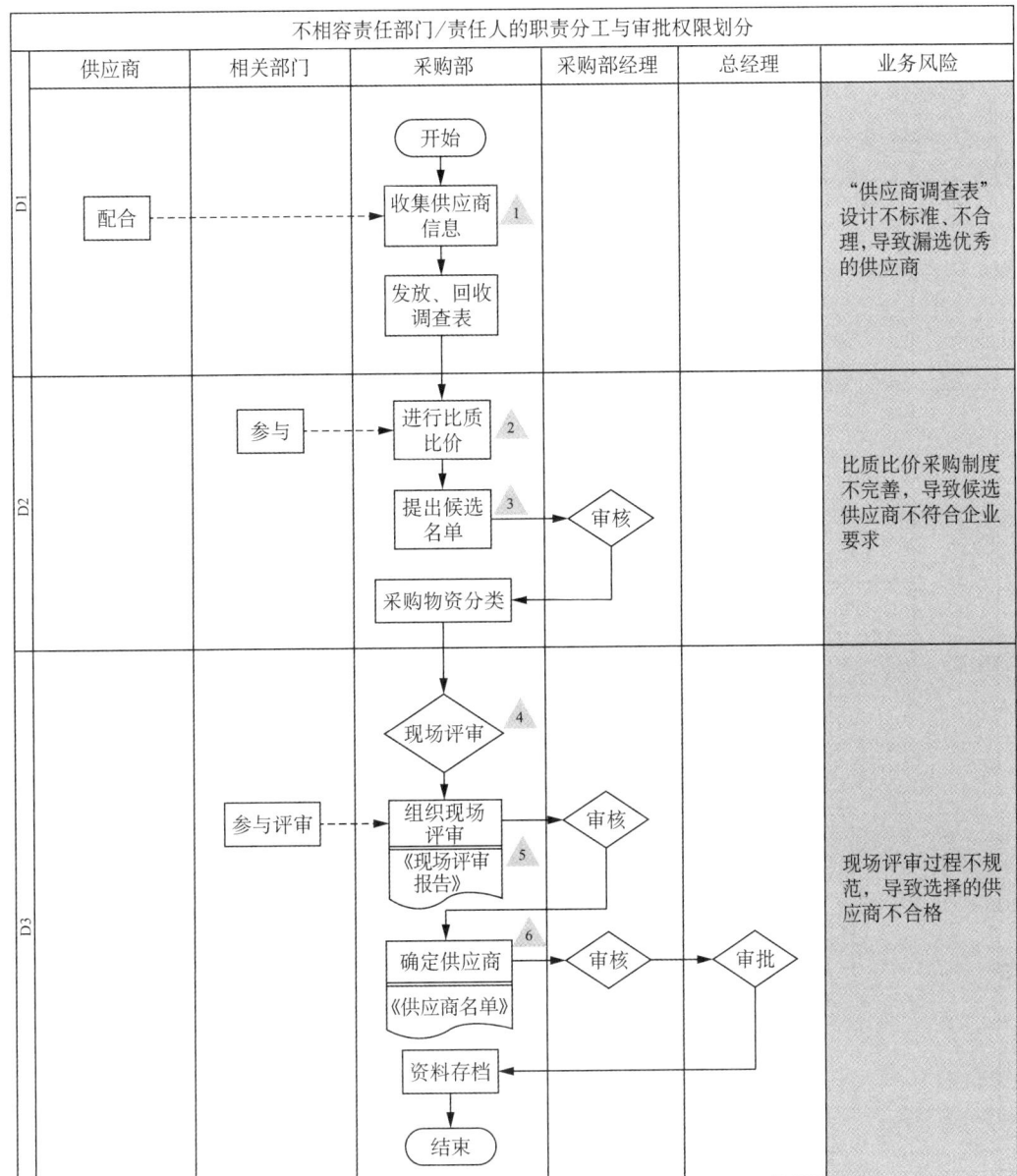

图 7-3 供应商遴选流程

格、交货及时性、供货条件及其资信、经营状况等进行实时管理和考核评价;根据考核评价结果,提出淘汰和更换的供应商名单,经审批后对供应商进行合理选择和调整,并在供应商管理系统中做出相应记录。

六、询价与采购环节

(一)询价与采购环节的流程设计

询价与采购环节涵盖了从确定需求到最终购买产品或服务的全过程,具体流程如图 7-5 所示。

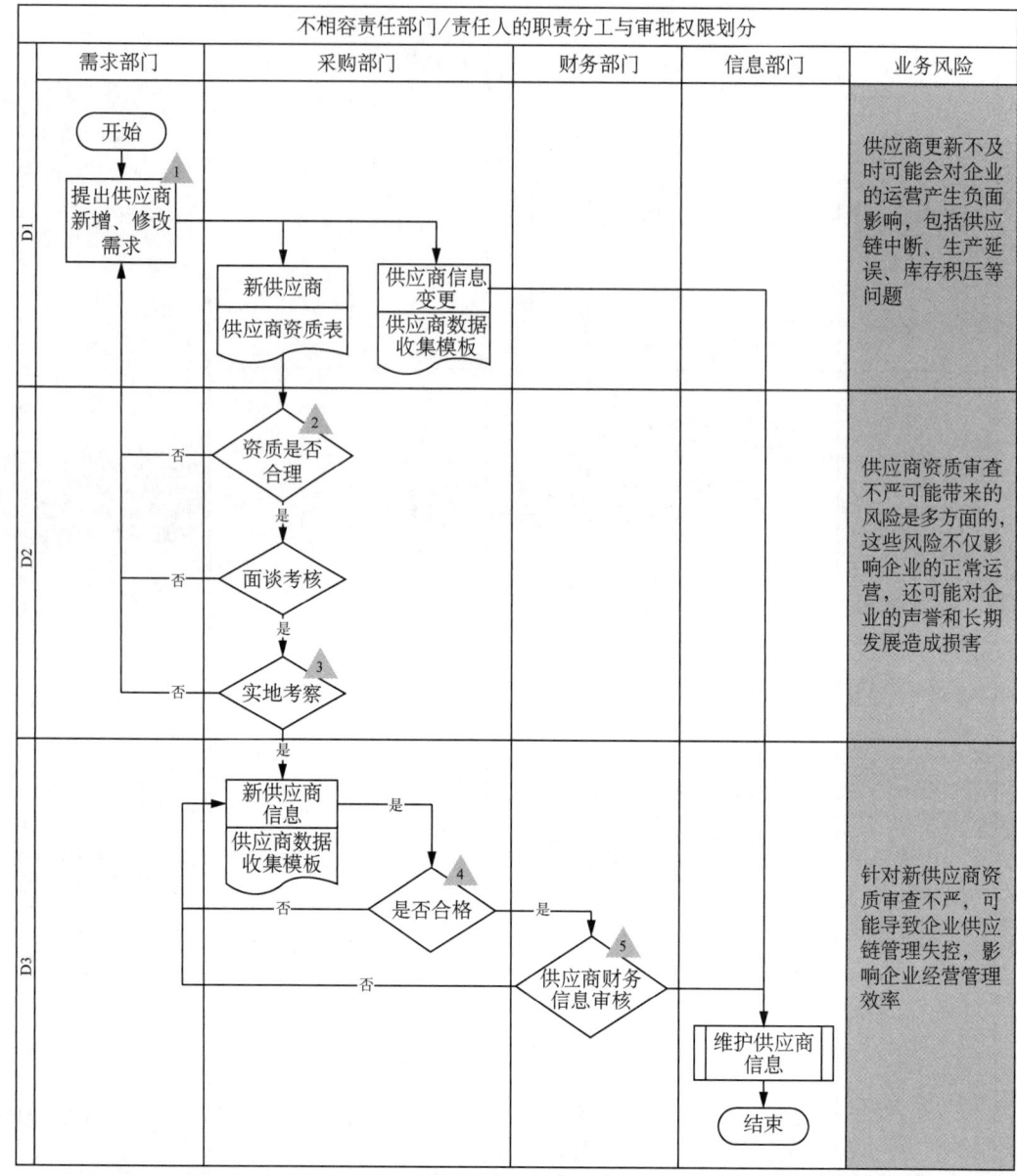

图 7-4 供应商维护流程

(二) 询价与采购环节的主要风险及其控制

询价与采购环节的主要风险包括:定价机制不科学,或定价方式选择不当,又或缺乏对重要物资品种价格的跟踪监控,导致采购价格不合理;框架协议签订不当,可能导致物资采购不顺畅;未经授权对外订立采购合同,对方主体资格、履约能力等未达要求,合同内容存在重大疏漏和欺诈,可能导致企业合法权益受损;缺乏对采购合同履行情况的有效跟踪,运输方式选择不合理,忽视运输过程的风险,可能导致采购物资损失或无法保证供应。

针对询价与采购环节的主要风险,企业可以相应地采取以下控制措施:

(1) 根据商品或服务的性质及其供应情况确定采购方式。对于大宗商品或服务的采购,企业应采用招标方式进行并签订采购合同;采购合同应按采购权限规定,由各级授权人审核同意。合同通常一式三份,一份交供应商请求发货;一份由采购部门专人保管,负责合同的执行;

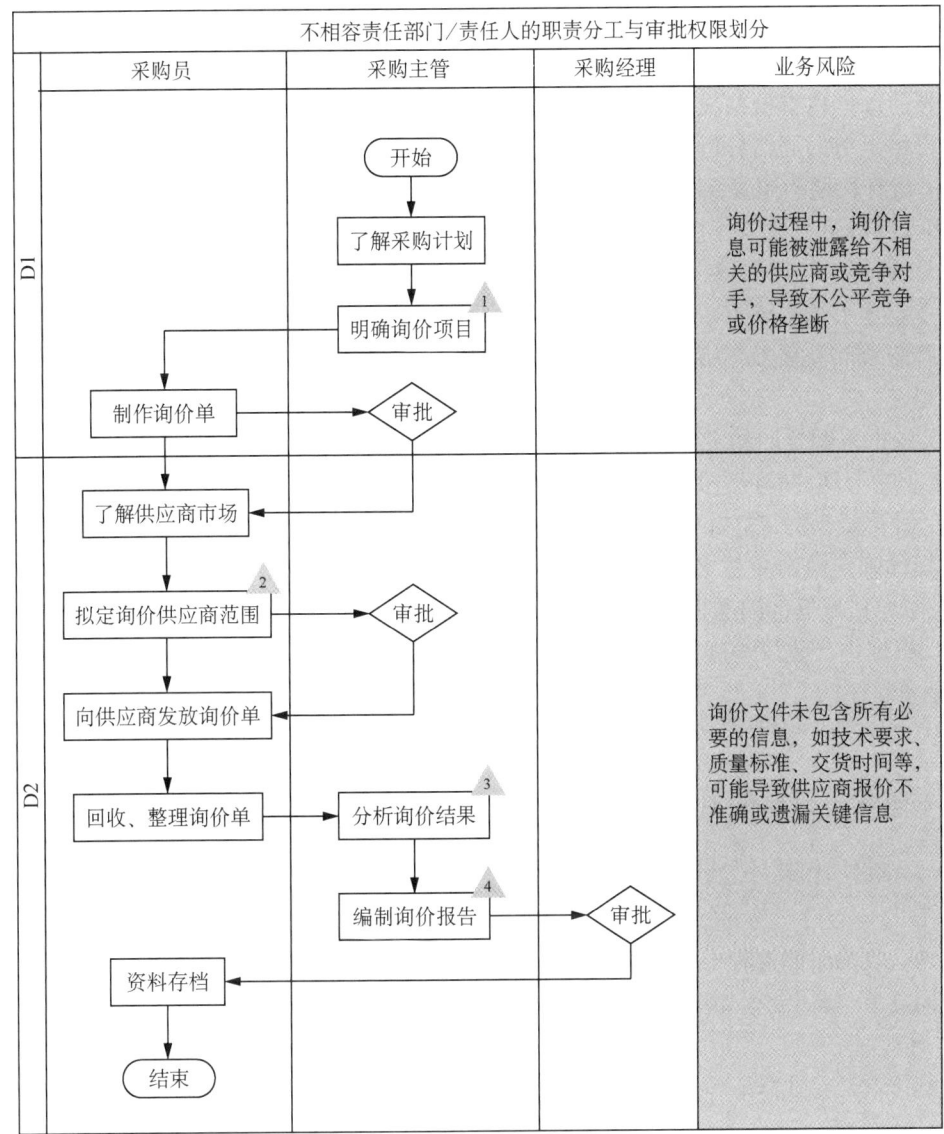

图 7-5　询价与采购环节流程设计

一份交财会部门,以监督合同的执行。对于采购比较频繁的货物,企业可用订单替代采购合同,但订单要素必须设计完整,一般一式三联并连续编号。

(2) 健全采购定价机制,采取协议采购、招标采购、询价采购、比价采购、动态竞价采购等多种方式,科学合理地确定采购价格。对于标准化程度高、需求计划性强、价格相对稳定的物资的采购,企业应通过招标、联合谈判等公开、竞争的方式签订框架协议。对于大宗商品或服务的采购,企业应采用招标方式确定采购价格,并明确招标的范围、标准、实施程序和评标规则。委托中介机构进行招标的,企业应加强对中介机构的监督。对于其他商品或服务的采购,企业应根据市场行情制定最高采购限价,不得以高于采购限价的价格采购,以低于最高采购限价进行采购的可适当奖励。企业应根据市场行情的变化适时地调整最高采购限价。小额零星商品或服务的采购可采用直接购买等方式,以简化手续,加快进货速度。

(3) 充分了解和掌握供应商信誉、供货能力、价格、质量、供货条件、装备、技术水平和售后服务等信息,由采购、使用等部门共同参与比质比价,并按规定的授权审批程序确定供应商。

小额零星采购也应事先经授权部门对采购价格等有关内容进行审核。

（4）采购部门应定期研究大宗通用重要物资的成本构成及其市场价格的变动趋势，确定重要物资的采购执行价格或参考价格。建立采购价格数据库，定期开展重要物资的市场供求形势及价格走势的商情分析，并合理利用。

（5）与有长期购销关系的供应商订立框架协议。对拟签订框架协议的供应商的主体资格、信用状况等进行风险评估；框架协议的签订应引入竞争制度，确保供应商具备履约能力。

（6）采购合同应明确双方权利、义务和违约责任，并按规定权限签署。对于影响重大、涉及较高专业技术或法律关系复杂的合同，企业应组织法律、技术、财会等专业人员参与谈判，必要时可聘请外部专家参与相关工作。对重要物资验收量与合同量之间允许的差异，企业应做出统一规定。

（7）依据采购合同的主要条款跟踪合同履行情况，对有可能影响生产或工程进度的异常情况，企业应出具书面报告并及时提出解决方案，采取必要措施，保证需求物资的及时供应。

（8）对重要物资建立并执行合同履约过程的巡视、点检和监造制度。对需要监造的物资，企业应择优确定监造单位，签订监造合同，落实监造责任人，审核确认监造大纲，审定监造报告，并及时向技术等部门通报。

（9）根据生产建设进度和采购物资特性等因素，选择合理的运输工具和运输方式，办理运输、投保等事宜。

（10）实行全过程的采购登记制度或信息化管理，确保采购过程的可追溯性。

七、验收与付款环节

（一）验收与付款环节的流程设计

1. 验收

采购验收是采购流程中的关键环节，它确保了企业购买的产品或服务符合预定的质量标准和合同要求，具体流程如图7-6所示。

2. 付款

采购付款是企业采购流程中的最后一步，涉及从确认收货到完成付款的全过程，具体流程如图7-7所示。

（二）验收与付款环节的主要风险及控制

验收与付款环节的主要风险包括：验收标准不明确、验收程序不规范、对验收中存在的异常情况不做处理，可能造成账实不符、采购物资损失；付款审核不严格、付款方式不恰当、付款金额控制不严，可能导致企业资金损失或信用受损；会计记录与相关采购记录、仓储记录不一致等。

针对验收与付款环节的主要风险，企业可以相应地采取以下控制措施：

（1）制定明确的采购验收标准，结合物资特性确定必检物资目录，规定此类物资出具质量检验报告后方可入库。

（2）验收机构或人员应根据采购合同及质量检验部门出具的质量检验报告，重点关注采购合同、发票等原始单据与采购物资的数量、质量、规格型号等是否一致。对验收合格的物资，填制入库凭证，加盖物资"收讫章"，登记实物账，及时将入库凭证传递给财会部门。物资入库前，采购部门必须检查质量保证书、商检证书或合格证等证明文件。验收时涉及技术性强、大宗和特殊的物资，还应进行专业测试，必要时可委托具有检验资质的机构或聘请外部专家协助验收。

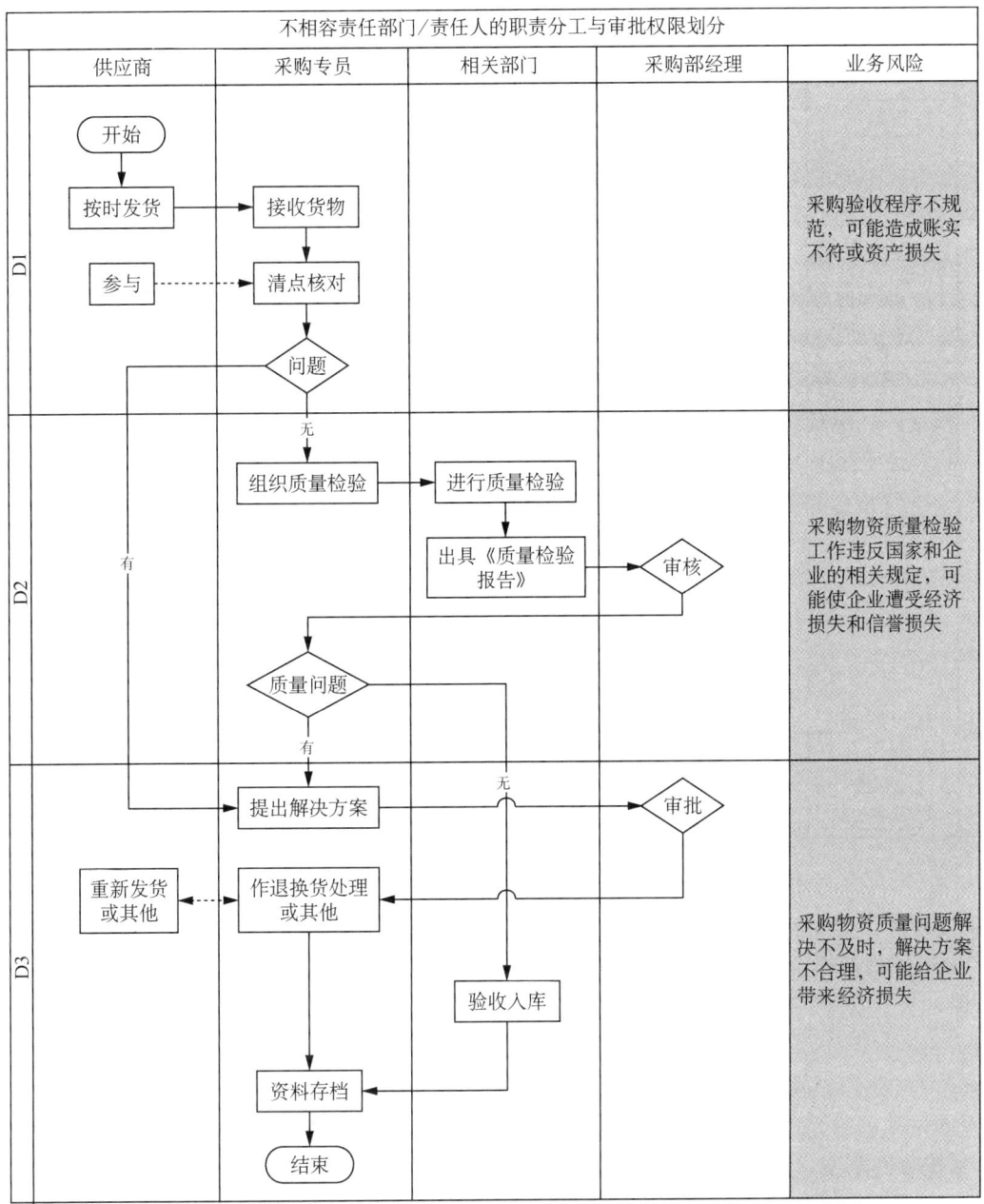

图 7-6 验收流程

（3）对于验收过程中发现的异常情况（比如无采购合同或大额超采购合同的物资、超预算采购的物资、毁损的物资等），验收机构或人员应向有权管理的相关机构报告，相关机构应查明原因并及时处理。对于物资不合格的，采购部门应依据检验结果办理让步接收、退货、索赔等事宜。对于延迟交货而造成生产建设损失的，采购部门应按合同约定索赔。

（4）加强付款管理，完善付款流程，明确付款审核人的责任和权利，严格审核采购预算、合同、相关单据、审批程序等相关内容。审核人员应严格审查采购发票等票据的真实性、合法性和有效性，判断采购款项是否确实应予支付。例如，审查发票填制的内容是否与发票种类相符合、发票加盖的印章是否与发票种类相符合等。企业应重视采购付款的过程控制和跟踪管理，

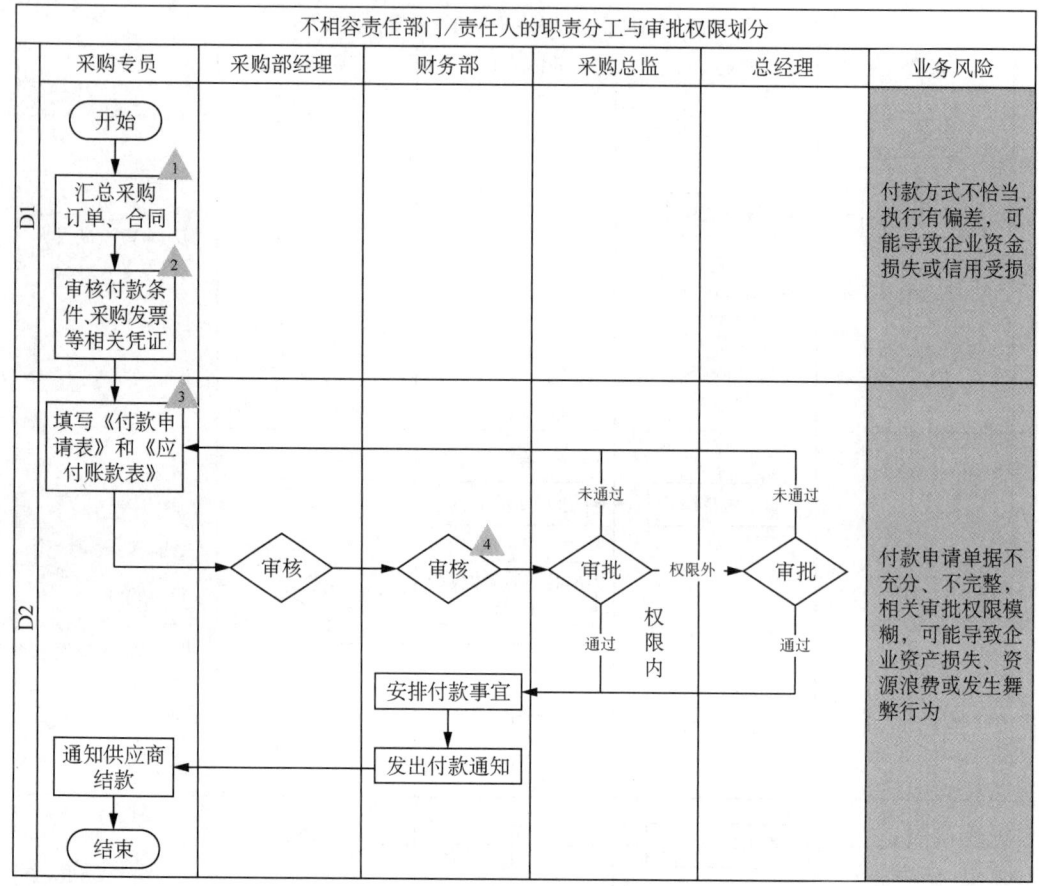

图 7-7　付款环节流程

如果发现异常情况就应拒绝向供应商付款,避免出现资金损失和信用受损。

(5) 严格遵循合同约定和相关法规,合理选择付款方式,防范付款方式不当带来的法律风险,保证资金安全。除不足转账起点金额的采购可以支付现金外,采购价款应通过银行办理转账。

(6) 加强预付款项和定金的管理,若涉及大额或长期的预付款项,应定期追踪核查,综合分析预付款项的期限、合理性、不可收回风险等情况,发现有疑问的预付款项,应及时采取措施,尽快收回款项。

(7) 加强应付账款和应付票据的管理,指定专人通过函证等方式,定期向供应商寄送对账函,核对应付账款、应付票据、预付账款等往来款项;对供应商提出的异议应及时查明原因,报经有权管理的部门或人员批准后做出相应调整。货款到期后,应及时支付,以维持企业良好的信用。

(8) 建立退货管理制度,对退货条件、退货手续、货物出库、退货货款回收等做出明确规定,及时收回退货货款。

八、采购业务的内部监督和后续评价

企业应建立对采购业务的内部监督制度,明确内部监督机构或人员的职责权限,定期或不定期地进行检查。

内部监督机构或人员应通过实施符合性测试和实质性测试,检查采购业务内部控制是否健全,各项规定是否得到有效执行。内部监督的内容主要包括:

(1)相关岗位及人员的设置情况。企业应重点检查是否存在不相容职务混岗的现象。

(2)授权审批制度的执行情况。企业应重点检查大宗采购业务的授权审批手续是否健全,是否存在越权审批的行为。

(3)应付账款和预付账款管理。企业应重点审查应付及预付账款支付的正确性、时效性和合法性。

(4)有关单据、凭证和文件的使用与保管情况。企业应重点检查凭证的登记、领用、传递、保管、注销手续是否健全,使用和保管制度是否存在漏洞。

企业应定期对物资需求计划、采购计划、采购渠道、采购价格、采购质量、采购成本、合签约与履行情况等采购活动进行专项评估和综合分析,及时发现采购业务的薄弱环节,优化采购流程,防范采购风险,全面提升采购效能。

第二节　采购业务案例分析[①]

二维码7-2
采购业务
案例分析

一、H建设集团公司基本情况

H建设集团公司始建于1954年,现已发展成为公路桥梁、隧道工程、景观工程、交通工程、房屋建筑施工和科研设计、地质钻探及机械设备、专业器材制造为一体的综合性大型企业。它是2002年国家建设部首批确认并颁发证书的全国19家公路工程施工总承包特级资质企业,也是湖南省唯一具备施工特级资质的建筑施工企业。集团公司下辖36个专业分公司及控股、参股公司。

2001年,它获建设部首批授予"公路工程施工总承包企业特级资质",1996年,它获交通部第一批颁发的"公路施工企业一级资质"证书,1993年,它获得国家对外贸易经济合作部授予的"对外经济技术合作业务经营权";2003年,它通过国际质量、安全、环保管理体系三项认证,2004年,它获商务部授予的对外援助成套项目施工任务A级证书、外经贸企业信用等级三A证书、公司银行信用等级为"AAA"。

公司注册资本为3.1亿元,总资产为58.6628亿元,净资产为6.2763亿元。公司现有机械设备6800台套,总功率为68.9万千瓦,总值为9.40亿元,其中具有国内外先进水平的676台套。

公司坚持"科技兴司"方针,不断创新工艺,出色地承建了7座长江特大桥。在桥梁大型双壁钢围堰施工、大直径深水基础施工等领域形成核心技术,先后获得50多项国家优质工程金、银奖,国家、省部级科技进步奖,12项国家专利技术,创造了良好的经济效益和社会效益。

公司于1998年荣获国务院表彰的"全国先进企业"称号,1999年荣获中华全国总工会授予的"五一劳动奖状";2000年以来,公司荣获全国质量效益型先进企业、湖南省优秀施工企业、湖南省"十佳"优秀企业、湖南省质量管理先进企业、湖南省省级基层党建示范点、湖南省省级文明单位和全省思想政治工作优秀企业等称号;2006年10月,它获得交通部授予的"中国桥梁十大英雄团队"的殊荣。2007年,它获得全国首批"创鲁班奖特别荣誉企业"光荣称号,并多次荣获中国建筑工程"鲁班奖"、中国土木工程"詹天佑大奖"、国际桥梁学会"林德恩斯

---

① 本案例改编自胡为民. H建设集团公司采购内部控制研究. 湖南大学硕士学位论文,2012.

大奖"。

二、公司采购业务流程的现状

在目前的 H 建设集团公司中实行总分公司两级管理的模式,即总公司仅仅作为行政管理机构,其余的具体业务活动都由分公司自行处理,包括各种工程项目招投标、施工计划具体实施、项目成本控制,以及后期的维护。在这种情况下,公司总部是没有专门的物资采购部门的,所有施工所需的设备材料程序都在分公司的层面下进行,只是最后形成的采购合同要报总公司备案。由于是各个分公司负责具体业务,各个分公司的采购管理流程也不是完全相同的,但在总体上还是依照图 7-8 进行的。

采购流程描述:由项目部依据项目的实际情况制定出采购需求上报给分公司工程管理部,公司工程管理部提出相关采购建议后,分公司的采购人员再根据采购计划和库存材料的状况形成采购计划和预算,联系几家合格的供应商,经过询价谈判后选择最终的中标供应商,签订合同后报公司总部备案。中标供应商在签订合同后应按照合同的相关约定发货到指定地点。最后公司在验货后进行应付账款管理或款项支付。工作在紧急的情况下,项目部可以直接依照采购需求联系适合的供应商,供应商紧急发货到施工现场。

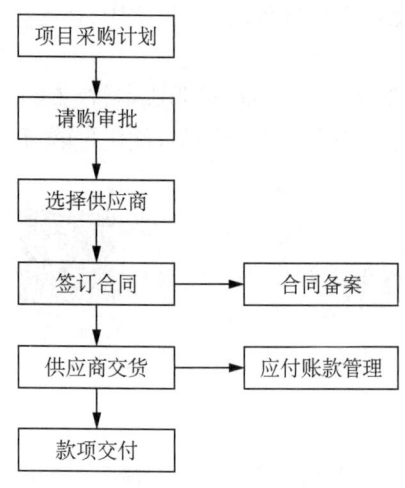

图 7-8　H 建设集团公司采购流程图

(1) 从目前 H 建设集团公司的采购模式来看,每个分公司甚至项目部都是一个独立的采购者,分公司和分公司之间没有什么信息沟通。采购管理也是传统的管理机制,即项目部依据工程量制定出物资需求计划,交由分公司采购部门联系供应商或自己联系供应商,然后采购回来将货物往项目现场一放,验收合格就算完成了一次采购,中间并不涉及供应商管理。

在 H 建设集团公司采购的实际操作时,项目部在其中的作用非常大。因为工程的专业性,大部分的项目的招投标是由项目经理来主导完成的。并且和公司的职能部门比起来,项目部对工程项目的实际状况更加了解,职能部门只能通过项目部人员编制好的采购计划、建设施工设计图等资料来知道项目的具体情况,例如,项目的规模大小、造价情况、工期等。其他项目部未提供的情况,职能部门很难了解。因此,大部分的采购都是由项目部自行完成的,而且在 H 建设集团公司的《工程物资管理办法》中也明确规定了项目部在经过公司的审核后有权力自己进入市场,在调查好相应的资料后,采购所需的物资材料和设备。虽然公司可以对其进行监督和审核,但是其主要的物资采购流程是由项目部中的一线人员完成的,而由此所产生的相关费用也只是通过一线项目部中的各种资料所反映出来。

(2) 从 H 建设集团公司供应商管理的制度上来看,一般来说,当项目部需要物资进行采购时,采购人员要依据工程项目的各种资料编制采购计划,经审批后去了解市场行情、价格动态、收集供应商的相关信息、调查供应商的资信等,然后根据供应商调查表所反映的情况,筛选出在产品价格、生产能力、技术、质量保证、财务等方面符合公司要求的供应商,并对其进行现场评审。在评审时,采购人员应对参加评审的供应商进行深入仔细的考察,深入供应商的生产线以及生产设备、生产工艺、质量检验和管理等部门,针对供应商的供应能力、技术能力、质量状况等方面展开实地调查,考察完毕后进行综合评审,对各项指标进行评分,与排在前列的供应商签订合同。

但是，从实际操作来看，公司在调查和评审供应商情况时，采购人员只提供了相关企业的一些基本证件的复印件给公司职能部门就可以通过审核。虽然这样可以节省采购时间、提高采购效率，却也导致公司对供应商的情况不能够系统了解，只了解项目部过滤后提供的信息。并未完全实施供应商的管理制度。

（3）H建设集团公司合同管理制度规定采购人员选择好了合适的供应商后，与供应商进行谈判，确定合适的合同条款，并据此草拟采购合同。采购合同经项目经理、财务部、法务人员审核并确认无误后，编制正式的采购合同。在这个过程中，财务部负责对合同价款的形成依据、款项收取或支付条件等条款进行审查并提出意见，法律顾问主要对合同内容条款的合法性进行审查并提出审查意见，项目经理负责对合同所涉及项目内容进行全面审查并提出审查意见。采购合同签订后，采购人员应及时跟踪采购合同的执行过程，确保合同按期、顺利履行。但是由于工程项目大部分都在异地，而且公司的审核往往很少有未通过的现象，在签订采购合同前材料就已经被批准进入项目现场投入使用的情况经常出现。

三、思考题

（1）H建设集团公司总分公司在采购业务中的分工如何？
（2）分析H建设集团公司采购业务存在的问题及其原因。
（3）H建设集团公司采购业务可以采取哪些优化措施？

第八章
销售业务

【教学目标】

知识目标:

1. 理解销售业务内部控制的定义、目的和重要性,理解其在企业管理体系中的地位和作用。

2. 了解销售业务内部控制的基本框架,包括销售计划与定价政策、客户开发与信用管理、订单处理与销售合同、发货、收款和售后服务等关键环节,以及每个环节中的关键控制点和控制措施。

能力目标:

1. 掌握销售业务流程设计思路及要点。

2. 能够编制销售业务风险控制矩阵。

素养目标:

1. 能够识别销售业务中可能存在的风险,并学会评估风险的大小和潜在影响,提升学生对销售风险的预见和控制能力。

2. 强化学生的法律意识和社会责任感,增强其遵守市场规则的自觉性,鼓励学生在销售活动中遵循公平交易原则,培养其诚实守信的品德。

【导入案例】

二维码8-1 依法严惩销售假冒伪劣
农资行为,全力保障农资安全

第一节 销售业务内部控制

一、销售业务内部控制目标

企业销售业务的内部控制应实现以下目标:

(1) 保证销售业务合法合规。销售业务必须符合国家法律法规和企业内部各项规章制度的要求,有效地预防差错和舞弊行为的发生。

(2) 保障商品和货款安全完整。商品是企业对外销售的基础,货款是企业实现经济利益流入的体现,商品和货款的安全完整是企业销售业务内部控制的基本目标。

(3) 提高销售业务的效率和效益。企业应采取积极的销售和收款政策,努力扩大销售规模,不断提高市场占有率;同时,注意控制营销费用,积极催收货款,争取将营业收入尽快转变为现金流量。此外,企业还要加强销售各环节风险的控制,避免重大差错、舞弊、欺诈、诉讼等情况的出现。

(4) 保证销售业务的报告目标。按《企业会计准则》及相关规章制度的规定,及时、准确、完整地记录销售和收款过程,保证信息质量,为信息使用者提供真实,准确和完整的相关信息。

(5) 与企业战略和经营计划紧密联系,使销售业务能有效地支持企业战略和经营计划。

二、销售业务总体风险

企业生产的商品如不能实现销售的稳定增长,已售商品货款如不能足额收回或不能及时收回,则必将导致企业的持续经营受阻、难以为继。针对销售业务,企业至少应关注下列总体风险:

(1) 销售行为违反国家法律法规,可能遭受外部处罚,造成经济损失和信誉损失。

(2) 销售未经适当审批或越权审批,可能因重大差错、舞弊、欺诈而导致损失。

(3) 销售政策和信用政策管理不规范、不科学,可能导致资产损失或存货运营效率低下。

(4) 合同签订未经正确授权,可能导致资产损失、舞弊或陷入法律诉讼。

(5) 应收账款和应收票据管理不善,账龄分析不准确,可能因未能收回或未能及时收回欠款而导致收入流失或陷入法律诉讼。

三、销售业务流程

(一) 业务流程

销售业务一般涉及销售计划与定价政策、客户开发与信用管理、订单处理与销售合同、发货、收款、售后服务等环节,主要作业有接受订单、信用调查、签订合同、预收货款、开票发货、货款结算、账款回收、应收账款管理、呆坏账处理等,销售业务简要流程见图8-1。

(二) 职责分工和授权批准

企业应建立销售业务岗位责任制,明确相关部门和岗位的职责权限,确保不相容岗位相互分离、制约和监督。销售业务的不相容岗位至少应包括:

(1) 客户信用管理与销售合同的审批、签订。

(2) 销售合同的审批、签订与发货办理。

(3) 销售货款的确认、回收与相关会计记录。

(4) 销售退回货品的验收、处置与相关会计记录。

(5) 销售业务经办与发票开具、管理。

(6) 坏账准备的计提与审批、坏账的核销与审批。

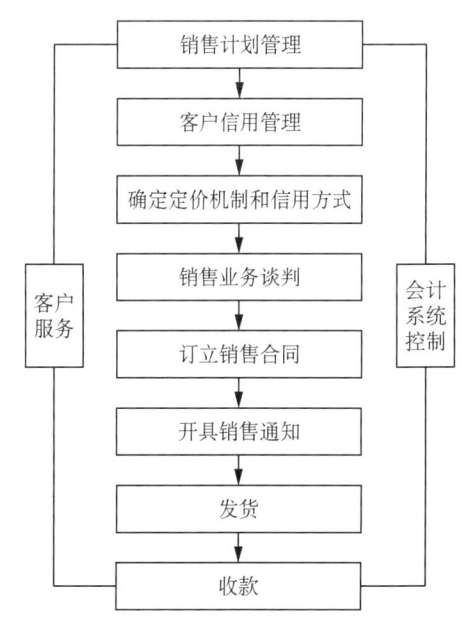

图 8-1 销售业务简要流程

企业应分设办理销售、发货、收款三项业务的部门。销售部门主要负责处理订单、签订合同、执行销售政策和信用政策、催收货款。发货部门主要负责审核销售发货单据是否齐全，并办理发货。财会部门主要负责销售款项的结算和记录、监督货款回收。任何一个部门或岗位都不得办理销售业务的全过程。

企业应建立销售业务授权审批制度，明确授权审批方式、权限、程序、责任和相关控制措施。审批人应在授权范围内审批，不得越权审批。经办人应在职责范围内，按审批人的批准意见办理销售业务；对审批人越权审批的事项，经办人有权拒绝办理，并及时向上级授权部门报告。严禁未经授权的机构和人员经办销售业务。对大额销售或超过既定销售政策和信用政策范围的特殊销售，应集体决策，防止因决策失误而造成严重损失。

企业应配备合格人员办理销售业务，合格人员应具备良好的业务素质和职业道德。企业应根据具体情况对办理销售业务的人员进行岗位轮换或管区、管户调整。

在销售过程中，会计系统控制至关重要，包括销售收入的确认、应收款项的管理、坏账准备的计提和冲销、销售退回的处理等。企业应加强对销售、发货、收款业务的会计系统控制，详细记录销售客户、销售合同、销售通知、发运凭证、商业票据、款项收回等情况，确保会计记录、销售记录与仓储记录核对一致，并根据会计准则确认、计量、记录和列报收入及相关的成本费用。

四、销售计划与定价政策环节

（一）销售计划与定价政策环节的流程设计

1. 销售计划

销售计划是企业为了实现销售目标而制定的一系列策略和行动方案，通常包括市场分析、销售目标设定、销售策略制定、资源分配、行动计划以及监控和评估等环节，具体流程如图8-2所示。

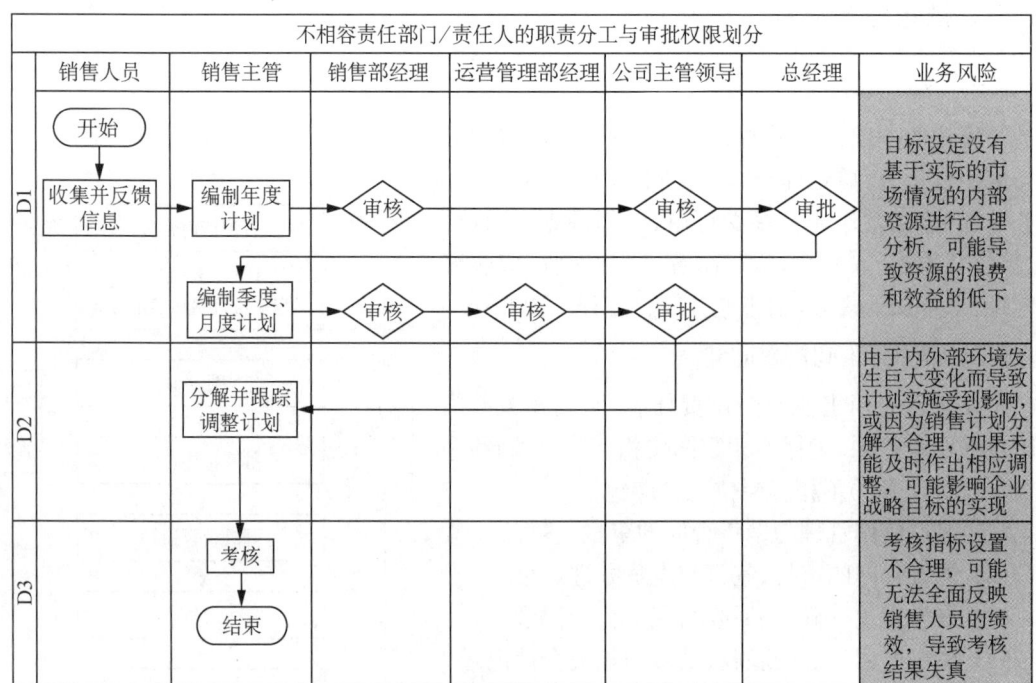

图8-2 销售计划

2. 销售定价

销售定价在销售业务中扮演着至关重要的角色,它不仅直接影响企业的收益和利润,还关系到市场竞争力、品牌定位和顾客满意度,具体流程如图 8-3 所示。

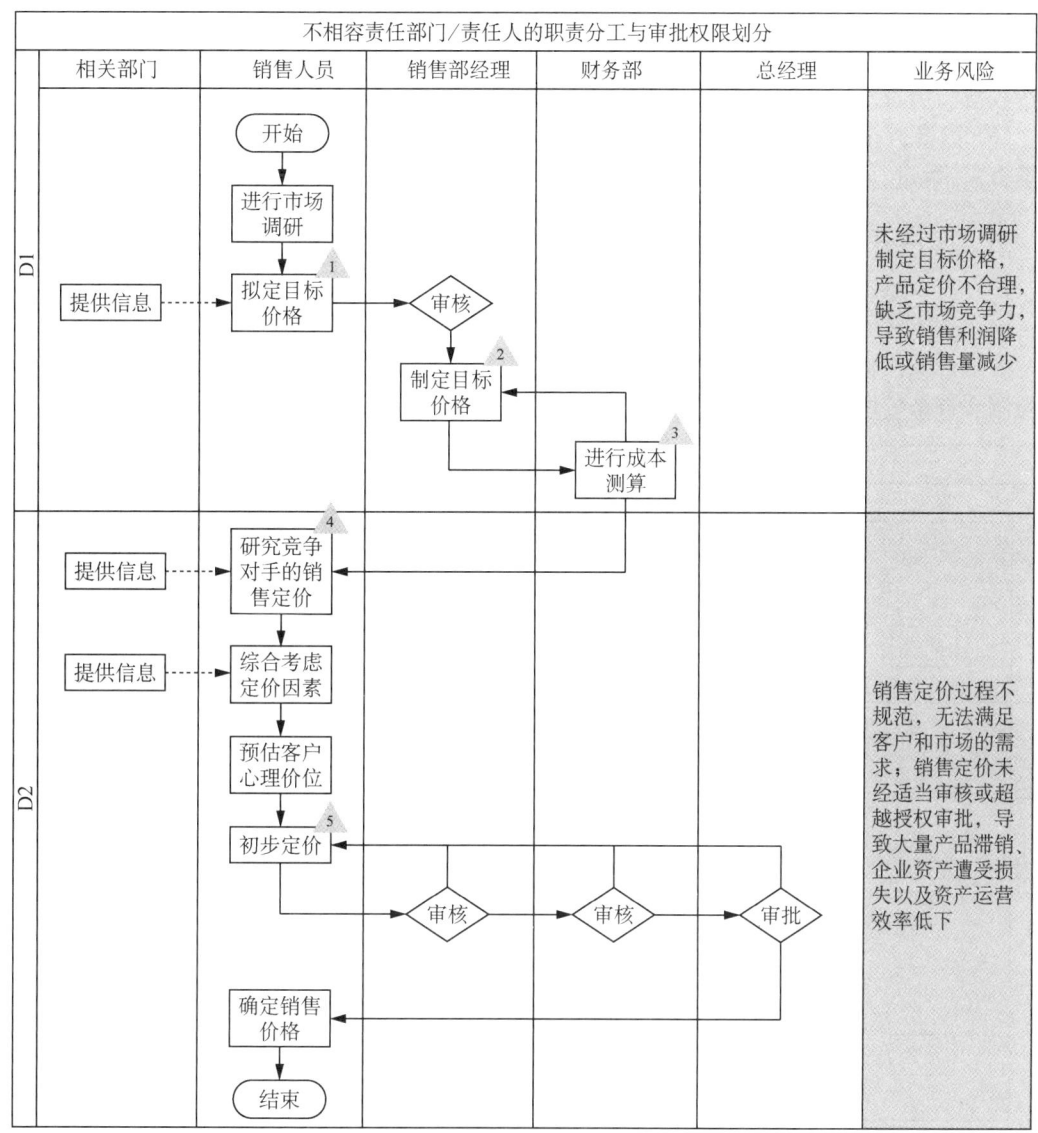

图 8-3 销售定价

(二)销售计划与定价政策环节的主要风险及控制

销售计划于定价政策环节的主要风险包括:销售计划缺乏或不合理,或者未经授权审批,导致产品结构和生产安排不合理;定价或调价不合理,未能结合市场状况、盈利测算等进行适时的调整,造成价格过高或过低;价格未经恰当审批或存在舞弊,可能损害企业利益或形象。

针对销售计划与定价政策环节的主要风险,企业可以相应地采取以下控制措施:

(1)根据企业战略和年度经营计划,结合企业实际制订年度销售计划,并结合客户订单情况,将销售计划分解到季度和月份。

(2)定期对各产品的区域销售额、进销差价、销售计划与实际销售情况等进行分析,结合生产现状,及时调整销售计划。

(3) 根据价格政策,综合考虑企业的财务目标、销售目标、产品成本、市场状况及竞争对手情况等因素,确定产品基准价格。定期评估基准价格的合理性,定价或调价须经审批。

(4) 在基准价格的基础上,针对某些商品可授予销售部门一定程度的价格浮动权。销售部门可结合市场特点,将价格浮动权向下逐级递减分配,同时明确权限执行人。价格浮动权执行人必须严格遵守规定的价格浮动范围,不得擅自突破。

(5) 销售折扣、销售折让等政策的制定应经审核批准,实际发生的销售折扣、销售折让应记录金额、数量、原因及对象等,并归档备查。

五、客户开发与信用管理环节的主要风险及其控制

(一) 客户开发与信用管理环节的流程设计

客户开发与信用管理环节不仅涉及新客户的开发和维护,还包括了整个销售过程中的风险控制和资金安全,具体流程如图 8-4 所示。

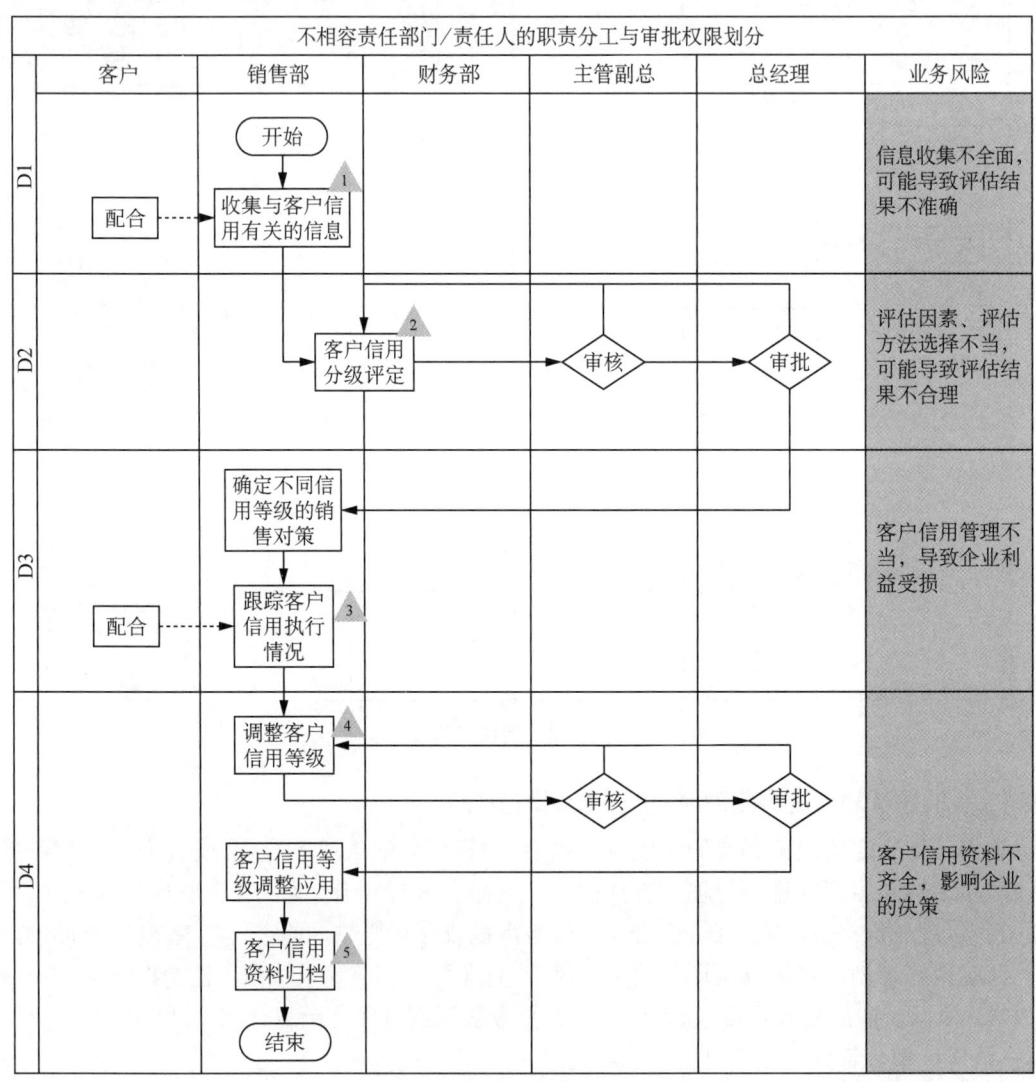

图 8-4 客户开发与信用管理

（二）客户开发与信用管理环节的主要风险及其控制

客户开发与信用管理环节的主要风险包括：现有客户管理不足、潜在市场需求开发不够，可能导致客户丢失或市场拓展不利；客户档案不健全、缺乏合理的资信评估，可能导致客户选择不当、销售款项不能收回或遭受欺诈等。

针对客户开发与信用管理环节的主要风险，企业可以相应地采取以下控制措施：

（1）在充分进行市场调查的基础上，合理细分市场并确定目标市场，根据不同目标群体的具体需求，确定定价机制和信用方式，灵活运用销售折扣、销售折让、信用销售、代销和广告宣传等多种策略与营销方式，促进销售目标的实现，不断提高市场占有率。

（2）建立并不断更新、维护客户信用动态档案，由相对独立的信用管理部门对客户付款情况进行持续的跟踪和监控，提出划分、调整客户信用等级的方案。根据客户信用等级和企业信用政策，拟定客户的赊销限额和时限，经销售、财会等部门具有相关权限的人员审批。对于境外客户和新开发客户，企业应当建立严格的信用保证制度。

（3）评估客户信用，确定客户销售政策。企业应充分了解和考虑客户的信用与财务状况等，加强赊销管理。赊销业务应遵循规定的销售政策、信用政策及程序。有条件的企业可设立专职信用管理部门或岗位，负责制定信用政策，评估客户信用等级，监督各部门信用政策的执行情况。信用政策应明确不同客户的信用额度、回款期限、折扣标准，以及违约情况下应采取的应对措施等。有条件的企业可运用计算机网络集成分公司、子公司或业务分部的销售发货信息与授信情况，防止向未经信用授权的客户发出商品，并防止客户以较低的信用条件同时与企业两个或多个分公司、子公司进行交易而损害企业利益。有条件的企业可利用国家政策性出口信用保险机构的政策支持，防范风险。

六、订单处理与销售合同环节

（一）订单处理与销售合同环节的流程设计

订单处理与销售合同环节是企业销售流程中的关键组成部分，它们确保了交易的顺利执行和法律权益的保护，具体流程如图8-5所示。

（二）订单处理与销售合同环节的主要风险及控制

订单处理与销售合同环节的主要风险包括：订单审核不严，可能导致虚假销售等问题；订单处理不及时，可能影响后续的销售进程；合同内容存在重大疏漏和欺诈，未经授权对外订立销售合同，可能导致企业权益受损；销售价格、收款期限等违背企业销售政策，可能导致企业利益受损等。

针对订单处理与销售合同环节的主要风险，企业可以相应地采取以下控制措施：

（1）销售部门收到客户订单后，依据授权范围决定是否接受订单。销售授权可分别设置一般授权和特别授权。一般授权是针对常规业务的制度性授权。例如，金额在5 000元以下的销售可由销售部门自行决定是否同意客户赊销或给予折扣、折让。特别授权针对非常规业务或超过一般授权限制的常规业务，销售部门不能自行决定，必须特别报请经理办公会议或董事会决定是否同意客户赊销或给予折扣、折让。对于未被受理的订单，销售部门应及时向客户说明原因。

（2）销售合同订立前，企业应指定专人就销售价格、信用政策、发货及收款方式、权利和义务等具体事项与客户谈判。谈判人员应有两人以上，并与合同订立人员分离。谈判中涉及的重要事项应有书面记录，重大合同应征询财会、法律等专业人士的意见。

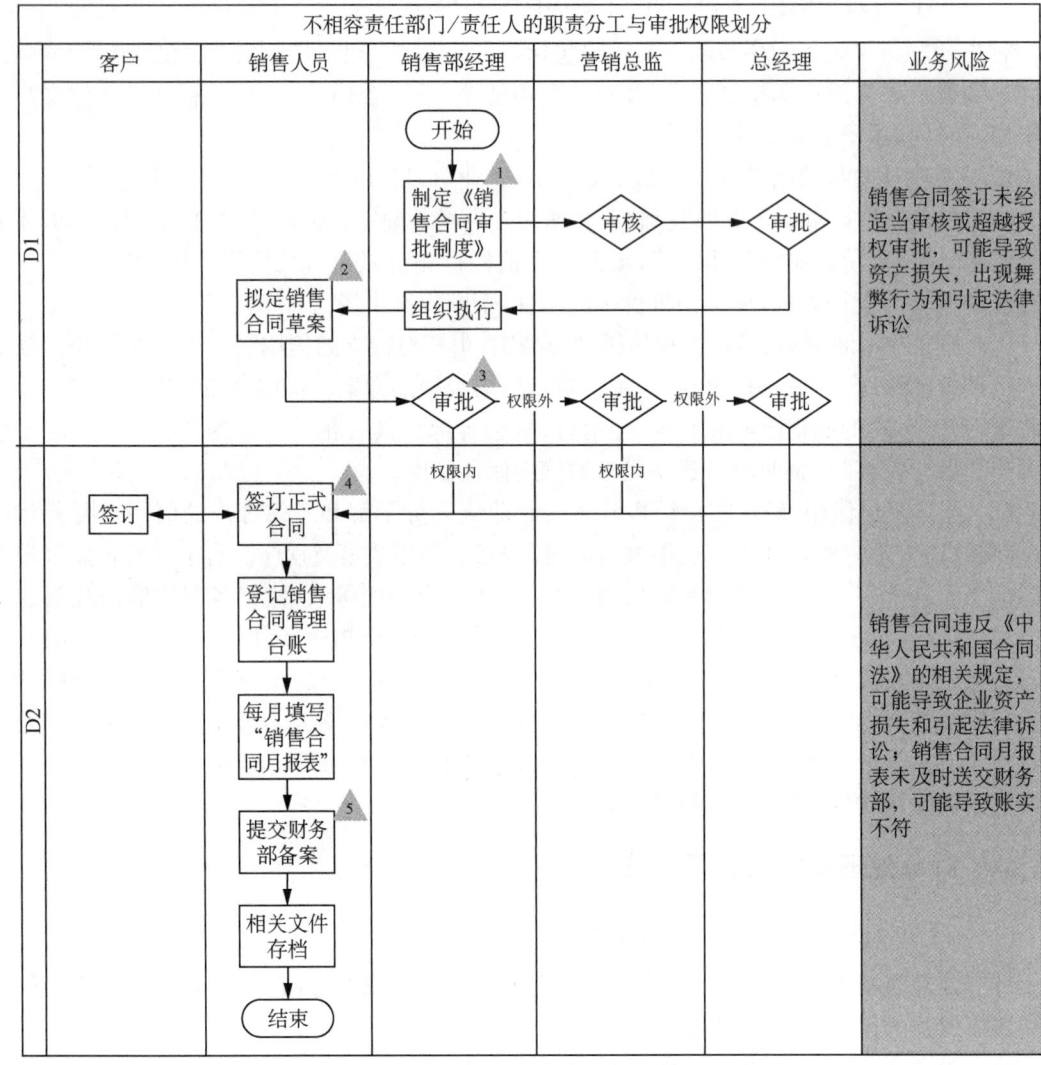

图 8-5 订单处理与销售合同的流程设计

(3) 建立健全销售合同审批制度。审批人员应对销售价格、信用政策、发货及收款方式等进行严格把关。

(4) 销售合同草案经审批同意后,企业应授权有关人员与客户签订正式的销售合同。

七、发货环节

(一) 发货环节的流程设计

发货环节是销售流程中将产品从企业发送到客户手中的重要步骤,它直接关系客户满意度和企业声誉,具体流程如图 8-6 所示。

(二) 发货环节的主要风险及控制

发货是根据销售合同约定向客户提供商品的环节。该环节的主要风险包括:未经授权发货或发货不符合合同约定,可能导致货物损失或客户与企业的销售争议,销售款项不能收回。

针对发货环节的主要风险,企业可以相应地采取以下控制措施:

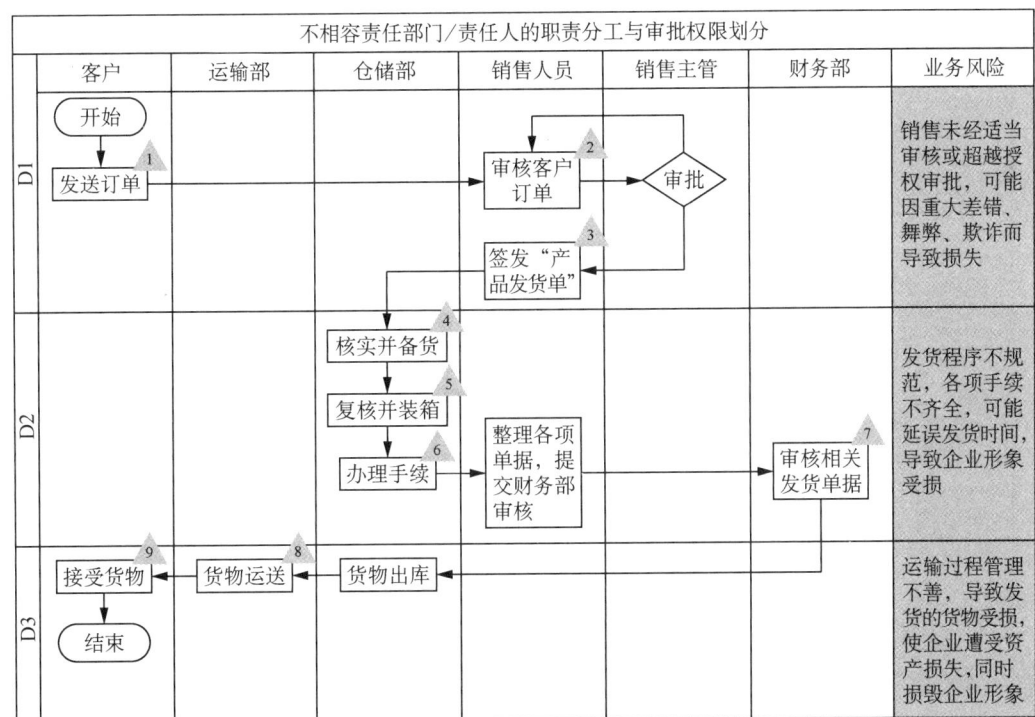

图 8-6 发货流程

（1）销售部门按审核后的销售合同开具销售通知单交仓储部门和财会部门。

（2）仓储部门应落实出库、计量、运输等环节的岗位责任，对销售通知单进行审核，严格按所列的发货品种和规格、发货数量、发货时间、发货方式、接货地点等在规定的时间内组织发货，形成相应的发货单据并连续编号。

（3）以运输合同或条款等形式明确运输方式，商品短缺、毁损或变质的责任，到货验收方式，运输费用承担，保险等内容，货物交接环节应做好装卸和检验工作，确保货物安全发运，由客户验收确认。

（4）做好发货各环节的记录，填制相应的凭证，设置销售台账，实行销售全过程登记制度。

（5）财会部门或经授权的有关部门在接到销售通知单后，对客户信用及实际出库记录凭证等信息进行审查无误后，向客户开具销售发票。编制销售通知单的人员与开具销售发票的人员应分离。

八、收款环节

（一）收款环节的流程设计

收款环节是企业财务管理和销售流程中的关键部分，它确保企业能够及时、安全地从客户处收回款项，具体流程如图 8-7 所示。

（二）收款环节的主要风险及其控制

收款环节的主要风险包括：企业信用管理不到位，结算方式选择不当，票据管理不善，账款回收不力，导致销售款项不能收回或遭受欺诈；收款过程存在舞弊，致使企业利益受损。

针对收款环节的主要风险，企业可以相应地采取以下控制措施：

（1）结合销售政策，选择恰当的结算方式，及时办理货款结算和收款业务，加快款项回收，

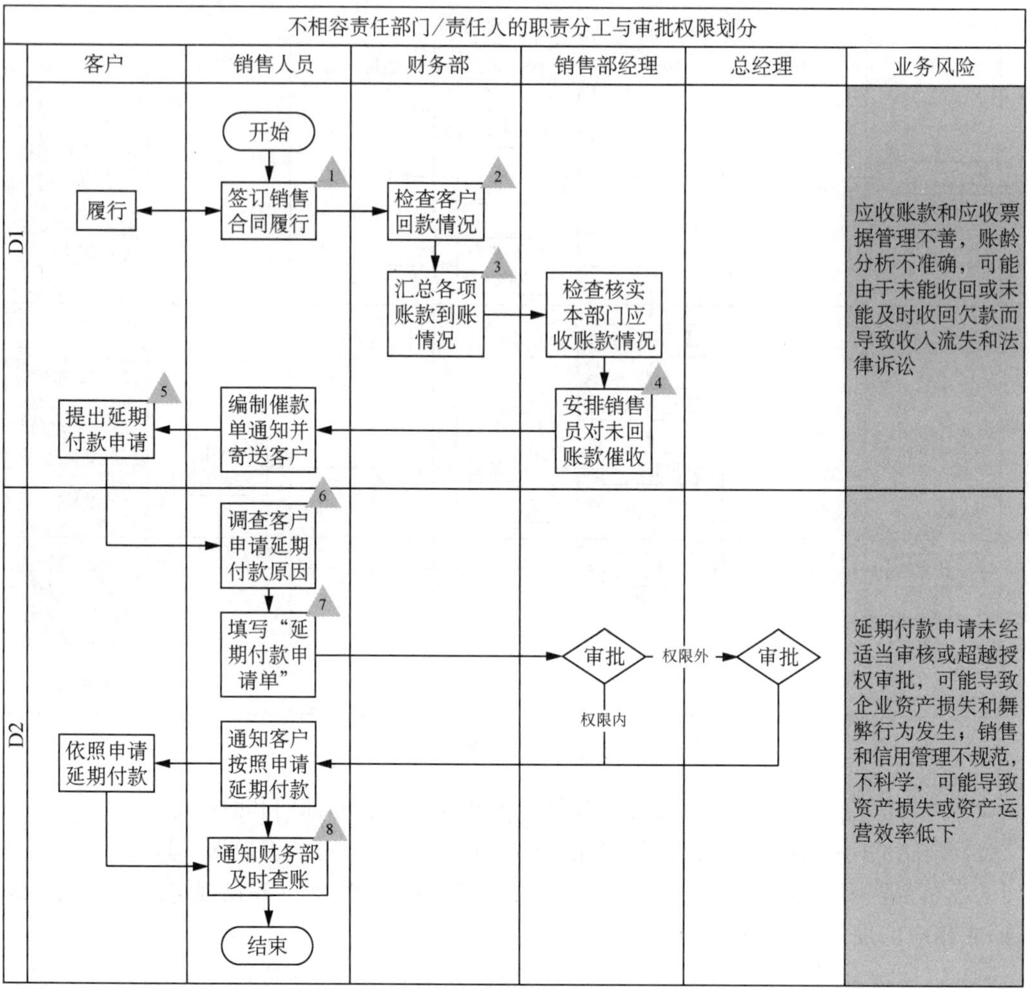

图 8-7 收款流程

提高资金的使用效率。收取的现金、银行本票、汇票等应及时缴存银行并登记入账。避免销售人员直接接触销售现款,若必须由销售人员收取,则应由财会部门加强监控。

(2) 加强商业汇票管理,应收票据由专人保管,明确应收票据的受理范围和管理措施,对票据贴现、背书、保管等予以明确规定。严格审查商业汇票的真实性和合法性,防止票据欺诈。

(3) 加强应收账款管理,建立账龄分析和逾期催收制度。严格区分并明确收款责任,建立合理的清收奖励、责任追究和处罚制度。财会部门应督促和配合销售部门加紧催收货款,妥善保存催收记录(包括往来函电)。催收无效的逾期账款可通过法律程序来解决。应收账款应分类管理,针对不同性质的应收款项,企业应采取不同的方法和程序。企业应按客户设置应收账款台账,及时登记并评估每一客户应收账款的余额变动和信用额度的使用情况。

(4) 加强代销业务款项的管理,及时与代销商结算款项。

(5) 呆账是可能成为坏账的应收账款,企业应按《企业会计准则》的规定计提坏账准备,并按权限范围和审批程序进行审批。发生坏账损失的,应查明原因,明确责任,并在履行审批程序后做出会计处理。已核销的坏账,应进行备查登记,做到账销案存。已核销坏账又收回时,应及时入账,防止形成账外款。

九、售后服务环节

(一) 售后服务环节的流程设计

售后服务环节是企业与客户关系维护的重要组成部分，它涉及产品售出后对客户的一系列支持和服务。良好的售后服务可以提升客户满意度、增强客户忠诚度，有助于企业的口碑传播，具体流程如图 8-8 所示。

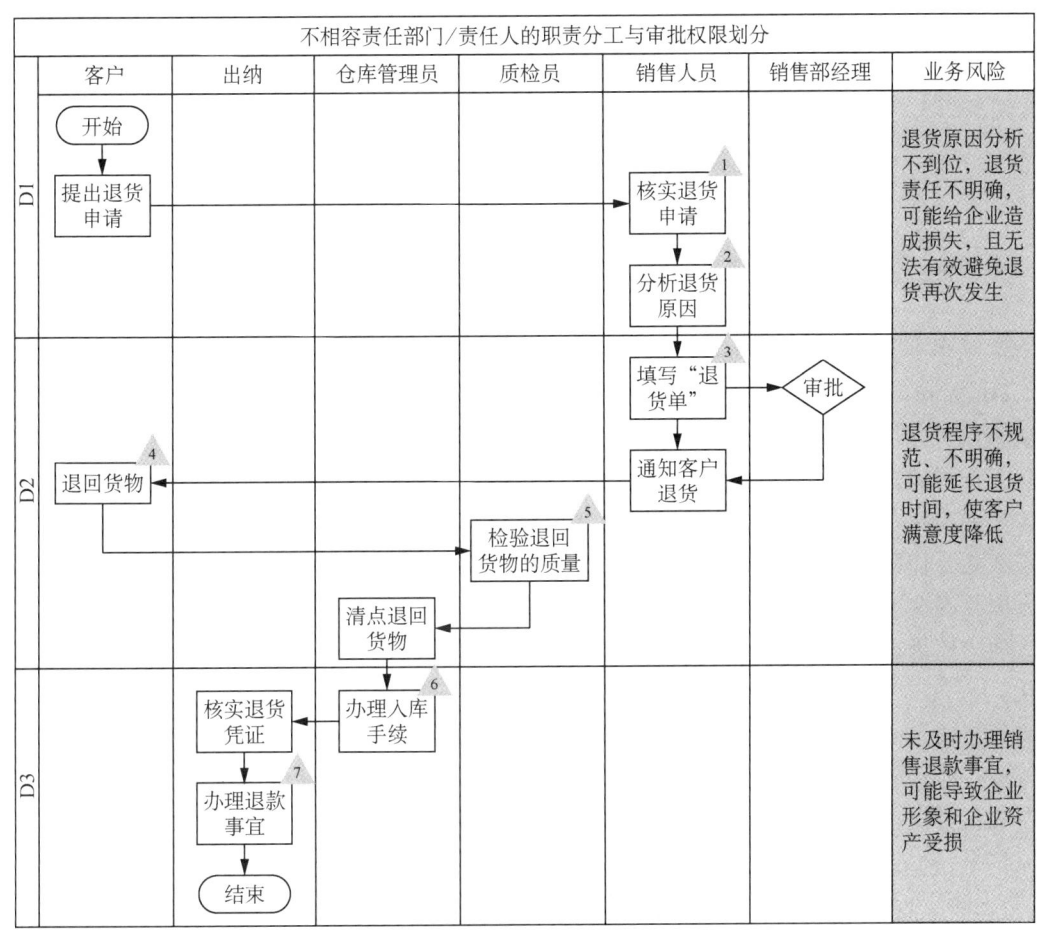

图 8-8 售后服务环节

(二) 售后服务环节的主要风险及其控制

售后服务是企业与客户之间的信息沟通机制，对于客户提出的产品维修、销售退回、维护升级等问题，企业应予以及时解答、反馈和处理，不断改进服务水平，提升客户满意度和忠诚度。该环节的主要风险包括：客户服务水平低或客户满意度不足，影响企业品牌形象，造成客户流失；退货管理不善，可能造成商品毁损或丢失。

针对售后服务环节的主要风险，企业可以相应地采取以下控制措施：

(1) 结合竞争对手客户服务水平，建立和完善客户服务制度，包括客户服务内容、标准、方式等。

(2) 设专人或部门进行客户服务和跟踪。有条件的企业可按产品线或地理区域建立客户服务中心。加强售前、售中和售后的技术服务，实行客户服务人员的薪酬与客户满意度挂钩的制度。

(3) 加强销售、生产、研发、质检等相关部门之间的沟通与协调。

(4) 做好客户回访工作,开展客户满意度调查;建立客户投诉制度,记录所有的客户投诉,分析原因并提出解决措施。

(5) 加强销售退回控制。销售退回须经具有相应权限的人员审批后方可执行;销售退回货物应参照物资采购入库管理制度,由质检部门检验和仓储部门清点后方可入库。质检部门应对客户退回的货物进行检验并出具检验证明;仓储部门应填制退货接收报告单,注明退回货物的品种、数量、金额、退货原因等;财会部门应在审核检验证明、退货接收报告单以及退货方出具的退货凭证等之后,办理相应的退款事宜。企业应对退货原因进行分析并明确有关部门和人员的责任。

第二节 销售业务案例分析[①]

一、HL 公司概况及行业前景

(一) 企业概况

HL 公司成立于 2008 年,注册资本 1 700 万元,是江苏省高新技术企业,江苏省民营科技型企业,是目前我国专业从事核级耐辐射复合功能材料研发、生产和市场推广的唯一高新技术企业。公司被评为"江苏省科技型民营企业",先后承担了江苏省科技型企业创新项目、镇江市科技攻关项目,镇江市科技成果转化项目等省市科技项目。公司与中国核动力研究设计院结成了战略合作联盟,将在产学研合作、国家级重点实验室分部共建、规模产业化及新产品开发等方面开展全方面长期深入的合作,并且将从核级防火、核级防腐以及核级防中子服屏蔽材料等方面向核级设备延伸,生产具有自主知识产权的核级装备,全面实现核级材料、设备的国产化。

公司通过了质量管理体系、环境管理体系以及职业健康安全体系的认证,具有 AAA 级资信等级。公司生产的系列产品已通过公安部国家固定灭火系统和耐火构件质量监督检验中心的型式认可发证检验,并且通过了核燃料及材料国家级重点实验室的检测,性能指标达到国际一流水平,满足国际第三代核电技术要求。公司目前的主要产品是防火硅酮泡沫、电缆防火涂料、防火涂层板、防火灰泥、膨胀型防火密封胶、弹性防火密封胶、阻火模块等。这些产品已经在国内的重点工程中得到了广泛的应用,如江苏田湾核电站、浙江秦山核电站等核电领域。

HL 公司成立以来主要是在国内市场进行产品销售,产值和利润率逐年增加,最近几年各项业绩指标在同行业中名列前茅,尤其是在 2013 年,由于公司加大对研发的投入力度,明星产品防火密封胶系列的产量及技术较之前得到进一步的提升,这也使公司 2013 年利润率实现了大幅增长,比上年增长了 6.56 个百分点,达到了 10.17%。公司其他产品系列的销售也在稳步增长。公司 2011 年至 2013 年销售收入、实现利润如表 8-1 所示。

表 8-1　　　　2011—2013 年销售收入与实现利润数据表　　　　金额单位:元

年份	年销售收入	年实现利润	利润率
2011 年	21 480 779.84	691 684.11	3.22%

[①] 本案例改编自常明珠. HL 公司销售业务内部控制研究. 江苏大学硕士学位论文,2014.

(续表)

年份	年销售收入	年实现利润	利润率
2012 年	19 183 400.64	692 520.76	3.61%
2013 年	25 961 688.51	2 639 166.01	10.17%

(二) 行业前景

防火封堵的市场需求正在迅速扩大,发展前景良好。目前我国大力发展核电、风电等新能源,加大电网辐射密度,也在大力发展海洋经济和高原经济,对于新型环保型防火封堵产品的需求将保持高速增长,促进行业快速发展;随着国内保障房建设,各城市机场新增扩容、新一轮农村电网改造等大力投入,也对该产品的长期发展带来利好局面。同时,近年来,火灾事故频发,国家对防火封堵工程加大重视力度,开始加强对工程中防火封堵子项的消防检查验收工作,对应做而未做防火的工程项目,如石油化工、钢铁冶金等,补做防火封堵工程。

随着国家发布新的防火材料国家标准,实施更加严格的防火封堵产品身份信息认证系统,将对行业进行明确的规范,帮助行业加强自律,推动行业企业进行新一轮的洗牌,部分生产经营能力差、技术研发实力弱、产品性能检测不合格的企业将遭到淘汰,同时部分企业也将在发展中得到壮大。乐观估计,中国防火封堵市场总量将在未来十年有持续稳定的增长,防火封堵市场发展空间巨大。

二、HL 公司销售业务内控现状

企业是以营利为目的的实体,销售业务是企业经营活动中非常重要的一个环节,是企业获利的基础。企业要想在激烈的市场竞争中生存、发展和壮大,就必须不断加大销售力度、拓宽销售渠道、扩大市场占有率。如若无法实现销售的稳定增长,货款的及时、足额回收有困难,势必将阻碍公司的持续经营与健康发展。因此,企业必须建立有效的销售业务内部控制体系,以尽量减少风险损失的发生,促进经营目标实现。我们从内部控制五要素即内部环境、风险评估、控制活动、信息与沟通、内部监督五个方面对 HL 公司销售业务的内部控制现状进行逐一的介绍和分析。

1. 内部环境现状

内部环境也叫"软要素",它决定着内部控制方法能否有效实施,影响、制约企业内部控制建立与执行,它是一种整体氛围,能影响到企业员工的控制意识,影响到内部各个成员实施控制的自觉性,是内部控制的基础。

1) 公司的组织架构

HL 公司组织架构具体如图 8-9 所示。

2) 公司员工结构

HL 公司现共有员工 120 多人,其中,研发人员有 16 人,销售人员和生产部门人员较多分别为 45 人和 32 人,其余各部门员工人数加总有 30 多人,属于一个集研发生产为一体的小型民营企业。HL 公司管理层非常重视产品的研发,旨在提高自身产品的核心竞争力,主要由研发中心主导产品的研发工作。公司大力培养中青年技术人才,努力做好新老员工的衔接。其研发中心团队现有 16 人,其中,本科及以上学历的有 14 人,大专及中专学历的

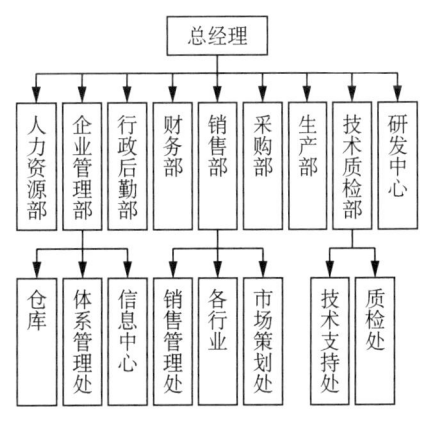

图 8-9 HL 公司组织架构

有 2 人。HL 公司的技术人才主要以自主培养为主,外部引入为辅。HL 公司员工的学历情况如图 8-10 所示。

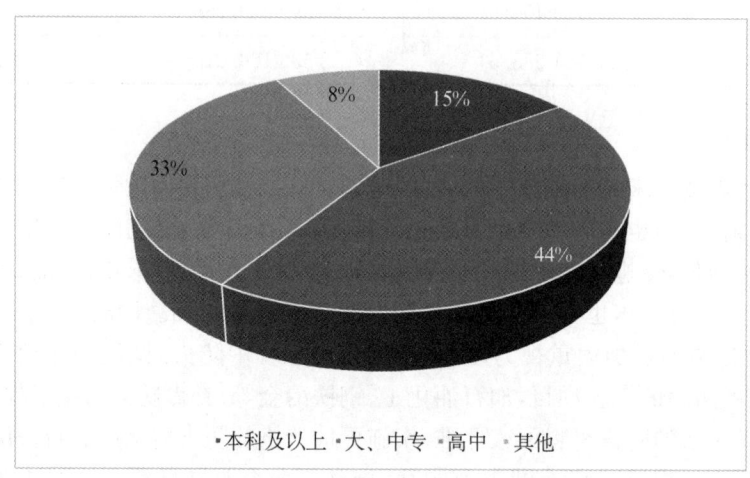

图 8-10　HL 员工学历构成图

3) 管理理念和企业文化

公司管理层非常重视创新,包括技术创新、制度创新、管理创新等,倡导将创新渗透到 HL 每一个组成部分。HL 公司一贯秉承"创造价值、团队共赢"的企业精神,这一精神所体现出来的核心价值就是:通过自身的努力和团队的合作,为公司创造价值,而后与公司成员一起分享价值。公司管理层的这些理念在一定程度上促使公司员工不断学习和自我完善,创造了一个积极良好的工作氛围。

公司的董事长和总经理都有在国企工作的经历,在管理上受国企管理方式的影响较深,在制度建设和业务流程规范化方面具有较丰富的经验,但由于公司成立初期忙于拓展业务,家族式的管理方式制约了公司规范化的管理,公司的一些制度和流程在实际工作中不能被重视和遵守,很多时候,公司的一些事务全凭董事长的一句话和销售人员的个人意愿与经验灵活把握。

4) 销售部机构设置及其职责介绍

销售部是 HL 公司市场营销系统的综合管理部门,在公司销售总监的直接领导下,全面负责从产品接收订单到产品交付使用,以及产品市场营销全过程中的营销管理工作。具体分为销售管理处、各大行业、市场策划部,各部门的主要职责如表 8-2 所示。

表 8-2　　　　　　　　　　　销售部各机构职责

部门	职责
销售管理处	1. 给公司销售人员以及需要了解销售部门相关知识信息的人提供销售管理处所知的信息 2. 负责协调销售过程中各部门间的工作 3. 制作销售合同评审表以及销售合同台账,对销售额、合同回款额和应收账款进行统计
各大行业	1. 主要负责完成公司订立的营销指标,对市场进行调研分析以便于制定业务推进计划,为公司研发项目决策提供市场动态的信息 2. 了解客户的基本信息及相关的数据资料,创建和运用客户资料库

(续表)

部门	职责
市场策划部	1. 主要寻找与分析市场机会,制定市场营销活动方案,并组织实施,实现产品推广和市场宣传 2. 了解市场需求及其发展趋势,为产品研发和市场营销提供支持,以及开展与合作伙伴的联合市场活动,策划组合营销
市场策划部	3. 实施有效的公关传播手段对产品进行宣传,协助上级领导和有关部门制定品牌战略,与营销系统其他部门共同建设、完善公司品牌推广体系 4. 策划与组织实施各种市场调研活动,对行业发展趋势与相关产业进行分析,发掘市场需求和变化

5）销售部的授权批准

HL公司目前的销售模式主要是面对面销售的大客户营销模式,同时兼有批发零售的销售模式,这种销售模式虽有一定的合理性,但销售成本过高,在一定程度上会限制客户群的成长,而且各区销售部的负责人要同时面对不同的大客户、经销商和零售商。为了避免漏掉生意的机会、精耕市场,同时又提高工作效率,如果不是超过标准数额的赊销,一般都由销售总监在限额内有弹性地进行操作和授权。

2. 风险评估现状

HL公司现行的内部控制制度都是公司在初创期制定的,虽然在当时能够对公司的资产安全起到一定的保护作用,对人员的行为起到一定的把控和监督作用。但是随着公司规模的日益壮大,销售业务量的逐渐增多,相关部门的权力与职责也发生了一定程度的改变。但是,HL公司的制度流程却没有做出相应的调整,公司的赊销业务逐渐增多,伴随而来的风险也日益增大,而HL公司还没有成立专门的风险管理部门,未建立完整的风险评估体系,也没有对公司现有销售业务潜在的风险进行识别与分析,大都是问题出现之后才寻找应对策略,这样容易使公司陷入被动的境地。

3. 控制活动现状

1）不相容职务分离控制

HL公司建立了不相容职务分离制度,将一些基本的不相容职务进行了分离,如填写销售发票的人员不能兼任审核人员,销售人员不能兼任会计记账工作,财务部门的出纳员要与会计分离,仓库保管员不能同时负责库存盘点的工作等。这些规定在一定程度上能帮助相关人员及时和有效地发现问题,有助于相关岗位员工之间相互进行监督和制约。调查发现,HL的不相容职务的分离仅限于一些基本的明显的不相容职务,而对另一些职位,重视销售的管理层则认为会降低工作效率、不利于扩大公司销售额、增加不必要的成本,针对管理层眼中"可有可无"的这些职位,HL的做法是完全依靠对公司老员工的信任和员工自身的自觉性。公司管理层的这种侥幸心理一旦落空,将可能会给公司带来巨大的风险和无法弥补的损失。

2）授权审批

公司销售业务的授权审批不是十分明确,尤其是在赊销业务这一部分。HL公司的销售主要是根据销售区域进行划分,实行销售区域负责制,各区域设置销售主管,出于提高效率、灵活掌握客户、把握市场形势的角度考虑,各个销售区域的销售均交由销售主管负责审批,由其在一定的额度内弹性把握,然后再汇总由销售总监最终把控。但由于销售总监不可能对每个销售区域的情况都完全了解,所以其所进行的最终审批也只是象征性的,没有太大的实质意义。对于超信用的赊销或额度较大的赊销,还需要由总经理和董事长进行审批。

3) 销售业务流程

销售业务流程具体如图 8-11 所示。

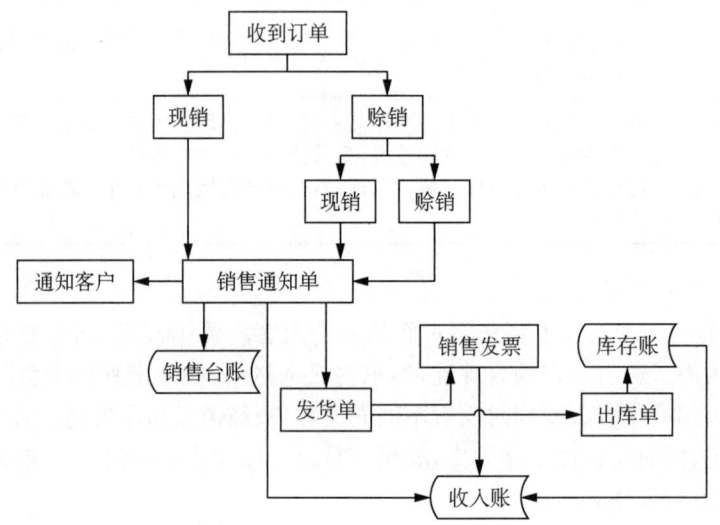

图 8-11 销售业务流程图

审核 1:销售人员对订单的真实性进行审核。

审核 2:销售部门相关人员对客户企业的赊销额度进行审核。

审批 1:销售总监对正常的赊销业务进行审批。

审批 2:销售总监、总经理、董事长对超信用的业务进行审批。

审核 3:财务部门、仓储部门相关人员审核发货单是否经过审批。

检查 1:财务人员对销售通知单上的签批流程进行检查,保证流程的完整。

检查 2:财务人员检查发票信息与销售通知单是否一致,并根据发票和销售通知单编制记账凭证。

核对 1:财务人员要将根据出库单登记的库存账和根据销售通知单登记的收入账进行核对,保证信息的准确和一致。

下面我们对 HL 公司销售业务流程中所涉及的主要业务活动作简要的介绍。

(1) 接受客户订单。销售人员在接到客户的订单后,对其条款进行初步审核来判断是否符合公司规定,对符合规定的订单,若为现销的,则直接开出销售通知单;若为赊销的,则由销售部门的相关人员对其信用状况如信用期限、累计欠款余额(包括本次拟销售金额在内)等方面进行审查。如若未超过公司规定,可以由销售部门自行确定是否接受订单;对于超过信用期限、信用额度的订单,则需要由公司销售总监、总经理、董事长进行审批。通过审批的,则开出销售通知单,并通知客户告知该笔订单已经被公司正式接收。

(2) 按销售发货单发货。销售部门开出一式两联的销售通知单,黄联递交给财务部门作为原始凭证,会计根据该联进行记账,红联则留存销售部门用于填制销售台账,同时根据销售通知单填开发货单。经过审核的赊销或预收账款的业务,由财务部门在发货单上加盖转讫章,仓库根据加盖财务转讫章的发货单编制出库单,而后组织发货。

(3) 向客户开具发票。财务部门的销售会计再对销售发货单进行审核,确认无误之后开具销售发票。会计主管在对发票审核无误后,加盖发票专用章,将发票交予销售部门。

（4）记录销售。销售部门根据其留存的销售通知单红联填制销售台账,根据发货单逐笔登记存货明细分类账,按月编制存货收发存汇总表。财务部会计人员根据发票记账联和销售通知单黄联编制记账凭证。对于赊销顾客偿付货款的支票,由财务部门审核无误后送存开户银行,并根据银行进账单填制记账凭证,会计据此登记应收账款明细分类账,出纳登记银行存款日记账。

4）应收账款的控制

HL公司对应收账款的管理方法是由销售部门设置台账,定期与财务部门的销售明细账进行核对。销售部综合管理处每月组织召开一次应收款会议,由总经理主持,财务部协同参加,对各应收账款责任人提出收款要求。财务部负责整理、更新应收账款金额,按责任人出具应收账单。应收账款责任人根据财务出具的应收账单自述下月收款计划,对有收款难度的项目提出建议,由总经理决定催款方案。

HL公司销售半径较大,销售网点分散,但由于公司人员有限,应收账款的回款工作一般交由各网点的销售人员负责,为了加快应收账款的回收速度,尽可能地缩短资金的回笼时间,HL公司实行了提成与回收货款挂钩的奖惩制度,该制度的主要内容如下：

普通销售人员:

按照公司牌价6.5折以上销售的,销售提成=实际销售额×2%。

高级销售经理:

按公司牌价7折销售的,销售提成=实际销售额×8%;

按公司牌价7.1~8折销售的,销售提成=实际销售额×12%;

按公司牌价>8折销售的,销售提成=实际销售额×15%。

虽然从提成计算公式上看销售人员的销售提成金额只是与实际销售额有关,与回款金额无关,但是HL公司另外规定了"提成按照回款的进度来发放。拖延回款1个月以上,按照提成数额5%,每月扣减提成。如果需要诉诸法律来追讨货款,则无提成"。这也就是说,销售人员既要促成合同的签订,同时对货款回收情况也要予以高度关注。公司管理者做出此项规定的目的显然是想要通过施压给销售人员的方式提高应收账款的质量,改善应收账款的管理,减少呆坏账的概率。但实际操作中,由于提成的比率和销售的折扣率有关,而且提成的比率不高,此规定无法起到督促回款的作用。HL公司近2年销售收入的增长与期末应收余额的增长情况见表8-3。

表8-3　　　　　　　　主营业务收入、应收账款对比分析表　　　　　　　　金额单位:元

主营业务收入			应收账款		
2012年	2013年	增幅	2012年	2013年	增幅
19 119 950.64	25 910 058.51	35.51%	11 826 796.48	19 301 331.86	63.20%

从上表的数据中我们可以看出HL公司销售收入增幅为35.51%,应收账款增幅为63.20%,应收账款增幅比销售收入增幅高出27.69个百分点。应收账款余额增长高于销售收入增长幅度,公司应收账款居高不下并有逐年上升之势,将降低公司资金的使用效率影响到正常的资金周转,给公司带来一定的经营风险,对企业经营管理活动产生不利的影响。HL公司的信用管理情况亟须加强。

4. 信息与沟通现状

信息传递与沟通是企业及时、准确、完整地收集、传递与内部控制相关的信息,保证信息以

适当的方式在企业内部有关层级之间、企业外部各相关主体之间进行及时传递、有效沟通并能正确应用。通过建立和完善信息系统，实现信息传递与有效沟通。信息系统是指企业对信息进行加工、集成、传递、运用的系统，包括利用计算机、通信技术建立的信息系统和该系统以外的其他信息传递系统。

HL公司销售业务方面的信息：一方面，通过公司定期召开的例会进行，在会议上各销售区域的销售人员向管理层进行工作汇报。对于在日常工作中有需要请示的事项，均通过打申请的方式由各级领导层层审批。另一方面，HL公司于2013年运行了ERP系统，但是由于系统功能不完善（没有统一规划）和业务人员素质不高，仍然没有脱离原来的运作模式，以手工操作代替ERP系统部分功能，导致工作效率低下，信息系统控制失效。

5. 内部监督现状

随着企业不断地发展壮大，公司规模、战略目标、职工人数及素质、生产技术水平或工艺流程等方面会相应地发生改变。这也对企业风险管理的效果产生一定的影响，曾经有效的风险应对策略可能会与公司现在的状况不相关，控制活动也可能因此变得不再有效。针对企业这些变化，管理层需要实施必要的监督检查和评估来做出动态的反应，以此来确保内部控制体系的有效运行。

HL公司规定了部门负责人要针对交易的正确性与规范性实施日常的监管；管理层要对员工的职责分配情况定期进行审核，检查各员工的职责分配是否合理，是否能达到相互制衡、防止舞弊的目的，同时审核现行的岗位分配能否起到限制个人掩盖其可疑行为的作用；生产部门的库存管理员应每月对产成品存货进行盘点，并和财务部会计人员进行沟通，将盘点的数据和财务部的会计数据比对以检查是否存在差异。这些规定能实现对公司内部控制运行情况的后续跟踪、持续监测和适时调整，一定程度上确保了内部控制的有效性。但我们发现，虽然这些规定对实现公司的控制目标有效，但是在实际操作中相关人员没有严格按照规定执行。另外，在发货活动的控制中，当面对电力建设公司这种大客户时，虽然公司规定必须要在收到货款后才能开具发票，但有时候大客户催促开票，在未收到货款的情况下也会答应开票请求。以上这些体现了HL公司内部控制方面的一个缺陷，就是缺乏强有力的监督。无论是多么完善的内部控制，如果缺乏持续有效的内部监督作为支撑，也只能沦为虚有其表的摆设而已。

三、思考题

(1) HL公司销售前景如何？

(2) 基于内部控制要素视角，分析HL公司销售业务存在的问题及原因。

(3) HL公司销售业务可以采取哪些优化措施？

第九章 资金管理

【教学目标】

知识目标:

1. 理解资金管理内部控制的定义、目标和总体风险。
2. 了解筹资业务内部控制的基本框架,包括筹资决策、筹资执行和筹资评价等关键环节,以及每个环节中的关键控制点和控制措施。
3. 了解投资业务内部控制的基本框架,包括投资可行性研究、投资执行和投资处置等关键环节,以及每个环节中的关键控制点和控制措施。
4. 了解库存现金、银行存款、其他货币资金、票据及印章管理等货币资金业务的主要风险及控制措施。

能力目标:

1. 掌握筹资业务流程设计思路及要点。
2. 能够编制筹资业务风险控制矩阵。
3. 掌握投资业务流程设计思路及要点。
4. 能够编制投资业务风险控制矩阵。

素养目标:

1. 培养学生对国家金融法规和政策的尊重,增强其遵守法律法规的意识。
2. 强调审慎和稳健的财务管理观念,培养学生的职业操守和诚信精神。

【导入案例】

二维码9-1 近6 000万元存款凭空"消失"

第一节 资金管理业务内部控制

企业应当根据自身发展战略,科学确定投融资目标和规划,完善严格的资金授权、批准、审验等相关管理制度,加强资金活动的集中归口管理,明确筹资、投资、营运等各环节的职责权限和岗位分离要求,定期或不定期检查和评价资金活动情况,落实责任追究制度,确保资金安全和有效运行。

企业财会部门负责资金活动的日常管理,参与投融资方案等可行性研究。总会计师或分管会计工作的负责人应当参与投融资决策过程。

企业有子公司的,应当采取合法有效措施,强化对子公司资金业务的统一监控。有条件的企业集团,应当探索财务公司、资金结算中心等资金集中管控模式。

一、资金管理业务内部控制目标

资金管理内部控制体系的控制目标除了有效地遏制企业内部财务侵占、舞弊、贪污等高危事件的发生,还肩负着企业持续发展的风险管控责任。资金管理内部控制的目标有以下五个方面。

1. 保证经营活动的合法性

企业应当保证所有经营活动均是在国家的法律法规允许之下进行的,不论是站在国家的角度还是企业的角度,维持好企业的合法经营是内部控制制度最基本的目标。

2. 保障资金安全,为管理者提供反馈和监督

企业的正常运转需要大量的资金支持,对于企业来说,资金的安全至关重要。一个良好运行的资金管理内部控制体系的目标不仅仅是确保资金安全,保障企业的运转,还致力于从资金层面的数据上为企业的管理者提供反馈和监督。

3. 提高财务报告及相关信息报告的可靠性

企业的投资者、管理者都十分依赖企业发布的有关报告信息,如若在这一环节把控不到位,那么投资者、管理者都会面临决策失误的风险。内部控制制度的目标就是要保证相关信息报告准时、准确地发布,保证企业数据的真实完整,这样不仅会给企业投资者带来信心,还可以帮助维护好企业的形象。

4. 提升企业效率,扩大经营成果

企业效率提升在很大程度上能帮助企业盈利,资金管理内部控制制度在设计时也应以提升企业效率、扩大经营成果为目标,将更为先进的企业管理制度应用在企业的发展中。

5. 实现可持续发展战略

企业所追求的长远发展和资金管理内部控制制度所追求的宗旨是一致的,即帮助企业稳定持续地发展。因此在设计资金管理内部控制制度时,企业应当更加关注自身的长期发展目标,在充分考虑企业长期规划的前提下制定内控政策,把握当下,放眼未来,大力保障企业的长期可持续发展。

二、资金管理业务总体风险

企业资金管理至少应当关注下列风险:

(1) 筹资决策不当,引发资本结构不合理或无效融资,可能导致企业筹资成本过高或债务危机。

(2) 投资决策失误,引发盲目扩张或丧失发展机遇,可能导致资金链断裂或资金使用效益低下。

(3) 资金调度不合理、营运不畅,可能导致企业陷入财务困境或资金冗余。

(4) 资金活动管控不严,可能导致资金被挪用、侵占、抽逃或遭受欺诈。

第二节　筹资业务内部控制

筹资是企业为满足对外投资和生产经营活动的需要,通过发行股票、债券或向银行借款等形式筹集资金的活动。筹资是企业整个生产经营活动的基础,为企业筹措投资和生产经营活动所需的资金,从而使投资和生产经营活动能够顺利进行。

一、筹资业务内部控制目标

（1）保证筹资业务合法合规。
（2）有效预防差错和舞弊行为的发生,保护筹资相关资产的安全完整。
（3）筹资业务的会计处理符合会计准则的要求,能为信息使用者提供真实、准确和完整的高质量信息。
（4）在保证资金需求的前提下,努力降低筹资成本,保持合理的资本结构。
（5）筹资业务能有效地支持企业战略和经营计划。

二、筹资业务总体风险

（1）筹资活动违反国家法律、法规,可能遭受外部处罚、经济损失和信誉损失。
（2）筹资活动未经适当审批或超越授权审批,可能因重大差错、舞弊、欺诈而导致损失。
（3）筹资决策失误,可能造成企业资金不足、冗余或债务结构不合理。
（4）债务过高和资金调度不当,可能导致企业不能按期偿还债务。
（5）筹资记录错误或会计处理不正确,可能造成债务和筹资成本信息不真实。

三、筹资业务流程

（一）业务流程

企业筹资的流程一般包括筹资决策、筹资执行和筹资评价等环节,涵盖确定融资需求、选择筹资方式、准备融资材料、寻找投资方、洽谈与签约、获得资金等步骤,具体流程如图 9-1 所示。

（二）职责分工与授权批准

企业应当建立筹资业务的岗位责任制,明确有关部门和岗位的职责权限,确保办理筹资业务的不相容岗位相互分离、制约和监督,同一部门或个人不得办理筹资业务的全过程。筹资业务的不相容岗位至少包括：
（1）筹资方案的拟定与决策。
（2）筹资合同或协议的审批与订立。
（3）与筹资有关的各种款项偿付的审批与执行。
（4）筹资业务的执行与相关会计记录。

企业应当配备合格的人员办理筹资业务。办理筹资业务的人员应具备必要的筹资业务专业知识和良好的职业道德,熟悉国家有关法律、法规、相关国际惯例及金融业务。

企业应当对筹资业务建立严格的授权审批制度,明确授权批准方式、程序和相关控制措施,规定审批人的权限、责任以及经办人的职责范围和工作要求。

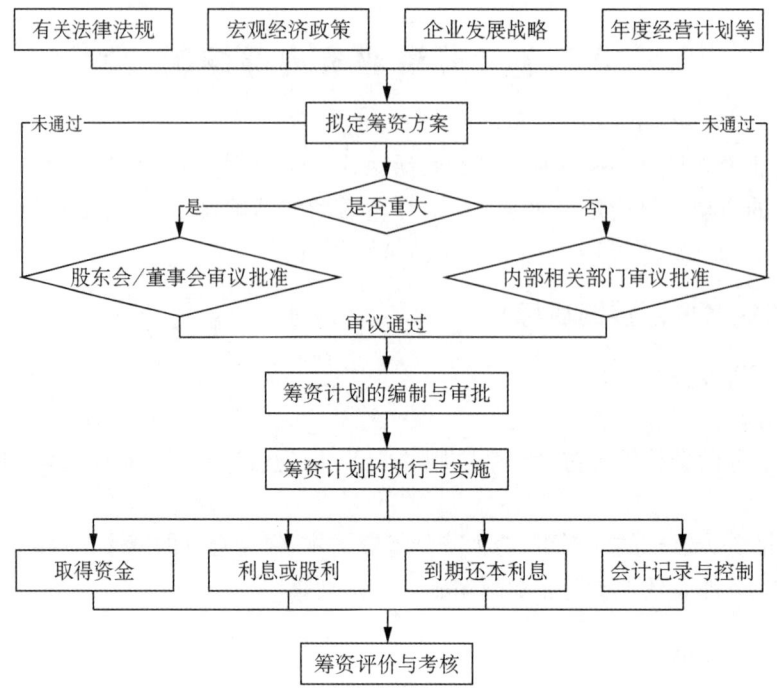

图 9-1 筹资业务流程

企业应当制定筹资业务流程，明确筹资决策、执行、偿付等环节的内部控制要求，并设置相应的记录或凭证，如实记载各环节业务的开展情况，确保筹资全过程得到有效控制。

企业应当建立筹资决策、审批过程的书面记录制度以及有关合同或协议、收款凭证、支付凭证等资料的存档、保管和调用制度，加强对与筹资业务有关的各种文件和凭据的管理，明确相关人员的职责权限。

四、筹资决策环节

（一）筹资决策环节的流程设计

筹资决策环节是企业财务管理中非常重要的一部分，它涉及对筹资途径、筹资数量、筹资时间、筹资成本、筹资风险和筹资方案的评价和选择，以确定最优的资金结构，具体流程如图 9-2 所示。

（二）筹资决策环节的主要风险及控制

筹资决策环节的主要风险包括：缺乏完整的筹资规划；盲目筹资，使企业资本结构、资金来源结构、利率结构、资本成本等频繁变动，给企业带来财务风险；缺乏与生产经营等部门的沟通协调，使筹资缺乏针对性；缺乏对企业资金现状的全面认识，容易导致筹资过度或筹资不足；筹资授权审批制度缺失或流于形式，缺乏集体审批或联签制度，使重大筹资决策不科学等。

针对筹资决策环节的主要风险，企业应当建立筹资业务决策环节的控制制度，对筹资方案的拟定设计、筹资决策程序等做出明确规定，确保筹资方式符合成本效益原则，筹资决策科学、合理。

拟定的筹资方案应符合有关法律法规、政策和企业筹资预算要求，明确筹资规模、筹资用途、筹资结构、筹资方式和筹资对象，并对筹资时机选择、预计筹资成本、潜在筹资风险与具体应对措施以及偿债计划等做出安排和说明。筹资方案应考虑企业经营范围、投资项目的未来

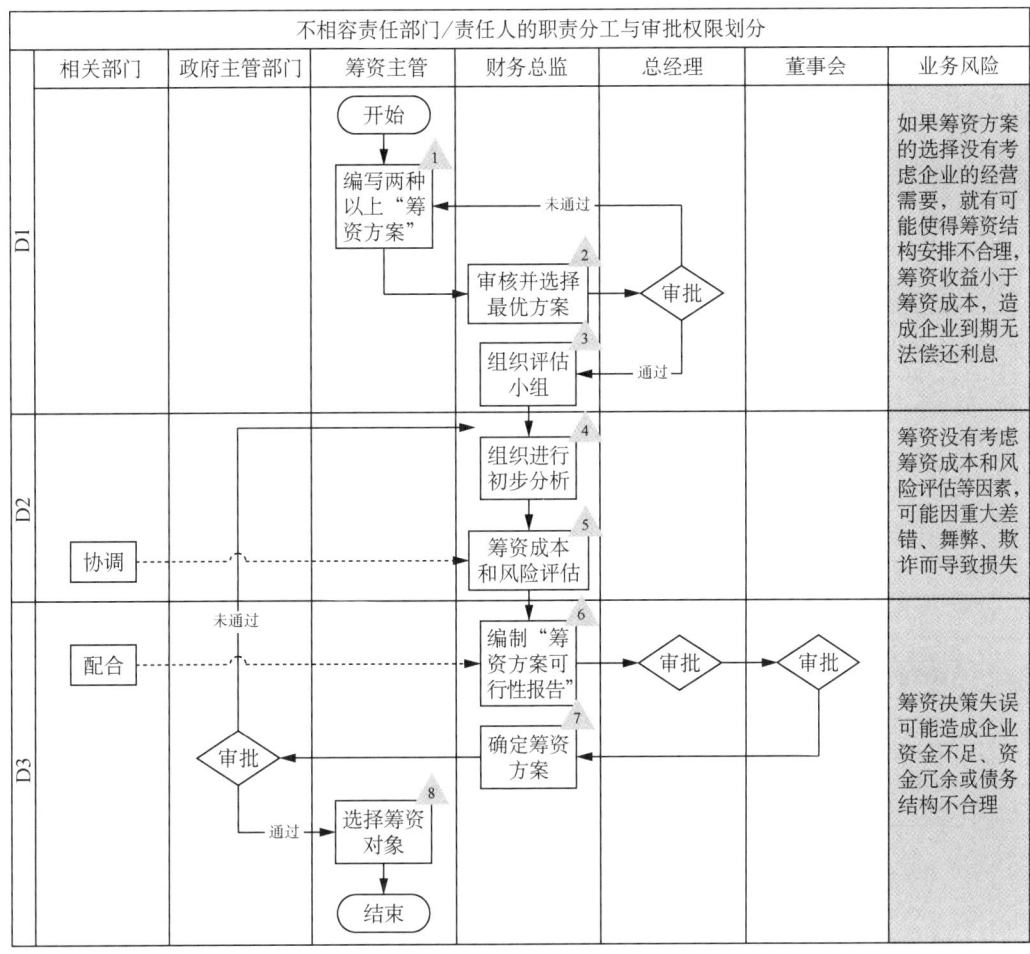

图 9-2 筹资决策环节流程

效益、目标资本结构、可接受资金成本水平和偿付能力等。在境外筹集资金的,还应考虑筹资所在地的政治、法律、汇率、利率、环保、信息安全等风险以及财务风险等因素。

企业对重大筹资方案应当进行风险评估,形成评估报告,报董事会或股东大会审批。评估报告应当全面反映评估人员的意见,并由所有评估人员签章。未经风险评估的方案不能进行筹资。

企业应当拟定两个或两个以上的筹资方案,综合考虑筹资成本和风险评估等因素,对方案进行比较分析后,履行相应的审批程序后,确定最终的筹资方案。

企业对于重大筹资方案,应当实行集体决策审批或者联签制度。决策过程应有完整的书面记录。企业筹资方案需经国家有关管理部门或上级主管单位批准的,应及时报请批准。

五、筹资执行环节

(一)筹资执行环节的流程设计

筹资执行环节是筹资决策环节之后的具体实施阶段,这一阶段涉及实际的筹资操作和资金的获取,具体流程如图 9-3 所示。

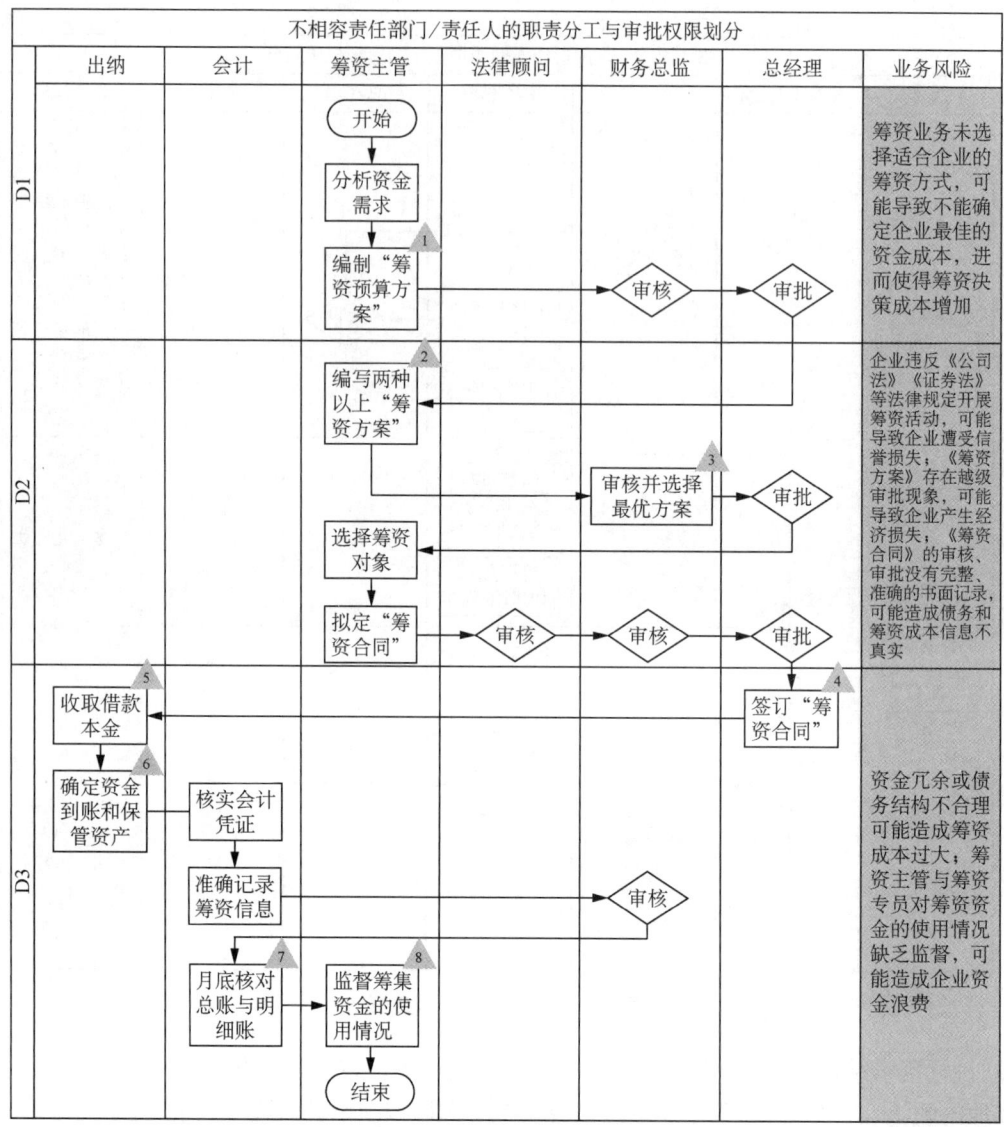

图 9-3 筹资执行环节流程

（二）筹资执行环节的主要风险及控制

筹资执行环节的主要风险包括：筹资计划编制不当或未经恰当审批；不按计划实施筹资活动；缺乏筹资合同或未对合同条款进行认真审核，合同条款存在重大缺失或错误；因无法保证支付利息、股利股息等筹资成本而导致的风险。

针对筹资执行环节的主要风险，企业应当建立筹资决策执行环节的控制制度，对筹资合同的订立与审核、资产的收取等做出明确规定。企业应根据经批准的筹资方案和筹资计划，按规定程序与有关方面订立筹资合同。相关部门或人员应对筹资合同的合法性、合理性、完整性进行审核，审核情况和意见应有完整的书面记录。筹资合同应经授权人员审批，重大筹资合同应征询法律顾问或专家的意见。通过证券经营机构承销或包销企业债券或股票来筹资的，应选择具备规定资质和资信状况良好的证券经营机构，并签订承销或包销合同。变更筹资合同，应按原审批程序进行。

企业应按照筹资合同的约定及时、足额取得相关资产。筹资取得货币性资产，企业应按实有数额及时入账;取得的非货币性资产,企业应根据合理确定的价值及时进行会计记录,并办理有关财产转移手续。对需要进行评估的资产,企业应聘请有资质的中介机构及时进行评估。企业应加强对筹资费用的计算、核对工作,确保筹资费用符合筹资合同的规定。企业应当按照筹资方案所规定的用途使用对外筹集的资金。市场环境变化等特殊情况导致确需改变资金用途的,企业应当履行审批手续,并对审批过程进行完整的书面记录,严禁擅自改变资金用途。

针对偿付过程中存在的风险,企业应建立筹资业务偿付环节的控制制度,对支付偿还本金、利息、租金、股利(利润)等步骤、偿付形式等做出计划和预算安排,并正确计算、核对,确保各款项偿付符合筹资合同或协议的规定。企业应指定财会部门严格按照筹资合同规定的本金、利率、期限及币种计算利息和租金,经有关人员审核确认后,与债权人进行核对。本金与应付利息必须和债权人定期对账。如有不符,应查明原因,按规定及时处理。

六、筹资评价环节

(一)筹资评价环节的流程设计

筹资评价环节是企业在筹资过程中对筹资效果和影响进行评估的重要阶段,具体流程如图9-4所示。

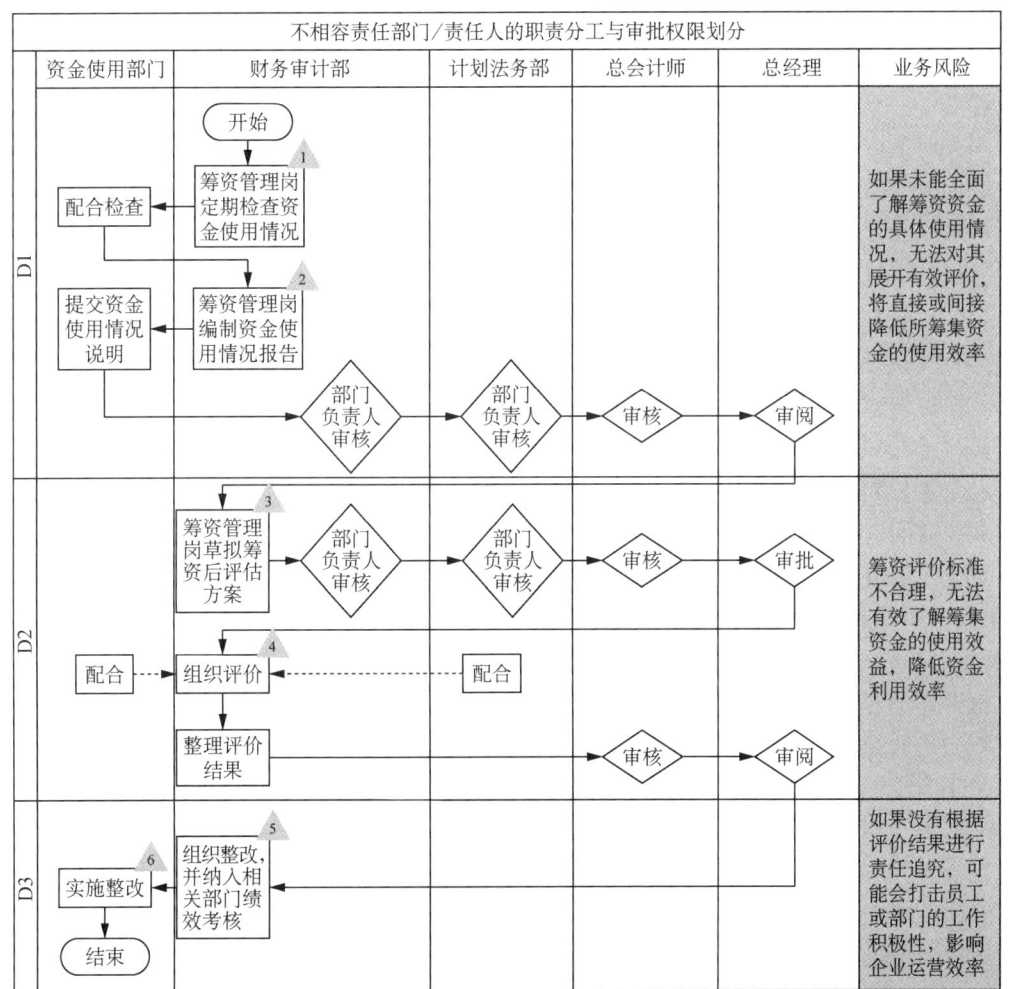

图9-4 筹资评价环节流程

(二) 筹资评价环节的主要风险及控制

筹资评价环节的主要风险包括：筹集资金使用混乱；未对重大筹资活动进行绩效评价；因缺乏严密的跟踪管理制度而导致的风险等。

针对筹资评价环节的主要风险，企业应按筹资方案规定的用途使用所筹资金，严禁擅自改变资金用途。因环境变化等确需改变资金用途的，应履行相应的审批手续。企业应建立筹资决策责任追究制度；对重大筹资项目应进行后期评估，明确相关部门及人员的责任。

七、案例分析①

(一) A 集团简介

二维码 9-2 筹资业务案例分析

A 集团成立于 20 世纪 90 年代末，是国家大型二档企业，经过 20 多年的发展，旗下拥有多家上市公司，业务横跨纺织产业和农业机械制造行业、民用制造品产业。集团按照国家《内部控制基本规范》和相应的配套指引，对集团的内部控制进行了建设，拥有一套自己的内部控制制度。集团不断地通过"并购-重组-上市-整合"的方式拓展产业结构，而整个过程中集团的主要资金来源是银行贷款。2007 年，A 集团要新增一条生产线，需要资金 30 亿元人民币，集团将 10 亿元融资下分到下属公司，剩余 20 亿元自行解决。A 集团此时的负债率已经到了 40%，A 集团财务部给出的筹资方案是以发行债券筹资为主进行筹资。在筹资计划提出后，财务部对筹资方案进行了简单论证，出具了可行性分析报告，财务部总经理、副总经理进行了签字审批，后逐级上报给了分管业务的总经理、副总经理。总经理认为该方案导致集团负债率达到 60%，负债率太高、风险太大，要求重新进行可行性分析并重新编制筹资方案。但是由于项目紧急，董事长批示总经理立即按照原定筹资方案执行，他认为市场前景是可观的，负债率高不是问题。于是 A 集团就着手进行了发行债券的筹资。下属公司为了完成融资要求，获得银行贷款，还对财务数据进行造假。2009 年金融危机加剧，银行信贷整体收紧，出口贸易订单锐减，钢铁等原创材料价格下降，导致集团和其内部多家公司出现了现金流短缺，多家银行担心企业无力偿还贷款，于是加紧催收账款，并且 A 集团发行的债券也即将到期，还款压力巨大，进而引发了集团的信用危机。

(二) A 集团筹资内部控制现状

A 集团长期以来总是以中短期银行贷款支撑其快速扩张，而短贷长投是企业的大忌，很容易导致企业的资金链断裂。A 集团出现信用危机的核心原因便是其筹资内部控制失效。

企业的筹资金额是根据企业的投资等预算得出的，然而筹资计划的提出是需要经过审批的，集团的高层在明知道集团的过度投资已经引发了过度负债的情况下，仍然提出筹资的要求，并且审核通过了筹资计划，这说明 A 集团的战略决策是失误的。

董事长一人决定后，筹资方案就必须执行，其他董事会成员不做出任何反对。这"一言堂"造成的后果就是 A 集团没有能够很好地对相应的风险进行评估，没有及时识别和分析高负债率会给集团带来什么样的风险，因此对风险应对措施的制定就更无从谈起了。这种疏忽和无视风险的观念和行为直接导致了集团巨额负债的发生，进而引发了集团的信用危机。并且集团对于重大的筹资决策，缺少必要的控制措施，如果不是董事长批示总经理按原计划办理，A 集团可能不会出现信用危机。由此我们应该认识到实行集体决策或者联签制度对于企业重大筹资来说是多么重要。

---

① 本案例改编自王浩. 装备制造企业筹资活动内部控制研究. 沈阳理工大学管理硕士学位论文, 2015.

集团下属公司为了完成融资要求,获得银行贷款,对财务数据进行造假。这是典型的内部控制失效,不但控制环境是无效的,内部控制的监督等也是无效的,一个健全有效的内部控制不会出现财务造假的现象。

(三) 思考题

1. 分析 A 集团筹资业务内部控制的改进措施。
2. 分析 A 集团筹资业务内部控制运行应该注意的问题。

第三节　投资业务内部控制

投资作为一种营利性活动,对企业筹资的成本补偿和利润创造具有重要意义。投资属于高风险的经济活动,很多企业因对外投资而导致重大经济损失;特别是全球性金融危机爆发以来,因对外投资而引发的风险急剧扩大,严重影响了企业的生存和可持续发展能力。企业应慎重选择投资项目,突出主业,谨慎从事股票或衍生金融工具等高风险投资。

一、投资业务内部控制目标

(1) 保证投资业务合法合规。投资活动要遵循国家的法律法规,符合国家的产业政策和宏观调控趋势。

(2) 有效预防差错和舞弊行为的发生,保护投资相关资产的安全完整,合理安排与投资活动有关的资产结构,控制流动性风险。

(3) 保持完整的投资及投资收益记录,会计确认、计量、记录和报告要符合会计准则要求,能为信息使用者提供真实、准确和完整的高质量信息。

(4) 提高投资效益。无论是对内投资还是对外投资都要强调效益目标,包括经济效益和社会效益。

(5) 投资决策要与企业战略和经营计划紧密联系,使投资业务能有效地支持企业战略和经营计划。

二、投资业务总体风险

(1) 投资行为违反国家法律法规,可能遭受外部处罚、经济损失和信誉损失。
(2) 投资业务未经适当审批或超越授权审批,可能因重大差错、舞弊、欺诈而导致损失。
(3) 投资项目未经科学、严密的评估和论证,可能因决策失误导致重大损失。
(4) 投资项目执行缺乏有效的管理,可能因不能保障投资安全和投资收益而导致损失。
(5) 投资项目处置的决策与执行不当,可能导致权益受损。

三、投资业务流程

(一) 业务流程

投资业务工作流程包括可行性研究、评估与决策、决策执行和投资处置三大环节,涵盖投资决策、项目选择、尽职调查、投资合同签订、资金支付、项目监管、退出、资金回收等步骤,具体流程如图 9-5 所示。

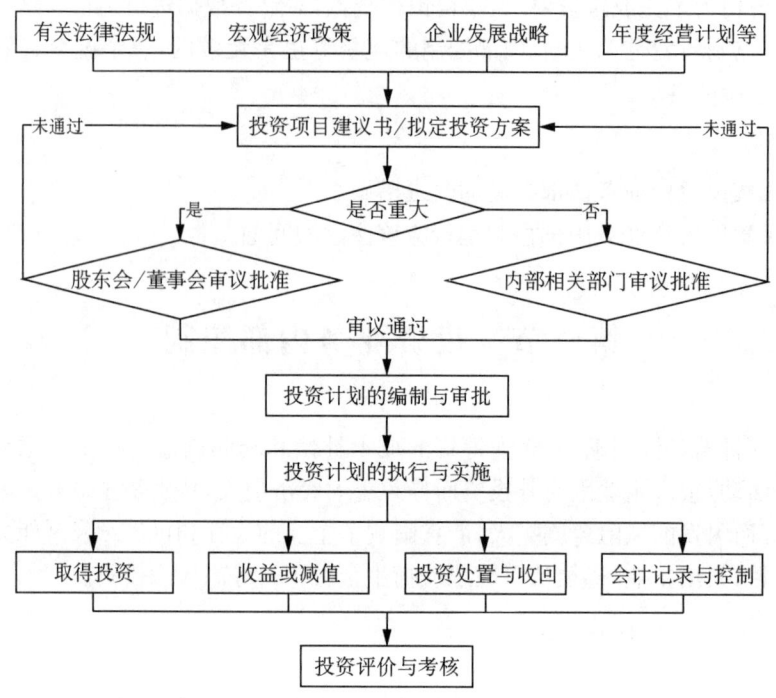

图 9-5 投资业务流程

(二) 职责分工与授权批准

企业应当建立投资业务的岗位责任制,明确相关部门和岗位的职责权限,确保办理投资业务的不相容岗位相互分离、制约和监督。投资业务不相容岗位至少应当包括:

(1) 投资项目的可行性研究与评估。
(2) 投资的决策与执行。
(3) 投资处置的审批与执行。
(4) 投资绩效评估与执行。

企业应当配备合格的人员办理对外投资业务。办理对外投资业务的人员应当具备良好的职业道德,掌握金融、投资、财会、法律等方面的专业知识。

企业应建立投资授权制度和审核批准制度,并按照规定的权限和程序办理投资业务。

企业应当设置相应的记录或凭证,如实记载投资业务各环节的开展情况。

企业应当明确各种与投资业务相关文件资料的取得、归档、保管、调阅等各个环节的管理规定及相关人员的职责权限。

四、投资可行性研究、评估与决策环节

(一) 投资可行性研究、评估与决策环节的流程设计

投资可行性研究、评估与决策环节需要在项目投资前,对项目进行全面的调查研究,以判定其是否值得投资,具体流程如图 9-6 所示。

(二) 投资可行性研究、评估与决策环节的主要风险及控制

投资可行性研究、评估与决策环节的主要风险有:投资市场调研不充分;投资项目未经科学、严密的评估和论证,未经专业机构的独立评估等。

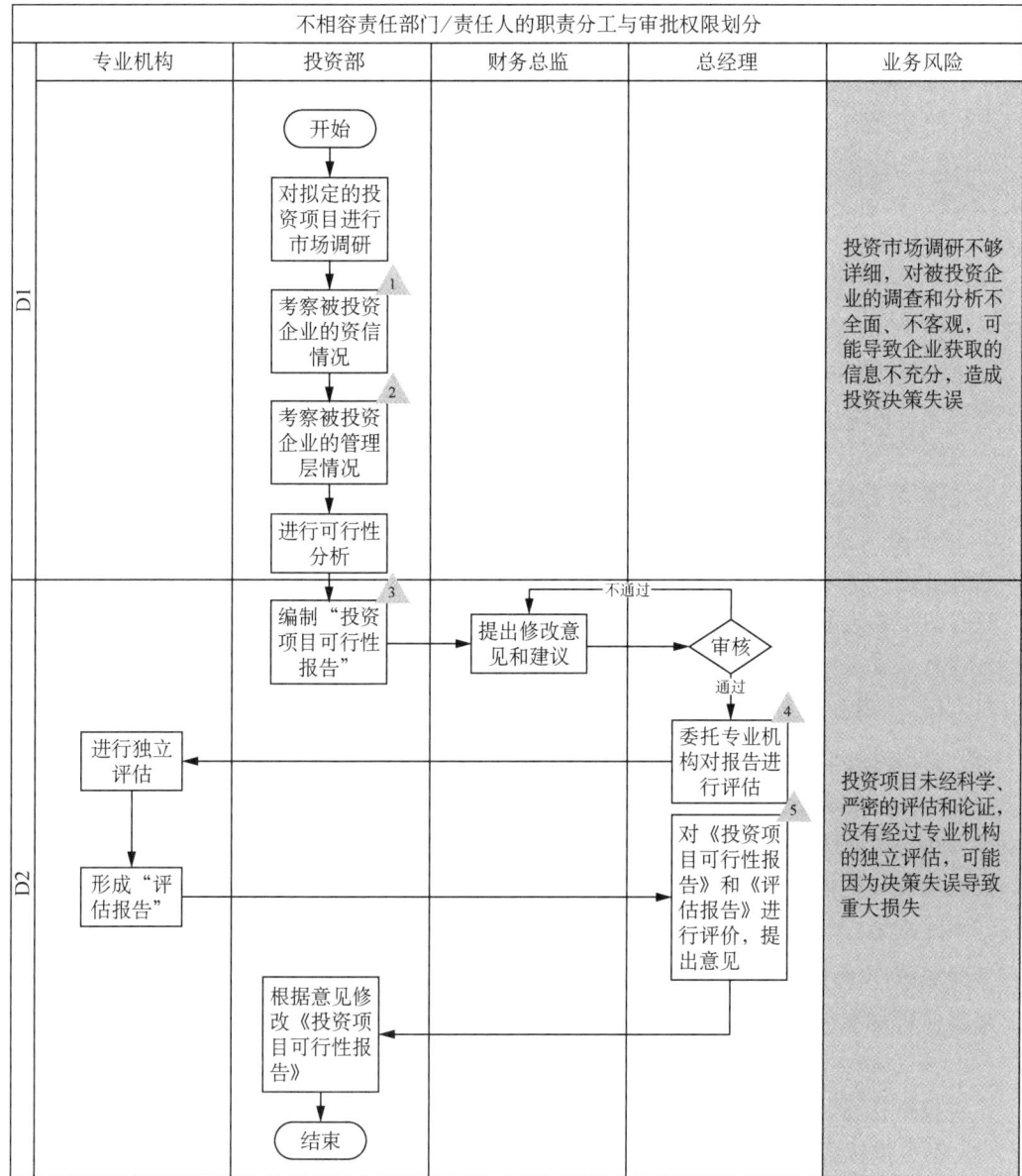

图 9-6 投资可行性研究、评估与决策环节流程

针对投资可行性研究、评估与决策环节的主要风险，企业可以相应地采取以下控制措施：

（1）企业应当加强投资可行性研究、评估与决策环节的控制，对投资项目建议书的提出、可行性研究、评估、决策等做出明确规定，确保投资决策合法、科学、合理。企业因发展战略需要，在原投资基础上追加投资的，仍应严格履行控制程序。

（2）企业应当编制投资项目建议书，由相关部门或人员对投资项目进行分析与论证，对被投资企业资信情况进行尽职调查或实地考察，并关注被投资企业管理层或实际控制人的能力、资信等情况。投资项目如有其他投资者，应当根据情况对其他投资者的资信情况进行了解或调查。

（3）企业应当由相关部门或人员或委托具有相应资质的专业机构对投资项目进行可行性研究，编制可行性研究报告，重点对投资项目的目标、规模、投资方式、投资的风险与收益等做出评价。

（4）企业应当由相关部门或人员或委托具有相应资质的专业机构对可行性研究报告进行独立评估，形成评估报告。对重大投资项目，必须委托具有相应资质的专业机构对可行性研究报告进行独立评估。

（5）企业应当根据经股东会或类似权力机构批准的年度投资计划，按照职责分工和审批权限，对投资项目进行决策审批。重大的投资项目，应当根据公司章程及相应权限报经股东会或董事会或类似权力机构批准。

（6）企业可以设立投资审查委员会或者类似机构，对达到一定标准的投资项目进行初审。在初审过程中，应当审查下列内容：

a. 拟投资项目是否符合国家有关法律、法规和相关调控政策，是否符合企业主业发展方向和投资的总体要求，是否有利于企业的长远发展。

b. 拟定的投资方案是否可行，主要的风险是否可控，是否采取了相应的防范措施。

c. 企业是否具有相应的资金能力和项目监管能力。

d. 拟投资项目的预计经营目标、收益目标等是否能够实现，企业的投资利益能否确保，所投入的资金能否按时收回。

只有初审通过的投资项目，才能提交上一级管理机构和人员进行审批。企业集团根据企业章程和有关规定对所属企业投资项目进行审批时，应当采取总额控制等措施，防止所属企业分拆投资项目、逃避更为严格的授权审批的行为。

五、投资执行环节

（一）投资执行环节的流程设计

投资执行过程中，需要对投资项目进行持续监控，及时发现和处理潜在的风险，及时跟踪项目的实际进展，避免延期带来的额外成本，具体流程如图9-7所示。

（二）投资执行环节的主要风险及控制

投资执行环节的主要风险有：投资项目执行缺乏有效的管理；异常情况处理不当或不及时等。

针对投资执行环节的主要风险，企业可以相应地采取以下控制措施：

（1）制定投资实施方案，明确出资时间、金额、出资方式及责任人员等内容。投资实施方案及方案的变更，应当重新履行审批程序。投资业务需要签订合同协议的，应当遵循《企业内部控制应用指引——合同管理》的相关规定。

（2）指定专门的部门或人员对投资项目进行跟踪管理，掌握被投资企业的财务状况、经营情况和现金流量，定期组织投资质量分析，发现异常情况，应当及时向有关部门和人员报告，并采取相应措施。企业可以根据管理需要和有关规定向被投资企业派出董事、监事、财务负责人或其他管理人员。企业应当对派驻被投资企业的有关人员建立适时报告、业绩考评与轮岗制度。

（3）加强投资收益的控制，按照国家统一的会计准则制度对投资收益进行核算。

（4）对于被投资单位以股票形式发放的股利，应及时更新账面股份数量。

（5）加强投资有关权益证书的管理，指定专门部门或人员保管权益证书，做好详细的记录。未经授权人员同意不得接触权益证书。财务部门应当定期和不定期地与投资管理部门和人员清点核对有关权益证书。

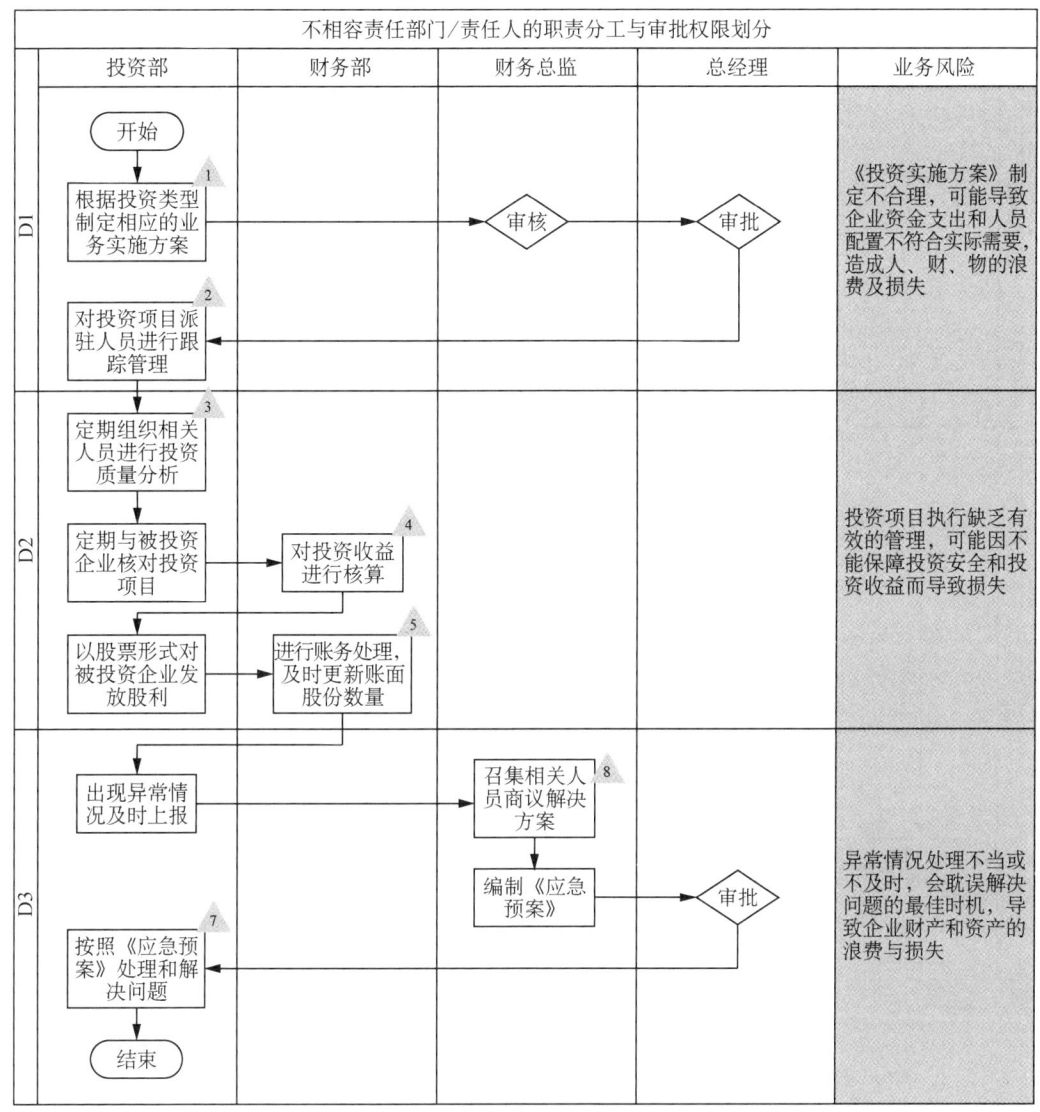

图 9-7 投资执行环节流程

(6)被投资企业股权结构等发生变化的,企业应当取得被投资企业的相关文件,及时办理相关产权变更手续,反映股权变更对本企业的影响。

(7)设置投资备查登记簿,记载被投资单位基本情况、动态信息、取得投资时被投资单位各项资产、负债的公允价值信息、历年与被投资单位发生的关联交易情况、发放股票股利情况等。企业应当定期和不定期地与被投资企业核对有关投资账目,保证投资的安全、完整。

(8)加强对投资项目减值情况的定期检查和归口管理,明确减值准备的计提标准和审批程序,按照企业资产减值内部控制的有关规定执行。

六、投资处置环节

(一)投资处置环节的流程设计

投资处置环节是投资流程中的关键部分,它涉及对投资项目的最终处理,包括投资的回收、转让、核销等,具体流程如图 9-8 所示。

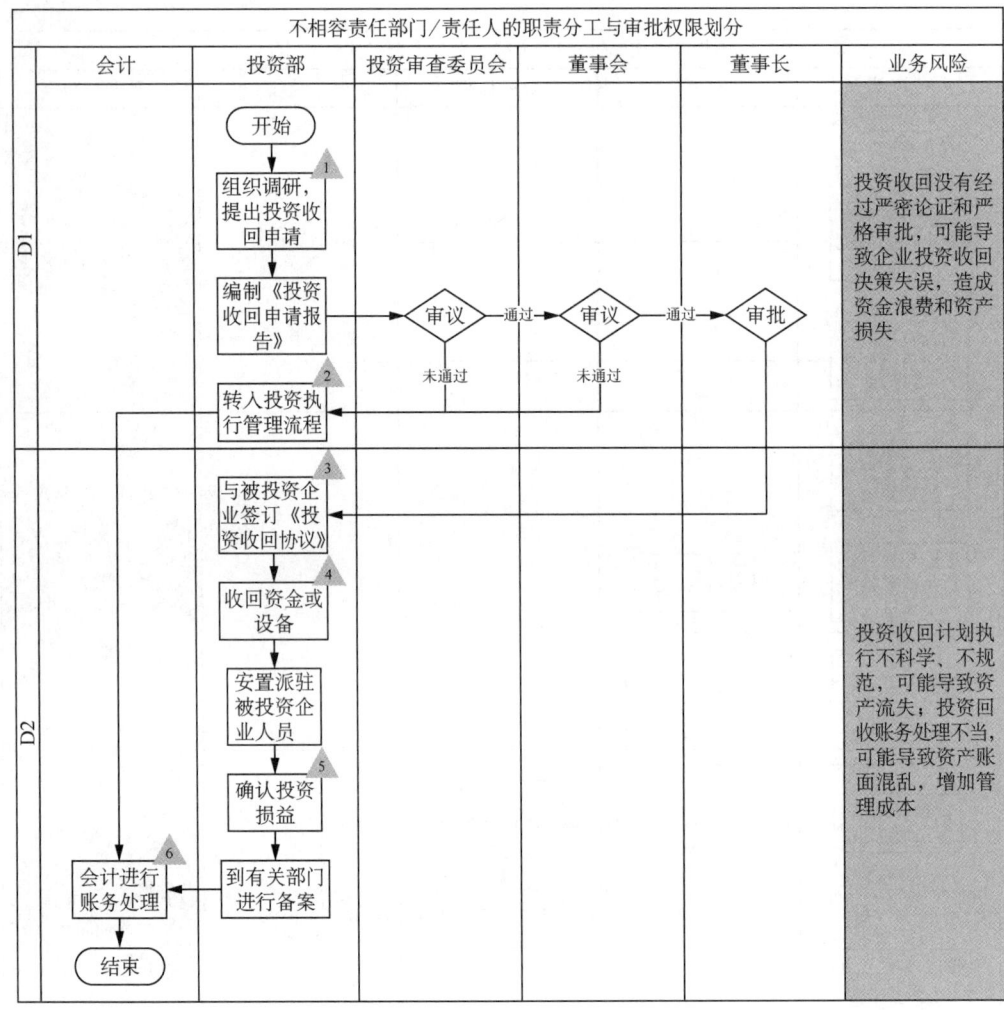

图 9-8 投资处置环节

(二) 投资处置环节的主要风险及控制

投资处置环节的主要风险有:投资收回未经严密论证和严格审批;投资收回计划执行不科学、不规范等。

针对投资处置环节的主要风险,企业可以相应地采取以下控制措施:

(1) 加强投资处置环节的控制,对投资收回、转让、核销等的决策和授权批准程序做出明确规定。投资的收回、转让与核销,应当按规定权限和程序进行审批,并履行相关审批手续。对应收回的投资资产,要及时足额收取。

(2) 转让投资,由相关机构或人员合理确定转让价格,并报授权批准部门批准;必要时,可委托具有相应资质的专门机构进行评估。

(3) 核销投资,取得因被投资企业破产等原因不能收回投资的法律文书和证明文件。

(4) 企业认真审核与投资处置有关的审批文件、会议记录、资产回收清单等相关资料,确保资产处置真实、合法。

(5) 企业建立投资项目后续跟踪评价管理制度,对企业的重要投资项目和所属企业超过一定标准的投资项目,有重点地开展后续跟踪评价工作,并作为投资奖励和责任追究的基本依据。

七、案例分析[①]

（一）公司概述及对外投资

XD 股份有限公司是由 XD 集团有限公司联合其他 6 家股东于 1999 年 12 月份发起设立股份有限公司，2002 年 7 月 18 日，XD 股份 A 股在上海证券交易所公开发行。自 2002 月上市以来，该公司严格按照《中华人民共和国公司法》《中华人民共和国证券法》《上市公司治理准则》《股票上市规》等法律、法规要求，及时修订完善公司各项规章制度，逐步完善公司法人治理结构。公司专注于电力工业、节能环保、清洁能源、矿山运输、城市轨道交通等重大装备的研制和售，产品广泛应用于电力、能源、矿山、交通、化工、轻工、水利、冶金等多个领域，其中大型电气成套设备、城市轨道客运车辆、大型矿山开采运输成套设备、大型水泵、兆瓦级力发电成套装备、太阳能等产品的开发与应用在中国起主导作用，产品远销世界各地。股份有限公司的组织结构如图 9-9 所示。

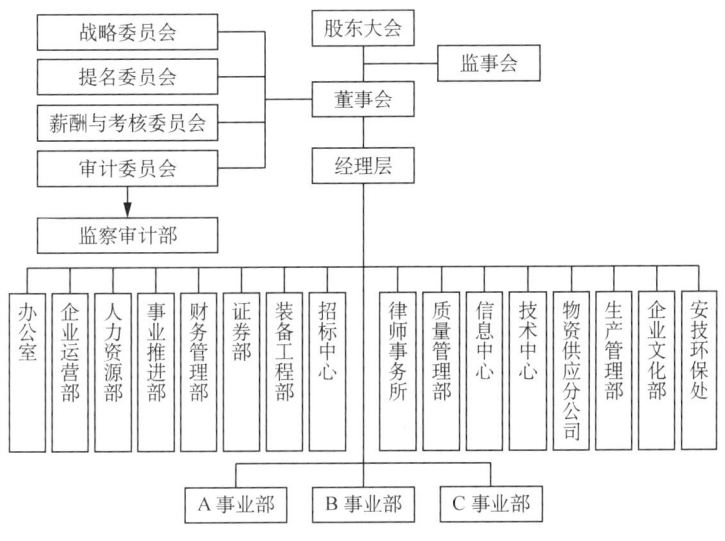

图 9-9　公司组织结构

XD 股份有限公司拥有 15 家子公司，其中全资子公司 3 家，控股子公司 6 家，参股公司 6 家，其对外投资情况如表 9-1 所示。

表 9-1　　　　　　　　　　XD 股份有限公司对外投资情况简表

持股比例	公司名称
全资子公司	XD 牵引电气设备研究所有限公司 北京 XD 科技有限公司 XD 风能有限公司
控股子公司	XD 进出口有限公司 A 水泵厂有限公司 B 电气有限公司 SXD 有限责任公司 GXD 销售有限责任公司 YXD 销售有限公司

---

① 本案例改编自罗奕. XD 公司对外投资内部控制的优化研究. 湖南大学 MPAcc 学位论文，2014.

(续表)

持股比例	公司名称
参股公司	XDD电气有限公司 XD大酒店有限公司 XD重型装备股份有限公司 C市昆鹏锻造有限公司 E省稀土新能源材料有限公司 铁姆肯XE轴承有限公司

(二) 公司对外投资内部控制现状

为了对XD公司对外投资内部控制现状作全面的分析,笔者向XD公司相关管理人员咨询,查阅了XD公司对外投资内部控制的规章制度和文件,包括《对外投资管理办法》《股权公司管理规范》等相关制度,并通过调查问卷、访谈公司高管等形式,深入了解了该公司对外投资内部控制的现状。

对外投资涉及主要部门及部门职责:①公司董事会和股东大会:负责对外投资项目审批。②事业推进部(战略管理部):负责对外投资的立项建议书、调研论证、可行性分析报告、合作方案及方案的实施;负责向上级部门申报及办理相关手续;负责项目相关文档资料的存档;负责组织对项目的验收和移交;负责对外投资项目组的组建和归口管理,并根据《项目组(投资类)管理办法》的规定做好项目的实施工作。③企业营运部:负责对外投资目标公司的经营、投资事务的管理。④财务管理部:负责根据业已签署的对外投资合同,按时足额支付相应款项,负责对外投资公司的委派财务负责人的管理及财务会计核算检查监督与管理。⑤监察审计部:负责对外投资程序的检查以及监督体系的建设;负责对公司投资的控股公司进行任期内经济责任审计、高级管理人员的离任审计和公司安排的专项审计。⑥律师事务部:负责出具投资的法律意见书、对外投资相关文件的合法性审查和协助办理公司成立的批准文件及公司工商执照的注册、年检手续;负责经济纠纷的协调和处理。⑦证券部:负责相关信息披露。

1. 投资方案编制与审批阶段的内部控制现状

制度中未就投资额度设置董事会、股东会权限。事业推进部根据未来5年的公司战略规划、年度公司经营计划、宏观经济环境确定投资方案,出具项目建议书,建议书应涉及投资额、资金用途、市场前景、项目技术水平、行业现状、盈利预测等内容。建议书提交总经理办公研究报告,报告应当涉及投资环境、市场前景、国内国际行业现状、项目技术水平、投资总额、资金用途、盈利能力及预测、风险分析及防范措施、项目运作模式、组织结构等内容。国外项目,聘请第四方对第三方出具的可行性研究报告进行评审。之后,事业推进部将可行性研究报告、尽职调查报告、第四方评审意见交总经理办公会,总经理办公会获准后,提交董事会、股东会审议,但公司在实际执行过程中并未做总经理办公会会议记录,决策环节审批不到位。对外投资方案编制与审批阶段流程简图如图9-10所示。

2. 投资计划编制与审批阶段的内部控制现状

XD公司对外投资计划编制与审批阶段的内部控制制度中规定:经审批确立的投资项目,由总经理办公会决定成立项目组,并确认项目负责人。项目组要制定具体投资方案和详细的实施计划,报公司总经理办公会审批。项目组按投资方案计划组织实施,战略管理部根据计划进度、目标要求实施检查,督促项目组按要求全面完成实施计划。在XD公司对外投资计划编制与审批的实际执行中,并未制定详细的投资计划,且立项报告未经总经理办公会审批。图9-11为对外投资计划编制与审批阶段流程简图。

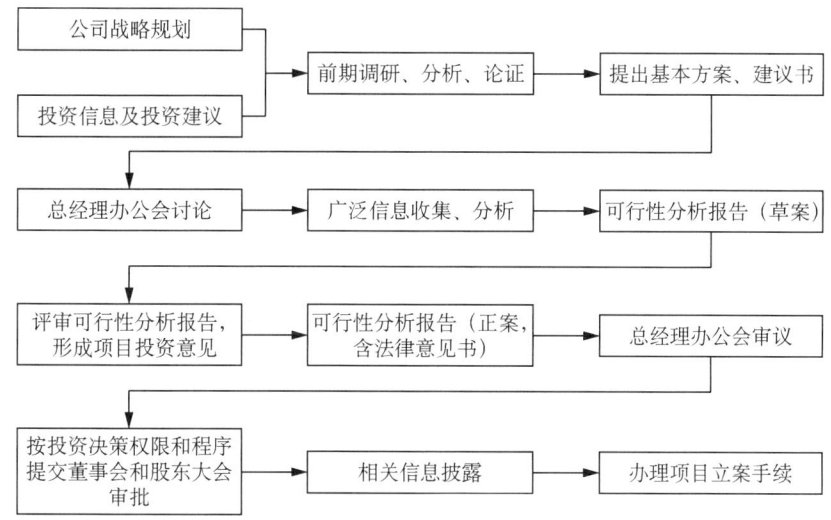

图 9-10 投资方案编制与审批阶段流程简图

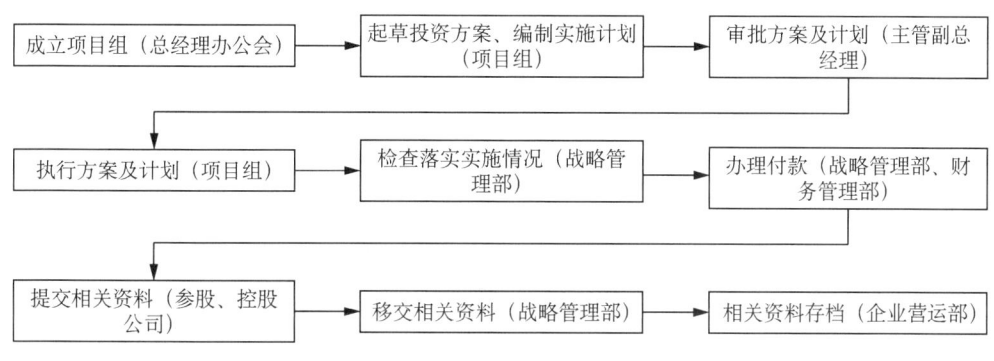

图 9-11 投资计划编制与审批阶段流程简图

3. 投资合同签订阶段的内控现状

公司制度规定:公司实施的对外投资项目必须与目标公司、其他股东或合作伙伴签订投资协议、合同及与之相配套的其他协议。对外投资合同由律师事务部拟定,由事业推进部及相关专业部门讨论通过,连同可行性研究报告、尽职调查报告、第四方评审意见交总经理办公室,总经理办公室讨论通过后交董事会审议。对外投资合同留一份存档在事业推进部、交一份给企业营运部。但公司实际执行过程中,并未留下总经理办公会会议记录。

4. 投资公司管理阶段的内控现状

合同签订后,事业推进部申请支付投资款,律师事务部办理工商登记变更。公司与各控股公司签订资产经营目标责任书,由企业营运部按责任书考核工作业绩。每月 10 日,财务管理部向企业营运部提交各子公司全面预算管理考核指标完成情况统计表。企业营运部负责对其进行考核。监察审计部对各子公司进行定期、不定期检查。企业营运部对所有投资目标公司写出年度经济运行总结报告,汇报投资运作情况和公司的投资收益情况,呈报主管副总经理、总经理及董事会、监事会。公司制度中未明确企业到期无法收回投资的,应追究相应责任,且投资项目评价应与相关人员工资、绩效挂钩进行考核。

XD 公司制度规定:各全资子公司、控股公司财务负责人均由财务管理部派出,并由财务管理部负责其人事管理、薪酬分配及业绩考核,各派出单位财务人员实行 3 年轮换制。省内全资子公司、控股公司财务负责人每月向公司财务管理部部长和财务总监报告一次工作,省外全资子公司、控股公司财务负责人每季度向公司财务管理部部长和财务总监报告一次工作。然而在 XD 公司实际执行过程中,公司总部对子公司、控股公司的财务状况监管力度不够,对外投资计提资产减值准备的条件也并未说明。

5. 投资资产处置阶段的内部控制现状

企业营运部负责对外投资清算处置预案的制定与申报。监察审计部负责对资产价值评估的审核,以及对资产处置过程实行监督。财务管理部负责资产处置费用审定及资金清算。律师事务部负责资产处置合法合规性审核。由企业营运部牵头,财务管理部、律师事务部、监察审计部等部门组成资产清算小组,负责审查资产清算处置方案,并将经审查后的资产清算处置方案报公司董事会。然而,公司制度中未明确总经理办公会、董事会、股东会处理股权投资权限。

(三) 思考题

1. 分析 XD 公司投资业务内部控制存在的问题。
2. 分析 XD 公司投资业务内部控制设计和运行层面的优化建议。

第四节　货币资金业务内部控制

货币资金是指企业在生产经营过程中处于货币形态的那部分资金,包括库存现金、银行存款和其他货币资金。库存现金是企业拥有的由出纳保管、用于日常小额支付的零用现钞;银行存款是企业存放在开户银行的货币资金;其他货币资金是除库存现金和银行存款外的货币资金,包括外埠存款、银行本票存款、银行汇票存款、信用卡存款、信用证存款、在途货币资金等。

一、货币资金业务内部控制目标

内部控制目标是企业建立内部控制的出发点,货币资金业务的内部控制目标是内部控制五大目标在货币资金业务中的细分和具体化。

(1) 合规目标在货币资金业务中的细化:有效防范货币资金业务过程中的差错和舞弊,促进其会计核算、财务收支等活动合法合规、手续齐备,符合单位内部各项规章制度的规定。

(2) 资产目标在货币资金业务中的细化:保护库存现金、银行存款和其他货币资金的安全完整,防范资金被盗窃、诈骗和挪用,严防"小金库"。

(3) 报告目标在货币资金业务中的细化:做好并保持各种原始记录,及时、准确、完整地记录资金活动,按会计准则要求组织会计核算,并确保相关记录、资料和信息真实、完整、可靠,为相关用户提供相关和可靠的高质量信息。

(4) 运营目标在货币资金业务中的细化:合理调度资金,有效使用资金,加快资金周转,防止或减少资金的闲置与浪费,提高资金效益,提高企业经营的效率和效果。

(5) 战略目标在货币资金业务中的细化:货币资金业务与企业战略及年度经营计划紧密联系且相匹配,有效支持企业战略和经营计划的实施,促进企业战略目标的实现等。

二、货币资金业务总体风险

货币资金具有流动性强、控制风险高等特征。很多贪污、诈骗、挪用公款等违法乱纪行为

都与货币资金有关。为了确保货币资金的安全,提高资金的使用效益,企业至少应关注以下风险:

(1) 资金管理违反法律法规,可能遭受外部处罚,造成经济损失和信誉损失。

(2) 资金管理未经适当审批或越权审批,可能因重大差错、舞弊、欺诈而导致损失。

(3) 银行账户的开立、审批、使用、核对和清理不符合有关法律法规的要求,可能遭受外部处罚,造成资金损失。

(4) 资金记录不准确、不完整,可能造成账实不符或导致财务报表信息失真。

(5) 有关票据遗失和被伪造、盗用及非法使用印章,可能导致资产损失、法律诉讼或信用损失。

三、货币资金业务流程

(一) 业务流程

1. 资金支付

资金支付环节是企业日常财务管理的重要组成部分,它涉及企业货币资金的流出,包括现金支付、银行转账等,具体流程如图 9-12 所示。

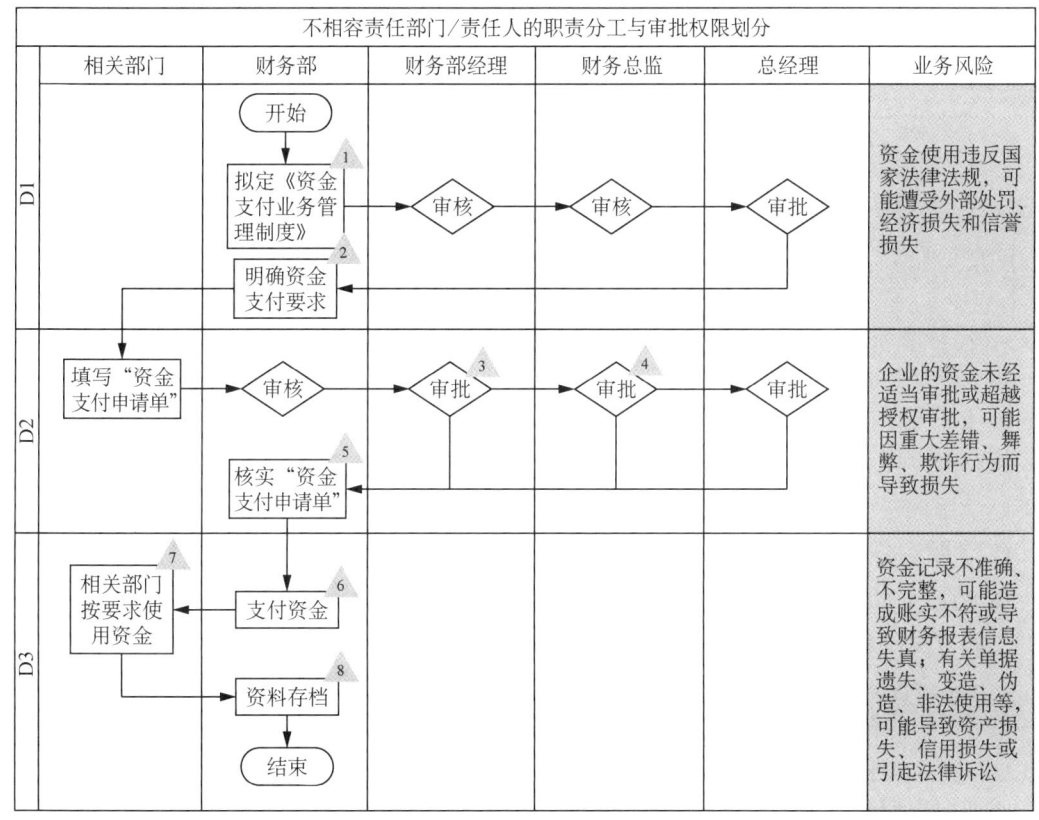

图 9-12 资金支付流程

2. 资金授权审批

在货币资金管理中,资金授权审批环节是确保资金安全、合规使用的关键控制点,具体流程如图 9-13 所示。

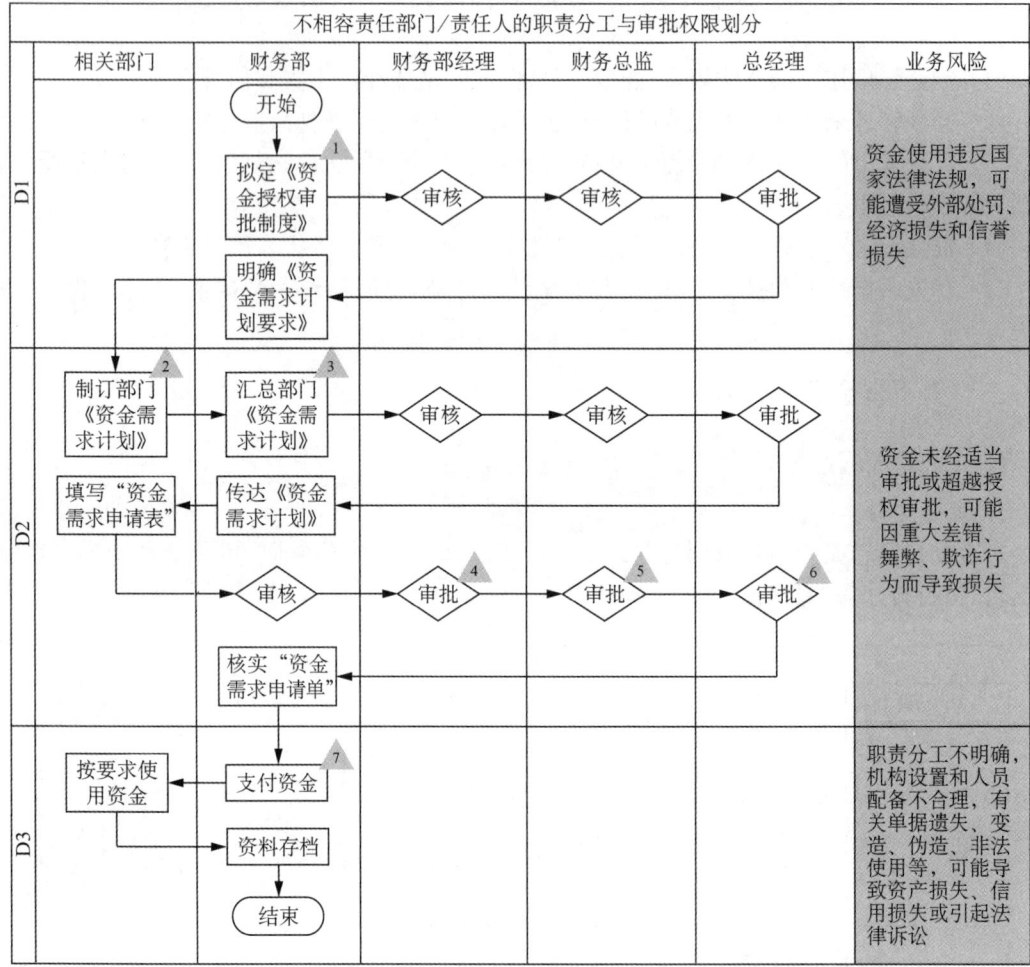

图 9-13 资金授权审批流程

3. 银行账户核对

银行账户核对环节是确保企业财务准确性和资金安全的重要内容,具体流程如图 9-14 所示。

(二) 职责分工与授权批准

企业应当建立资金业务的岗位责任制,明确相关部门和岗位的职责权限,确保办理资金业务的不相容岗位相互分离、制约和监督。资金业务的不相容岗位至少应当包括:

(1) 资金支付的审批与执行。
(2) 资金的保管、记录与盘点清查。
(3) 资金的会计记录与审计监督。

企业应当配备合格的人员办理资金业务,并结合企业实际情况,对办理资金业务的人员定期进行岗位轮换。企业对于关键财会岗位,可以实行强制休假制度,并在最长不超过 5 年的时间内进行岗位轮换。实行岗位轮换的关键财会岗位,由企业根据实际情况确定并在内部公布。

企业应当建立资金授权制度和审核批准制度,并按照规定的权限和程序办理资金支付业务。

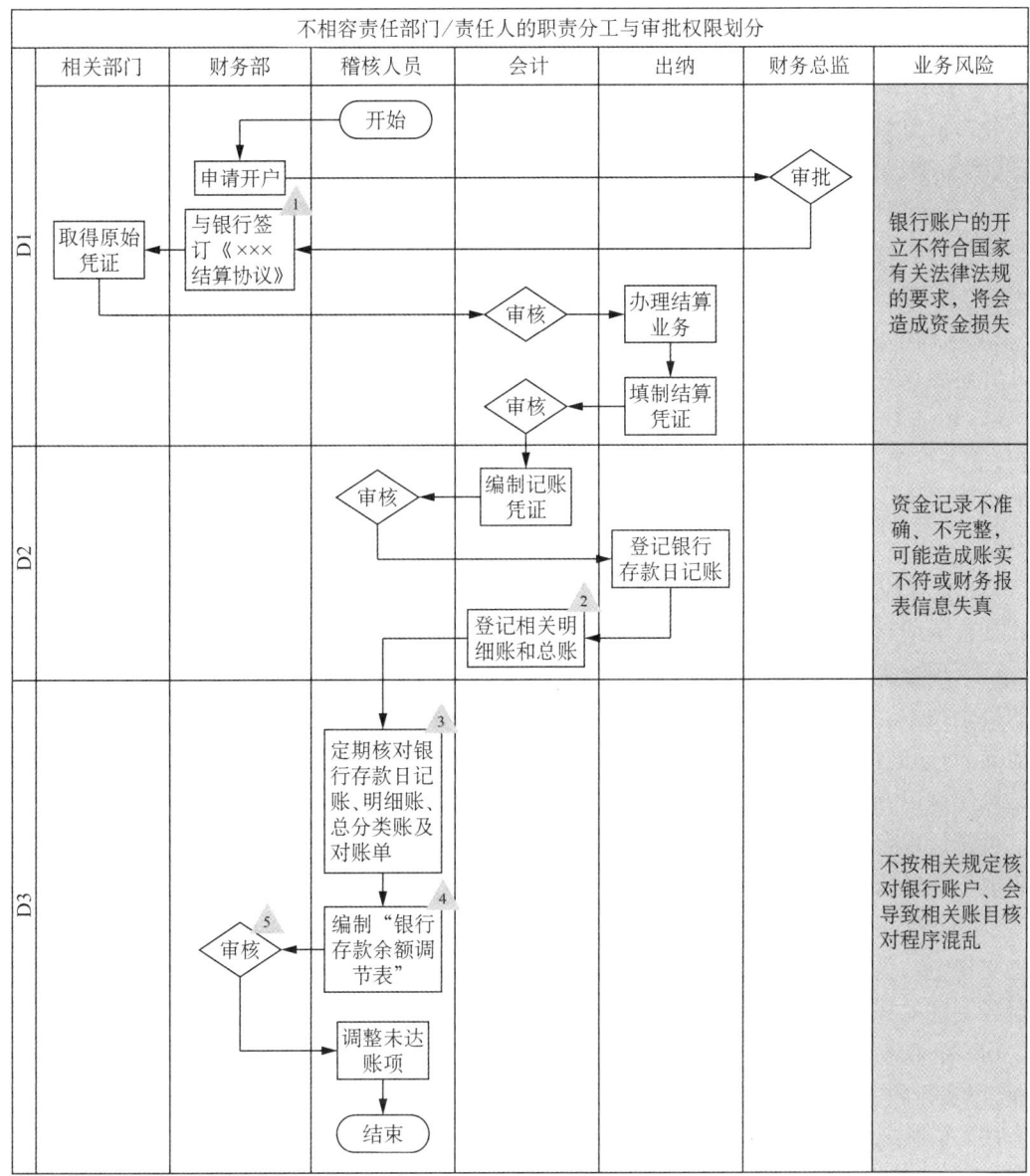

图 9-14 银行账户核对流程

四、货币资金业务的主要风险及控制

(一) 库存现金业务的主要风险及控制

1. 库存现金业务的主要风险

库存现金业务的主要风险有以下三方面:

(1) 贪污库存现金。贪污库存现金的常用手法包括:①少列现金收入总额或多列现金支出总额,多余现金占为己有;②涂改凭证金额,将支出改大或收入改小,多余现金占为己有;③使用空白发票或收据向客户开票,这种作案手法较为隐蔽;④撕毁票据或在收入现金时不开票,也不报账或记账,从而隐瞒收入;⑤经办人员在复写纸的下面放置废纸,利用假(复)写的方法,开具头尾不一致的票据,使现金存根的金额与实际支出或收入的金额不一致,从而少计收入或多计支出;⑥会计人员与其他业务人员利用承办借款事项的工作便利条件和内部控制制度上的漏洞,对借入款项不入账并销毁借据存根,从而侵吞现金。

(2) 挪用库存现金。挪用库存现金的常用手法包括:①以职工预借差旅费、采购员预借采购款等为借口滥用借款;②收入现金不及时入账,如果收入现金未制证或虽已制证但未及时登账,就给出纳提供了挪用现金的机会;③循环入账,如会计或出纳在应收账款收现后,暂不入账,而将现金挪作他用,待下一笔应收账款收现后再抵补上一笔应收账款,并继续挪用第二笔应收账款的收现,如此循环入账;④白条抵库,用不符合规定的字条或单据抵充库存现金。

(3) 账实不符,出现现金短款或现金长款等。

2. 库存现金业务的风险控制

针对库存现金业务的主要风险,企业应采取以下控制措施:

(1) 企业应加强库存现金限额的管理,建立上下限额标准,超过上限额时应及时存入开户银行,低于下限额时应及时提现补充库存。库存现金的限额一般按企业3~5天的日常零星开支的需要确定,边远地区和交通不便地区企业的库存现金限额可多于5天,但最长不得超过15天。

(2) 企业应根据相关规定,结合企业的实际情况,确定现金收支的范围和限额。不属于现金收支范围或超过现金收支限额的业务,应通过银行办理转账结算。

可用现金支付的情况包括:①职工工资、津贴;②个人劳务报酬;③根据国家规定颁发给个人的科学技术、文化艺术、体育等各种奖金;④各种劳保、福利费用,以及国家规定的对个人的其他支出;⑤向个人收购农副产品和其他物资的款项;⑥出差人员必须随身携带的差旅费;⑦结算起点(1 000元)以下的零星支出;⑧中国人民银行确定需要支付现金的其他支出。

可进行现金收入的情况通常有:①单位或职工交回差旅费剩余款、赔偿款、备用金退回款;②收取不能转账的单位或个人的销售收入;③不是转账起点的小额收入等。

(3) 企业现金收入应及时存入银行,支付现金可从库存现金中支出或从银行提取,不得自行坐支现金。借出款项必须执行严格的审批程序,严禁擅自挪用、借出货币资金。不得用不符合财务制度的凭证顶替库存现金,即不得"白条抵库"。

(4) 企业取得的货币资金收入必须及时入账,不得账外设账,严禁收款不入账。有条件的企业,可实行收支两条线和集中收付制度,加强对货币资金的集中、统一管理。

(5) 企业应定期和不定期地进行现金盘点,确保现金账面余额与实际库存相符。发现不符时,企业应及时查明原因并做出处理。

(6) 对经常使用现金的单位或个人可建立备用金制度。备用金是拨付给非独立核算的内部单位或个人备作差旅费、零星采购、零星开支等使用的款项。备用金一般按估计需用数额拨付,支用后一次报销、多退少补,前账未清时不得继续预支。对备用金的管理,企业应建立严格的设置审批、定额管理、明确责任、清查盘点、报账审查等控制程序。

(7) 现金收付必须依法取得或填制原始凭证,并经严格审核;收付后应在收付款凭证上加盖"现金收讫"或"现金付讫"章及出纳人员签章;随时根据有关凭证逐日、逐笔顺序登记现金日记账,做到日清月结、账实相符。

(二) 银行存款业务的主要风险及控制

1. 银行存款业务的主要风险

银行存款业务的主要风险包括以下几方面:

(1) 个别工作人员利用工作便利,私自签发支票,擅自提现,不留存根,不记账。此类现象容易发生在支票管理制度混乱、内部控制松懈的单位。

(2) 个别工作人员公款私存,侵吞利息或挪用单位资金。

(3) 个别工作人员利用工作便利,非法将转账支票借给他人用于私人营利性业务的结算,或者将空白转账支票为他人做抵押。

(4) 个别工作人员将银行对账单和银行存款日记账上的同一发生额一并涂改,保持账面上的平衡。为了使账证相符,个别工作人员涂改相应的记账凭证,掩饰从银行存款日记账中套取现金的事实。

(5) 个别工作人员利用工作便利,用支票提取现金时,只登记银行存款日记账,不登记现金日记账,从而将现金占为己有。

(6) 个别工作人员转账套现,即通过外单位的银行账户套取现金。

(7) 个别工作人员利用业务漏洞,故意漏记银行存款收入账,伺机转出、转存占为己有。

(8) 个别工作人员重支存款,利用实际支付款项时取得的银行结算凭证和有关的付款原始凭证,分别登记银行存款日记账,使一笔业务两次报账;再利用账户余额平衡原理,采取提现不入账的手法,将款项占为己有。

(9) 个别工作人员涂改银行存款进账单日期,利用工作便利,将以前年度会计档案中的现金送存银行的进账单日期涂改为本年度的日期,采取重复记账的手法侵吞现金。作弊人员为了防止被发现,通常也会相应地在银行对账单上填列借方余额,或者采用收款不入账的手法掩饰真相,使日记账与对账单自动平衡。

(10) 个别工作人员将以前年度已入账转账支票的收账通知日期涂改为报账年度日期后重复记账,再擅自开具现金支票提现占为己有。

(11) 个别工作人员套取利息,利用账户余额平衡原理,采取支取存款利息不记账手法将其占为己有。这种手法在对账单和调节表由出纳一人经管的单位很难被发现。

2. 银行存款业务的风险控制

针对银行存款业务的主要风险,企业应采取以下控制措施:

(1) 严格按有关规定,加强对银行账户的管理,严格按规定开立账户,办理存款、取款和结算业务。银行账户的开立应符合企业经营管理的实际需要,不得随意开立多个账户,禁止企业内设管理部门自行开立银行账户。企业应定期检查、清理银行账户的开立及使用情况,发现未经审批擅自开立银行账户或不按规定及时清理、撤销银行账户等问题,应及时处理并追究有关责任人的责任。企业还应加强对银行结算凭证的填制、传递及保管等环节的管理与控制。

(2) 严格遵守银行结算纪律,不得签发没有资金保证的票据或远期支票来套取银行信用;不得签发、取得和转让没有真实交易与债权、债务的票据;不得无理拒绝付款,任意占用他人资金。

(3) 指定专人定期核对银行账户,每月至少核对一次;编制银行存款余额调节表,并指派对账人员以外的其他人员进行审核,确定银行存款账面余额与银行对账单余额是否调节相符。若调节不符,则应查明原因、及时处理。企业应加强对银行对账单的稽核和管理。出纳不得同时从事银行对账单的获取、银行存款余额调节表的编制等工作。

(4) 采用网上交易、电子支付等方式办理货币资金支付业务时,应与承办银行签订网上银行操作协议,明确双方在资金安全方面的责任与义务、交易范围等。操作人员应根据操作授权和密码进行规范操作。使用网上交易、电子支付等方式的企业办理货币资金支付业务时,不应因支付方式的改变而随意简化、变更支付货币资金所需的授权审批程序。企业在严格实行网上交易、电子支付等不相容岗位相分离的同时,应配备专人加强对交易和支付行为的审核。

(三) 其他货币资金业务的主要风险及控制

其他货币资金往往不在企业本部,资金收付须经一段时间才能反映到资金控制中心,管理起来较为困难,是货币资金管理的薄弱环节,如果疏于管理,就可能出现资金流失、费用失控等问题。下面以外埠存款为例,介绍其他货币资金的内部控制重点。

1. 加强外埠存款账户设立时的审查

企业因经营活动需要在外埠开户时,财会部门应加强对开户的审查,重点审查外埠存款账户设立的必要性、规范性、可控性和唯一性。只有资金收付业务频繁、持续时间较长的经营单位,才有必要开设外埠存款账户。财会部门应对外埠存款收支业务的可控性和规范性进行测试。经审查同意开设外埠存款账户的单位或业务,只能开设一个外埠存款账户,以便财会部门随时了解资金的流向。

2. 明确外埠存款管理责任人,建立岗位责任制

企业应以规章制度或合约的形式明确外埠存款的管理责任人,明确规定管理责任人的权责关系、授权额度、开支范围及用途等。财会部门应同时设置监控外埠存款的岗位,规范资金使用程序,及时反馈外埠存款使用的准确性、合理性和合法性。

3. 规范会计核算,实施必要的监控管理

外埠存款应在"银行存款"或"其他货币资金"账户中反映,不得在往来账款中核算和归类。外埠存款使用者应建立规范的收支记录,确保交易和支出的可追溯性与可核实性;外埠存款使用者必须通过可靠途径,及时向财会部门传递外埠存款收支单据,确保账、款一致。出现账、款不一致时,应采取资金保全措施,冻结外埠存款账户,待查明原因、明确责任后方予以解冻。

4. 保留企业对外埠存款的统一调度权

外埠存款是企业货币资金的重要组成部分,财会部门可通过预留银行印鉴等方式,保留对外埠存款的统一调度权。外埠存款管理责任人虽在授权额度内有一定的管理权限,但当企业认为必要时,财会部门有权将外埠存款调回,以满足企业对资金需求和对管理责任人监督的需要。外派职工以个人名义设立的银行账户或信用卡为个人所有,应与企业外埠存款严格区分开来。

5. 坚持收支两条线

外埠存款账户不能作为收入账户,不能赋予外埠存款使用者以收款权,避免发生坐支、事后记账等现象。

6. 及时注销外埠存款

当设立外埠存款账户的理由不复存在或已转移时,财会部门应及时清理外埠存款,收回余款,注销账户。

(四) 票据及印章管理

票据及印章管理是货币资金业务风险管理的一个关键控制点。企业应加强与货币资金相关票据的管理,明确各种票据的购买、保管、领用、背书转让、注销等环节的职责权限和处理程序,并专设登记簿进行记录,防止空白票据遗失和被盗用。对收取的重要票据,企业应留有复印件并妥善保管;不得跳号开具票据,不得随意开具印章齐全的空白支票。企业因填写、开具失误或其他原因导致作废的票据,应按规定保存,不得随意处置或销毁。对超过法定保管期限、可销毁的票据,企业应在履行审批手续后销毁,但应建立销毁清册并由授权人员监销。

企业应加强银行预留印鉴的管理。财务专用章应由专人保管,个人名章应由本人或其授权人员保管,不得由一个人保管支付款项所需的全部印章。按规定应由有关负责人签字或盖

章的经济业务与事项,必须严格履行签字或盖章手续。

五、案例分析①

(一) 公司简介

M 电气公司于 1999 年 12 月成立,于 2002 年在上海证券交易所公开上市。公司主要从事大中型交直流电机、水泵、矿用和城市交通用车辆及电器成套设备等产品的生产和销售,坚持走"6+3"产业发展战略,"6"即风电成套装备、大中型高效节能电机、大型矿山成套装备、大型工业泵核泵、船舶电力控制+推进系统、城市轨道交通电机电控系统;"3"即战略性新兴产业:太阳能热发电成套装备、新能源汽车成套装备、M 公司城市轻轨整车成套装备。截至 2012 年 12 月 31 日,公司总资产为 13 675 329 516.94 元,总股本为 6.08 亿股,其中 M 集团持有约 2.12 亿股。

(二) 公司资金管理内部控制现状

M 公司在内部控制建设期间成立了内部控制体系建设项目组,在每个部门都安排了一位内部控制负责人,我们咨询机构项目组在现场主要与内部控制负责人沟通,获取相关资料。笔者在项目中主要负责财务及人力资源相关流程内部控制建设工作。在内部控制建设项目中,笔者的工作内容如下:①访谈公司财务管理部内部控制负责人,了解公司内部控制基本情况,梳理公司资金管理流程;②编制资金管理流程相关调查问卷给财务管理部,并收集整理填写完整的调查问卷;③依据调查问卷里填写的控制活动、控制证据进行控制测试;④根据控制测试的结果总结公司资金管理内部控制存在的缺陷,并提出相应的优化建议,交内部控制负责人;⑤通过与内部控制负责人沟通确定如何优化,最后编制资金管理内部控制手册,隶属于 M 公司内部控制手册其中的一个章节。以下笔者将根据公司资料、访谈内容以及控制测试结果,从整体层面和业务层面对公司资金管理内部控制现状进行描述。

1. 资金管理内部控制整体层面现状

1) 内部环境现状

(1) 公司治理与组织架构。

M 公司自上市以来,严格按照《中华人民共和国公司法》《中华人民共和国证券法》《上市公司治理准则》《股票上市规则》等法律、法规要求,及时修订完善公司各项规章制度,逐步完善公司法人治理结构。M 公司独立经营,规范运作,制定了《关联交易决策制度》。自上市以来没有出现大股东侵占上市公司资产、资金的情况,公司经营业绩稳步增长。保持了良好的增长势头。公司能够平等对待所有股东,确保全体股东利益和合法权益;制定了《股东大会议事规则》,确保了公司重大事项决策合理、合规、合法;历次股东大会召开都由律师见证,开通了网络投票表决途径,确保股东特别是中小股东充分行使表决权。M 公司严格按照本公司《公司章程》规定的程序选举董事,组建董事会;公司 11 名董事中有 4 名独立董事,符合监管部门的要求;董事能按照法律和《公司章程》的要求,勤勉尽责履行义务;制定了《董事会议事规则》,董事会的召集、召开符合法律、法规和《公司章程》的要求;董事会设立了战略委员会、审计委员会、薪酬与考核委员会、提名委员会。M 公司严格按照《公司章程》规定选举监事,组建监事会;公司 5 名监事中有 2 名职工监事,符合《中华人民共和国公司法》的要求;监事能够按照法律和《公司章程》的要求,勤勉尽责履行义务,对公司财务情况及公司董事、高级管理人员履行职责

---

① 本案例改编自赵宇盟. M 电气公司资金管理内部控制优化研究,湖南大学 MPAcc 学位论文,2014.

情况进行监督;制定了《监事会议事规则》,监事会的召集、召开符合法律、法规和《公司章程》要求。

M公司自上市以来,信息披露能够做到及时、准确和完整。2007年3月,根据上海市证券交易所的要求,重新修订了《信息披露管理制度》。M公司制定了《投资关系管理制度》,设立了投资者专线电话传真以及专门邮箱,公司网站开通了投资者关系专栏,搭建了较好的投资者沟通交流平台;建立了投资者来访记录,能认真接待来访投资者,耐心回答来电投资者的问题;不定期开展投资者走访,加强与投资者的沟通与交流。

M公司目前拥有三个事业部,15家公司,其中全资子公司3家,控股子公司6家,参股公司6家。事业部包括TD事业部、XD事业部、JGJ事业部;全资子公司包括XQ电气设备研究所有限公司、SX科技有限公司、XD风能有限公司;控股子公司包括XD进出口有限公司、CB有限公司、XL电气有限公司、SX电机销售有限责任公司、GX电机销售有限公司、SX电机销售有限公司;参股公司包括XD电气有限公司、XD大酒店有限公司、XZ股份有限公司、XK锻造有限公司、HX新能源材料有限公司、TMK轴承有限公司。公司本部对其所属的各部门、子公司、事业部进行内部核算和目标管理。M电气公司组织架构如图9-15所示,公司采用双层制的治理模式,即同时设置董事会和监事会。在监事会的监督下,董事会履行其执行职能。同时,公司在董事会下设审计委员会。在这种公司治理结构中,监事会应对股东大会负责,制衡董事长和总经理;审计委员会应对董事长负责,制衡总经理;监察审计部审核整个公司的财务系统,核对账务,监督职能部门和事业部门。这种多层委托代理、权责分明、相互制衡、相互协调的公司治理结构的优势是可以防止某些岗位权力过大,减少公司舞弊风险。

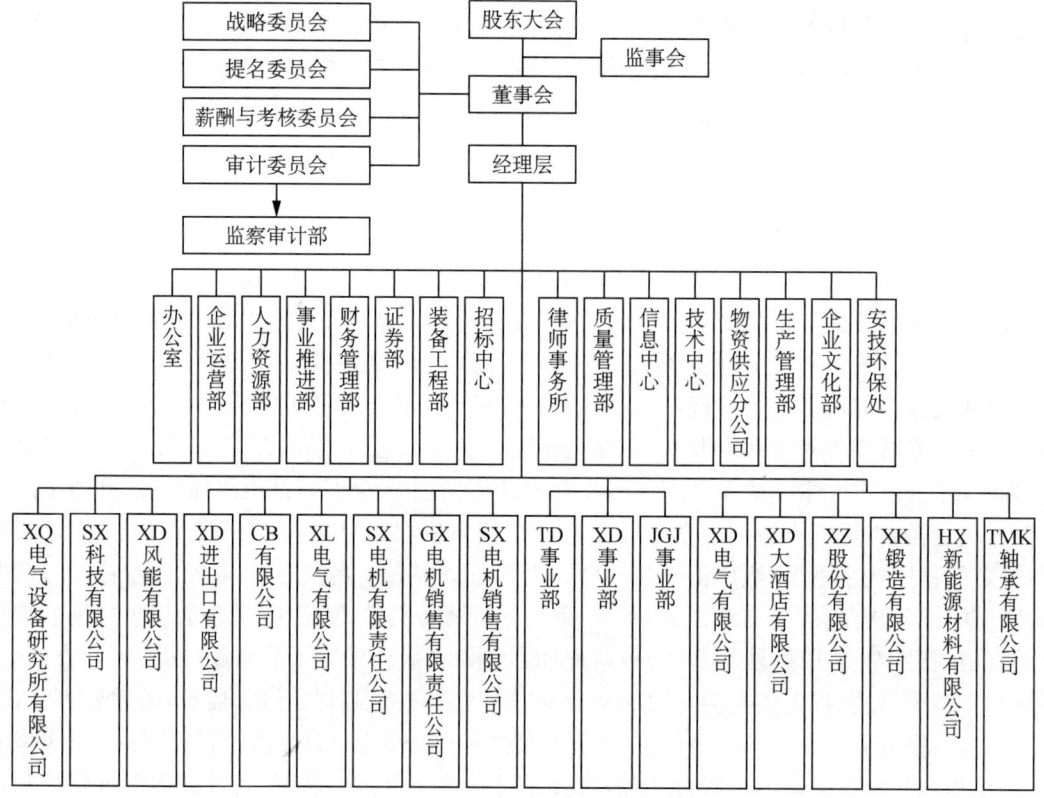

图9-15 M电气公司组织架构

(2) 人力资源现状。

人力资源配置。人力资源部负责人根据公司的战略规划、业务单位发展目标及其对人力资源潜在需求、人力资源现状组织相关人员拟定公司《人力资源战略规划》。每年10月月底，人力资源部门负责人组织相关人员根据公司的经营目标、战略规划以及下属分子公司、事业部的《年度人力资源需求计划》，编制公司下年度的《年度人力资源需求计划》。每年11月至次年6月，人力资源部根据年度需求计划中招聘岗位的任职要求，通过高校就业网、人才市场、专业招聘网络、内部员工推荐等渠道发布招聘信息，收集和甄选应聘信息，与用人部门共同组织笔试、面试和测评，按照"公开、公平、公正"的原则及"德才兼备、以德为先"的标准进行招聘。笔者在访谈过程中，对内部员工推荐渠道一直存在疑问，后来在控制测试阶段，笔者发现一张日期为前年的申请书及推荐信，内容大致是M公司在职员工介绍自己子女的基本情况，并申请让子女就职某岗位。后来咨询人事员了解到公司在外部招聘过程中，对内部职工亲属有潜在优惠政策。

针对内部调配管理，当用人单位提出内部招聘需求时，人力资源部对内公开组织内部招聘；若员工有意向调往其他单位，该员工需提出申请，经调出单位、调入单位、人力资源部负责人同意调动后，可办理调动及工作交接手续。每年，由人力资源部组织新进员工参加公司入职培训，入职培训合格安排至各单位试用，各单位对每年新招员工的试用期进行管理，在试用期满后，鉴定合格者可直接转正。公司考勤管理分为四项内容，主要包括日常考勤、请假统计、出差统计、加班统计。针对岗位轮换管理，公司目前无岗位轮换制度，访谈财务管理部人员了解到事业部及子公司的财务部长会每3年轮岗一次，其他岗位基本不变。

员工发展与培训。公司人力资源部根据各单位、事业部培训需求制订《年度培训计划》，培训按计划执行，并于年度内进行培训效果评估。财务管理部根据年度预算要求及领导审批情况拨付培训费用。

薪酬福利与保险。每年12月，人力资源部负责人组织相关人员，编制年度工资总额预算计划。每月月底，人力资源部根据企业营运部的"经营管理责任挂钩工资核发表"审核各单位及各层级月度工资后，提交财务管理部发放，由人力资源部归档备案。公司严格按照国家规定，为每一位员工购买"五险一金"。

绩效考核。各单位、事业部根据公司《职工绩效考核管理办法》编制本单位的员工业绩考核细则，确定考核指标。每月，各单位根据绩效考核管理办法和员工出勤情况、完成工作数量对员工进行月度考核；次年年初开展年度业绩考核工作，各单位根据员工出勤情况、完成工作数量、质量、工作效率、工作态度等，结合月度考核结果对员工进行综合打分、评级，根据需要开展绩效面谈，形成员工绩效考核结果及绩效考核调整工资方案。

人力资源退出。公司人力资源退出主要包括三方面内容：辞职、退休和辞退。公司一般不主动辞退员工，只有在员工违规违纪才会选择辞退，经单位工会集中讨论后，在报纸上登公告或下发通知给本人办理离职手续。

(3) 企业文化。

M公司企业文化的核心能力(energy)是核心制造能力(manufacturing)、创新精神(creative)，即$E=MC^2$；核心能力来自核心制造能力与创新精神的组合；核心制造能力是核心能力培育的基石，创新精神是能力培育的加速器。

2) 风险评估现状

风险评估是对业务发生时可能出现的风险进行评价、估测，用于提前发现对公司造成不利影响的因素。企业进行风险评估，是为了能够提前确定风险的高低，以便能够及时采取针对性的措施将风险降低到企业可接受水平之下，让企业能够在一个可控制的范围内正常经营。

目前，M公司针对资金管理风险评估所做的工作相对比较少，财务管理部并没有组织专门的人员就资金管理活动中的各个环节进行风险评估工作，没有制定有关的风险评估程序，即公司的内部控制工作并不是按照风险导向的思路，而是根据管理者的经验来实施。

3) 控制活动现状

针对资金管理控制活动，公司制定了《货币资金内部控制制度》《财务收支预算制度》《资金收支平衡制度》《财务分析暂行规定》《财务分析暂行规定》《库存现金管理制度》《融资管理办法》等制度。在内部牵制方面，公司已形成基本的不相容职务相分离的现状，例如，货币资金的收付及保管应由被授权批准的专职出纳人员负责，其他人员不得接触、票据与印鉴须由不同岗位人员保管、明细分类账与总分类账不能由同一岗位人员登记。但在部分下属单位中，不相容职务分离还存在一定问题。有关资金管理活动的具体业务流程及相关规章制度，本文将在资金管理内部控制业务层面现状中具体说明。

4) 信息与沟通现状

信息与沟通是企业及时、准确地收集、传递与内部控制相关的信息，确保信息在企业内部、企业与外部之间进行有效传递。在公司内部层面，所有员工通过OA系统接收集团以及公司的各类通知，员工之间通过OA系统传送文件，确保公司资料安全。同时，在很多情况下，高层管理人员与各部门负责人会通过会议讨论的形式将决议传递到公司各个部门。目前，公司财务管理部、事业部财务科、分公司财务部均使用用友财务软件，在资金管理活动中，不同岗位人员均在自己的操作权限内执行工作。在公司与外部层面，公司财务管理部、事业部财务科及分公司财务部人员严格按照《企业会计准则》的规定执行资金管理工作，每年统一参加会计继续教育。

5) 内部监督现状

内部监督是内部控制的重要组成要素，内部监督是指企业对已经建立起的内部控制制度进行评估，目的在于发现公司现行内部控制中存在的缺陷，并对发现的内部控制缺陷进行改进和完善。M公司财务管理部每月均会对资金的流入及流出情况、公司三项资金的占用情况、预算外资金数统计及使用情况进行分析，并确定下一个月的资金计划，同时每季度会做一次具体的资金运营情况分析。每年度财务管理部会根据上年资金计划的执行情况及各部门事业部提交的资金计划申请确定下一年度的资金计划。目前，公司内部审计于每年年底在各部门开展，针对资金管理，内部审计部门执行内部控制系统测试及实质性审查，实质性审查内容侧重对公司会计核算及公司较大的财务活动的审查。

2. 资金管理内部控制业务层面现状

笔者在梳理M公司资金管理流程过程中，发现公司因自身特点需增设三个二级流程，分别是内部银行管理流程、外汇管理流程和申请财政资金流程，并需删减一个三级流程、往来款项管理流程。笔者访谈财务管理部内部控制负责人，了解到M公司设有内部银行。内部银行通过吸纳企业下属各单位闲散资金，调剂余缺，减少资金占用，活化与加速资金周转速度，进而提高资金使用效率和效益。因此，笔者在梳理资金管理流程时增设了二级流程：内部银行管理。

上文"内部环境现状"中提到的组织架构显示，M公司有1家控股子公司，名为XD进出口有限公司，笔者访谈财务管理部内部控制负责人了解到，该公司本身不进行生产，专为M公司及其下属单位办理外贸业务。虽然外汇账户的开立、购(付)汇、外币收款、外币付款均由该控股子公司办理，但信用证的管理由M公司财务管理部负责。因此，笔者在梳理资金管理流程时增设了二级流程：外汇管理。

M公司属国有大型制造业，除了生产大型机械设备，还发展战略性新兴产业，如研发生产太阳能热发电成套装备、新能源汽车成套装备、城市轻轨整车成套装备等。因此,M公司很多方面需要向国家申请财政资金补贴,用于项目研发。在访谈财务管理部内部控制负责人了解到,项目的申报、实施工作主要由 M 公司技术中心负责,财务管理部主要负责财政资金的验收与管理工作。因此,笔者在梳理资金管理流程时增设了二级流程:申请财政资金,并将其划分为四个子流程:项目申报流程、项目实施流程、项目验收流程、财政资金管理流程。

M 公司在结算管理中与一般企业结算管理流程有一定区别,其不存在往来款项的管理,访谈财务管理部内部控制负责人得知,其销售采购业务均由各下属单位按照 M 公司制定的计划执行,因此往来款项管理属于各下属单位的工作范畴。所以,笔者在梳理资金管理流程时删减了结算管理中的三级流程:往来款项管理流程。

根据 M 公司以上业务特点,笔者最终梳理出 M 公司资金管理流程,如图 9-16 所示。

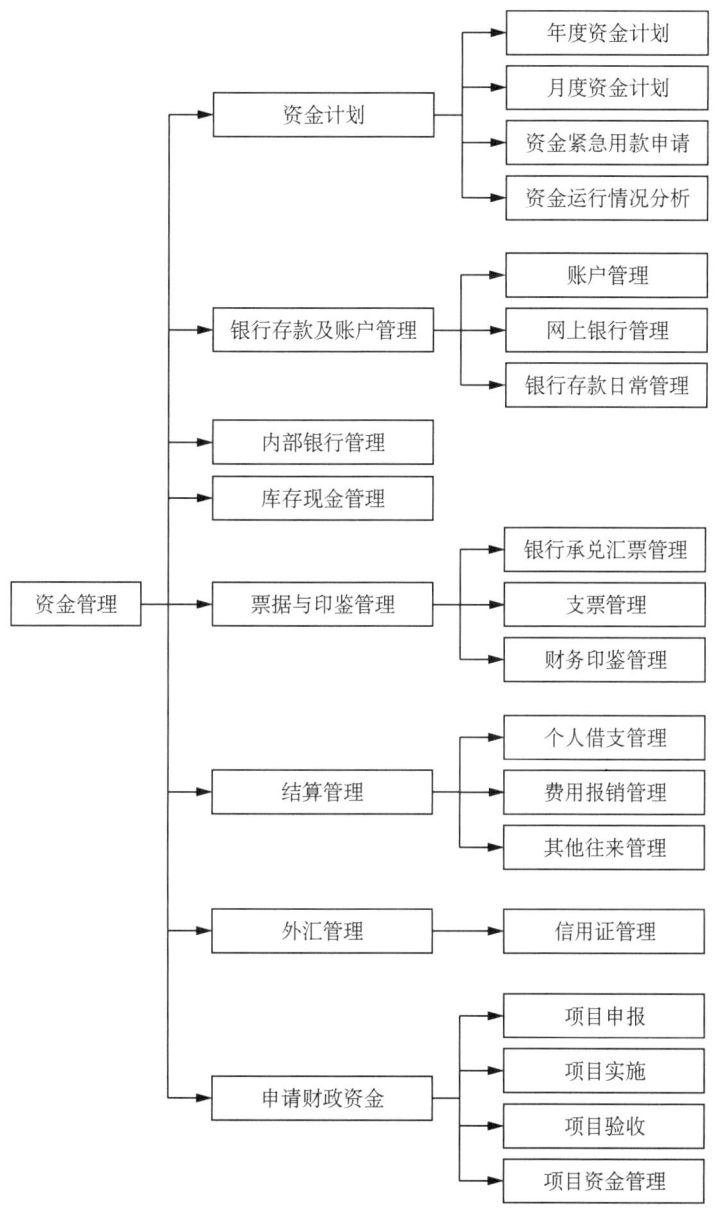

图 9-16　M 电气公司资金管理流程图

1) 资金计划流程现状

(1) 年度资金计划。M公司《财务收支预算制度》对年度资金计划进行了规定。年度资金计划的编制依据是公司各项生产经营目标以及各部门、事业部提交的计划汇总。一是每年10月月底,财务管理部资金室主任和副主任组织相关人员编制年度资金预算,与预算编制工作同时进行。财务管理部预算室发通知到各事业部,各有关部门根据公司下达的生产要求及时提供年度(分季)的产品生产计划、劳动工资计划、管理费用及其他各项费用计划、产品销售计划、积压物资处理计划等基础资料。二是财务管理部预算室充分协调、沟通,审查平衡预算草案,财务管理部资金室主任应根据预算室平衡的数据编制。三是年度财务预算经公司财务总监、公司总经理审定签字后执行。

(2) 月度资金计划。M公司《资金收支平衡制度》对月度资金计划进行了规定。每月月末,财务管理部资金室编制次月月度资金预算。财务管理部是公司资金收支计划的归口管理部门,按"量入为出"的原则。一是各部门、事业部根据各单位情况拟定收支计划,每月27日前报送财务管理部资金室。财务管理部资金室主任将各单位月度资金收支计划收集、汇总编制资金收支计划草案。二是每月月初,公司召开月度资金收支计划平衡会讨论,财务总监、各事业部、分公司财务科长、销售副总等与会,讨论是否通过资金收支计划草案,经达成一致意见后,确定收入和用款计划,财务管理部资金室主任根据资金平衡会结果编制资金计划表,通过OA系统报财务管理部部长审核、财务总监审核、总经理签字批准后执行。并将最终确定的明细月度资金计划下发给各部门,经各单位财务科长、各单位总经理、财务管理部部长、公司财务总监审核和公司总经理签字批准后执行。

(3) 资金紧急用款申请。M公司目前暂无与资金紧急用款申请控制相关的规章制度,笔者访谈财务管理部部长了解到,公司的支出款项均按预算执行,很少出现预算外款项支出,目前公司暂无预算外支出申请的制度,也未发生过该类事项,无具体操作流程。

(4) 年(月)度资金运行情况分析。M公司《财务分析暂行规定》对资金运行情况分析控制进行了规定。一是每月月末,各事业部财务科将本事业部资金收支分析提交到财务管理部资金室。财务管理资金室汇总、撰写财务分析并报送到财务管理部会计室进一步分析。二是财务管理部资金室主任编制月度资金分析,主要包括以下几方面:资金的流入及流出情况分析,公司三项资金的占用情况分析,预算外资金数统计及使用情况分析。三是公司通过资金平衡会对资金收支分析进行讨论,并对异常情况提出相应建议,及时妥善处理。

2) 银行存款及账户管理流程现状

(1) 账户管理。公司《货币资金内部控制制度》中银行存款管理条款提到:"公司需严格按照《银行账户管理办法》办理开立、变更、注销账户手续,办理存款、取款和结算业务,不得违反规定擅自开立和使用银行账户。财务管理部定期检查、清理银行账户的开立及使用情况,发现问题,以书面形式报财务管理部领导及财务总监审批后按相关程序及时做出处理。"通过访谈财务管理部出纳人员,得知:一是开户、销户均需财务部长、财务总监审批,出纳方才能办理相关业务;保证金账户一般一个银行保留一个账户,开立保证金账户主要看银行要求。银行账户变更的情况主要是公司法定代表人变更导致的印鉴变更。办理业务加盖公司公章时,经办人需填制用章审批单,经总经理审批签字。二是每个季度末,财务管理部出纳根据对账情况检查、清理银行账户的开立及使用情况,发现问题,应以书面形式报财务管理部部长及财务总监审批后按相关程序及时做出处理。

笔者在抽查样本时,公司财务管理部提供了最近在民生银行的开户审批单(银行协议单据)、在工行的销户审批单(银行协议单据)以及第一季度银行账户清查表。协议上加盖有公司公章、法人印鉴。

(2) 网上银行管理。在财务管理部提供的制度中,笔者未查看到有关企业网银开通、网银操作的相关规定;访谈财务管理部出纳,了解到网银开通一般与账户开立一起办理。签订开户及开通网银协议、合同时加盖公司公章、法人印鉴。加盖公司公章时经办人需填制用章审批单,经总经理签字。网银付款时,财务管理部出纳需制单,财务管理部资金副主任审核,审核通过后通知出纳提交付款,出纳和副主任相互牵制,确保资金的安全。

(3) 银行存款日常管理。公司《货币资金内部控制制度》对银行账户对账、记账流程进行了规范。访谈财务管理部资金室主任了解到,银行存款收付后,财务管理部银行出纳登记银行存款日记账。每月 6 日前,银行出纳与总账会计进行日记账与总账的核对,确保银行日记账与银行存款总账余额一致;财务管理部设有专门的对账人员,负责银行存款的对账,保证银行对账单与银行日记账余额一致。若对账金额不一致,应查明原因及时处理。差异属于未达账项的由财务管理部资金室资金员编制银行存款余额调节表,报财务管理部资金室主任审核,财务管理部部长审批。笔者抽查银行余额调节表样本,样本与访谈结果一致。

3) 内部银行管理流程现状

M 公司反馈的财务制度中,没有条款对内部银行账号管理、内部银行付款进行规定,内部银行账号管理的部分内容在内部银行管理员职责中体现。访谈财务管理部资金室内部银行管理员,了解到各事业部有固定的账号不会变;事业部名称、事业部财务科长、事业部总经理发生变动时,各事业部需进行印鉴变更:首先人事变动情况需经 M 公司发文,新领导上任后,各事业部、分公司财务科出纳提出纸质申请,到 M 公司财务管理部领取存款印鉴卡,按印鉴卡上规定盖好印鉴章后,送到 M 公司财务管理部内部银行存款核算员处备案即可。各事业部、分公司无对外资金收付业务,资金统一由内部银行管理,各事业部、分公司资金往来统一由内部银行划拨。按照《货币资金内部控制制度》,各事业部付款时,需要其出纳根据每月资金付款计划,开出内部银行支票,注明支出款项的用途、金额,请款人将印鉴完整的支票的第二联和第三联提交到 M 公司财务管理部。财务管理部资金室主任按照资金授权审批权限(5 000 元以上 5 万元以下由财务管理部部长签字,5 万元以上由财务总监签字),对将要发生的资金收付业务进行审查批准,主要查看金额和用途以及相关人员的签字或者盖章。经审批通过的内部银行支票交内部银行核算员填制记账凭证;稽核人员复核后,财务管理部出纳进行付款,付款后加盖"付讫"章和出纳签章。付完款后,凭证交财务管理部稽核会计复核。每月 3 日,公司内部银行核算员将上月的内部银行全部对账单通过 OA 传送到事业部出纳。鉴于内部银行交易频繁,公司内部银行核算员可以于上月 20 日,将已发生部门本月对账单传送给事业部出纳先进行核对。与各事业部对账不一致的,应找出原因进行调整。笔者抽查 2013 年 6 月银付 152 号、153 号凭证以及内部银行对账单,样本与财务管理部资金室内部银行管理员描述一致。

4) 库存现金管理流程现状

笔者审阅《库存现金管理制度》《货币资金内部控制制度》,制度中规定了库存现金送存、结算、盘点、对账等内容。笔者访谈财务管理部资金室出纳了解到,公司下属单位出纳员保管的库存现金不得超过规定限额 5 000 元,财务管理部资金室保管的库存现金不得超过规定限额 100 000 元。每天下班之前财务管理部资金室出纳将当日现金收入送存公司公安处总金库,货款收入和超限额的现金必须在第二天送存银行,严禁坐支现金。财务管理部资金室出纳向银行送存现金,要如实注明来源,支取现金要如实写明用途。公司内外接送现金 2 万元以上的必须由两人以上护送;公司内外接送 4 万元以上的须派专车接送。收款付款后,财务管理部资金室出纳及时根据审核后的现收现付凭证登记现金日记账。现金由专人保管,存放于保险柜中;

库存现金需日清月结,做到账实相符。每天结账后将现金余额与现金日记账账面余额核对相符,如出现差错要及时查清,特殊情况要及时向领导汇报,查找原因,妥善处理。每周财务管理部资金室出纳盘点现金,并编制现金盘点表,财务管理部资金室副主任进行监盘并在现金盘点表上签字。

5) 票据与印鉴管理流程现状

(1) 承兑汇票管理。笔者审阅公司《融资管理办法》,该制度对承兑汇票开立、背书、贴现操作流程进行了规定。访谈财务管理部资金室主任,了解到收取的银行承兑汇票再进行背书付款时,财务管理部会计人员须核对资金计划,并按照发票和有效购货合同的信息开立银行承兑汇票或进行背书转让,经办人不得无故变更收款人名称。经办人提供的收款人名称与发票和购货合同上印章单位不一致时,财务管理部会计人员有权拒绝办理。贴现时,财务管理部资金计划员须按《融资管理办法》填制融资审批单,准备相关资料,根据审批后的申请报告办理具体业务。财务管理部每月根据生产经营状况提出银行承兑汇票贴现申请,一次性贴现金额在5 000万元以下的(含5 000万元)由财务总监审批;一次性贴现金额在5 000万元以上的由总经理审批。承兑汇票由财务管理部资金室主任保管,每天结账后,票据保管员将库存票据余额与应收票据明细账面余额进行核对,如出现差错要及时查清,月末库存票据余额与应收票据总账余额进行核对。应收票据台账由财务管理部资金室资金员编制和管理,记录出票单位、客户单位、票种、金额、出票日期、到期日、销号栏(背书、到期)。每月财务管理部资金室资金员对票据实物和台账不定期核对,台账与总账每月核对,票据盘点与台账核对时无盘点表。

(2) 支票管理。笔者审阅公司《货币资金内部控制制度》,制度中对支票购买、领用、签发、保管、核销作了相关规定。访谈财务管理部资金室出纳,了解到在发现支票快使用完前,财务管理部资金室出纳需填写购买支票申请单,包括支票种类、数量,申请单由财务管理部资金室主任审批后加盖财务印鉴,财务管理部资金室出纳根据经审批的信息购买支票。领用支票时,经办人须经付款或领款流程审批。签发支票时,财务管理部出纳必须按照支票的序号签发支票,不得换本或跳号签发,签发票据时用碳素笔填写,数字一律采用银行规定的大写汉字表示,日期、金额、用途、单位应填写齐备,票据填写日期必须是支票签发当日。财务管理部出纳填写完后,由资金室相应印章保管人员加盖印鉴。财务管理部出纳将支票妥善保存,存放在保险柜中,并建立支票等票据台账,签发票据后及时登记票据台账,对日期、票号、金额、用途、作废等情况进行登记备查,财务管理部资金室主任每月不定期检查。支票核销需经财务管理部资金室主任批准,书写错误或核销的票据在审批后要加盖"作废"戳记。

(3) 财务印鉴管理。笔者审阅《货币资金内部控制制度》,该制度对财务印鉴管理进行了规定:签发结算凭证所使用的银行预留印鉴中财务专用章由专人保管,个人名章由本人或其授权人员保管。严禁一人保管支付款项所需的全部印章。任何单位和个人不得将财务印鉴,特别是财务专用章转借他人使用。访谈财务管理部资金室主任,笔者了解到公司财务印鉴不是由一个人保管,根据资金牵制制度,财务专用章由财务管理部稽核人员保管,法人章和财务总监章由财务管理部资金室主任保管,并与公司签订了财务印鉴委托保管书。笔者查阅公司印鉴委托保管书,与被访谈人描述一致。

6) 结算管理流程现状

(1) 个人借支管理。笔者审阅《因公出差审批及差旅费报销管理办法》《货币资金内部控制制度》,以上规章制度对个人借支进行了规定。借支差旅费:公司人员出差,须预先请款的,必须先通过"OA"填写出差申请流程,经本科室、本部门领导,出省经分管经理同意后财务方可请款。单位主管行政领导对出差人数、出差地点、工作内容、起止日期、实际出差天数和途中中转时间进行认真审核后,签注意见,盖公章,送到财务管理部。一般因公借支,申请人填写支款凭证,注明请款单位、请款人姓名、金额、事由、请款日期,经经办人签字,部门部长、主管领导签字审批后送到财务管理部。支付金额5万元以内需财务管理部部长签字,5万元以上需公司财务总监签字。财务管理部费用会计根据审批后的出差审批单或支款凭证填制记账凭证,记入暂付款,记账后交财务管理部稽核人员复核,复核无误后交财务管理部出纳人员按照复核后的凭证付款;领款时,领款人在记账凭证上签字确认。付款后,财务管理部出纳在记账凭证和原始凭证上加盖"付讫"章及出纳签章,并登记现金或银行存款日记账。

(2) 费用报销管理。笔者审阅《因公出差审批及差旅费报销管理办法》《招待应酬费开支管理办法》《货币资金内部控制制度》,以上规章制度对差旅费以及其他费用报销进行了规定。差旅费报销:报销需在出差回来一周内办理,经办人填制差旅费报销单,包括日期、姓名、单位、职务、事由、地点、出差时间、地点经过、报销明细金额等项目,将原始凭证粘贴好后,经办人在报销单上签字,经出差单位领导签字审批并加盖单位章。带"出差申请流程表"留存联交财务管理部报销。招待费用报销:由经办人填制招待费用报销单,注明填制日期、内容摘要、原始凭证张数、金额,由经办人、证明人签字后将报销单和粘贴好的原始凭证交由归口领导签字审批,并加盖部门章,交财务管理部办理报销。一般费用报销:由经办人填制单据标签,注明金额、事由、经办人、证明人,签字后,将报销单和粘贴好的原始凭证交由归口领导签字审批,并加盖部门章,交财务管理部办理报销。财务管理部收到报销单据后,费用会计需对原始凭证进行复核后填制记账凭证,冲减暂付款不需支付款项的记账凭证,经财务管理部会计室主任进行稽核,需付款的则由财务管理部资金室稽核人员复核,复核后交回财务管理部出纳进行付款。付款完成后,财务管理部出纳人员需在记账凭证和原始凭证上加盖"付讫"或"收讫"章。领款时,领款人在记账凭证上签字确认。财务管理部出纳根据凭证登记日记账。笔者抽查2012年12月现付凭证91号,发现喻亮差旅费报销单未写明地点和事由且未附出差审批单。

(3) 其他往来款项管理。公司本部无销售采购业务,销售采购业务均在各个事业部、分公司,因此,公司本部无应收应付款项管理,只存在其他往来款项管理。在财务管理部反馈的制度中,未查看到对往来对账进行规范的条款,在对账过程中无纸质记录。访谈财务管理部往来核算员和费用会计,了解到公司无应收账款与应付账款,仅有其他应收款、其他应付款、其他应收款的对账是不定期对经常业务往来的单位或个人核对账务,每半年定期核对。核对为电话核对,无纸质记录。

7) 外汇管理流程现状

(1) 外币账户开立、购付汇、外币收款、外币付款。M公司的控股子公司XD进出口公司负责公司外汇业务。该公司财务部出纳办理银行账户开立、变更及销户前,必须经过相关权限领导审批通过后,由财务部出纳按照《人民币银行结算账户管理办法》《支付结算办法》办理银行账户开户、销户手续且进行定期检查。同时该子公司参照国家外汇管理办法、M公司《货币资金内部控制制度》制定相关外汇管理规定,按规定办理购(付)汇、外币收款、外币付款业务。

(2) 信用证管理。笔者审阅《融资管理办法》,该制度对开立信用证审批程序进行了规定。财务管理部资金室岗位职能职责对办理信用证职责进行了规定。开立信用证由财务管理部资金室协助各事业部办理,严格按照开证银行要求提交所有单据资料(合同、发票、保险等单据),保证单据与信用证内容一致性。访谈财务管理部资金室副主任,了解到信用证条款变更主要是交货期等条款内容的变更,金额一般不会变化,目前未发生因信用证条款变更导致资金损失的情况。

8) 申请财政资金流程现状

(1) 项目申报。在财务管理部反馈的制度中,笔者未查看到对财政资金项目申报进行规范的条款。笔者访谈企业营运部财政资金申请经办人黄英了解到:企业营运部归口办理财政资金申报工作,按照文件要求准备相关申报资料;资金申请表经董事长签字,并加盖公司公章。

(2) 项目实施与验收。在财务管理部反馈的制度中,笔者未查看到对项目实施与验收进行规范的条款。访谈企业营运部财政资金申请经办人,了解到财政资金申请均严格按照文件规定要求的时间、格式及时申报。访谈财务管理部专项会计了解到,财政资金收款由财务部办理,财政资金到账后,根据批复、银行回单、湖南省行政事业单位往来结算收据记账联编制会计凭证。财务管理部稽核会计复核后,财务管理部出纳按照审核后的原始凭证收款,对已完成收款的凭证加盖"收讫"戳记和出纳人员签章,并登记银行存款日记账。

(3) 财政资金管理。笔者审阅《国家科技计划项目及公司科研项目财务暂行管理办法》,该办法对财政资金使用范围、考核等均进行了相应规定。访谈财务管理部专项会计,财政资金严格在专项资金用款范围内使用。按照申报预算书要求,财务管理部专项会计需编制资金使用计划,使用情况统计表。相关部门请款时,财务管理部专项会计严格按照专项资金的使用范围进行核对后才能付款。

(三) 思考题

(1) 分析 M 公司资金管理内部控制整体层面存在的问题。
(2) 分析 M 公司资金管理内部控制业务层面存在的问题。
(3) 针对 M 公司资金管理内部控制整体层面提出优化建议。
(4) 针对 M 公司资金管理内部控制业务层面提出优化建议。

第十章 资产管理

【教学目标】

知识目标：
1. 理解存货业务内部控制的目标和总体风险。
2. 了解存货业务内部控制的基本框架，包括存货验收入库、存货存储保管、存货领用发出、存货盘点等关键环节，以及每个环节中的关键控制点和控制措施。
3. 理解固定资产业务内部控制的目标和总体风险。
4. 了解固定资产业务内部控制的基本框架，包括固定资产取得与记录、使用与维护、清查与处置等关键环节，以及每个环节中的关键控制点和控制措施。
5. 理解无形资产业务内部控制的目标和总体风险。
6. 了解无形资产业务内部控制的基本框架，包括无形资产取得与验收、使用与保全、升级等关键环节，以及每个环节中的关键控制点和控制措施。

能力目标：
1. 掌握存货业务流程设计思路及要点。
2. 能够编制存货业务风险控制矩阵。
3. 掌握固定资产业务流程设计思路及要点。
4. 能够编制固定资产业务风险控制矩阵。
5. 掌握无形资产业务流程设计思路及要点。
6. 能够编制无形资产业务风险控制矩阵。

素养目标：
1. 培养学生珍惜和合理利用资源的意识，增强其环保和可持续发展的观念。
2. 强调爱护公物和勤俭节约的精神，培养学生对资产的责任感和保护意识。

【导入案例】

二维码 10-1　消失的库存

第一节　资产管理业务内部控制

企业应当加强各项资产管理，全面梳理资产管理流程，及时发现资产管理中的薄弱环节，切实采取有效措施加以改进，并关注资产减值迹象，合理确认资产减值损失，不断提高企业资产管理水平。

企业应当重视和加强各项资产的投保工作，采用招标等方式确定保险人，降低资产损失风险，防范资产投保舞弊。

一、资产管理业务内部控制目标

(1) 保证资产管理合法合规，符合企业内部规章制度的规定。
(2) 保证各项资产（包括存货、固定资产和无形资产等）安全、完整。
(3) 提高资产管理与利用的效率和效果，加速存货周转、关注固定资产更新改造、提升使用效能、增强无形资产权属管理等。
(4) 保持完整的资产记录，相关会计处理符合会计准则的规定，提供各种有用的信息。
(5) 与企业战略和经营计划紧密联系，使资产管理能有效地支持企业战略和经营计划。

二、资产管理业务总体风险

企业资产管理至少应当关注下列风险：
(1) 存货积压或短缺，可能导致流动资金占用过量、存货价值贬损或生产中断。
(2) 固定资产更新改造不够、使用效能低下、维护不当、产能过剩，可能导致企业缺乏竞争力、资产价值贬损、安全事故频发或资源浪费。
(3) 无形资产缺乏核心技术、权属不清、技术落后、存在重大技术安全隐患，可能导致企业法律纠纷、缺乏可持续发展能力。

第二节　存货业务内部控制

存货是企业在日常活动中持有以备出售的产成品或商品、处在生产过程中的在产品、在生产过程或提供服务过程中耗用的材料和物料，主要包括各类原材料、在产品、半成品、产成品、商品、周转材料等。对存放于企业但不属于企业的存货（如受托代销、代管存货、接受委托加工、代修存货等），也应加强管理和控制。

一、存货业务内部控制目标

存货是企业为出售或耗用而持有的流动资产，具有流动性强、品种繁杂、存放地点分散、多种计价、易短缺或被盗等特点。存货业务的内部控制旨在实现以下目标：
(1) 保证存货业务合法合规，符合企业内部规章制度的规定。
(2) 保证各项存货（包括存放于企业但不属于企业的存货）安全、完整。
(3) 提高存货管理与利用的效率和效果，加速存货周转，提高资金使用效益。
(4) 保持完整的存货记录，相关会计处理符合会计准则的规定，提供各种有用的信息。

(5) 与企业战略和经营计划紧密联系,使存货业务能有效地支持企业战略和经营计划。

二、存货业务总体风险

在存货业务内部控制中,企业至少应关注以下风险:
(1) 存货业务违反国家法律法规,可能遭受外部处罚,造成经济损失和信誉损失。
(2) 存货业务未经适当审批或越权审批,可能因重大差错、舞弊、欺诈而导致资产损失。
(3) 存货验收程序不规范,可能导致资产账实不符和资产损失。
(4) 存货保管不善,可能导致存货损坏、变质、浪费、被盗和流失等。
(5) 发出存货管理不善,可能因计量、计价、记录等差错而导致账实不符。
(6) 存货盘点不规范,未能及时查清资产状况并做出处理,可能导致信息不实、资产和利润虚增等。

三、存货业务流程

(一) 业务流程

存货业务涉及验收入库、存储保管、领用发出、盘点和处置等环节,涉及采购、仓储、生产、销售、财会等多个部门,存货业务简化流程图详见图10-1。

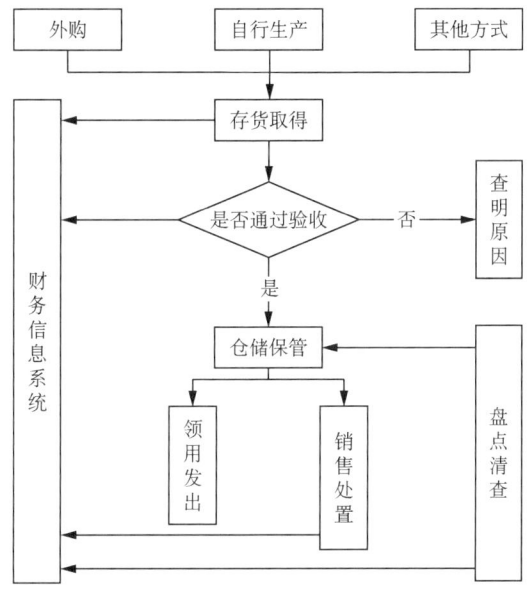

图 10-1 存货业务流程

(二) 职责分工与授权批准

企业应当建立存货业务的岗位责任制,明确内部相关部门和岗位的职责、权限,确保办理存货业务的不相容岗位相互分离、制约和监督。存货业务的不相容岗位至少包括:
(1) 存货的请购、审批与执行。
(2) 存货的采购、验收与付款。
(3) 存货的保管与相关记录。
(4) 存货发出的申请、审批与记录。
(5) 存货处置的申请、审批与记录。

企业应当配备合格的人员办理存货业务。办理存货业务的人员应当具备良好的业务知识和职业道德，遵纪守法，客观公正。企业要定期对员工进行相关的正常、法律及业务培训，不断提高他们的业务素质和职业道德水平。

企业应当对存货业务建立严格的授权批准制度，明确审批人对存货业务的授权批准方式、权限、程序、责任和相关控制措施，规定经办人办理存货业务的职责范围和工作要求。

审批人应当根据存货授权批准制度的规定，在授权范围内进行审批，不得超越审批权限。经办人应当在职责范围内，按照审批人的批准意见办理存货业务。

企业内部除存货管理部门及仓储人员外，其余部门和人员接触存货时，应由相关部门特别授权。对于贵重物品、危险物品或需保密物品的存货，应当规定更严格的接触限制条件，必要时，存货管理部门内部也执行授权接触。

四、存货业务关键环节

（一）存货验收入库环节的流程设计

存货验收入库环节的有效管理对于保证存货的数量和质量、维护企业资产安全、提高存货利用效率以及确保财务信息的准确性都具有重要意义，具体流程如图10-2所示。

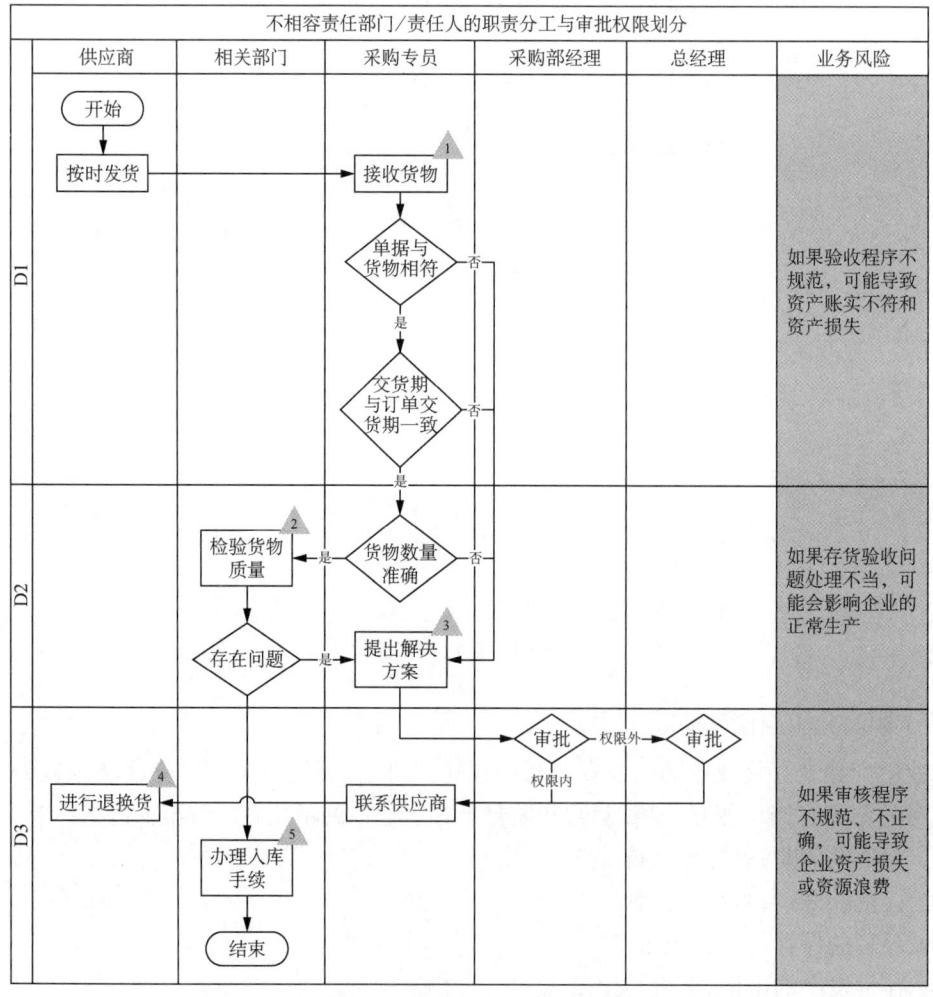

图10-2　存货验收入库环节流程

(二)存货验收入库环节的主要风险及其控制

存货验收入库环节的主要风险包括:验收程序不规范、标准不明确,可能导致数量克扣、以次充好、账实不符等。

企业应制定存货验收入库管理制度,保持完整的验收入库记录。与验收入库有关的单证包括收料单、退料单、自制材料交库单、产品入库单、收料汇总表等。

1. 外购存货的验收入库

企业应根据存货验收入库管理制度和经审批的订单、合同等采购文件,对外购货物或服务进行验收。验收小组的构成应包括专门验收部门或人员、采购部门、仓储部门、请购部门及供应商等有关方面的代表。验收小组应对所购货物或服务的品种、规格、数量、质量和技术标准等进行验收,出具检验报告、计量报告和验收证明;对验收过程中发现的异常情况,应立即向有关部门报告;有关部门应查明原因,及时处理。

验收小组一般应实施下列验收程序:

(1)检查订货合同、入库通知单、供应商提供的材质证明、合格证、运单、提货通知单等原始单据与待检验货物是否相符。

(2)对拟入库货物的交货期进行检验,确定外购货物的实际交货期与订单交货期是否一致。

(3)对待检验货物进行数量复核和质量检验,必要时可聘请外部专家协助进行。

(4)对数量相符、质量合格的货物办理入库手续;对经过验收不符合要求的货物,应及时办理退货、换货或索赔手续。

(5)对不经仓储直接投入生产或使用的货物,应采取适当方法进行检验。

2. 自制存货的验收入库

拟入库的自制存货,一般由生产部门组织专人检验,只有检验合格的产成品才可作为存货办理入库手续。由生产车间发出至客户、实物不入库的产成品,应采取适当方法办理出入库手续。

对已售商品退货的入库,仓储部门应根据销售部门填写的退货凭证办理入库手续,经批准后,对拟入库商品进行验收。因产品质量发生的退货,应分清责任,妥善处理。对劣质产品,可选择修复、报废等措施。

3. 存货验收入库记录

仓储保管人员根据验收单点收所购货物的数量和质量,并填写入库单,注明供应商名称、收货日期、货物名称、数量、质量等内容。入库单一式三联,一联留存,登记仓库台账;一联交财会部门,办理结算;一联退回采购部门,与购销合同、请购单核对后归档备案。

五、存货存储保管环节

(一)存货存储保管环节的流程设计

存货存储保管环节包含制定存储保管制度、分类存放、定期检查和维护、盘点与核对等多个步骤,确保存货的安全、完整和有效管理,具体流程如图10-3所示。

(二)存货存储保管环节的主要风险及控制

存货存储保管环节的主要风险包括:存货存储保管方法不适当、监管不严密,可能导致损坏变质、价值贬损、资源浪费等。

企业应建立存货保管制度,综合运用限制未经授权人员对财产的直接接触、财产记录、定

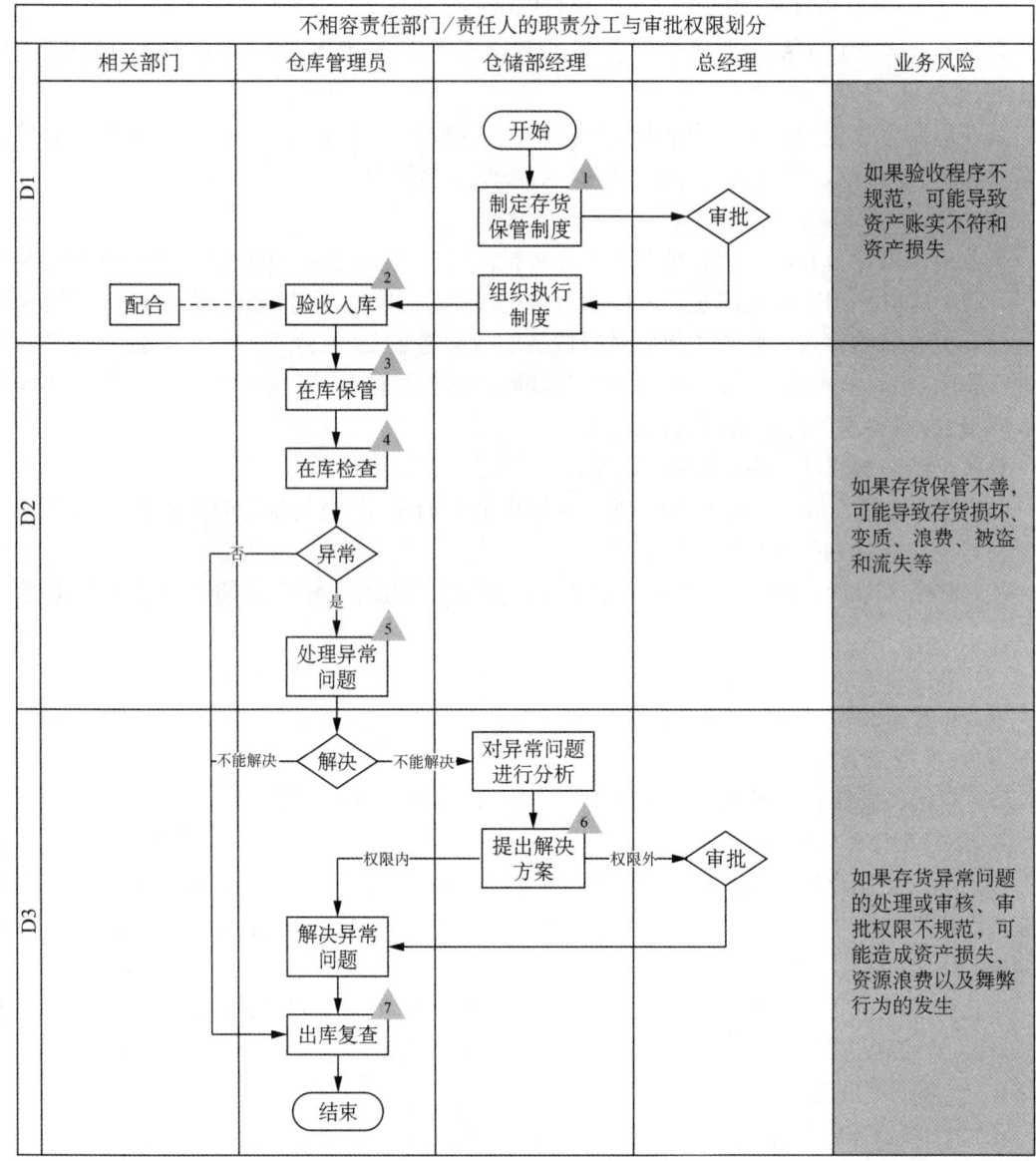

图 10-3 存货存储保管流程

期盘点、账实核对等措施,确保存货安全、完整。

(1) 存放和管理应指定专人负责并进行分类编目,严格限制其他无关人员接触存货,入库存货应及时登记并详细标明存放地点。

(2) 应按存储物资所要求的储存条件贮存,并建立健全防火、防潮、防鼠、防盗和防变质等措施。

(3) 贵重物品、生产用关键备件、精密仪器和危险品的存储,应实行严格的审批制度。

(4) 重视生产现场的材料、低值易耗品、半成品等物资的管理控制,防止浪费、被盗和流失。

(5) 对于因业务需要而分设仓库的情形,应对不同仓库间的存货流动办理出入库手续。

(6) 仓储部门应建立存货台账,详细登记存货类别、编号、名称、规格型号、数量、计量单位等,并定期与财会部门就存货品种、数量、金额等进行核对。存货台账的登记依据包括入库单、退库单、领料单、发货单、出库单、销售凭证等单证。台账记录不得随意修改,如确需修改入库记录,则应经有效授权审批。

(7) 企业应定期对存货保管情况进行检查。

六、存货领用发出环节

(一) 存货领用发出环节的流程设计

存货领用发出环节是存货管理流程中的关键部分,涉及将存货从仓库发出供使用或销售的过程,具体流程如图 10-4 所示。

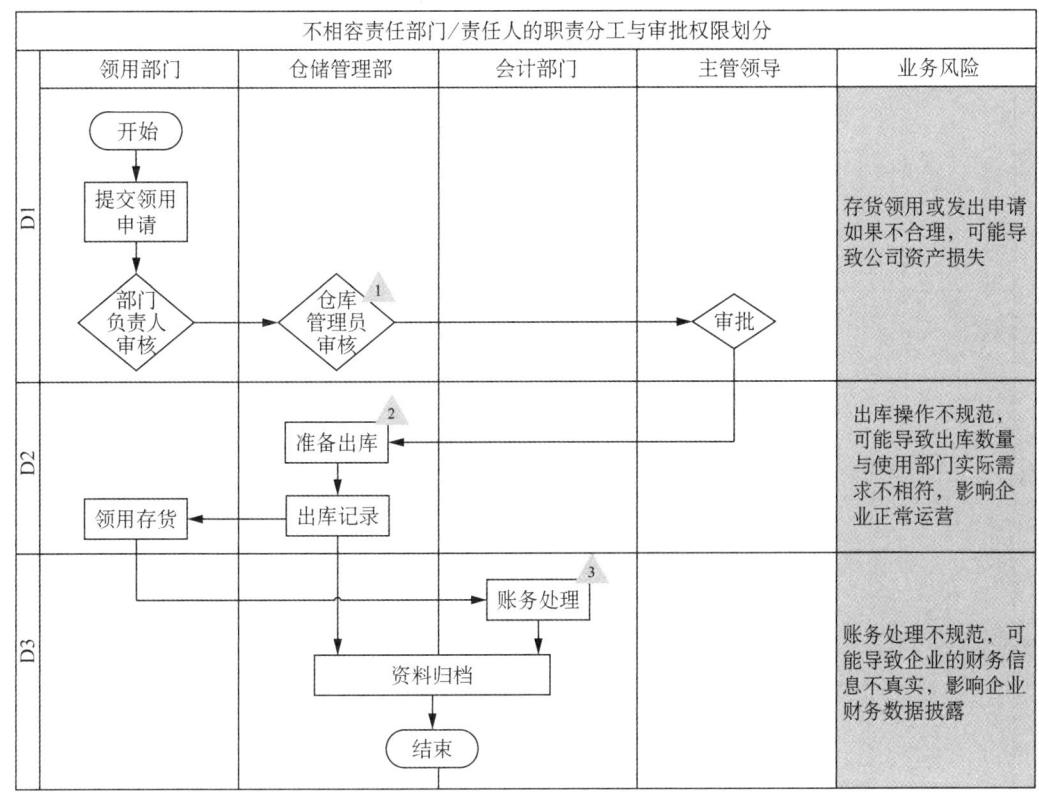

图 10-4 存货领用发出流程

(二) 存货领用发出环节的主要风险及其控制

存货领用发出环节的主要风险包括:存货领用发出审核不严格、手续不完备,可能导致存货流失等。

企业应建立严格的存货发出流程和制度,保持完整的发货记录。与发货有关的表单包括领料单、销售材料发料单、委托加工发料单、发料汇总表、产品出库单、盘盈盘亏报告表等。

企业发出存货须经授权审批,大批商品、贵重商品或危险品的发出应得到特别授权。为保证存货发出准确无误,仓库保管人员要审核领料单,确认手续齐全,检查存货品名、规格、型号、数量和质量,并签字或盖章。

生产用原材料可采用定额制,由相关部门核定消耗定额。生产部门根据定额填制限额领料单,向仓储部门领料。材料发出后,仓库保管人员要按计划或实际价格在领料单上标明金额,登记材料台账,并转材料明细分类账记账员记账后,随发料汇总表定期送往财会部门。

为保证存货安全、记录正确,企业应建立内部稽核制度。财会部门应加强对仓储部门的经常性审核工作,定期进行账证、账账、账实核对。

七、存货盘点环节

(一)存货盘点环节的流程设计

存货盘点包括制定盘点计划、整理仓库物料、通知盘点人员、初盘、复盘和核对、处理异常、更新记录和定期盘点等步骤,具体流程如图10-5所示。

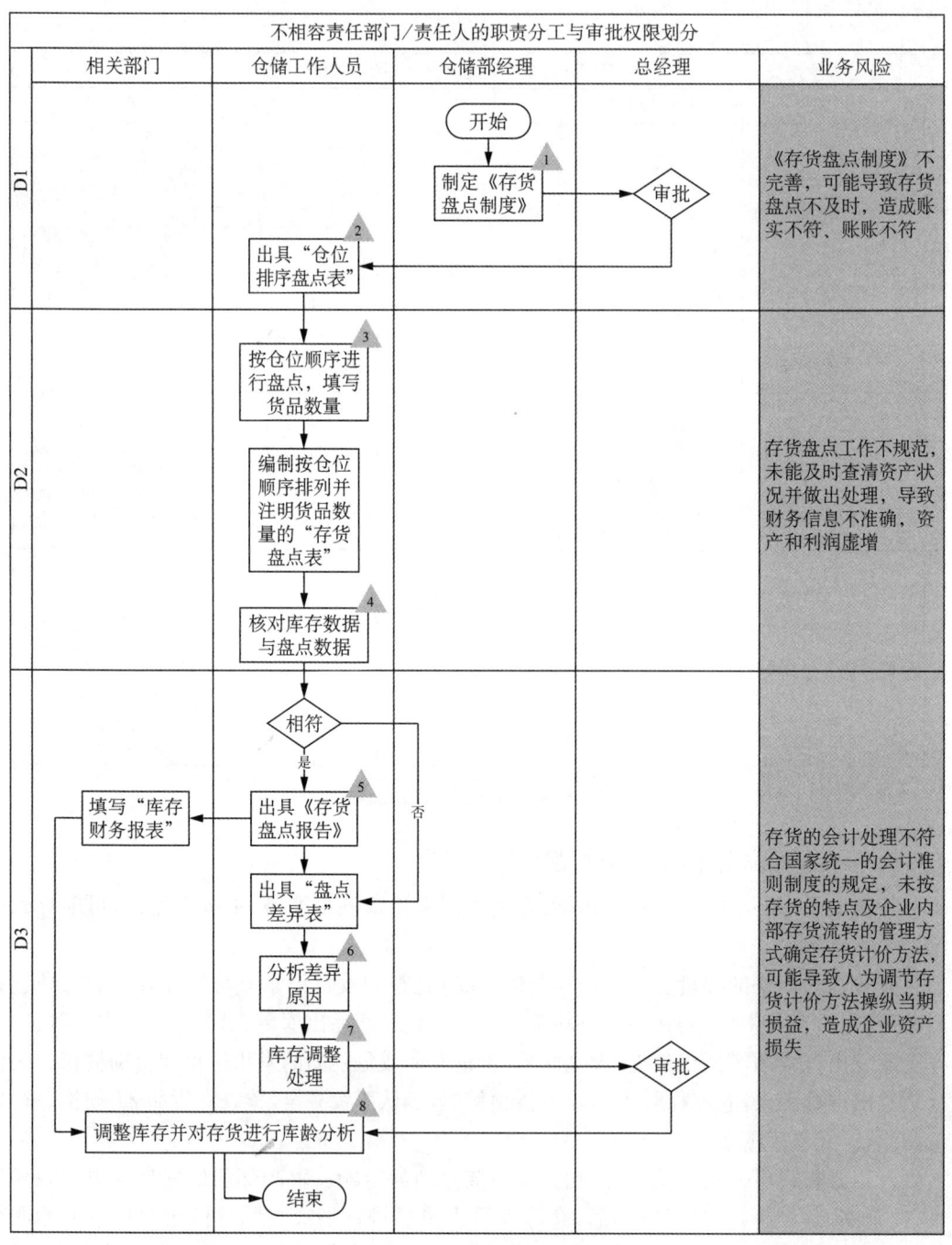

图10-5 存货盘点流程

（二）存货盘点环节的主要风险及其控制

存货盘点环节的主要风险包括：存货盘点清查制度不完善、计划不可行，可能导致工作流于形式、无法查清存货真实状况；存货报废处置责任不明确、审批不到位，可能导致企业利益受损等。

企业应制定适当的存货盘点制度，明确盘点范围、方法、人员、频率、时间等，及时发现存货丢失、损坏、变质等情况。企业应制订详细的盘点计划，合理安排人员，有序摆放存货，保持盘点记录的完整，及时处理存货盘盈、盘亏。对于特殊存货，企业可聘请专家采用特定方法进行盘点。

企业盘点存货时应及时编制盘点表，盘盈、盘亏情况要分析原因，提出处理意见，经相关部门审批后，在期末结账前处理完毕。

仓储部门应通过盘点、清查等方式全面掌握存货状况，及时发现存货的残、次、冷、背等情况；对残、次、冷、背存货，应选择合理的处置方式，经相关部门审批后及时处置。

仓储部门与财会部门应结合盘点结果对存货进行库龄分析，确定是否需要计提存货跌价准备。经相关部门审批后，方可进行会计处理，并附上有关书面材料。

企业应定期对存货进行检查，及时、充分了解存货的存储状态，对于存货变质、毁损、报废或流失的情况要厘清责任、分析原因、及时处理。

八、案例分析[①]

（一）FS 钢铁制造公司基本情况

FS 钢铁制造公司在中国的国防军工方面具有重要地位，是我国发展军工的重要功臣，为我国军工的发展提供了大量的材料与技术支持。公司主要产品为各种特殊钢材和高温合金，多项产品多次荣获国家、省市级奖项。并且该公司自新中国成立以来一直致力于国家建设发展，在我国第一颗原子弹、第一枚导弹以及各类中程远程战略性武器的研发与制造过程当中，所使用的特殊钢新材料大多数由 FS 钢铁制造公司提供。FS 钢铁制造公司成立时间早，经过八十多年的发展与沉淀，已经拥有在国内相对成熟的技术路线，目前，FS 钢铁制造公司以高温合金和各种特殊钢材为核心产品。

该公司的组织结构中，董事长、党委书记为最高决策者，下设销售部门、设备部门、技术部门、财务部门、工会主席六大部门，此外，生产厂由董事长及党委书记、总经理及党委副书记直接领导。其中，供应处、销售处、物流公司、质检处、物资管理处、生产厂等属于与存货管理直接相关的部门。存货进入公司前，要经历采购环节，采购计划经由审批后方可进行存货采购，在这一过程中存货的运输也是存货采购环节内部控制的重要环节；存货进入公司时，要经过专门的验收部门对存货进行验收，并确认在采购环节所发生的存货毁损情况，再由专门的入库部门进行存货入库；存货在公司存放时，必须按期进行存货的实地盘点，保证存货的实际情况与账面记录能够相对应，并且在领用存货时必须由经过批准的人员亲自交接。

（二）FS 钢铁公司存货内部控制现状

根据 FS 钢铁制造公司的《内部控制规范实施工作方案》，该公司将董事会确认为公司内部控制的领导机构，对公司内部控制的整个流程进行监督与控制，确定公司内部控制具体实施标准与流程，检查公司内部控制的自我评价报告是否真实可靠，对于公司内部控制中存在的问

[①] 本案例改编自孙赛. FS 钢铁制造公司存货内部控制分析. 中国财政科学研究院硕士学位论文，2021.

题,董事会在监督过程中应当及时发现并提出改进意见,提出意见的同时应考虑外部监管机构的建议。公司根据《企业内部控制基本规范》成立内部控制实施小组,小组成员由各个分部、分厂的领导组成。

1. 采购环节内部控制流程

(1) 编制年度经营计划。年度经营计划是公司进行原材料、原燃料采购的基础。该公司编制年度经营计划的主要流程为:

① 初步编制年度经营计划。企划部根据公司的年度生产目标要求确定产量;生产产品的具体成本和出售价格,则根据财务部所提供的资料进行确定;由于公司生产产品的品种较多,因此各个品种产品的生产比例应当按照各个产品的边际贡献来确认;企划部应对综合生产总量、各个产品的生产成本和出售价格以及生产比例,来确定企业的年生产计划。

② 各部门编制年度计划。生产部应当以企划部所编制的年生产计划为基础,结合公司的年生产能力,来编制企业年度生产计划的初稿;采购部应当根据生产部编制的年度经营计划初稿,对市场情况进行调查,来编制企业年度采购计划初稿。

③ 对各个部门编制的年度计划进行汇总。企划部应对各个部门所编制的年度生产经营计划进行总结整合,在充分考虑企业的实际情况与经营目标之后,完成年度生产经营计划初稿,并将其交由上级领导部门进行审核确认。

④ 形成年度经营计划。该公司的上级集团会以集团分配给该公司的生产总量和利润目标作为依据,审核该公司提交的初稿;企划部根据集团生产总量和利润目标的要求,对初稿进行修改,修改后的初稿仍然要再次经过上级领导部门审核确认后,才能下发给各个部门。确定月度采购计划。

(2) 确定月度采购计划。公司的月度采购计划是年度计划的组成部分。该公司编制月度计划的主要流程为:

① 向各个部门发放月度生产计划。企划部应当根据要求,将审核后的月度生产计划下发给相关部门。

② 编制月度采购计划。物料供应部根据企划部下发的月度生产计划,结合往期产品成本与当期实际市场情况,确定所需原材料与原燃料的数量、金额、种类,并初步编制月度采购计划。物料供应部在采购计划编制完成后,需要将其交由物料供应部部长进行审批。

③ 审批月度采购计划。物料供应部部长对初步编制的月度采购计划,需要对原材料和原燃料的种类、数量、金额的准确性与可靠性进行确认和审核,如果确认采购的种类、数量、金额无误,就交由上一级领导进行审核。如果上一级领导审批通过,就由物料供应部下发月度采购计划。即该公司的月度采购计划实行双重审核制度。公司月度采购计划具体流程如图10-6所示。

(3) 签订采购合同。该公司签订采购合同的主要流程为:

① 下发月度采购计划。物料供应部在月度采购计划通过双重审批后,将其交由物料供应部专门负责下发月度计划的部门进行下发。

② 选择采购供应商。物料供应部中负责选择供应商的专职人员,以采购计划中的信息为基础选择采购供应商,并根据所选择的采购供应商编制合同草案,交由上一级领导进行审批。

③ 审批采购合同草案。负责选择供应商的专职主管人员对递送的合同草案进行审批,如果确认信息无误,就交由物料供应部部长进行审批;物料供应部部长进行第二次审批,确认无误后,采购活动方能进行。并且采购合同必须经由物料供应部部长进行签字盖章。即该公司采购合同草案的审批,同样实行双重审批制度。公司签订采购合同流程如图10-7所示。

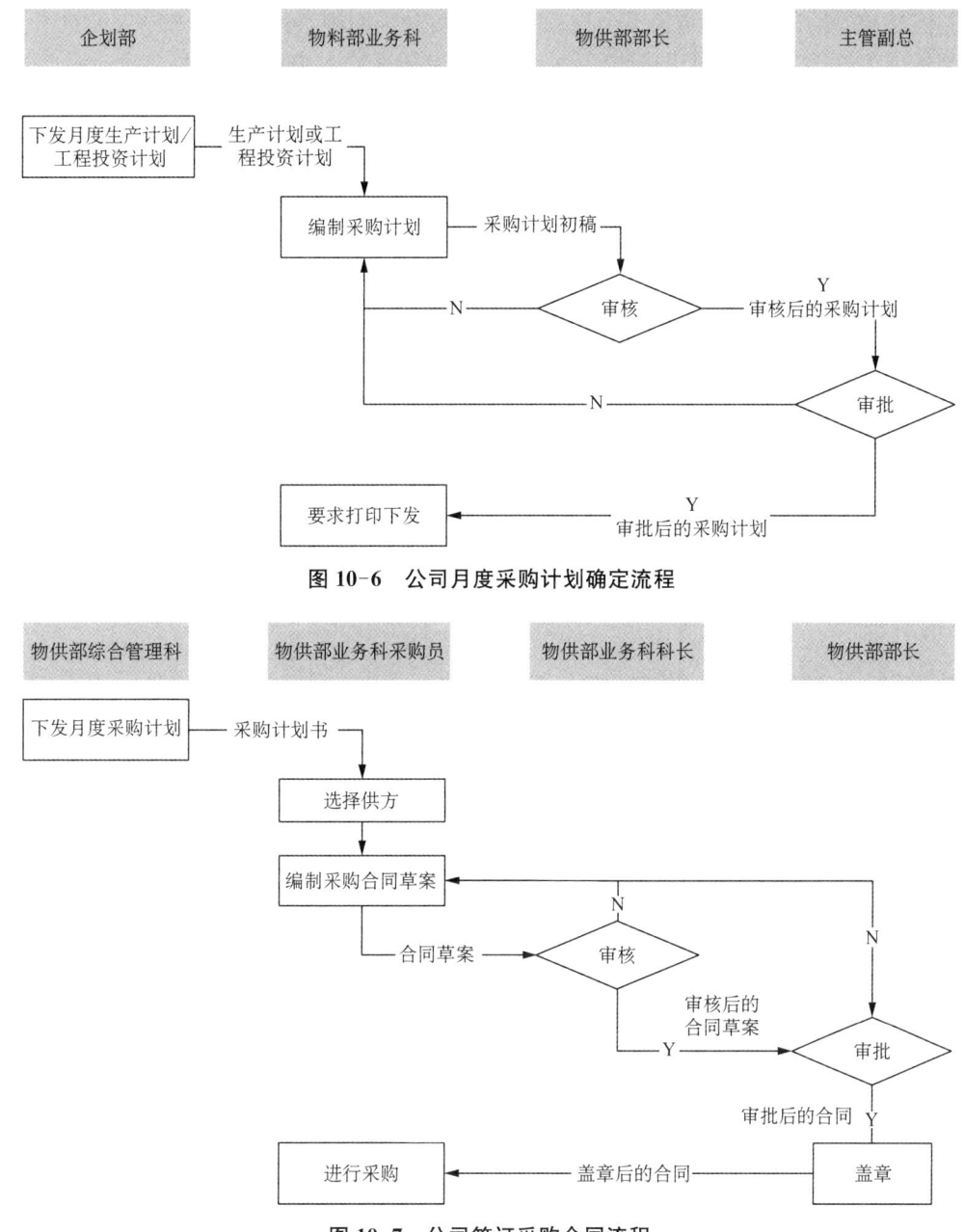

图 10-6 公司月度采购计划确定流程

图 10-7 公司签订采购合同流程

2. 验收入库环节内部控制流程

为了防止验收入库环节出现差错,根据《企业内部控制基本规范》,该公司验收入库环节的具体控制措施如下:

(1) 采购物资/计量入库。物料供应部中的专职采购人员进行物资的采购。在物料供应部人员所采购的物资到货后,由该公司的计控部门对所采购物资的数量、金额以及种类进行确认。所采购的物资要入库,一定要经过计控部人员的检查,若检查不合格,计控部会将原材料和原燃料等物资退回给物料供应部中的专职采购人员。

(2) 入库检验/提出异议(外部)。在计控部确认采购的原材料和原燃料等物资无误后,还需要将物资交由质保部门,由其对物资进行抽样检查。如果抽样检查的结果合格,就可以直接入库。但是如果抽样检查的结果不合格,那么情况可分为两种:第一种,检查结果虽然不合格,但是与标准相差不大,那么可以由物料供应部中的专职采购人员出面,和供应商进行沟通,确认解决方法;第二种,检查结果不合格且与标准差距过大,那么应当先由物料供应部、计控部和质保部等公司内部职能部门进行内部讨论,再由物料供应部中的专职采购人员就内部讨论结果同供应商沟通。

(3) 入库登记/提出异议(内部)

物料供应部的专职人员根据质保部的抽样检查结果通知单,对需要入库的物资进行审核,如果物资符合公司标准,那么审核通过,物资可以正常入库。但如果将要入库的物资和质保部的抽样检查结果通知单存在差距,那么物料供应部的专职人员应当向物料供应部的相关人员汇报,并将异常情况进行登记留档。

(4) 处理内部异议。

物料供应部的相关专职人员对登记留档的物资异常情况进行处理,提出针对性的处理意见,将提出的处理意见交由物料供应部部长进行审批。无物料供应部部长应确认专职人员所提交的物资异常情况的处理意见是否可行。如果可行,则该处理意见可直接执行;如果不可行,应将处理意见打回,由专职人员修改后再次进行确认。公司验收入库环节内部控制流程如图10-8所示。

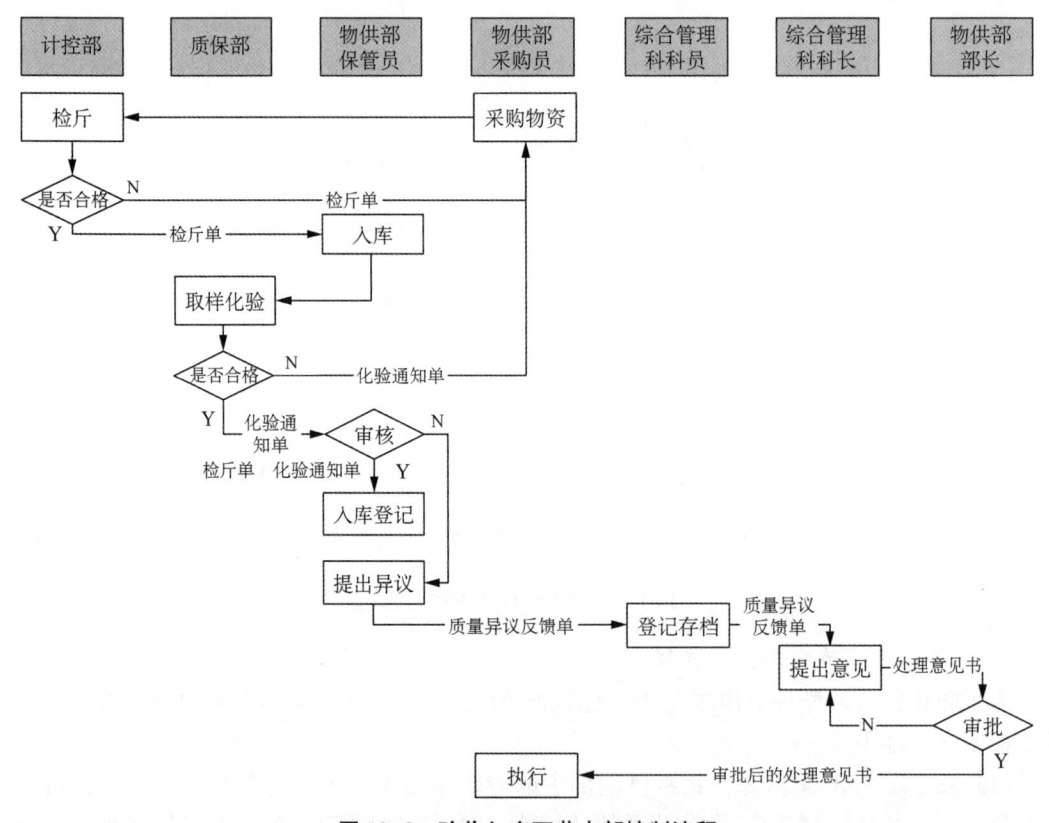

图10-8 验收入库环节内部控制流程

3. 仓储管理环节内部控制流程

FS钢铁制造公司仓储管理环节的控制措施主要体现在盘点清查环节。该公司盘点清查程序中包括对采购物资的盘点清查和对库存产成品的盘点清查。采购物资和库存产成品盘点过程的具体控制措施如下:

(1) 采购物资盘点清查控制措施。

① 制定库存盘点方案。公司的财务部向实际参与盘点的部门下发盘点具体要求,物料供应部根据财务部的盘点要求,确定初步盘点计划。而后应当由物料供应部召开会议,与相关部门讨论确定最终的盘点计划。

② 进行实物盘点。物料供应部以及实际参与盘点的相关部门根据盘点计划,进行实物盘点,完成盘点明细表。物料供应部将盘点明细表的结果同存货账面记录进行比对,填写盘点报表。

③ 上报盘点结果。物料供应部将填写完成的盘点报表上报给物料供应部中的专职部门,由专职部门进行汇总,再由财务部进行盘点总结。

(2) 库存在产品盘点清查控制措施。

① 下达盘点通知。FS钢铁制造公司的盘点通知由上一级集团下达,公司的财务部则应当以上一级集团所下发的盘点通知为基础,向公司营销部下达具体的盘点任务内容。

② 进行实物盘点。财务部按照企业库存管理盘点的要求,通知并组织各个生产分厂对库存在产品进行盘点。虽然财务部是库存在产品盘点活动的组织者,其本身却不实际参与盘点。参与盘点的各个生产分厂在按照要求进行盘点后,应当根据盘点工作结果编制在产品的盘点明细表,上报生产总部进行信息审核。

③ 审核盘点结果。生产总部将各个生产分厂上交汇总的月度生产明细表与盘点结果进行对照,确认盘点的结果和账面的记录是否存在差异。如果存在差异,那么应当要求各个分厂重新进行盘点;如果确认无误,则可将结果上报给财务部。

④ 进行盘点结果的账务处理。财务部将所有产品的盘点明细表进行汇总确认,统计盘点过程中出现的误差,说明导致误差存在的可能原因并提出处理建议。然后将盘点结果与处理建议一同上报给上级集团进行确认。上一级集团确认后,财务部应当将盘点的结果进行入账。公司仓储管理环节内部控制流程如图10-9所示。

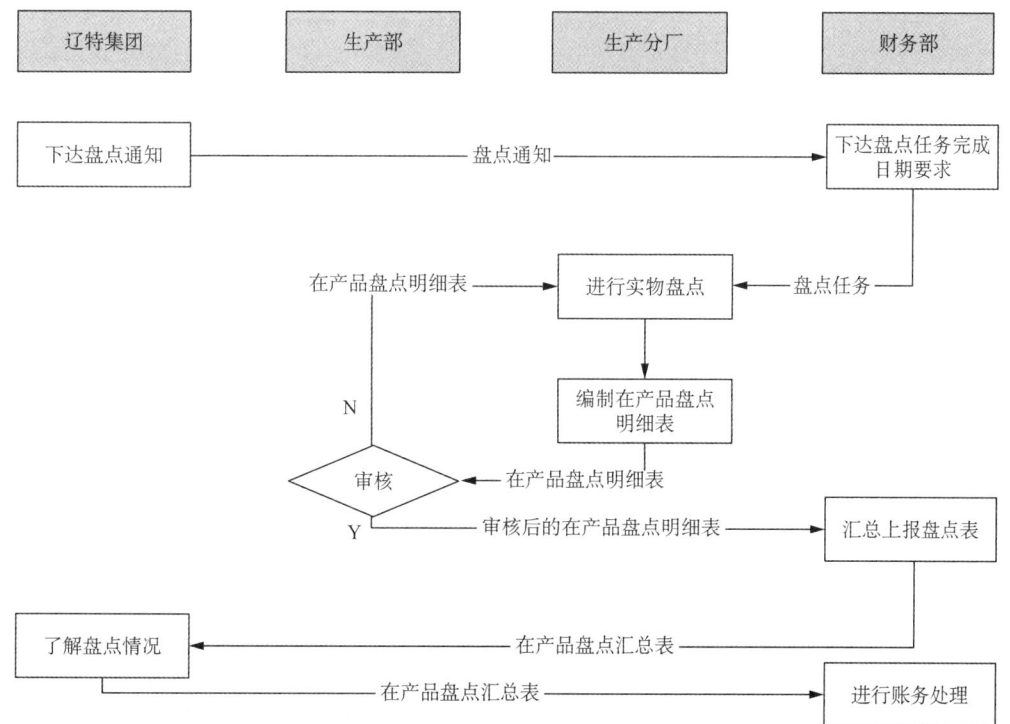

图10-9 仓储管理环节内部控制流程

4. 领用发出环节内部控制流程

该公司领用发出环节包括销售出库以及生产领用原材料,具体控制措施如下。

1) 生产领用原材料环节控制流程

制造公司的生产与采购息息相关,两个业务流程之间相互影响、相互制约。存货生产领用原材料数量存在定额,炼钢分厂应当先进行领料申请,根据实际生产情况制定领料申请单,递交物供部进行审核,在物供部审核通过后,由物供部制定出库单,并由计控部对出库原材料进行出库检斤,随后交由质检部,由质检部进行质量检验,避免出现由质量不达标而导致的安全隐患。质检部门检验合格后,应当出具质检单,与出库原材料一同交由计控部,由计控部进行计量称重,随后方能将原材料递交给炼钢分厂。具体流程如图10-10所示。

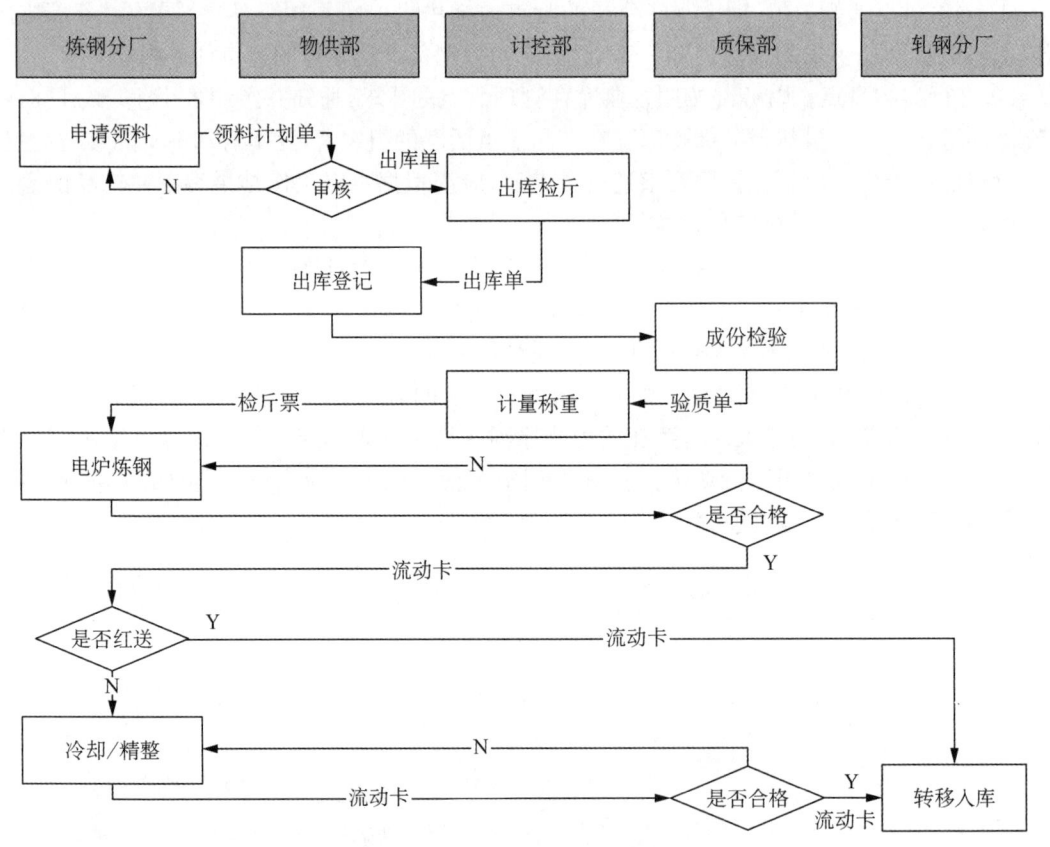

图 10-10　生产领用原材料环节控制流程

2) 产成品发货审核合同票据环节控制流程

该公司审核合同票据的主要流程为:

(1) 统计合同票据。FS钢铁制造公司营销部的专职人员将相关合同票据报送给上级集团,上级集团的合同管理部门对合同票据进行统计检查,将统计好的合同票据交由上级集团的市场管理部进行审核确认。

(2) 审核合同票据。上级集团的市场管理部对专职人员递送的合同票据进行审核,如果合同票据审核结果无误,则将合同票据送回FS钢铁制造公司的营销部,允许其进行相关销售活动;如果合同票据审核结果不合格,那么应当返回上一步——合同统计环节,再次由专职人员进行统计。FS钢铁制造公司的营销部需要对上级集团市场管理部送回的审核通过的合同进行再次审核。双重审核无后,相关合同才能发货。

（3）发货开票。当合同票据审核通过后,由 FS 钢铁制造公司的营销部进行发货处理,并且应当将发货过程中的相关原始凭证交由财务部,以作为财务部制作记账凭证的基础。财务部做完记账凭证后,具体流程如图 10-11 所示。

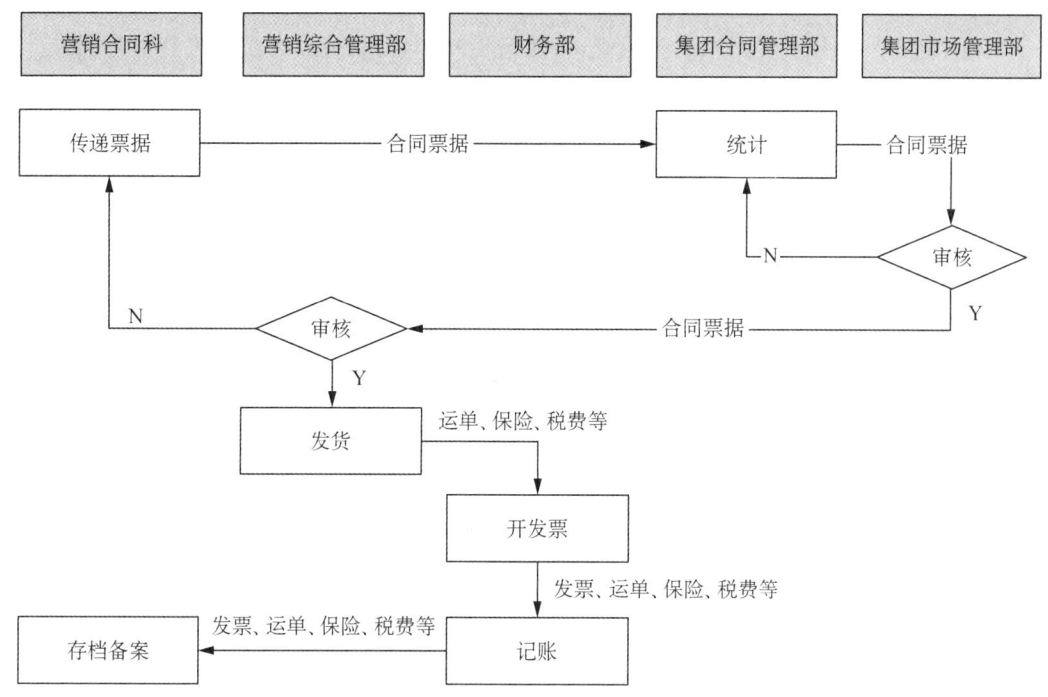

图 10-11　产成品发货审核合同票据环节流程

（三）思考题
（1）分析 FS 钢铁制造公司存货内部控制存在的问题。
（2）分析 FS 钢铁制造公司存货内部控制可以采取的改进措施。

第三节　固定资产业务内部控制

固定资产是企业为生产商品、提供服务、出租或经营管理而持有的、使用寿命超过一个会计年度的有形资产,其主要包括房屋、建筑物、机器、机械、运输工具,以及其他与生产经营活动有关的设备、器具、工具等。固定资产是企业生产经营的主要劳动资料,直接影响企业的可持续发展能力。企业应规范固定资产业务流程,明确固定资产投资预算编制、取得与验收、使用与维护、处置等环节的控制要求,并形成相应的记录或凭证,如实记载各环节业务的开展情况,及时传递相关信息,确保固定资产业务全过程得到有效控制,保证固定资产安全、完整和高效运行。

一、固定资产业务内部控制目标

固定资产业务的内部控制应实现以下目标:
（1）保证固定资产业务合法合规,符合企业内部规章制度的规定。
（2）保证各项固定资产(包括租入和租出的固定资产)安全、完整。

(3) 提高固定资产管理与利用的效率和效果,提高固定资产的价值创造能力。
(4) 保持完整的固定资产记录,相关会计处理符合会计准则的规定,提供各种有用信息。
(5) 与企业战略和经营计划紧密联系,使固定资产业务能有效地支持企业战略和经营计划。

二、固定资产业务总体风险

(1) 固定资产业务违反国家法律法规,可能遭受外部处罚,造成经济损失和信誉损失。
(2) 固定资产业务未经适当审批或越权审批,可能因重大差错、舞弊、欺诈而导致资产损失。
(3) 固定资产购买、建造决策失误,可能造成企业资产损失或资源浪费。
(4) 固定资产使用、维护不当或管理不善,可能造成企业资产使用效率低下或资产损失。
(5) 固定资产处置不当,可能造成资产损失。
(6) 固定资产会计处理和相关信息不真实、不完整,可能导致企业资产账实不符或资产损失。

三、固定资产业务流程

(一) 业务流程

固定资产业务通常涉及取得、验收移交、日常维护、更新改造和淘汰处置等环节,固定资产业务简化流程详见图10-12。

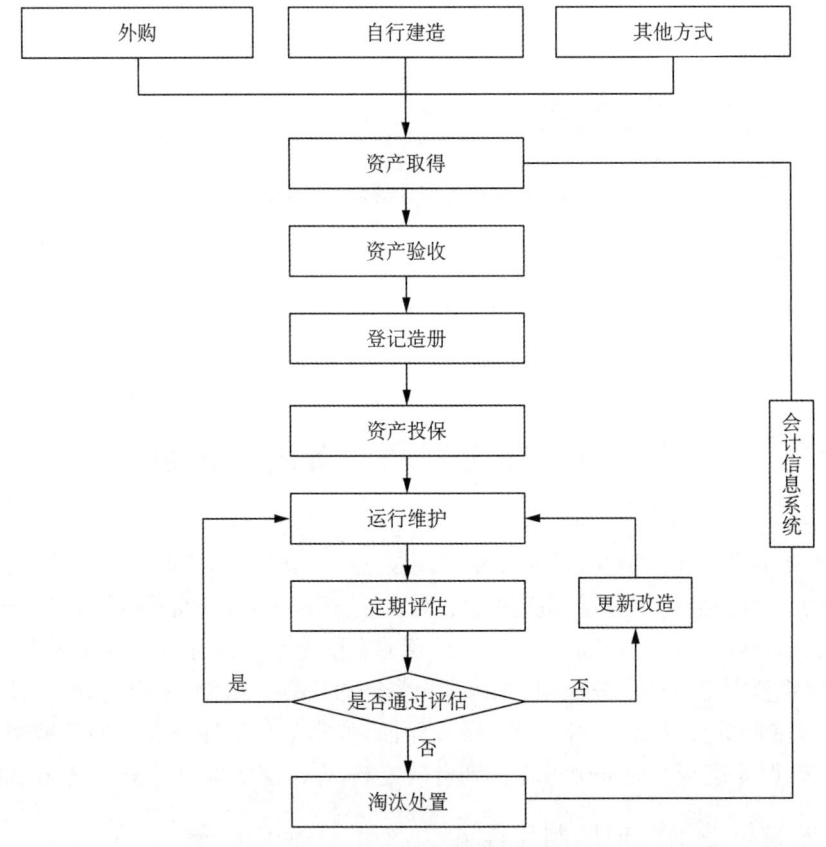

图 10-12 固定资产业务简化流程

(二) 职责分工与授权批准

企业应当建立固定资产业务的岗位责任制,明确相关部门和岗位的职责权限,确保办理固定资产业务的不相容岗位相互分离、制约和监督。同一部门或个人不得办理固定资产业务的全过程。固定资产业务不相容岗位至少包括：

(1) 固定资产投资预算的编制与审批。
(2) 固定资产投资预算的审批与执行。
(3) 固定资产采购、验收与款项支付。
(4) 固定资产投保的申请与审批。
(5) 固定资产处置的审批与执行。
(6) 固定资产取得与处置业务的执行与相关会计记录。

企业应当配备合格的人员办理固定资产业务。办理固定资产业务的人员应当具备良好的业务素质和职业道德。

企业应当对固定资产业务建立严格的授权批准制度，明确授权批准的方式、权限、程序、责任和相关控制措施，规定经办人的职责范围和工作要求。严禁未经授权的机构或人员办理固定资产业务。审批人应当根据固定资产业务授权批准制度的规定，在授权范围内进行审批，不得超越审批权限。经办人在职责范围内，按照审批人的批准意见办理固定资产业务。对审批人超越授权范围审批的固定资产业务，经办人员有权拒绝办理，并及时向上级部门报告。

四、固定资产取得与记录环节

(一) 固定资产取得与记录环节的流程设计

固定资产取得与记录环节是固定资产管理中的重要部分，涉及固定资产的购置、验收、登记和会计处理等多个步骤，具体流程如图10-13所示。

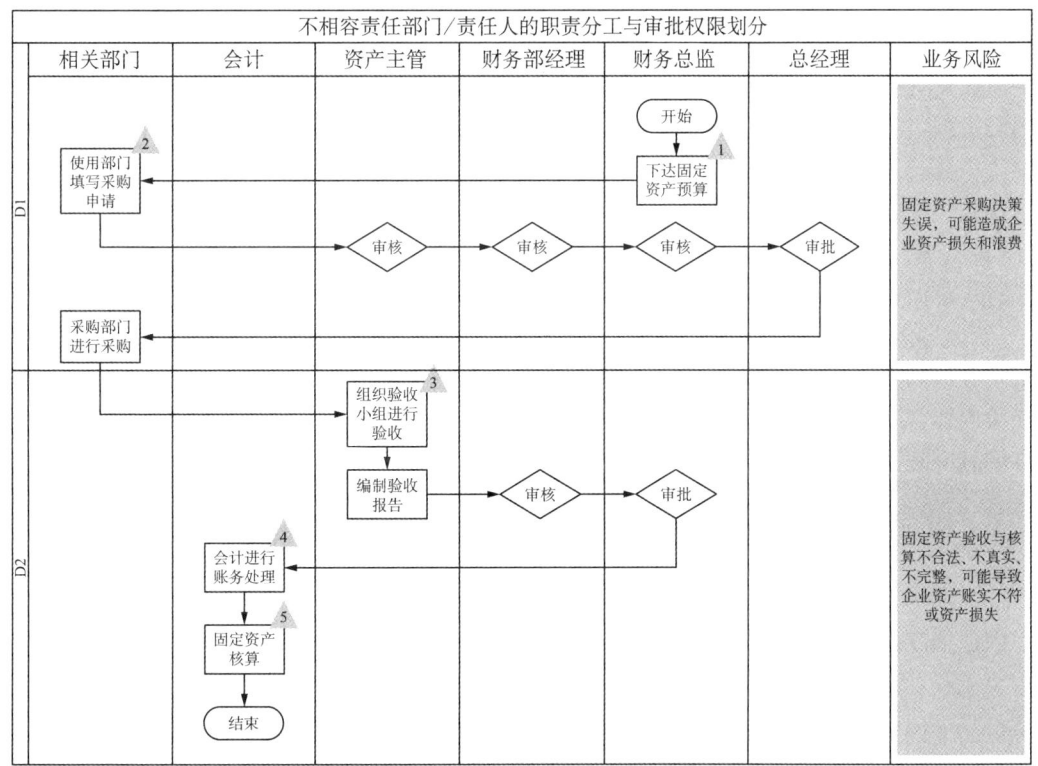

图 10-13 固定资产取得与记录流程

（二）固定资产取得与记录环节的主要风险及控制

固定资产取得与记录环节的主要风险包括：固定资产投资不科学，可能造成资产闲置或浪费；新增固定资产验收程序不规范，可能导致资产质量不符合要求，进而影响资产的运行；固定资产登记内容不完整，可能导致资产流失、资产信息失真、账实不符等。

针对固定资产取得与记录环节的主要风险，企业应采取的控制措施如下：

（1）企业应建立并严格执行固定资产预算管理制度。对于预算内的固定资产投资，应严格按预算执行进度，办理相关手续；对于超预算或预算外的固定资产投资，应由相关部门提出申请，经严格审批后办理相关手续。

（2）企业应根据使用情况、生产经营、发展战略等因素拟定固定资产投资项目建议书，进行可行性研究，并按规定程序审批，确保固定资产投资决策科学、合理。对于重大固定资产投资项目，企业可组织独立第三方进行可行性研究与评价，并由企业实行集体决策和审批，防止因决策失误而造成严重损失。

（3）企业应建立外购固定资产请购与审批制度，明确请购部门和审批人员职责权限及请购与审批程序。固定资产采购过程应规范、透明。对于一般固定资产的采购，应由采购部门充分了解和掌握供应商情况，采取比质比价的办法确定供应商；对于重大固定资产的采购，应采取招投标方式进行。

（4）企业应建立严格的固定资产交付验收制度，确保数量、质量等符合使用要求。验收工作由固定资产管理部门、使用部门及相关部门共同实施。对于外购的固定资产，应根据合同、供应商发货单等对所购固定资产的品种、规格、数量、质量、技术要求等进行验收，出具验收单或验收报告，验收合格后方可投入使用。对于自行建造的固定资产，应由制造部门、管理部门、使用部门共同填制固定资产移交使用验收单，移交使用部门使用。对于尚未及时办理竣工验收手续但已达到预定可使用状态的固定资产，应按暂估价及时将在建工程转为固定资产核算。对于以投资者投入、接受捐赠、债务重组、政府补助、企业合并、非货币性资产交换等方式取得的固定资产，均应办理验收手续。对于已验收合格的固定资产，应及时办理入库、编号、建卡、调配等手续。对于需要办理产权登记手续的固定资产，应及时到相关部门办理。对于经营租赁、借用、代管的固定资产，应设立登记簿记录备查，避免与本企业财产混淆。

（5）企业应编制固定资产目录，列明固定资产编号、名称、种类、所在地点、使用部门、责任人、数量、账面价值、使用年限、损耗等内容，以便了解固定资产使用情况的全貌。

（6）企业应按单项资产建立固定资产卡片，并在编号上与固定资产目录保持对应关系，详细记录各项固定资产的来源、验收、使用地点、责任单位和责任人、运转、维修、改造、折旧、盘点等相关内容，便于有效识别固定资产。固定资产目录和卡片均应定期或不定期地复核，以保证信息的真实和完整。

五、固定资产使用与维护环节

（一）固定资产使用与维护环节的流程设计

固定资产使用与维护环节是确保固定资产保持良好状态、延长使用寿命并提高使用效率的重要流程，固定资产使用与维护具体流程如图10-14所示。

（二）固定资产使用与维护环节的主要风险及控制

固定资产使用与维护环节的主要风险包括：固定资产操作不当、失修或维护过剩，可能造成资产使用效率低下、产品残次率高或资源浪费，甚至发生生产事故；固定资产更新改造不够，

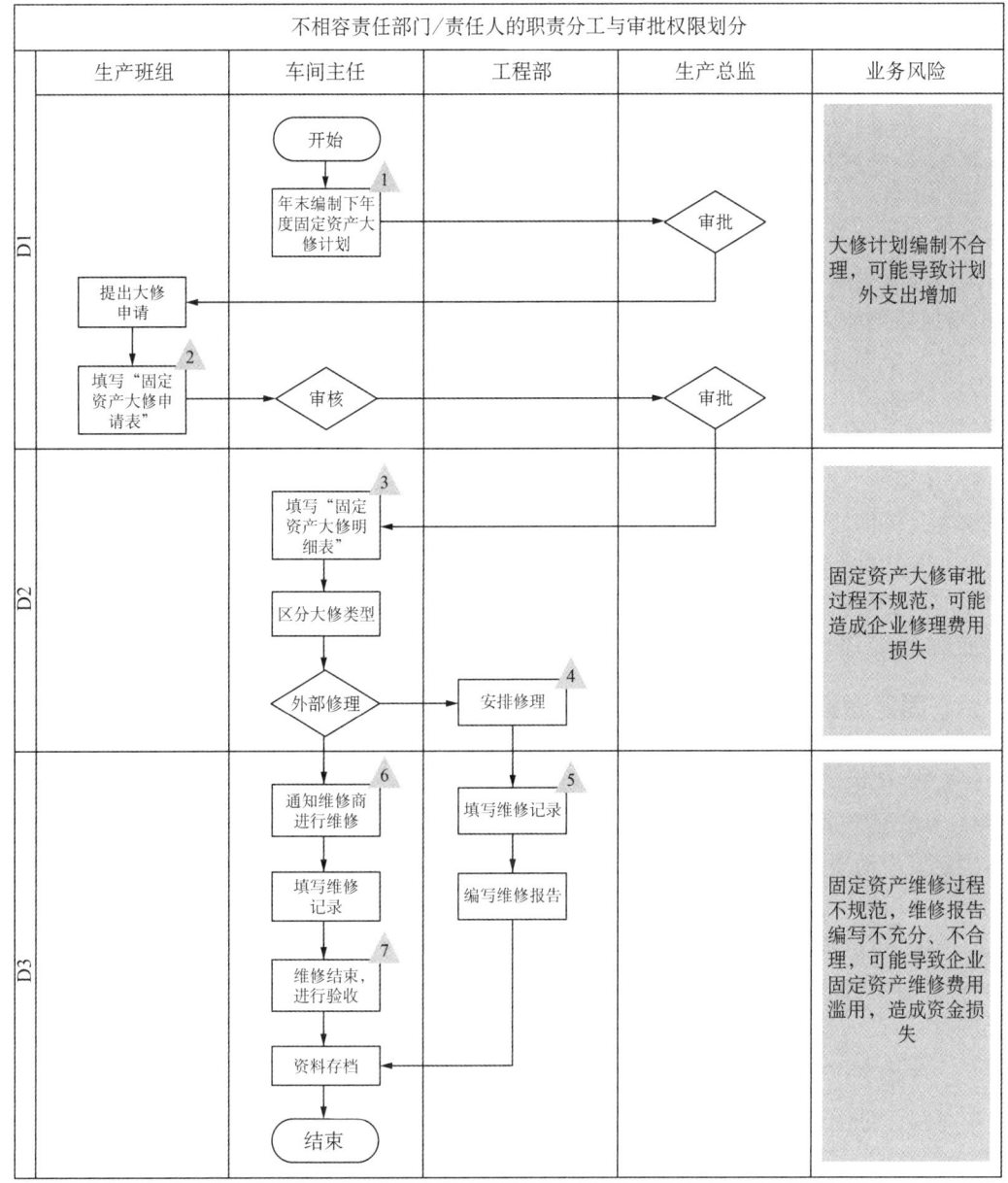

图 10-14　固定资产使用与维护流程

可能造成固定资产老化、缺乏市场竞争力；固定资产投保制度不健全，可能导致应投保资产未投保、索赔不力，不能有效防范资产损失风险等。

针对固定资产使用与维护环节的主要风险，企业应采取的相应控制措施如下：

（1）使用部门会同管理部门负责固定资产的日常维修、保养工作，将固定资产日常维护流程体制化、程序化、标准化，定期检查，及时消除风险，提高固定资产的使用效率，切实消除安全隐患。

（2）使用部门及管理部门应建立固定资产运行管理档案，据以制订合理的日常维修和大修理计划，并经主管领导审批。

（3）管理部门审核施工单位的资质和资信，并建立管理档案；修理项目应分类，明确需要招投标的项目。修理完成后由施工单位出具交工验收报告,经使用部门和管理部门核对工程量并审批。重大项目应实施专项审计。

(4) 关键设备操作人员上岗前应由具有资质的技术人员对其进行充分的岗前培训,特殊设备实行岗位许可制度,须持证上岗;对资产运转进行实时监控,保证资产使用流程与既定操作流程相符,确保安全运行,提高使用效率。

(5) 定期评估固定资产的技术先进性,结合盈利能力和企业发展的可持续性,使用部门根据需要提出技改方案,与财会部门一起进行预算可行性分析,并经管理部门审核批准。固定资产更新有部分更新与整体更新两种情形:部分更新的目的通常包括局部技术改造、更换高性能部件、增加新功能等方面,须权衡更新活动的成本与效益综合决策;整体更新主要指对陈旧设备的淘汰与全面升级,更侧重于固定资产的技术先进性,是否符合企业的整体发展战略。

(6) 管理部门应对技改方案的实施过程适时监控、加强管理,有条件的企业应设立技改专项资金并定期或不定期审计。

(7) 依据《企业会计准则》,结合企业实际,确定计提折旧的固定资产范围、方法、年限、净残值率等。折旧政策一经确定,除不符合会计准则规定的情况外,未经审批,不得随意变更。

(8) 确定固定资产投保的范围和政策,由管理部门提出投保申请,按规定程序审批后办理投保手续。必要时,可采取招标方式确定保险公司。已投保固定资产因增减、转移及处置等而发生变动时,管理部门应提出变更申请,经授权人员审批后办理投保、转移、解除等保险手续。

六、固定资产清查与处置环节

(一) 固定资产清查与处置环节的流程设计

1. 固定资产清查

固定资产清查主要围绕固定资产的清查、评估、处置及账务调整等步骤开展工作,具体流程如图 10-15 所示。

2. 固定资产报废

固定资产报废是指企业根据实际情况将不能继续使用的固定资产从账务上或实物上进行注销的过程,具体流程如图 10-16 所示。

(二) 固定资产清查与处置环节的主要风险及控制

企业应定期对固定资产进行清查,发现账实不符的情况应及时处理。固定资产与处置环节的主要风险包括:固定资产丢失、毁损等,造成账实不符或资产贬值严重;固定产抵押制度不完善,可能导致抵押资产价值被低估和资产流失;固定资产处置方式不合理,可能造成企业经济损失等。

针对固定资产清查与处置环节的主要风险,企业应采取的相应控制措施如下:

(1) 财会部门组织使用部门和管理部门定期清查固定资产。清查前,管理部门、使用部门和财会部门应进行固定资产账簿记录的核对,保证账账相符。财会部门应依据盘点结果填写固定资产盘点表,并与账簿记录核对;如有账实不符,则应编制固定资产盘盈、盘亏表。

(2) 清查结束后,清查人员应编制清查报告,管理部门应就清查报告进行审核,确保其真实性、可靠性。清查过程中发现的盘盈、盘亏,应分析原因,追究责任,妥善处理;报告审核通过后,财会部门应及时调整固定资产账面价值,确保账实相符,并上报备案。

(3) 管理部门和使用部门对未使用、不需用或使用不当的固定资产应及时提出处理方案,报授权人员审批后实施。对于封存的固定资产,企业应指定专人负责日常管理,定期检查,确

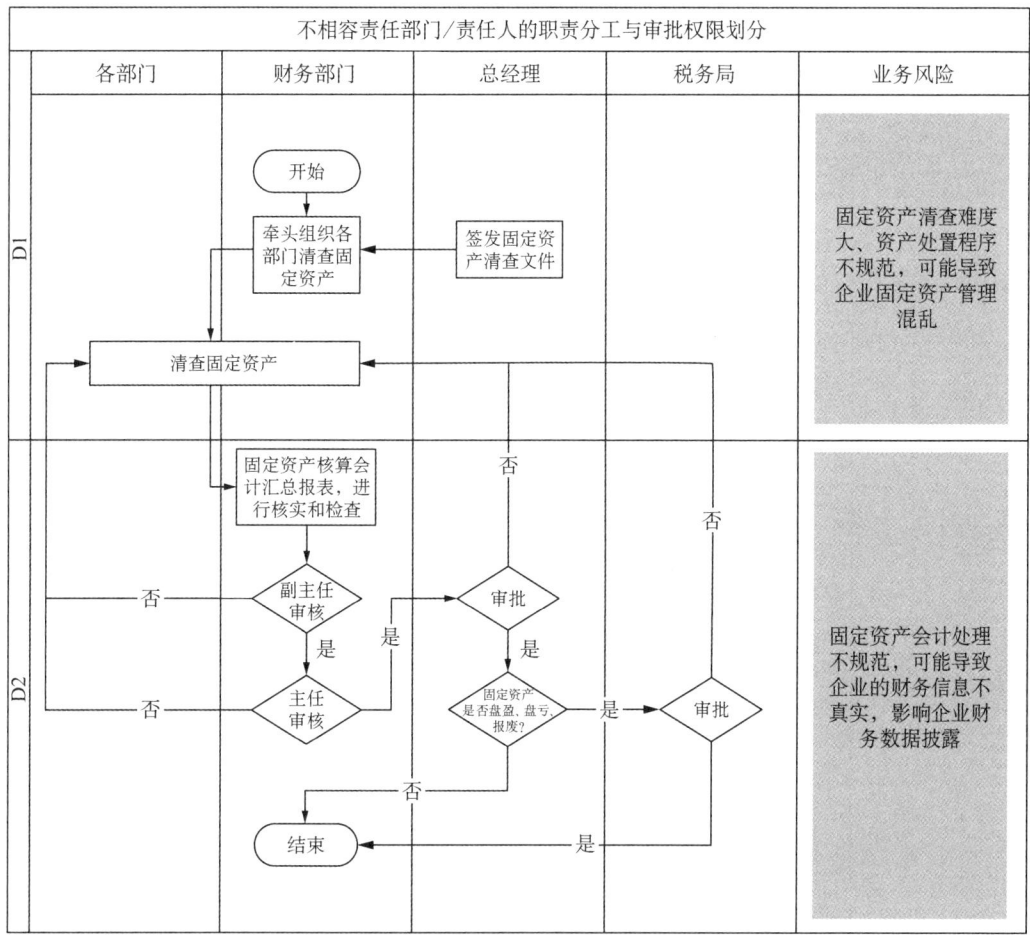

图 10-15　固定资产清查流程

保资产完整。

（4）如有固定资产抵押、质押，则企业应加强管理、明晰程序和审批权限等，确保固定资产抵押、质押经过授权审批及适当程序；同时，企业应做好相应的记录，保障企业资产安全。财会部门办理固定资产抵押时，如需委托专业中介机构鉴定、评估固定资产的实际价值，则应会同金融机构有关人员、管理部门、使用部门现场勘验抵押固定资产，对抵押固定资产的价值进行评估。对于抵押的固定资产，财会部门应编制专门的抵押固定资产目录。

（5）管理部门和财会部门至少在每年年末对固定资产进行检查、分析。固定资产存在减值迹象的，应进行减值测试；可收回金额低于账面价值的，应计提减值准备，确认减值损失。

（6）建立固定资产处置制度，确定处置范围、标准、程序和审批权限等，确保固定资产得到合理利用。企业应区分固定资产不同的处置方式，采取相应的控制措施。对于使用期满、正常报废的固定资产，应由使用部门或管理部门填制固定资产报废单，经授权部门或人员审批后进行报废清理。对于使用期限未满、非正常报废的固定资产，应由使用部门提出报废申请，注明报废理由、估计清理费用和可回收残值、预计出售价值等，组织有关部门进行技术鉴定，按规定程序审批后进行报废清理。对于拟出售或投资转出的固定资产，应由有关部门或人员提出处置申请，列明原价、已提折旧、预计使用年限、已使用年限、预计出售价格或转让价格等，报经授权部门或人员审批后出售或转让。对固定资产的内部调拨，应填制内部调拨单，明确调拨时

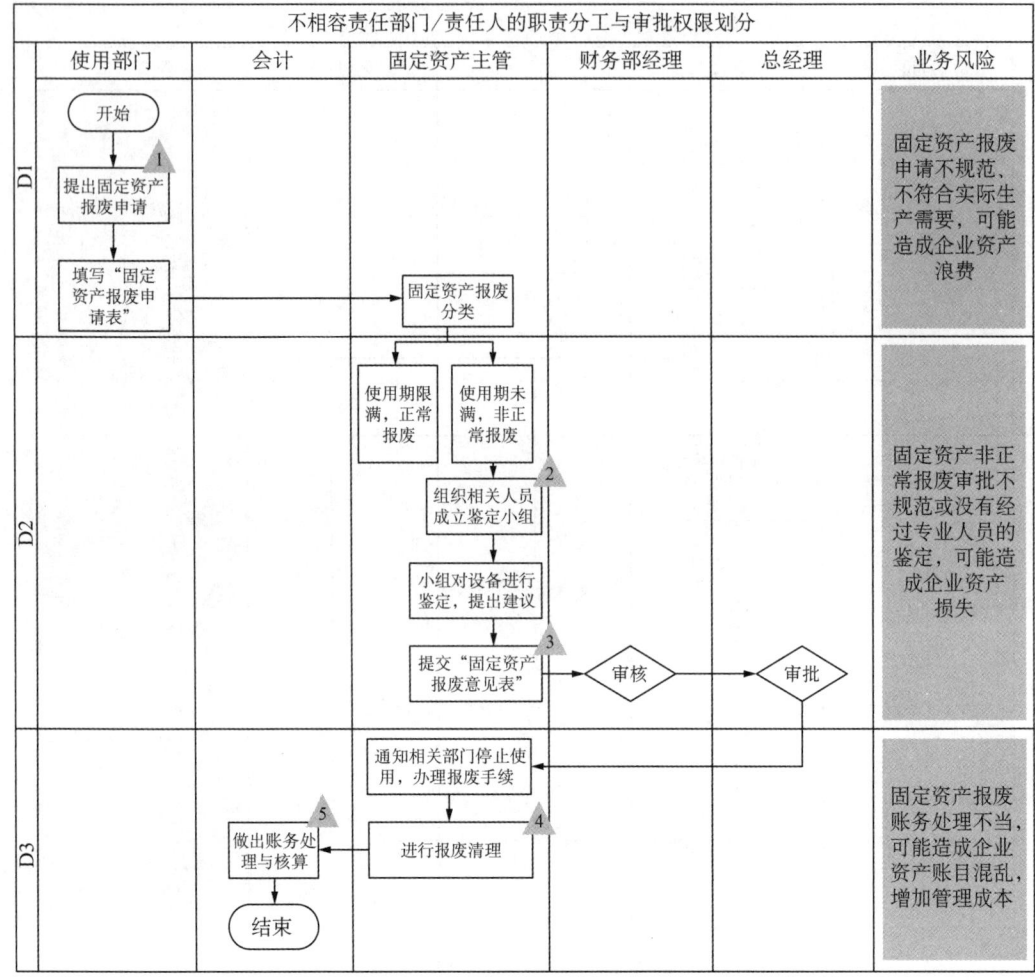

图 10-16 固定资产报废流程

间、调拨地点、编号、名称、规格、型号等,经有关负责人审批通过后,及时办理调拨手续。固定资产调拨的价值应由财会部门审批。

（7）固定资产处置应由独立于使用部门和管理部门的其他部门或人员办理。处置价格应选择合理的方式,经授权人员审批后确定;如有必要,可委托中介机构进行资产评估。重大固定资产应由董事会或领导班子集体审批。

（8）固定资产处置涉及产权变更的,应及时办理产权变更手续。出租、出借固定资产,应由管理部门会同财会部门按规定报经审批后办理并签订合同,对于固定资产出租、出借期间的维护保养、税赋责任、租金、归还期限等进行约定。对固定资产处置及出租、出借收入和发生的相关费用,应及时入账,保持完整的会计记录。

七、案例分析①

（一）HNG 烟草公司基本情况

HNG 烟草公司前身系成立于 2003 年 5 月的 HNG 烟草公司,隶属国家烟草专

---

① 本案例改编自彭唯婧. HNG 烟草公司固定资产内部控制改进研究. 湖南大学硕士学位论文,2012.

卖局(中国烟草总公司)。2006年11月,HNG烟草公司与所属长沙卷烟厂、常德卷烟厂合并重组为一个企业法人,2007年11月更名改制为HNG烟草公司。公司主要经营范围是:烟草制品的生产、销售,烟用物资、烟机进口和卷烟出口业务,与烟草制品生产销售相关的其他生产经营,多元化经营,资产经营等。

公司现有员工14 000余人,总资产410亿元,本部设有19个部、室、中心,直辖6个不具有企业法人资格的卷烟生产厂、3个控股烟叶复烤加工企业、1个控股烟草薄片加工企业,持有河北白沙烟草有限责任公司50%的股权。6个卷烟生产厂分别是HNG烟草公司长沙卷烟厂、常德卷烟厂、郴州卷烟厂、零陵卷烟厂、四平卷烟厂、吴忠卷烟厂,公司对卷烟生产厂实行内部核算和目标管理。公司技术中心系国家级技术中心,拥有科技人才200余人,其中博士、高级职称、硕士等高级人才70余人,在站博士后3人。拥有发明专利165项,获得国家科技进步奖1个,省部级科技进步奖10个。

2009年,湖南烟草工业全年生产卷烟335.7万箱,同比增加8.5万箱;实现销售收入442.39亿元,同比增长10.96%;实现税利360.11亿元,同比增长10.09%。公司主要卷烟品牌有"芙蓉王""白沙""芙蓉"。2009年"白沙"品牌销售265万箱,保持全国卷烟单品牌产销量第一,"芙蓉王"销量64.8万箱,继续保持全国一类卷烟规模领先地位。公司与菲莫公司(PM)的品牌生产、销售合作项目已实施,"万宝路"在长沙卷烟厂投入生产,国际化自主品牌"HARMONY"在阿根廷、巴西投入生产,国际化运作平台初步搭建。

公司文化理念核心价值观:国家利益至上,消费者利益至上;公司愿景:中式卷烟杰出代表;世界级烟草制造商公司使命:为国家创造财富,为客户创造价值,为员工创造机会,为社会创造效益;公司精神:诚信务实,敢为人先;公司战略:专业化、规模化、国际化。

(二) HNG烟草公司固定资产定义与分类

1. 固定资产定义

新《企业会计准则》中固定资产是指同时具备以下特征的有形资产:一是为生产商品、提供劳务、出租或经营管理而持有;二是使用寿命超过一个会计年度。根据财政部会计司在2010年编写发布的《企业会计准则讲解》中,关于固定资产定义的讲解可知,第一,固定资产不是用于出售的产品,而是企业的劳动工具或手段。其中"出租"的固定资产,不包括以经营租赁方式出租的建筑物,而是指企业以经营租赁方式出租的机器设备类固定资产;第二,固定资产的使用寿命是指企业使用固定资产的预计期间,或该固定资产所能生产产品或提供劳务的数量。通常情况下,固定资产使用寿命超过一个会计年度,意味着固定资产属于非流动资产。随着使用和磨损,通过计提折旧方式逐渐减少账面价值;固定资产是有形资产。这一特征将固定资产与无形资产区别开来,有些无形资产可能同时符合固定资产的其他特征,但是其没有实物形态,所以不属于固定资产。此处我们的研究对象是HNG烟草公司固定资产内部控制,结合公司实际情况,并根据会计准则的论述,我们的研究范围仅包括符合上述特征的固定资产。具体指单位价值在2 000元人民币以上,使用年限超过1年的卷烟生产设备、通用机械设备、动力电源设备、土地、房屋及建筑物、运输设备、其他通用设备以及其他与生产、经营有关的设备、工具、器具等;单位价值在2 000元人民币以上,使用年限超过2年的非主要生产经营设备。

2. 固定资产分类

固定资产从会计的角度划分,一般被分为生产用固定资产、非生产用固定资产、租出固定资产、未使用固定资产、不需用固定资产、融资租赁固定资产、接受捐赠固定资产等,从使用用途上可分为生产用固定资产、管理类固定资产、电子办公类固定资产等。

HNG 烟草公司在固定资产分类上按使用用途细分为以下十三类：土地、房屋、建筑物及附属物；烟草专用加工设备；动能、环保、原烟发酵设备；科研、计量、检测设备；机加工设备、货架、零配件货柜；起重、输送、装卸设备；计算机及网络设备、通信器材、复印机、传真机、投影仪、其他现代办公设备；消防安保设施；视频系统、消控系统；文宣、运输设备、办公设施；农、林、牧、渔、食品医疗设备；单体空调；电梯、升降机、卷闸门、电动门等。

（三）HNG 烟草公司固定资产内部控制流程与制度现状

我们通过对 HNG 烟草公司固定资产管理的相关制度与规定进行研究，梳理并了解固定资产相关业务管理流程中各个环节的现状，图 10-17 为 HNG 烟草公司固定资产管理流程。

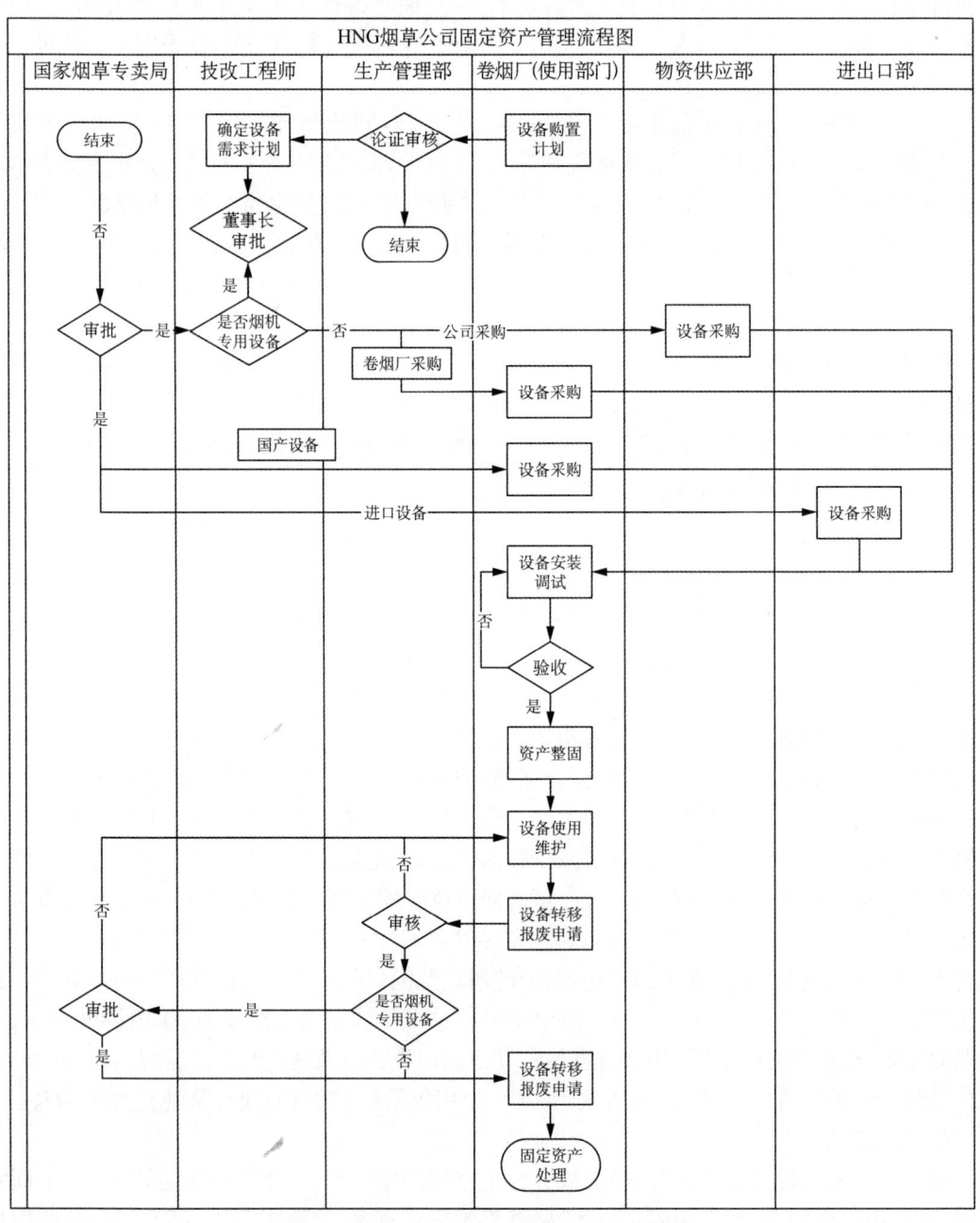

图 10-17　HNG 烟草公司固定资产管理流程

1. 固定资产取得与验收流程与制度现状

根据公司规定,固定资产的购置首先由使用部门提出购置申请,通过归口管理部门审核后,送交归口采购部门进行采购(其中,国产烟草专用机械由技改工程部组织采购或授权卷烟厂采购,进口设备设施由进出口部组织采购)。固定资产购置后,由归口管理部门或使用部门进行安装、调试与验收,并按相关规定办理资产转固手续。固定资产转固标准如下:①可直接投入使用且使用部门验收合格的固定资产;②对于需要安装调试的固定资产,安装调试完毕后,且经由使用部门验收合格的固定资产;③竣工验收合格且中介机构或公司审计部已出具工程决算审计报告的房屋、建筑物。固定资产验收合格后,由固定资产项目实施部门填写相关固定资产通知单,并交由使用部门确认。财务管理部门负责固定资产转固入账,提供固定资产编号,使用部门负责粘贴固定资产标牌。办公室进行固定资产档案管理,使用部门和归口部门登记固定资产备查簿。

此外,对于存在已投入使用,但因为某种原因不能办理转固手续的固定资产,由项目实施部门填写相关固定资产预估入账通知单,交由财务管理部门按规定进行预估入账。待手续完备时,再按相关程序进行固定资产转固。

2. 固定资产使用与维护流程与制度现状

(1) 固定资产的使用。

按照公司规定,固定资产使用人员上岗前必须经过固定资产结构性能、维护要求、安全操作等方面的技术培训,获得上岗资格。对于特殊固定资产的使用,公司要指定专职或兼职人员负责本部门的特殊固定资产的日常管理,要安排有合格特殊作业操作证的人员使用,按安全操作规程操作相应特殊固定资产。并要制定应急措施和救援方案,对事故隐患及时采取措施进行整改。固定资产的使用部门或管理部门须制定固定资产的《安全技术操作规程》《固定资产保养标准》和《固定资产检定标准》,对职业健康安全危险源辨识三级以上危险源,在标准中必须有对应的安全防范要求。

(2) 固定资产的维护。

公司制度规定,固定资产使用单位须建立相应的固定资产维护使用标准和程序。固定资产的维护一般由其使用部门进行,维护模式和内容主要根据设备的特点确定,并在固定资产的维护标准中明确。固定资产的预防维修包括轮保检修、项修、中修、大修以及节假日固定资产检修等,预防维修一般要按规定的程序完成计划、检修、验收等主要程序。

关于烟机设备的大修,由各卷烟厂每年 10 月上旬向生产管理部申报下年度烟机设备大修计划,生产管理部进行汇总、审核、批准,并上报中国烟草机械(集团)有限责任公司。卷烟厂应与烟机大修定点厂家签订维修合同,并由公司生产管理部审核,经中国烟草机械(集团)有限责任公司签章后生效。合同生效后,再由中国烟草机械(集团)有限责任公司给定的大修设备调拨号,经设备所在地省级烟草专卖局审核后,卷烟厂负责办理后续相关手续。公司生产管理部负责对烟机设备大修执行情况进行跟踪、记录。

3. 固定资产转移与调拨、调剂等流程与制度现状

(1) 固定资产的转移与调拨。

根据公司规定,公司部门之间、卷烟厂内部、卷烟厂之间、公司本部与卷烟厂之间的固定资产转移或调拨,由移(调)出部门的归口管理部门提出申请,经移(调)出部门、移(调)入部门、公司归口管理部门、公司财务管理部门审核后,再由公司归口管理部门组织实施固定资产实物转移。同时,公司财务管理部门和各卷烟厂进行相关账务处理。调入部门则按相关程序办理固定资产投产手续。

对于专卖设备，生产管理部根据公司整体的产能布局需求，制定设备调拨方案，经主管领导审批后，向国家局申报。国家局审批通过后，由生产管理部负责向中国烟草机械（集团）有限公司获取设备调拨号，设备调出烟厂负责到所在地省级烟草专卖局办理准运手续，烟机调入方执行到货确认手续并收存准运证。而对于公司与品牌许可生产合作方的专卖设备调拨，则由生产管理部按照合作的相关文件，根据现有产能，做出调拨方案，经主管领导审批后，向国家局提出调拨申请报告，经审批通过后，组织实施。设备调拨后，根据合作文件的精神，必要时按规定程序办理资产转移手续。

（2）固定资产的调剂。

固定资产对外调剂分为有偿调剂和无偿调剂两种。对外调剂由归口管理部门提出，并组织财务管理部门、相关技术和管理部门进行论证后，交由董事会审批。超过300万元的有偿调剂和全部无偿调剂，还应由财务管理部门报总公司审批。其中，固定资产的有偿调剂须经批准后，由财务管理部门聘请中介机构进行评估，并将评估结果报总公司备案后。财务管理部门牵头、归口管理部门、法律与改革部、审计部、国家监察委员会等相关部门按照《拍卖法》的规定共同组织实施。拍卖成交后，根据拍卖成交记录，财务管理部门负责收回拍卖款项并进行相关账务处理。固定资产的无偿调剂是经总公司批准后由归口管理部门组织实施。财务管理部门进行相关账务处理。

（3）固定资产的其他处置。

停用固定资产。使用部门对暂不使用且不够报废条件的固定资产，提出停用申请，交归口管理部和财务管理部审核。待归口管理部门分管领导和部门（卷烟厂、中心）第一负责人审批后，经批准停用固定资产，由使用部门就地封存或移入仓库，仓库管理部门负责保持固定资产完好。此外，固定资产停用3个月后，归口管理部应组织对其进行可用性论证，对不需要使用的，按公司闲置资产管理相关规定进行管理。停用固定资产需要重新启用时，由提出重新使用部门提出申请，交归口管理部门审核。待归口管理部门的分管领导和部门（卷烟厂、中心）第一负责人审批后，由归口管理部门组织相关部门进行论证或调试。论证通过或调试正常后，停用固定资产方可正式启用。财务管理部在账务系统中标识重新启用的固定资产。

闲置固定资产的管理。闲置固定资产实行归口管理、分级负责、授权经营、集中处置的原则。由归口管理部门组织使用或管理部门、工程技术人员等相关人员对闲置资产进行鉴定，并经相关部门确认后，报归口管理部门分管领导和卷烟厂（部门、中心）第一责任人审批。闲置资产经鉴定确认后，资产归口管理部和财务管理部进行账户处理。

根据公司相关规定，对于闲置固定资产的处理，由各卷烟厂财务部门和公司归口管理部门在每年1月15日前向公司财务部报送上年12月31日为止所管理的闲置资产表，并提出闲置资产的处置方案，由公司财务部审查并汇总，报公司总会计师和总经理审批。同时，公司为充分发挥闲置资产的效益、优化资产配置，可以根据各资产管理单位对资产的需求，将闲置资产在各单位之间进行调配。或者，各资产管理单位在经公司授权许可的前提下，可将非烟草专卖品的闲置资产对外进行转让、出租、报废。

4. 固定资产清查与报废流程与制度现状

（1）固定资产的清查。

根据公司规定，财务管理部门负责组织定期的固定资产清查和不定期的检查、核对固定资产账、物相符情况及税务审批手续。清查中有差异的，由使用部门将固定资产盘盈盘亏报告报送归口管理部门审核和财务管理部门审批。比如，卷烟厂发现固定资产盘盈盘亏的情况，应根据相关程序规定，报公司归口管理部门和财务管理部。对清查、检查中发现的账、物不符或部门对应转固、停用、报废固定资产未及时填报处理的，要求限期整改，并纳入经济责任制考核。

关于固定资产的税务问题,需待税务部门审批后,由财务管理部门进行账务处理。

(2) 固定资产的报废。

房屋建筑物。已出现严重破损且已无法维修,或虽能维修但维修成本过高、不经济的,或严重影响单位整体规划的房屋建筑物可由使用部门或归口管理部门提出报废申请,归口管理部门组织相关部门进行技术鉴定并提出处理意见。经财务管理部门审核后,由财务管理部门编制固定资产报废明细汇总表,并与相关证明一同报归口管理部门的分管领导、部门(卷烟厂、中心)第一负责人审批。通过审批后,由归口管理部门组织处理。

通用设备及其他固定资产。通用设备及其他固定资产报废、报损必须满足下列条件之一:①设备使用年限已过,且已无使用价值;②设备老化,已被淘汰,技术性能落后,能耗高(与国家、国务院有关部门制定标准比较或与国家同类产品比较高15%以上)、效率低,不能满足工作需要;③设备长期失修,重要零部件遭到毁损,且无法补充;④重要部件严重损坏,维修费用过高,无法改作他用和改制无经济价值的专用设备或非标准设备;⑤继续使用不经济;或无修理价值的(修理费在固定资产净值50%以上);⑥有关规定不准使用的设备。

根据公司规定,该类资产只有满足以上条件之一,方可由使用部门提出报废申请,归口管理部门组织相关部门进行技术鉴定并提出处理意见后,由财务管理部门审核,并编制固定资产报废明细汇总表,与相关证明材料一同报归口管理部门的分管领导、部门(卷烟厂、中心)第一负责人审批。通过审批后,实物由归口管理部门组织处理。

专卖设备。因使用期限、质量问题、技术改造或工作环境改变不适应生产(或生活)等原因,符合国家有关设备报废规定的专卖设备,使用部门可申请报废。归口管理部门组织相关部门进行技术鉴定并提出处理意见。经财务管理部门审核后,报归口管理部门的分管领导、部门(卷烟厂、中心)第一负责人审批。经批准后,按规定逐级报国家烟草专卖局审批。国家烟草专卖局批准后,由财务管理部办理相关手续。由报废设备所在卷烟厂制订报废烟机设备销毁处理实施方案,明确销毁方式、销毁地点、销毁期限、装运车辆等报法律与改革部,经法律与改革部审核后,报当地省烟草专卖局审批。经批准后,卷烟厂须在销毁前按要求报专卖设备所在地省、市烟草专卖局和销毁地市级烟草专卖局提请监销。烟草专卖局指定专卖监督管理部门现场监督,生产管理部和原使用单位参与监督,销毁过程应制作文字、图像资料等,并将其汇编成册,报送生产管理部和设备所在地省级烟草专卖局备案。公司固定资产报废后,由财务管理部门进行账务处理,并尽可能实现报废后固定资产的残余价值,合理利用其可利用的零配件。若报废的固定资产尚有净值的,由财务管理部统一向税务部门办理税前抵扣报批手续。

(四) 思考题

1. 分析HNG烟草公司各类固定资产管理特点。
2. 分析HNG烟草公司内部控制流程与制度存在的问题。
3. 分析HNG烟草公司内部控制改进措施。

第四节 无形资产业务内部控制

无形资产是企业拥有或控制的、没有实物形态的可辨认非货币性资产,包括专利权、非专利技术、商标权、著作权、特许权、土地使用权等。无形资产对提升企业的创新能力和核心竞争力具有重要作用。企业应加强对无形资产的管理,对无形资产取得、验收、使用、保全、评估、技术升级、处置等环节的主要风险进行全面梳理,采取有效措施,确保无形资产业务全过程得到有效控制,以保护资产安全、提高使用效率。

一、无形资产业务内部控制目标

(1) 保证无形资产业务合法合规,符合企业内部规章制度的规定,特别是符合保密性规定。
(2) 保证各项无形资产(包括租入和租出的)安全、完整,权属清晰。
(3) 保证无形资产的先进性,提高利用的效率和效果,提高无形资产的价值创造能力。
(4) 保持完整的无形资产记录,相关会计处理符合会计准则的规定,提供各种有用的信息。
(5) 与企业战略和经营计划紧密联系,使无形资产业务能有效地支持企业战略和经营计划。

二、无形资产业务总体风险

(1) 取得的无形资产不具有先进性或权属不清,可能导致企业资源浪费或引发法律诉讼。
(2) 无形资产使用效率低下,导致效能发挥不到位,缺乏严格的保密制度,致使体现在无形资产中的商业机密被泄露;疏于管理商标等无形资产,导致其他企业侵权,严重损害企业利益。
(3) 无形资产内含的技术未能及时升级换代,导致技术落后或存在重大技术安全隐患。
(4) 无形资产长期闲置或低效使用,导致其使用价值降低;无形资产处置不当,往往造成企业资产流失。
(5) 无形资产会计处理和相关信息不真实、不完整,可能导致企业资产账实不符或资产损失。

三、无形资产业务流程

(一) 业务流程

无形资产业务流程包括无形资产的取得、验收并确定权属、自用或授权其他单位使用、安全防范、技术升级与更新换代、处置与转移等环节。无形资产业务简化流程详见图 10-18。

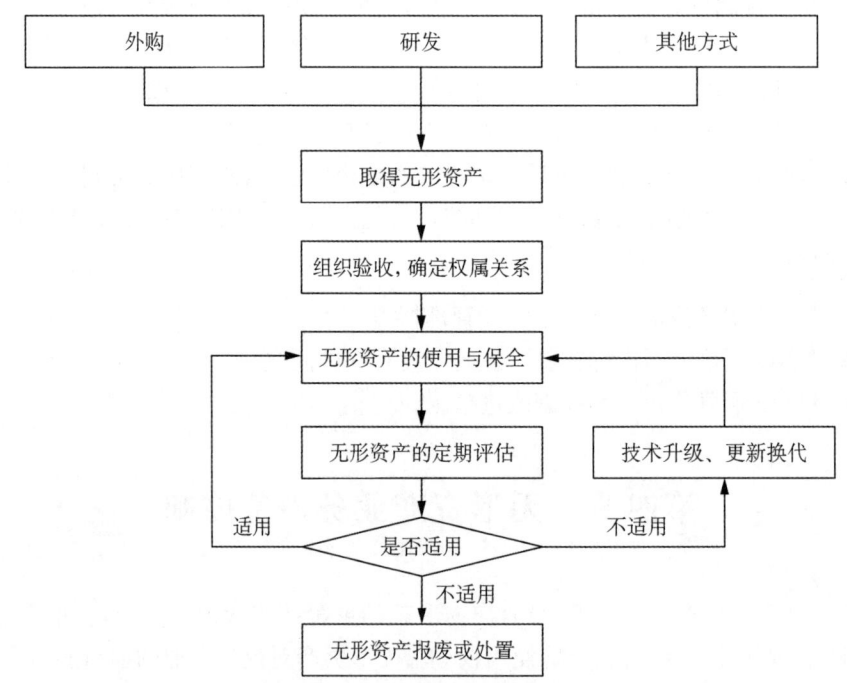

图 10-18 无形资产业务简化流程

（二）职责分工与授权批准

企业应当建立无形资产业务的岗位责任制，明确相关部门和岗位的职责权限，确保办理无形资产业务的不相容岗位相互分离、制约和监督。同一部门或个人不得办理无形资产业务的全过程。无形资产业务不相容岗位至少包括：

（1）无形资产投资预算和编制与审批的岗位。

（2）无形资产投资预算的审批与执行的岗位。

（3）无形资产取得、验收与款项支付的岗位。

（4）无形资产处置的审批与执行的岗位。

（5）无形资产取得与处置业务的执行与相关会计记录的岗位。

（6）无形资产的使用、保管与会计处理的岗位。

企业应当配备合格的人员办理无形资产业务。办理无形资产业务的人员应当具备良好的业务素质和职业道德。

企业应当对无形资产业务建立严格的授权批准制度，明确授权批准的方式、权限、程序、责任和相关控制措施，规定经办人的职责范围和工作要求。严禁未经授权的机构或人员办理无形资产业务。

审批人应当根据无形资产业务授权批准制度的规定，在授权范围内进行审批，不得超越审批权限。

经办人应当在职责范围内，按照审批人的批准意见办理无形资产业务。对于审批人超越授权范围审批的无形资产业务，经办人员有权拒绝办理，并及时向上级部门报告。

企业应当制定无形资产业务流程，明确无形资产投资预算编制、自行开发无形资产预算编制、取得与验收、使用与保全、处置和转移等环节的控制要求，并设置相应的记录或凭证，如实记载各环节业务开展情况，及时传递相关信息，确保无形资产业务全过程得到有效控制。

四、无形资产取得与验收环节

（一）无形资产取得与验收环节的流程设计

无形资产的取得与验收环节是确保无形资产合法合规并且符合企业需求的重要流程，具体流程如图10-19所示。

（二）无形资产取得与验收环节的主要风险及控制

无形资产取得与验收环节的主要风险包括：无形资产投资不科学，可能造成资产闲置或浪费；取得的无形资产不具有先进性或权属不清，可能导致企业资源浪费或者引发法律诉讼。

针对无形资产取得与验收环节的主要风险，企业应采取的相应控制措施如下：

（1）建立无形资产预算制度。根据使用情况、生产经营、发展战略等因素拟定无形资产投资项目建议书，进行可行性研究，编制无形资产投资预算，并按规定程序审批，确保相关决策科学、合理。对于重大无形资产投资项目，可考虑聘请独立第三方进行可行性研究与评价，并由董事会或领导班子集体审批，防止因决策失误而造成严重损失。严格执行无形资产投资预算，对于预算内的无形资产投资项目，有关部门应严格按预算执行进度办理相关手续；对于超预算或预算外的无形资产投资项目，应由相关部门提出申请，经审批后办理相关手续。

（2）建立外购无形资产请购与审批制度，明确请购部门和审批人员的职责权限，以及相应的请购与审批程序。无形资产采购过程应规范、透明。对于一般无形资产的采购，应由采购部门充分了解和掌握供应商情况，采取比质、比价的办法确定供应商；对于重大无形资产的采购，

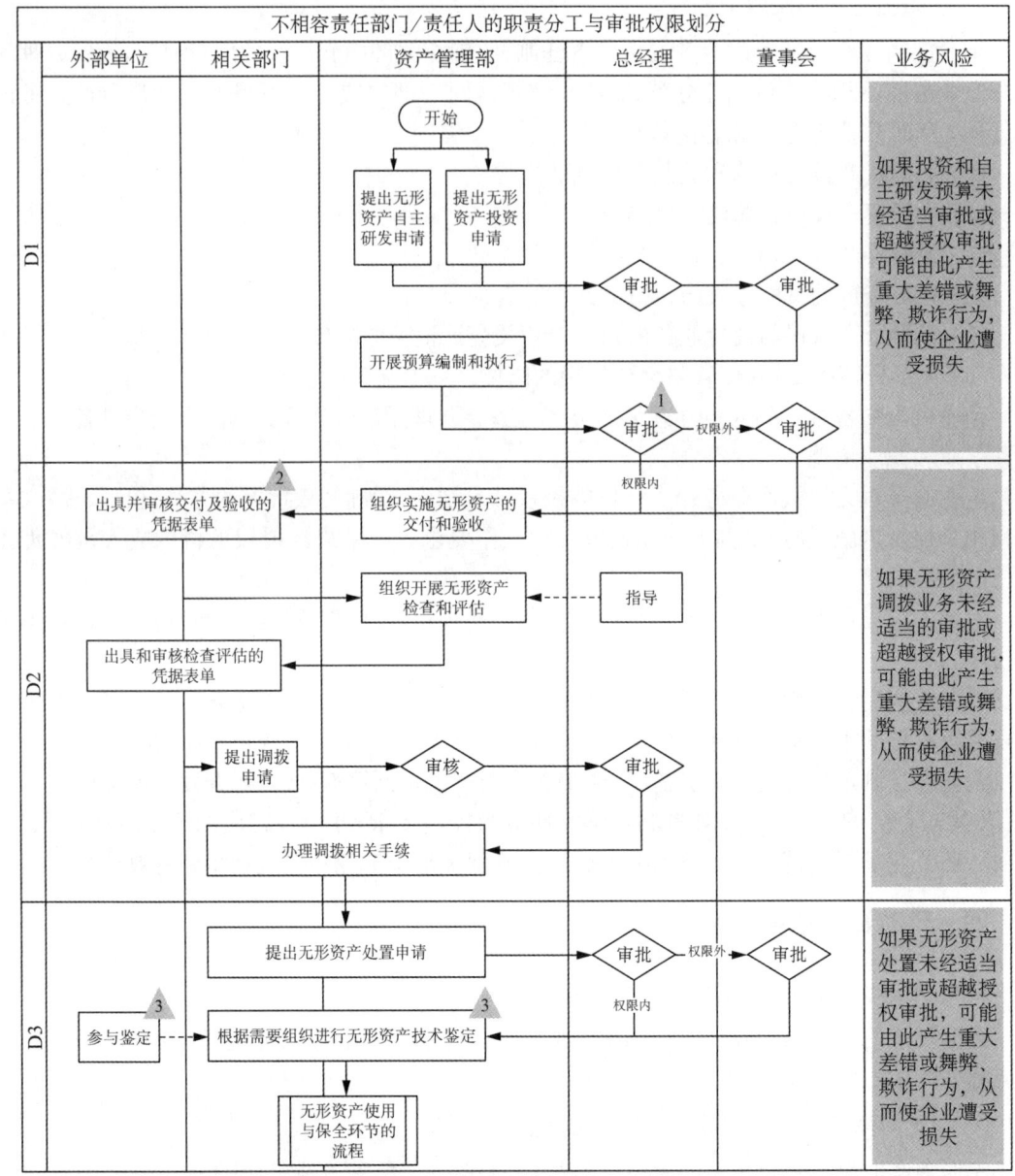

图 10-19 无形资产取得与验收流程

应采取招投标方式进行;对于非专有技术等非公开性无形资产的采购,还应注意采购过程的保密保全措施。

(3) 建立严格的无形资产交付验收制度,明确无形资产的权属关系,及时办理产权登记手续。验收工作由管理部门、使用部门及相关部门共同实施。对于外购的无形资产,必须仔细审核有关合同协议等法律文件,及时取得无形资产所有权的有效证明文件,必要时应听取专业人员或法律顾问的意见,同时特别关注外购无形资产的技术先进性;对于自行开发的无形资产,应由研发部门、管理部门、使用部门共同填制无形资产移交使用验收单,移交使用部门使用;对于购入或以支付土地出让金方式取得的土地使用权,必须取得土地使用权的有效证明文件。除已被确认为投资性房地产外,土地在尚未开发或建造自用项目前,应根据合同、土地使用权证办理无形资产验收手续。对于以投资者投入、接受捐赠、债务重组、政府补助、企业合并、非货币性资产交换等方式取得的无形资产,均应办理验收手续。对于已验收合格的无形资产,应及时办理编号、建卡、调配等手续。对于需要办理产权登记手续的无形资产,应及时到相关部门办理。

根据国家及行业的有关要求和经营管理的需要,确定无形资产的分类标准和管理要求,并建立无形资产目录。当无形资产的权属关系发生变动时,应按规定及时办理权证转移手续。

五、无形资产使用与保全环节

(一)无形资产使用与保全环节的流程设计

无形资产使用与保全环节是确保无形资产保值增值、有效利用并防范风险的重要流程。无形资产使用与保全流程具体如图 10-20 所示。

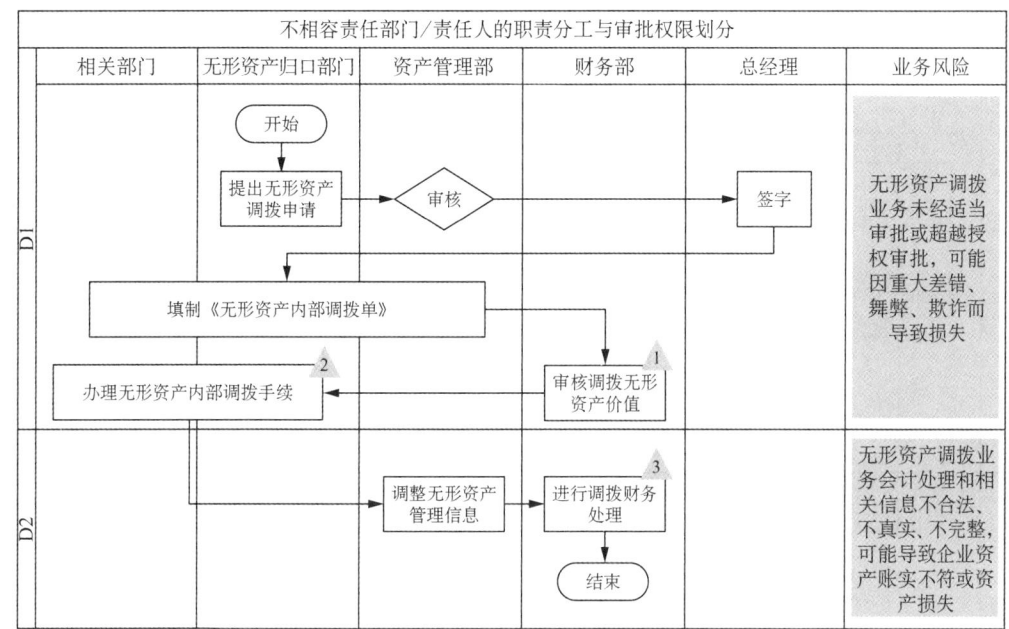

图 10-20　无形资产使用与保全流程

(二)无形资产使用与保全环节的主要风险及控制

无形资产使用与保全环节的主要风险包括:无形资产使用效率低下,导致效能发挥不到位;缺乏严格的保密制度,致使体现在无形资产中的商业机密被泄露;疏于管理商标等无形资产,导致其他企业侵权,严重损害企业利益。

针对无形资产使用与保全环节的主要风险,企业应采取的相应控制措施如下:

(1)强化无形资产使用过程的风险管理,充分发挥无形资产对提升企业产品质量和市场影响力的重要作用。

(2)建立健全无形资产核心技术保密制度,严格限制未经授权人员直接接触技术资料;对技术资料等无形资产的保管及接触应保有记录,实行责任追究,保证无形资产的安全与完整。

(3)对侵害本企业无形资产的,应积极取证并形成书面调查记录,提出维权对策,按规定程序审核并上报。

(4)依据《企业会计准则》,结合企业实际,确定无形资产摊销范围、摊销年限、摊销方法、残值等。摊销方法一经确定,不得随意变更;确需变更的,应遵循会计准则,按规定程序审批。

(5)定期或至少在每年年末,管理部门和财会部门应对无形资产进行检查、分析。存在减值迹象的,应计算可收回金额;可收回金额低于账面价值的,应计提减值准备,确认减值损失。

六、无形资产升级或处置环节

(一)无形资产升级或处置环节的流程设计

无形资产升级或处置环节需要定期对无形资产进行评估,对拟升级的无形资产进行可行性分析和论证,并经过适当的审批手续,确保投资决策科学合理,无形资产升级或处置具体流程如图10-21所示。

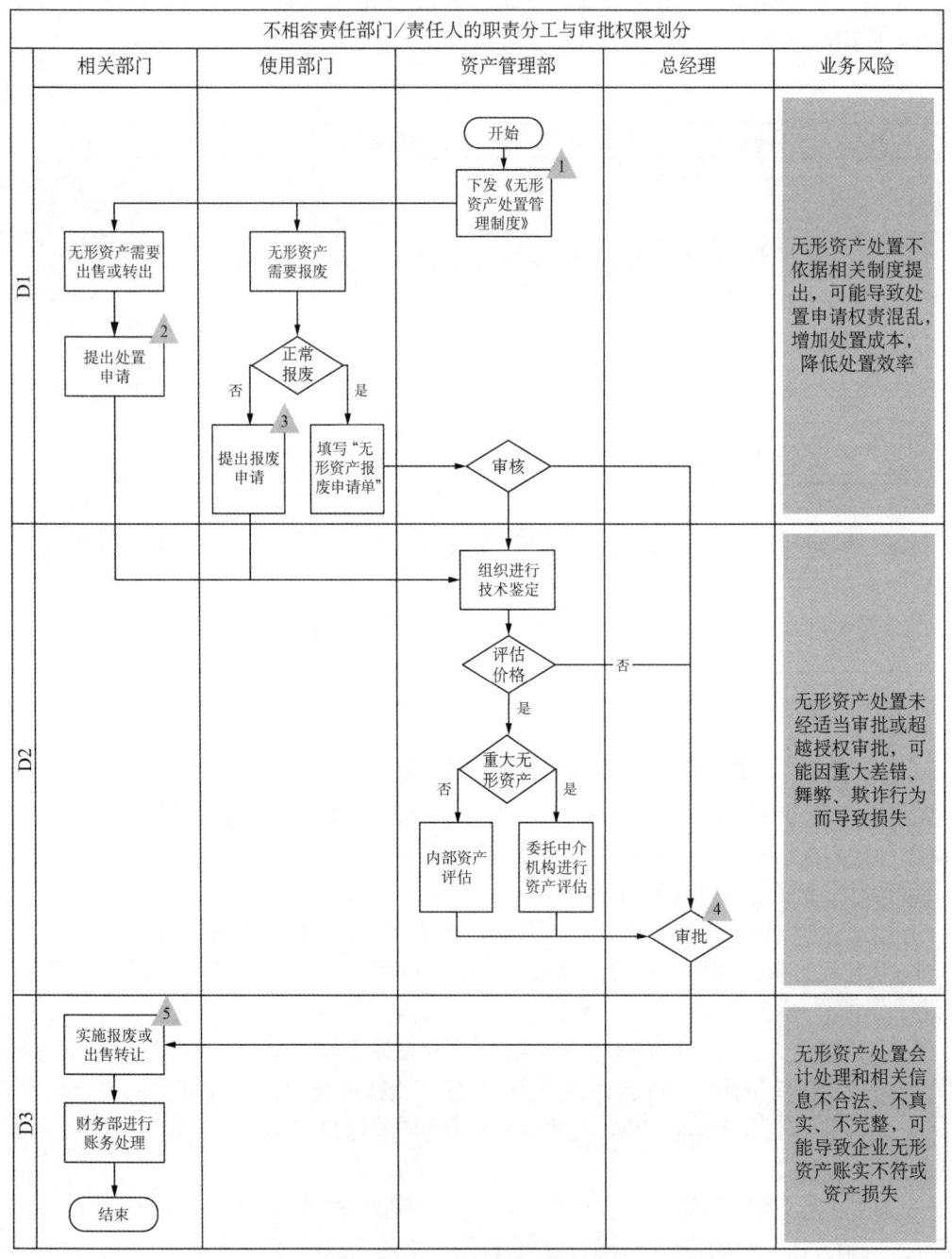

图 10-21 无形资产升级或处置流程

(二) 无形资产升级或处置环节的主要风险及控制

无形资产升级环节的主要风险包括：无形资产内含的技术未能及时升级换代，导致技术落后或存在重大技术安全隐患。相应的控制措施有：定期对专利、专有技术等无形资产的先进性进行评估。发现某项无形资产给企业带来经济利益的能力受到重大不利影响时，应考虑淘汰落后技术；同时加大研发投入，不断推动企业自主创新与技术升级，确保企业在市场竞争中始终处于优势地位。

无形资产处置环节的主要风险包括：无形资产长期闲置或低效使用，逐渐失去其使用价值；无形资产处置不当，往往造成企业资产流失。相应的控制措施有：建立无形资产处置制度，明确无形资产处置的范围、标准、程序和审批权限等要求。无形资产的处置应由独立于管理部门和使用部门的其他部门或人员按规定权限与程序办理；应选择合理的方式确定处置价格，并报经企业授权的部门或人员审批；重大无形资产的处置，应当委托具有资质的中介机构进行资产评估，并经董事会或领导班子集体审批。

无形资产处置应区分不同情况采取相应的控制措施：

（1）对于使用期满、正常报废的无形资产，应由使用部门或管理部门填制无形资产报废单，经授权部门或人员审批后进行报废清理。

（2）对于使用期限未满、非正常报废的无形资产，应由使用部门提出报废申请，注明报废理由、估计清理费用和可回收残值、预设出售价格等，组织有关部门进行技术鉴定，按规定程序审批后进行报废清理。

（3）对于拟出售或投资转出的无形资产，应由有关部门或人员提出处置申请，列明原价、已提摊销、预计使用年限、已使用年限、预计出售价格或转让价格等，报经授权部门或人员审批后出售或转让。

（4）企业出租、出借无形资产，应由管理部门会同财会部门按规定报经批准后办理，并签订合同，对出租、出借期间发生的维护保全、税赋责任、租金、归还期限等进行约定。对于无形资产处置及出租、出借收入和发生的相关费用，应及时入账，保持完整的记录。

七、案例分析①

二维码10-4
无形资产
业务案例
分析

道化学工业公司（Dow Chemical Co.）是一家在世界化工领域具有领头地位的环球企业，员工总数4.3万人，2004年总销售收入达400亿美元，利润28亿美元，居世界化工企业第1位。道化学工业公司成功的秘诀是围绕化学工业实行谨慎而开放的多样化经营战略，同时，公司也极为重视经营无形资产，通过引入"知识产权动态管理"模式，对无形资产的核心知识产权进行管理。

"知识产权动态管理"模式是以企业经营战略为核心，通过有组织的、动态的知识产权管理、最大限度地实现知识产权资产的价值。道化学工业公司从专利管理入手，将知识产权资产管理分为计划、竞争力测评、分类、价值评估、投资和组合六个阶段：

（1）计划是以公司整体发展战略为核心，制定专利利用与业务部门经营目标实施计划。

（2）竞争力测评是利用"知识树图"，把本企业和竞争对手的知识产权资产情况同时放到综合机会图上，对各自的竞争优势、知识产权资产覆盖范围和发展机会等指标进行综合竞争力对比评估。

---

① 本案例改编自傅胜，池国华. 企业内部控制规范指引操作案例点评[M]. 北京：北京大学出版社，2011.

(3) 分类是指以公司发展战略为核心,将所有的专利经过评估划分为三种:对公司将来发展有关键作用的专利,以及在新市场建立滩头堡的专利予以保留并投入资金进行新技术的开发研究,为核心技术申请专利;对其他公司有益但对本公司意义不大的专利进行合资开发,将其作为知识产权投资或者出售;对没有销售价值的专利予以削减或放弃,将一部分专利捐赠给大学和非营利组织,一部分专利被许可使用,一部分专利通过经纪人处理,或同其他化学公司进行交换,或任其自己终止。

(4) 价值评估是指确定知识产权资产的市场价值。道化学工业公司与一家咨询机构合作开发一套名为"技术因子法"的综合性知识产权资产评估方法,能够方便、快速地进行知识产权资产的财务评估,计算知识产权在企业资产总值中所占的百分比。

(5) 投资是指根据对企业知识产权状况的分析做出战略决策:加大研究开发投资,开发企业发展所需的专利,通过专利交易建立合资企业,从外部获取技术等。

(6) 组合是指公司通过加强专利的动态管理和有针对性的投资,不断减少专利数量和增强专利质量,最终提高企业竞争力。促进企业长期发展的专利组合,这种专利组合更具针对性,可以为企业创造最佳的经济效益。

道化学工业公司对无形资产管理的这一策略是在1993年启动的,1994年道化学工业公司的专利总量即从29 000项降到16 000项,节省了800万美元的更新手续费和大约4 000万美元的税款。而专利许可使用费却从1994年的2 500万美元开始以60%的速度增长,到2000年该收入的数额达到1.25亿美元。公司通过对无形资产的有效管理,增加了公司的收入。

【案例解析】

道化学工业公司所创造的知识产权动态管理模式实际上就是《企业内部控制规范》所倡导的无形资产管理理念的具体体现。具体来说,我们至少可以得到以下启示:

(1) 在无形资产取得方面,无形资产的取得方式有多种,比如外购、自行开发、非货币性资产交换等。道化学工业公司根据对企业知识产权状况的分析从而做出取得专利的战略决策:加大研究开发投资,开发企业发展所需的技术或是从外部获取技术等。

(2) 在无形资产使用方面,道化学工业公司以公司整体发展战略为核心,制定专利利用与业务部门经营目标实施计划,提高专利使用效率,充分发挥无形资产对提高企业产品质量和市场影响力的重要作用。

(3) 在无形资产的技术升级与更新换代方面,道化学工业公司运用与咨询公司合作开发的评估方法,定期对专利、专有技术等无形资产的先进性进行评估,确定其市场价值,并结合公司发展战略,将所有的专利划分为三类。其分类的实质就是对不同类型的无形资产施以不同的管理方式。第一类核心技术申请专利,应予以保留并投入资金进行新技术的开发研究,确保企业无形资产的技术升级与更新换代符合企业发展的需要。

(4) 放在无形资产的处置方面,道化学工业公司建立了完善的无形资产处理管理制度,明确了无形资产处置的范围、标准、程序和审批权限等要求。道化学工业公司明确规定将评估后的第二类、第三类专利作为知识产权投资、出售或是以其他方式处置。

第十一章
其他业务活动控制

【教学目标】

知识目标：
1. 了解研究与开发、财务报告、合同管理、业务外包、担保业务和工程项目等业务内部控制的总体要求。
2. 了解研究与开发、财务报告、合同管理、业务外包、担保业务和工程项目等业务的主要风险及控制措施。

能力目标：
1. 掌握特殊业务内部控制流程设计思路。
2. 能够识别主要风险及控制措施中存在的控制缺陷。

素养目标：
1. 提升学生独立思考能力，不断寻找新的优化方案，提高自身专业素养和创新能力。
2. 总结归纳业务活动内部控制建设重点，能够自主探索新兴业务内部控制建设思路，不断提升专业胜任能力。

【导入案例】

二维码11-1　业绩预告频频"失准"，
多家公司暴露内控短板

第一节　研究与开发

研究与开发是指企业为获取新产品、新技术、新工艺等所开展的各种研发活动。随着市场竞争的加剧，能否创新已成为企业成败的关键。但是，研发活动具有投入大、周期长、不确定性高的特点，因此研发活动的成败对企业生产经营影响较大。加强研发活动控制，有利于促进企业自主创新、增强核心竞争力，有效控制研发风险以及实现发展战略。

一、研究与开发控制的总体要求

1. 以战略为导向

根据《企业内部控制应用指引第 10 号——研究与开发》的要求,企业应当重视研发工作,根据发展战略,结合市场开拓和技术进步的要求,科学制订研发计划,强化研发全过程管理,规范研发行为。

2. 注重研发成果的转化

企业研发的目的是研发成果最终转化为促进企业发展的动力。企业应促进研发成果的转化和有效利用,不断提升企业的自主创新能力。

二、研究与开发的业务流程

研究与开发业务的基本流程主要包括立项、研究过程管理、验收、研究成果开发与保护、研发活动评估等,研究与开发的业务简化流程详见图 11-1。

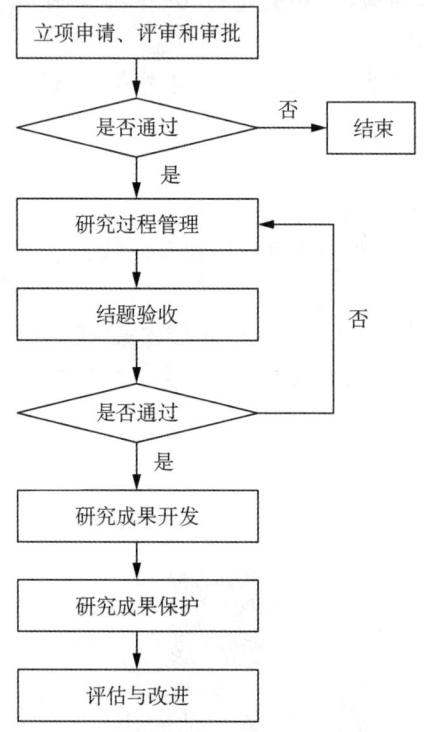

图 11-1 研究与开发的业务简化流程

三、研究与开发业务的主要风险及控制措施

（一）主要风险

企业开展研发活动至少应当关注下列风险：

（1）研究项目未经科学论证或论证不充分,可能导致创新不足或资源浪费。

（2）研发人员配备不合理或研发过程管理不善,可能导致研发成本过高、舞弊或研发失败。

（3）研究成果转化应用不足、保护措施不力,可能导致企业利益受损。

（二）控制措施

1. 立项

立项主要包括立项申请、评审和审批。该环节的主要风险包括：研发项目与国家或企业的科技发展战略不符，项目评审和审批不严，可能造成项目创新不足、项目必要性不大或资源浪费等。

主要控制措施包括：第一，企业应当结合发展战略、实际需要以及技术现状，制订研发计划，提出研究项目立项申请，开展可行性研究，编制可行性研究报告。第二，企业可以组织独立于申请及立项审批之外的专业机构和人员进行评估论证，出具评审意见。第三，研究项目应当按照规定的权限和程序进行审批。重大研究项目应当报经董事会或类似权力机构集体审议决策。审批应当重点关注研究项目促进企业发展的必要性、技术的先进性以及成果转化的可行性。

2. 研究过程管理

研发可以通过自主研发和研发外包两种方式进行。

1）自主研发

自主研发是指企业依靠自身的人力、物力和财力，独立完成科研项目。该环节的主要风险包括：研发人员配备不合理，导致研发成本过高或者研发失败；缺乏对研发项目的跟踪管理，造成费用失控或项目未能按期、保质完成。

主要控制措施包括：第一，企业应当加强对研究过程的管理，合理配备专业人员，严格落实岗位责任制，确保研究过程高效、可控。第二，跟踪检查研究项目的进展情况，评估各阶段研究成果，确保项目按期、保质完成。第三，建立研发费用报销制度，加强费用控制。第四，开展阶段性评估。需适当调整研发计划的，经批准，应及时予以调整。

2）研发外包

根据外包程度不同，研发外包可以分为委托研发和合作研发。委托研发是指企业委托具有研发能力的企业或机构等开展研发工作，委托人全额承担研发经费、受托人交付研发成果的研发形式。合作研发是指企业联合其他企业或机构共同开展研发工作，合作方共同参与、共享效益、共担风险的研发形式。

该环节的主要风险包括：外包单位选择不当、未签订外包合同、合同内容存在重大疏漏或欺诈等，给企业带来知识产权风险与法律诉讼风险等。

主要控制措施包括：第一，企业应遵循技术互补性原则、成本最低原则、诚信原则等甄选合作伙伴。第二，对于委托研发，企业应同受托方签订外包合同，主要约定研究成果的产权归属、研究进度和质量标准等相关内容。第三，合作研发，企业与合作方签订书面合作研究合同，主要明确双方投资、分工、权利义务、研究成果的产权归属等。

3. 验收

该环节的主要风险包括：验收制度不完善；验收人员的技术、能力、独立性等的缺乏，造成验收结果与事实不符；测试与鉴定投入不足，造成测试与鉴定不充分。

主要控制措施包括：第一，企业应当建立和完善研究成果验收制度，组织专业人员对研究成果进行独立评审和验收。第二，加大测试和鉴定阶段的投入，切实降低技术失败的风险。第三，对于通过验收的研究成果，可以委托相关机构进行审查，确认是否申请专利或作为非专利技术、商业秘密等进行管理。企业对于需要申请专利的研究成果，应当及时办理有关专利申请手续。

4. 核心研发人员的管理

该环节的主要风险包括:企业缺乏核心研发人员管理制度,研发人员不勤勉或泄露核心技术等职业道德风险;核心研究人员离职,影响研发活动的进行,未签订劳动合同或劳动合同有重大疏漏,如对研发成果归属和离职后的保密义务等规定不清,给企业造成损失。

主要控制措施包括:第一,企业应当建立严格的核心研究人员管理制度,明确界定核心研究人员的范围和名册清单,签署国家有关法律、法规要求的保密协议,从制度上约束核心研发人员可能出现的道德风险。第二,企业应实施合理、有效的研发绩效管理,如采取股权分享方式对研发人员进行持续激励,减少离职现象。第三,企业与核心研究人员签订劳动合同时,应当特别约定研究成果归属、离职条件、离职移交程序、离职后的保密义务、离职后的竞业限制年限及违约责任等内容。

5. 研究成果开发

研究成果开发是技术研究的目的。如果开发成功,企业就可以凭借技术优势促进发展和盈利。但是,研究成果开发也存在失败的风险。该环节的主要风险包括:第一,技术风险。例如,科学技术发展速度较快,新产品开发速度赶不上科技发展速度,新产品在开发过程中夭折;在研发成果开发中由于技术能力有限,遇到技术障碍,延误开发时机。第二,市场风险。例如,对产品性能验证不够,开发过快,但产品市场潜力不大。

主要控制措施包括:第一,企业应当加强研究成果的开发,形成科研、生产、市场三位一体的自主创新机制,促进研究成果转化。第二,企业应加强技术管理,攻克关键技术障碍。第三,研究成果的开发应当分步推进,通过试生产,充分验证产品性能,经过市场认可后方可进行批量生产。

6. 研发成果保护

该环节的风险主要包括:第一,立项时的风险。例如,立项时未进行专利信息的详细检索,自主开发的成果却不能使用。第二,研发过程中的风险。由于研发人员泄密、离职等,阶段性成果被竞争对手获得。第三,研发成功后的风险。例如,对新开发的技术或产品未进行有效保护,而竞争对手抢先申请专利保护,导致自主开发成果被限制使用;合作研发中未明确产权归属,导致自树竞争对手。

主要控制措施包括:第一,研发人员在立项申请、评估和审批阶段都应详细检索专利信息,以防自主研发成果不能使用。第二,加强研发人员管理,签订保密协议,在劳动合同中明确离职后的保密义务等。第三,在合作研发合同中明确产权归属。第四,建立研究成果保护制度,加强对专利权、非专利技术、商业秘密及在研发过程中形成的各类涉密图纸、程序、资料的管理,严格按照制度规定借阅和使用,禁止无关人员接触研究成果,以及依靠法律保护合法权益。

7. 研发活动评估

研发活动评估是指在研发项目通过验收一定时间之后,对立项与研究、开发与保护等过程进行全面评估,衡量研发价值,总结经验,查清薄弱环节,以不断提高研发水平。该环节的主要风险包括:缺乏对研发活动的评估、对评估不重视、评估指标过于片面而导致评估失败等。

主要控制措施包括:第一,企业应当建立研发活动评估制度,加强对立项与研究、开发与保护等过程的全面评估,认真总结研发管理经验,分析研发管理的薄弱环节,完善相关制度和办法,不断改进和提升研发活动的管理水平。第二,增强管理者对评估作用的认可。第三,在人员和经费方面给予保证。第四,根据不同类型的项目分别构建评估指标体系。

第二节 财务报告

财务报告,是指反映企业某一特定日期财务状况和某一会计期间经营成果、现金流量的文件。加强财务报告内部控制有助于提高会计信息质量,确保财务报告的真实完整,满足财务报告使用者的需求,还有助于确保财务报告的合法合规,防范和化解企业的法律责任。总之,加强财务报告控制,确保财务报告的真实、完整,对于改进经营管理、促进资本市场稳定等至关重要。

一、财务报告控制的总体要求

1. 规范财务报告控制流程

按照《企业内部控制应用指引第14号——财务报告》的要求,企业应当严格执行国家相关会计法律法规,加强对财务报告编制、对外提供和分析利用全过程的管理,明确相关工作流程和要求,落实责任制。总会计师或分管会计工作的负责人负责组织领导财务报告的编制、对外提供和分析利用等相关工作。企业负责人对财务报告的真实性、完整性负责。

2. 健全各环节的授权批准制度

企业应健全财务报告编制、对外提供和分析利用全过程的授权批准制度,如重大会计事项的审批、会计政策与会计估计的审批等。

3. 加强信息核对

企业应建立日常信息核对制度,保证账证相符、账账相符、账实相符、账表相符等,确保会计记录真实、完整。

4. 充分利用信息技术

企业应当充分利用信息技术,提高工作效率和工作质量,减少或避免编制差错和人为调整因素。同时,企业也应当注意防范信息技术所带来的特有风险。

二、财务报告业务流程

财务报告业务流程主要包括制定财务报告编制方案、确定重大事项的会计处理、查实资产和负债、编制财务报告、财务报告的对外提供以及分析利用等,财务报告业务简化流程详见图11-2。

三、财务报告的主要风险及控制措施

(一)主要风险

企业编制、对外提供和分析利用财务报告,至少应当关注下列风险:

(1)编制财务报告违反会计法律法规和国家统一的会计准则制度,可能导致企业承担法律责任和声誉受损。

(2)提供虚假财务报告,误导财务报告使用者,造成决策失误,干扰市场秩序。

(3)不能有效利用财务报告,难以及时发现企业经营管理中存在的问题,可能导致企业财务和经营风险失控。

(二)控制措施

1. 制定财务报告编制方案

财会部门应在财务报告编制前制定财务报告编制方案,明确财务报告编制方法、编制程

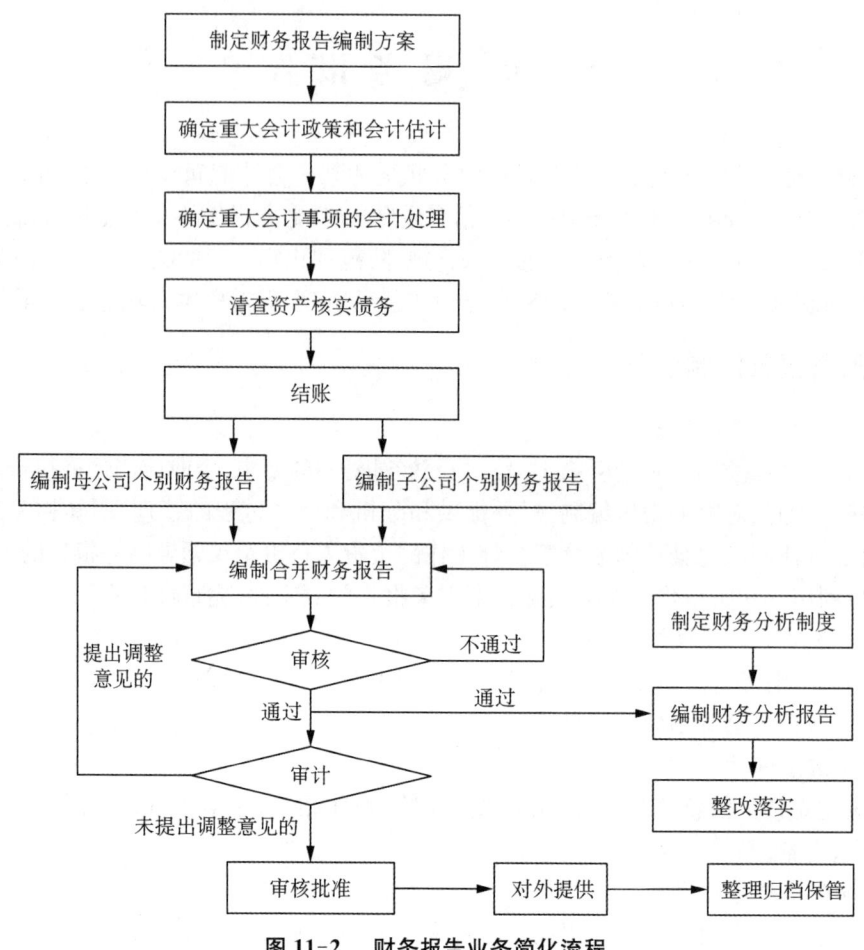

图 11-2 财务报告业务简化流程

序、职责分工以及时间安排等。

该环节的主要风险有:会计政策和会计估计使用不当或不符合法律、法规;重要会计政策、会计估计变更未经审批;各部门职责分工不清,时间安排不明确,延误编制进度等。

主要控制措施包括:第一,按照国家最新会计准则和制度,结合企业实际情况,选择恰当的会计政策和会计估计方法。第二,重要会计政策和会计估计的调整要按照规定的权限审批。第三,明确各部门职责分工。总会计师或分管会计工作的领导负责组织领导,财会部门负责编制,相关部门负责提供所需信息;合理安排编制时间,保证编制进度。

2. 确定重大事项的会计处理

该环节的主要风险包括:对重大事项,如债务重组、收购兼并等的会计处理不合理,未经过审批,影响会计信息质量。

主要控制措施包括:对财务报告产生重大影响的交易和事项的处理应当按照规定的权限和程序进行审批,审批后下达给各相关单位执行。

3. 查实资产和负债

该环节的主要风险包括:资产、负债账实不符,如虚增或虚减资产、负债,未进行减值测试等。

主要控制措施包括:第一,制订资产、负债核实计划,明确人员配备、时间进度、方法等。第二,核实资产、负债。进行银行对账、现金盘点、固定资产盘点,明确资产权属,与债权债务单位通过函证等进行结算款项核查。第三,对于清查中发现的问题,应分析原因,提出处理意见。

4. 编制个别财务报告

该环节的主要风险包括:报表数据不完整、不真实;附注内容不完整、不真实等。

主要控制措施包括:第一,各项资产计价方法不得随意变更,如有减值,应当合理计提减值准备,严禁虚增或虚减资产。第二,各项负债应当反映企业的现时义务,不得提前、推迟或不确认负债,严禁虚增或虚减负债。第三,所有者权益应当反映企业资产扣除负债后由所有者享有的剩余权益,由实收资本(股本)、资本公积、留存收益等构成。企业应当做好所有者权益的保值增值工作,严禁虚假出资、抽逃出资、资本不实等。第四,各项收入的确认应当遵循规定的标准,不得虚列或者隐瞒收入,推迟或提前确认收入。第五,各项费用、成本的确认应当符合规定,不得随意改变费用、成本的确认标准或计量方法,虚列、多列、不列或者少列费用、成本。第六,利润由收入减去费用后的净额、直接计入当期利润的利得和损失等构成。不得随意调整利润的计算、分配方法,编造虚假利润。第七,企业财务报告列示的各种现金流量由经营活动、投资活动和筹资活动的现金流量构成,应当按照规定划清各类交易和事项的现金流量的界限。第八,附注是财务报告的重要组成部分,对反映企业财务状况、经营成果、现金流量的报表中需要说明的事项做出真实、完整、清晰的说明。企业应当按照国家统一的《企业会计准则》和制度编制附注。

5. 编制合并财务报告

该环节的主要风险包括:合并范围不完整、合并方法不正确、内部交易和事项不完整、合并抵消处理不正确等。

主要控制措施包括:第一,企业按照会计准则和制度明确合并财务报表的合并范围和合并方法。第二,财会部门制订内部交易和事项的核对表,报财会部门负责人审批后,下发给纳入合并范围的各单位进行核对。第三,企业合并抵销分录编制应有相应的文件和证据支持,并提交复核人审核,保证其正确性。

6. 财务报告的对外提供

1) 财务报告对外提供前的审核

财务报告对外提供前,财务部门负责人需要审核财务报告的准确性;总会计师或分管会计工作的负责人需要审核财务报告的真实性、完整性、合法合规性;企业负责人需要审核财务报告整体的合法合规性,并分别签名盖章。该环节的主要风险包括:对外提供前,对财务报告内容的真实性、完整性以及合规性等审核不充分。

主要控制措施包括:企业财务报告编制完成后,应当装订成册,加盖公章,由财会部门负责人、总会计师或分管会计工作的负责人、企业负责人审核后,签名并盖章。

2) 财务报告对外提供前的审计

财务报告须经注册会计师审计的,注册会计师及其所在的事务所应出具审计报告,并随同财务报告一并提供。该环节的主要风险包括:未按有关规定接受审计、审计机构与被审单位串通舞弊等。

主要的控制措施包括:第一,财务报告须经注册会计师审计的,应聘请符合资质的会计师事务所对财务报告进行审计,出具审计报告,并将其与财务报告一同提供。第二,企业不应影响审计人员的独立性,应加强与审计人员的沟通,及时落实审计人员的意见。

7. 财务报告的分析利用

该环节的主要风险包括:不重视财务报告的分析和利用、财务分析不全面、财务分析报告内容不完整、财务分析报告未经审核、财务分析报告中的意见未落实等。

主要控制措施包括:

第一,企业应当重视财务报告的分析工作,定期召开财务分析会议,充分利用财务报告反映的综合信息全面分析企业的经营管理状况和存在的问题,不断提高经营管理水平。企业财务分析会议应吸收有关部门负责人参加。总会计师或分管会计工作的负责人应当在财务分析和利用工作中发挥主导作用。

第二,企业应当分析自身的资产分布、负债水平和所有者权益结构,通过资产负债率、流动比率、资产周转率等指标分析企业的偿债能力和营运能力;分析企业净资产的增减变化,了解和掌握企业规模和净资产的不断变化过程;企业应当分析各项收入、费用的构成及其增减变动情况,通过净资产收益率、每股收益等指标,分析企业的盈利能力和发展能力,了解和掌握当期利润增减变化的原因和未来发展趋势;企业应当分析经营活动、投资活动、筹资活动现金流量的运转情况,重点关注现金流量能否保证生产经营过程的正常运行,防止现金短缺或闲置。

第三,财务分析报告结果应当及时传递给企业内部有关管理层级,并根据分析报告的意见,明确各部门的职责,予以落实。财务部门负责监督责任部门的落实情况。

第三节 合同管理

合同是企业与自然人、法人及其他组织等平等主体之间设立、变更、终止民事权利和义务关系的协议。加强合同管理,有利于规范、约束市场主体交易行为,优化资源配置,维护市场秩序。企业需要建立合同分级管理制度、统一归口管理制度、考核与责任追究制度等一系列制度体系和机制保障,促进合同管理的作用得到有效发挥。

一、合同业务控制的总体要求

1. 遵循分级授权管理制度

企业应根据经济业务性质、组织机构设置和管理层级安排,建立合同分级管理制度。属于上级管理权限的合同,下级部门不得签署。对于重大投资类、融资类、担保类、知识产权类、不动产类合同,上级部门应加强管理。上级部门应加强对下级部门合同订立、履行情况的监督检查。下级部门认为确有需要签署涉及上级管理权限的合同,应提出申请,并经上级合同管理部门批准后办理。

2. 实行合同统一归口管理

企业可以指定法律部门等作为合同归口管理部门,对合同实施统一规范管理。归口管理部门负责制定合同管理制度,审核合同条款的权利义务对等性,管理合同标准文本和合同专用章。定期检查和评价合同管理中的薄弱环节,采取相应控制措施,促进合同的有效履行。

3. 明确合同管理监督考核机制

企业应当健全合同管理考核与责任追究制度,开展合同后评估,对合同订立、履行过程中出现的违法违规行为,应当追究有关机构或人员的责任。在合同管理过程中,公司各业务部门作为合同的承办部门负责在职责范围内承办相关合同,并履行合同调查、谈判、订立、履行和终结责任。公司财会部门侧重于履行对合同的财务监督职责。

4. 遵循管理原则

(1)合法合规原则。合同管理必须遵循国家法律、公司制度的规定。

(2)风险控制原则。合同管理制度、流程的制定及行为开展均以有效控制合同风险为目的。

(3) 规范化原则。合同管理应遵循制度化、程序化、流程化的管理模式,统一合同业务操作方式,提高管理效率及质量,保护公司的合法权益。

(4) 经济性原则。合同管理应讲究成本效率,在确保风险可控的前提下简化管理流程、提升管理的有效性。

二、合同管理业务流程

合同管理从大的方面可以划分为合同订立阶段和合同履行阶段。合同订立阶段包括合同调查、合同谈判、合同文本拟定、合同审核、合同签署等环节;合同履行阶段涉及合同履行、合同补充和变更、合同解除、合同结算、合同登记等。合同管理业务简化流程详见图11-3。

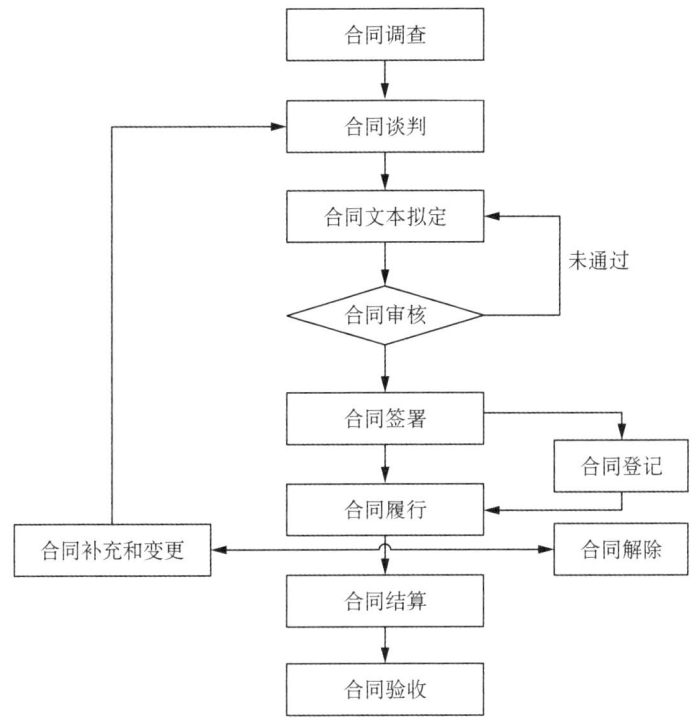

图 11-3　合同管理业务简化流程

三、合同管理业务的主要风险及控制措施

(一) 主要风险

企业合同管理至少应当关注下列风险:

(1) 未订立合同、未经授权对外订立合同、合同对方主体资格未达要求、合同内容存在重大疏漏和欺诈,可能导致企业合法权益受到侵害。

(2) 合同未全面履行或监控不当,可能导致企业诉讼失败、经济利益受损。

(3) 合同纠纷处理不当,可能损害企业利益、信誉和形象。

(二) 控制措施

1. 合同订立阶段

1) 合同调查

合同订立前,企业应当进行合同调查,充分了解合同对方的主体资格、信用状况等有关情况,确保对方当事人具备履约能力。

该环节的主要风险有:忽视被调查对象的主体资格审查,准合同对象不具有相应民事权利能力和民事行为能力或不具备特定资质,与不具备代理权或越权代理的主体签订合同,导致合同无效,或引发潜在风险;在合同签订前错误判断被调查对象的信用状况,或在合同履行过程中没有持续关注对方的资信变化,致使企业蒙受损失;对被调查对象的履约能力给出不当评价,将不具备履约能力的对象确定为准合同对象,或将具有履约能力的对象排除在准合同对象之外。

企业通常采用的控制措施主要有:

第一,审查被调查对象的身份证件、法人登记证书、资质证明、授权委托书等证明原件,必要时,可通过发证机关查询证书的真实性和合法性,关注授权代理人的行为是否在其被授权范围内,在充分收集相关证据的基础上评价主体资格是否恰当。

第二,获取调查对象经审计的财务报告、以往交易记录等财务和非财务信息,分析其获利能力、偿债能力和营运能力,评估其财务风险和信用状况,并在合同履行过程中持续关注其资信变化,建立和及时更新合同对方的商业信用档案。

第三,对被调查对象进行现场调查,实地了解和全面评估其生产能力、技术水平、产品类别和质量等生产经营情况,分析其合同约束力。

第四,与被调查对象的主要供应商、客户、开户银行、主管税务机关和工商管理部门等沟通,了解其生产经营、商业信誉、履约能力等情况。

2) 合同谈判

初步确定准合同对象后,企业内部的合同承办部门将在授权范围内与对方进行合同谈判,按照自愿、公平原则,磋商合同内容和条款,明确双方的权利义务和违约责任。

该环节的主要风险有:忽略合同重大问题或在重大问题上做出不当让步;谈判经验不足,缺乏技术、法律和财务知识的支撑,导致企业利益损失;泄露本企业谈判策略,导致企业在谈判中处于不利地位。

企业通常采用的控制措施主要有:

第一,收集谈判对手资料,充分熟悉谈判对手情况,做到知己知彼;研究国家相关法律法规、行业监管政策和产业政策、同类产品或服务价格等与谈判内容相关的信息,正确制定本企业谈判策略。

第二,关注合同核心内容、条款和关键细节,具体包括合同标的的数量、质量或技术标准,合同价格的确定方式与支付方式,履约期限和方式,违约责任和争议的解决方法、合同变更或解除条件等。

第三,对于影响重大、涉及较高专业技术或法律关系复杂的合同,组织法律、技术、财会等专业人员参与谈判,充分发挥团队智慧,及时总结谈判过程中的得失,研究确定下一步谈判策略。

第四,必要时可聘请外部专家参与相关工作,并充分了解外部专家的专业资质、胜任能力和职业道德情况。

第五,加强保密工作,严格责任追究制度。

第六,对谈判过程中的重要事项和参与谈判人员的主要意见,予以记录并妥善保存,作为避免合同舞弊的重要手段和责任追究的依据。

3) 合同文本拟定

企业在合同谈判后,根据协商谈判结果,拟定合同文本。

该环节的主要风险有：选择不恰当的合同形式；合同与国家法律法规、行业产业政策、企业总体战略目标或特定业务经营目标发生冲突；合同内容和条款不完整、表述不严谨准确，或存在重大疏漏和欺诈，导致企业合法利益受损；有意拆分合同规避合同管理规定等；对于合同文本须报经国家有关主管部门审查或备案的，未履行相应程序。

企业通常采用的控制措施主要有：

第一，企业对外发生经济行为，除采取即时结清方式外，应当订立书面合同。

第二，严格审核合同需求与国家法律法规、产业政策、企业整体战略目标的关系，保证其协调一致；考察合同是否以生产经营计划、项目立项书等为依据，确保完成具体业务经营目标。

第三，合同文本一般由业务承办部门起草，法律部门审核；重大合同或法律关系复杂的特殊合同应当由法律部门参与起草。国家或行业有合同示范文本的，可以优先选用，但对涉及权利和义务关系的条款应当进行认真审查，并根据实际情况进行适当修改。各部门应当各司其职，保证合同内容和条款的完整准确。

第四，通过统一归口管理和授权审批制度，严格合同管理，防止通过化整为零等方式故意规避招标的做法和越权行为。

第五，由签约对方起草的合同，企业应当认真审查，确保合同内容准确反映企业诉求和谈判达成的一致意见，特别留意"其他约定事项"等需要补充填写的栏目，如不存在其他约定事项时注明"此处空白"或"无其他约定"，防止合同后续被篡改。

第六，合同文本须报经国家有关主管部门审查或备案的，应当履行相应程序。

4）合同审核

合同文本拟定完成后，企业应进行严格的审核。

该环节的主要风险有：合同审核人员因专业素质或工作态度原因未能发现合同文本中的不当内容和条款；审核人员虽然通过审核发现问题但未提出恰当的修订意见；合同起草人员没有根据审核人员的改进意见修改合同，导致合同中的不当内容和条款未被纠正。

企业通常采用的控制措施主要有：

第一，审核人员应当对合同文本的合法性、经济性、可行性和严密性进行重点审核，关注合同的主体、内容和形式是否合法，合同内容是否符合企业的经济利益，对方当事人是否具有履约能力，合同权利和义务、违约责任和争议解决条款是否明确等。

第二，建立会审制度，对影响重大或法律关系复杂的合同文本，组织财会部门、内部审计部门、法律部门、业务关联的相关部门进行审核，内部相关部门应当认真履行职责。

第三，慎重对待审核意见，认真分析研究，对审核意见准确无误地加以记录，必要时对合同条款做出修改并再次提交审核。

5）合同签署

企业经审核同意签订的合同，应当与对方当事人正式签署并加盖企业合同专用章。

该环节的主要风险是：超越权限签订合同，合同印章管理不当，签署后的合同被篡改，因手续不全导致合同无效等。

企业通常采用的控制措施主要有：

第一，按照规定的权限和程序与对方当事人签署合同。正式对外订立的合同应当由企业法定代表人或由其授权的代理人签名或加盖有关印章。授权签署合同的，应当签署授权委托书。

第二，严格合同专用章保管制度，合同经编号、审批及企业法定代表人或由其授权的代理人签署后，方可加盖合同专用章。用印后保管人应当立即收回，并按要求妥善保管，以防止他人滥用。保管人应当记录合同专用章使用情况以备查,如果发生合同专用章遗失或被盗现象,应当立即报告公司负责人并采取妥善措施,如向公安机关报案、登报声明作废等,以最大限度地消除可能带来的负面影响。

第三,采取恰当措施,防止已签署的合同被篡改,如在合同各页码之间加盖骑缝章、使用防伪印记、使用不可编辑的电子文档格式等。

第四,按照国家有关法律、行政法规规定,需办理批准、登记等手续之后方可生效的合同,企业应当及时按规定办理相关手续。

2. 合同履行阶段

1) 合同履行

合同订立后,企业应当与合同对方当事人一起遵循诚实信用原则,根据合同的性质、目的和交易习惯履行通知、协助、保密等义务。

该环节的主要风险是:本企业或合同对方当事人没有恰当地履行合同中约定的义务;合同生效后,对合同条款未明确约定的事项没有及时协议补充,导致合同无法正常履行;在合同履行过程中,未能及时发现已经或可能导致企业利益受损情况,或未能采取有效措施;合同纠纷处理不当,导致企业遭受外部处罚、诉讼失败,损害企业利益、信誉和形象等。

企业通常采用的控制措施主要有:

第一,强化对合同履行情况及效果的检查、分析和验收,全面适当执行本企业义务,敦促对方积极执行合同,确保合同全面有效履行。

第二,对合同对方的合同履行情况实施有效监控,一旦发现有违约可能或违约行为,应当及时提示风险,并立即采取相应措施将合同损失降到最低。

第三,根据需要及时补充、变更甚至解除合同。一是对于合同没有约定或约定不明确的内容,通过双方协商一致对原有合同进行补充;无法达成补充协议的,按照国家相关法律法规、合同有关条款或者交易习惯确定;二是对于显失公平、条款有误或存在欺诈行为的合同,以及因政策调整、市场变化等客观因素已经或可能导致企业利益受损的合同,按规定程序及时报告,并经双方协商一致,按照规定权限和程序办理合同变更或解除事宜;三是对方当事人提出中止、转让、解除合同的,造成企业经济损失的,应向对方当事人书面提出索赔。

第四,加强合同纠纷管理,在履行合同过程中发生纠纷的,应当依据国家相关法律法规,在规定时效内与对方当事人协商并按规定权限和程序及时报告。合同纠纷经协商一致的,双方应当签订书面协议;合同纠纷经协商无法解决的,根据合同约定选择仲裁或诉讼方式解决。企业内部授权处理合同纠纷,应当签署授权委托书。在纠纷处理过程中,未经授权批准,相关经办人员不得向对方当事人做出实质性答复或承诺。

2) 合同结算

合同结算是合同执行的重要环节,既是对合同签订的审查,也是对合同执行的监督,一般由财会部门负责办理。

该环节的主要风险有:违反合同条款,未按合同规定期限、金额或方式付款;疏于管理,未能及时催收到期合同款项;在没有合同依据的情况下盲目付款等。

企业通常采用的控制措施主要有:

第一,财会部门应当在审核合同条款后办理结算业务,按照合同规定付款,及时催收到期欠款。

第二,未按合同条款履约或应签订书面合同而未签订的,财会部门有权拒绝付款,并及时向企业有关负责人报告。

3) 合同登记

合同登记管理制度体现合同的全过程封闭管理,合同的签署、履行、结算、补充或变更、解除等都需要进行合同登记。

该环节的主要风险有:合同档案不全,合同泄密,合同滥用等。

企业通常采用的控制措施主要有:

第一,合同管理部门应当加强合同登记管理,充分利用信息化手段,定期对合同进行统计、分类和归档,详细登记合同的订立、履行和变更、终结等情况。合同终结应及时办理销号和归档手续,以实行合同的全过程封闭管理。

第二,建立合同文本统一分类和连续编号制度,以防止或及早发现合同文本的遗失。

第三,加强合同信息安全保密工作,未经批准,任何人不得以任何形式泄露合同订立与履行过程中涉及的国家或商业秘密。

第四,规范合同管理人员职责,明确合同流转、借阅和归还的职责权限和审批程序等有关要求。

第四节 业 务 外 包

业务外包,是指企业利用专业化分工优势,将日常经营中的部分业务委托给本企业以外的专业服务机构或其他经济组织(以下简称"承包方")完成的经营行为。外包业务通常包括:研发、资信调查、可行性研究、委托加工、物业管理、客户服务、IT服务等。加强业务外包管理,对于规范业务外包行为和防范业务外包风险有重要意义。

一、业务外包控制的总体要求

1. 完善业务外包管理制度

根据《企业内部控制应用指引第13号——业务外包》的要求,企业应当建立和完善业务外包管理制度,规定业务外包的范围、方式、条件、程序和实施等内容,明确相关部门和岗位的职责权限。

2. 强化监控

强化业务外包全过程的监控,包括对制订外包实施方案、审核批准、选择承包方、签订业务外包合同、外包过程管理、验收等环节的监控,防范外包风险,充分发挥业务外包的优势。

3. 避免核心业务外包

企业应当权衡利弊,避免核心业务外包。

二、业务外包流程

业务外包的基本流程包括制订业务外包实施方案、审核批准、选择承包商、签订业务外包合同、外包合同执行与监控、验收及付款等,业务外包简化流程详见图11-4。

三、业务外包的主要风险及控制措施

(一)主要风险

企业的业务外包至少应当关注下列风险:

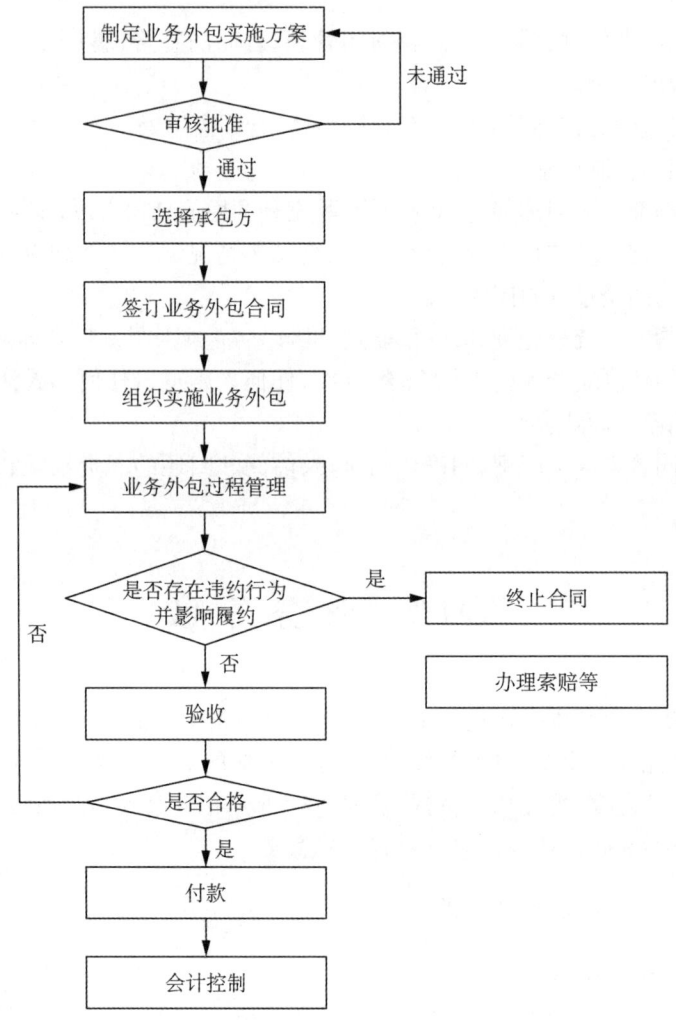

图 11-4 业务外包简化流程

(1) 外包范围和价格确定不合理,承包方选择不当,可能导致企业遭受损失。
(2) 业务外包监控不严、服务质量低劣,可能导致企业难以发挥业务外包的优势。
(3) 业务外包存在商业贿赂等舞弊行为,可能导致企业相关人员涉案。

(二) 控制措施

1. 制定业务外包实施方案

制订业务外包实施方案是指根据年度生产经营计划和业务外包管理制度,结合确定的业务外包范围,拟定实施方案。

该环节的主要风险包括:缺乏业务外包管理制度,无法指导业务外包实施方案的制订;外包范围不明确,出现将核心业务外包的风险;实施方案不合理,可能导致业务外包失败。

主要控制措施包括:第一,建立和完善业务外包管理制度。规定业务外包的范围、方式、条件、程序和实施等相关内容,明确相关部门和岗位的职责权限。第二,企业应当权衡利弊,避免核心业务外包。第三,结合年度生产经营计划,拟定实施方案,企业对外包业务的成本和风险、外包方式等重要方面进行深入评估和复核,确保方案的可行性。

2. 审核批准

该环节的主要风险包括：审批制度不健全，审批程序不规范；审批不严，如未对业务外包的成本和风险进行深入权衡等，造成业务外包决策失误。

主要控制措施包括：第一，建立和完善审核批准制度。明确审核批准的权限、程序等，规范审核批准工作。第二，总会计师或分管会计工作的负责人应当参与重大业务外包的决策。重大业务外包方案应当提交董事会或类似权力机构审批。第三，在对业务外包实施方案进行审查和评价时，应当着重对比分析该业务项目在自营与外包情况下的风险和收益，确定外包的合理性和可行性。

3. 选择承包方

该环节的主要风险包括：承包方不具备相应条件，如不具备相应专业资质、技术及经验水平达不到本企业要求等；外包价格不合理，成本过高，不符合成本效益原则；存在收受贿赂、回扣等舞弊行为，导致企业相关人员涉案。

主要控制措施包括：第一，选择的承包方至少应当具备下列条件：①承包方是依法成立和合法经营的专业服务机构或其他经济组织，具有相应的经营范围和固定的办公场所。②承包方应当具备相应的专业资质，其从业人员符合岗位要求和任职条件，并具有相应的专业技术资格。③承包方的技术及经验水平符合本企业业务外包的要求。第二，综合考虑内外部因素，合理确定外包价格，严格控制业务外包成本，切实做到符合成本效益原则。第三，引入竞争机制，遵循公开、公平、公正的原则，采用适当的方式，择优选择外包业务的承包方。第四，建立严格的回避制度和监督处罚制度，避免企业及相关人员在选择承包方的过程中收受贿赂、回扣或者索取其他好处等行为。

4. 签订业务外包合同

该环节的主要风险包括：合同内容存在重大疏漏或欺诈；业务外包需要保密的，承包方的保密义务和责任不明确。

主要控制措施包括：第一，与承包方签订业务外包合同，明确外包业务的内容和范围、双方权利和义务、服务和质量标准、保密事项、费用结算标准和违约责任等事项。第二，企业外包业务需要保密的，应当在业务外包合同或者另行签订的保密协议中明确规定承包方的保密义务和责任，要求承包方向其从业人员提示保密要求和应承担的责任。

5. 外包合同的执行与监控

该环节的主要风险包括：与承包方的对接工作不到位，沟通协调不力；缺乏对承包方履约能力的持续评估及应急机制，造成业务外包失败和生产经营活动中断；对承包方的索赔不力。

主要的控制措施包括：第一，严格按照业务外包制度、工作流程和相关要求，组织开展业务外包，并采取有效的控制措施，确保承包方严格履行业务外包合同。第二，做好与承包方的对接工作，加强与承包方的沟通与协调，及时搜集相关信息，发现和解决外包业务日常管理中存在的问题。第三，对承包方的履约能力进行持续评估，有确凿证据表明承包方存在重大违约行为，导致业务外包合同无法履行的，应当及时终止合同。对于重大业务外包，应建立相应的应急机制，避免业务外包失败造成本企业生产经营活动中断。第四，承包方违约并造成企业损失的，企业应当按照合同对承包方进行索赔，并追究责任人的责任。

6. 验收

该环节的主要风险包括：验收标准不明确、验收程序不规范、对验收中异常情况的处理不及时，给企业造成损失。

主要控制措施包括:业务外包合同执行完成后需要验收的,企业应当组织相关部门或人员对完成的业务外包合同进行验收,并出具验收证明;验收过程中发现异常情况的,应当立即报告,查明原因,及时处理。

7. 会计系统控制

该环节的主要风险包括:会计记录和处理不及时、不准确,不能全面、真实地反映业务外包环节的资金流和实物流情况,导致财务报告信息失真;结算审核不严格、结算方式不当等,给企业造成资金损失。

主要控制措施包括:第一,根据国家统一的会计准则和制度,对业务外包及时地进行会计记录和处理。第二,严格按照合同约定,做好业务外包费用的结算工作。

第五节 担保业务

《企业内部控制应用指引第 12 号——担保业务》中所称的担保是指企业作为担保人按照公平、自愿、互利的原则与债权人约定,当债务人不履行债务时,依照法律规定和合同协议承担相应法律责任的行为。担保有利于债务人的融资,但是也应该看到,因为担保陷入担保圈和诉讼的案件层出不穷,对外担保的风险是很大的。加强企业担保业务管理,防范担保业务风险,对于维护企业利益和维持正常经营有重要的意义。

一、担保业务控制的总体要求

1. 完善担保业务管理制度

企业应当依法制定和完善担保业务政策及相关管理制度,如调查评估制度、审批制度、担保合同管理制度等,明确担保的对象、范围、方式、条件、程序、担保限额和禁止担保等事项。

2. 规范各环节工作流程

企业应规范调查评估、审核批准、担保执行等环节的工作流程,按照政策、制度、流程办理担保业务,定期检查担保政策的执行情况及效果,切实防范担保业务风险。

二、担保业务流程

担保业务的基本流程包括受理担保申请、调查评估、审批、订立担保合同、担保合同执行与监控等,担保业务简化流程详见图 11-5。

三、担保业务的主要风险及控制措施

(一)主要风险

企业办理担保业务至少应当关注下列风险:

(1)对担保申请人的资信状况调查不深,审批不严或越权审批,可能导致企业担保决策失误或遭受欺诈。

(2)对被担保人出现财务困难或经营陷入困境等状况监管不力,应对措施不当,可能导致企业承担法律责任。

(3)担保过程中存在舞弊行为,可能导致经办审批等相关人员涉案或企业利益受损。

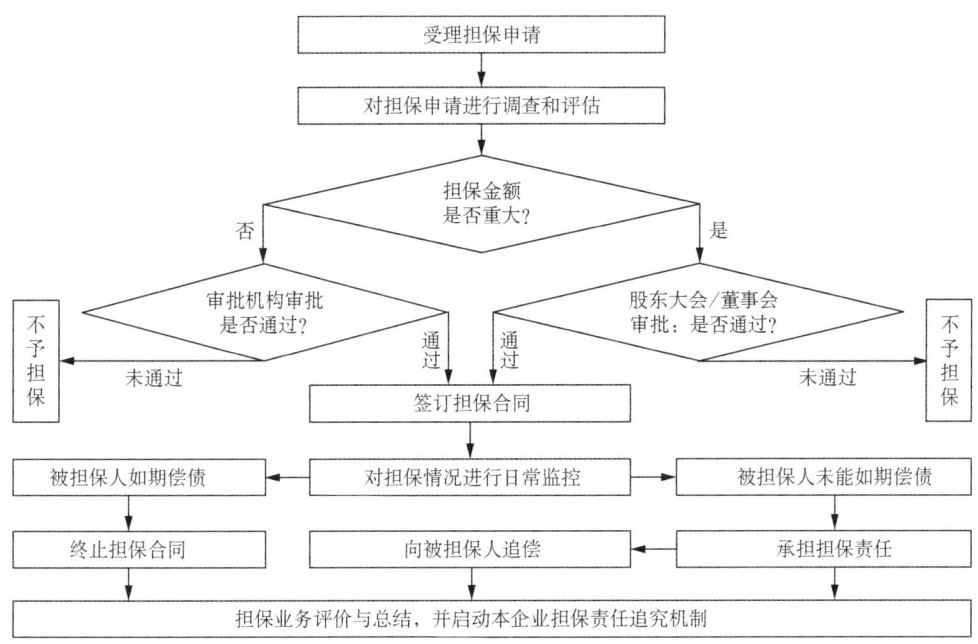

图 11-5 担保业务简化流程

(二) 控制措施

1. 受理申请

受理申请是办理担保业务的第一步,是控制的起点。该环节的主要风险包括:企业担保政策和相关管理制度不健全,不能规范担保申请的受理;受理申请审查不严。

主要控制措施包括:第一,企业应依法制定和完善担保业务政策及相关管理制度,明确担保的对象、范围、方式、条件、程序、担保限额和禁止担保等事项。第二,受理人员应严格按照担保政策和相关管理制度对担保申请进行审查,如对与本企业有密切业务关系的企业、有潜在重要业务关系的企业、子公司等提出的申请可予受理,反之,则必须慎重处理。

2. 调查评估

企业应当指定相关部门负责办理担保业务,对担保申请人进行资信调查和风险评估。该环节的主要风险包括:资信调查和风险评估不深入、不细致,造成担保决策失误,给企业带来担保损失。

主要控制措施包括:第一,企业在对担保申请人进行资信调查和风险评估时,应当重点关注以下事项:①担保业务是否符合国家法律、法规和本企业担保政策等相关要求。②担保申请人的资信状况,一般包括基本情况、资产质量、经营情况、偿债能力、盈利水平、信用程度、行业前景等。③担保申请人用于担保和第三方担保的资产状况及其权利归属。④企业要求担保申请人提供反担保的,还应当对与反担保有关的资产状况进行评估。第二,明确不予担保的情况。对于以下几种情形不予担保:①担保项目不符合国家法律、法规和本企业担保政策的。②已进入重组、托管、兼并或破产清算程序的。③财务状况恶化、资不抵债、管理混乱、经营风险较大的。④与其他企业存在较大经济纠纷,面临法律诉讼且可能承担较大赔偿责任的。⑤与本企业已经发生过担保纠纷且仍未妥善解决的,或不能及时足额交纳担保费用的。第三,委派具备胜任能力的专业人员开展调查和评估,调查评估人员与担保业务审批人员应当分离,调查评估结果应出具书面报告。企业也可委托中介机构对担保业务进行资信调查和风险评估工作。

3. 审批

审批环节的主要风险包括：授权审批制度不完善，造成担保审批不规范；审批不严或越权审批，可能导致企业担保决策失误或遭受欺诈；对关联方的担保审批不规范等。

主要控制措施包括：第一，企业应当建立担保授权和审批制度，规定担保业务的授权批准方式、权限、程序、责任和相关控制措施，在授权范围内进行审批，不得超越权限审批。对于审批人超越权限审批的担保业务，经办人员应当拒绝办理。第二，重大担保业务，应当报经董事会或类似权力机构批准。第三，企业为关联方提供担保的，与关联方存在经济利益或近亲属关系的有关人员在评估与审批环节应当回避。第四，加强对变更担保的管理。被担保人要求变更担保事项的，企业应当重新履行调查评估与审批程序。

4. 订立担保合同

订立担保合同环节的主要风险包括：未经授权订立担保合同、未订立担保合同、担保合同存在重大疏漏或欺诈，增加了担保风险。

主要控制措施包括：第一，企业应当根据审核批准的担保业务订立担保合同。担保合同应明确被担保人的权利、义务、违约责任等相关内容，并要求被担保人定期提供财务报告与有关资料，及时通报担保事项的实施情况；担保申请人同时向多方申请担保的，企业应当在担保合同中明确约定本企业的担保份额和相应的责任。第二，实行担保合同会审联签。企业应鼓励担保业务经办单位会同企业法律部门、财会部门、内审部门进行担保合同会审联签，以降低担保合同存在重大疏漏或欺诈的风险。第三，加强对身份证明和印章的管理，杜绝身份证明和印章被盗用而进行对外担保，从而造成担保损失。第四，规范担保合同记录、传递和保管过程，确保担保合同运转轨迹清晰完整、有案可查。

5. 日常管理

日常管理环节的主要风险包括：缺乏对担保合同的跟踪管理或监控不力，无法对被担保人出现的异常情况及时地进行报告和处理，给企业造成损失。

主要控制措施包括：第一，企业应加强担保合同的日常管理。定期监测被担保人的经营情况和财务状况，对被担保人进行跟踪和监督，了解担保项目的执行、资金的使用、贷款的归还、财务运行及风险等情况，确保担保合同有效履行。第二，企业应及时报告和处理被担保人的异常情况。在担保合同的履行过程中，如果被担保人出现经营困难等异常情况，应当及时向有关管理人员报告，并妥善处理。

6. 会计系统控制

会计系统控制环节的主要风险包括：会计记录和处理不及时、不准确，不利于对担保业务的日常监控，或者披露不符合有关监管要求，遭受行政处罚。

主要控制措施包括：第一，企业应及时、足额收取担保费用，建立担保事项台账，详细记录担保对象、金额、期限、用于抵押和质押的物品或权利以及其他有关事项。第二，企业财会部门应当及时收集、分析被担保人担保期内经审计的财务报告等相关资料，持续关注被担保人的财务状况、经营成果、现金流量以及担保合同的履行情况，积极配合担保经办部门防范担保业务风险。第三，企业应及时进行会计记录、会计处理以及相关披露。对于被担保人出现财务状况恶化、资不抵债、破产清算等情形，企业应当根据国家统一的会计准则和制度规定，合理确认预计负债和损失。属于上市公司的，应根据相关制度对担保事项进行公告。

7. 反担保财产管理

反担保财产管理环节的主要风险包括：企业对反担保的权利凭证保管不善、缺乏对反担保财产的有效监控等。

主要控制措施包括：企业应当加强对反担保财产的管理，妥善保管被担保人用于反担保的权利凭证，定期核实财产的存续状况和价值，发现问题及时处理，确保反担保财产安全、完整。

8. 责任追究

责任追究环节的主要风险包括：企业缺乏担保业务责任追究制度，或者制度执行流于形式。

主要控制措施包括：企业应当建立担保业务责任追究制度，对在担保中出现重大决策失误、未履行集体审批程序或不按规定管理担保业务的部门及人员，应当严格追究其责任。

9. 及时终止担保关系或代为清偿、权利追索

及时终止担保关系或代为清偿、权利追索环节的主要风险包括：企业未及时终止担保关系，使担保展期等；违背担保合同约定不履行代偿义务，被起诉，影响企业形象；代为清偿后对权利追索不力，造成经济损失。

主要控制措施包括：第一，企业应当在担保合同到期时，全面清查用于担保的财产、权利凭证，按照合同约定及时终止担保关系，并妥善保管担保合同、与担保合同相关的主合同、反担保函或反担保合同，以及抵押、质押的权利凭证和有关原始资料，切实做到担保业务档案完整无缺。第二，企业自觉承担代为清偿义务，维护企业形象和信誉。第三，企业利用法律武器向被担保人追索赔偿；依法处置反担保财产，减少企业损失。

第六节　工　程　项　目

工程项目，是指企业自行或者委托其他单位进行的建造、安装工程。工程项目体现着企业发展战略，对企业提高生产能力、促进产业升级和技术进步有重要作用。同时，由于工程项目一般投入大、周期长、涉及环节和部门单位多，出现问题的可能性也较大，因而对企业的发展影响重大。加强工程项目管理，对提高工程质量、保证工程进度、控制工程成本、防范商业贿赂等舞弊行为，从而实现企业战略和中长期发展规划有重要意义。

一、工程项目控制的总体要求

1. 全面梳理工程项目工作流程

根据《企业内部控制应用指引第11号——工程项目》的要求，企业应全面梳理各个环节可能存在的风险点，规范工作流程，确保流程设计符合法规要求，保证工程项目工作顺畅进行。

2. 明确职责权限和不相容岗位分离

工程项目业务复杂，不仅涉及众多内部职能部门，如规划发展部门、工程管理部门、设计部门、物资采购部门、财会部门等，还涉及外包施工单位、监理单位等外部相关主体。企业应当明确相关部门和岗位的职责权限，做到可行性研究与决策、概预算编制与审核、项目实施与价款支付、竣工决算与审计等不相容职务相互分离。

3. 完善工程项目的各项管理制度

结合业务流程、职责权限、工程项目运行中的薄弱环节以及管理要求，形成具有规范性和约束力的工程项目管理制度，可以更好地实行管控职能。企业应当建立和完善工程项目质量控制制度、进度控制制度、预算控制制度、招投标制度、物资采购制度等，并强化工程建设全过程的监控，以确保制度的有效执行，保证工程项目的质量、进度和资金安全。

二、工程项目的业务流程

工程项目的基本流程包括工程项目立项、工程设计和造价、工程招标、工程建设、工程验收和项目后评估六大环节。工程项目业务简化流程详见图11-6。

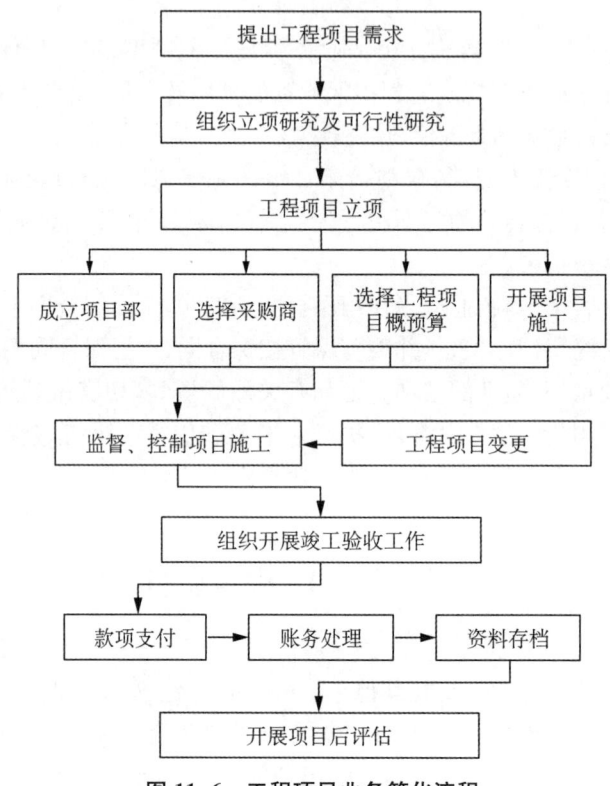

图11-6　工程项目业务简化流程

三、工程项目的主要风险及控制措施

（一）主要风险

企业工程项目至少应当关注下列风险：

（1）立项缺乏可行性研究或者可行性研究流于形式，决策不当，盲目上马，可能导致难以实现预期效益或项目失败。

（2）项目招标暗箱操作，存在商业贿赂，可能导致中标人实质上难以承担工程项目、中标价格失实及相关人员涉案。

（3）工程造价信息不对称，技术方案不落实，概预算脱离实际，可能导致项目投资失控。

（4）工程物资质次价高，工程监理不到位，项目资金不落实，可能导致工程质量低劣，进度延迟或中断。

（5）竣工验收不规范，最终把关不严，可能导致工程交付使用后存在重大隐患。

（二）控制措施

1. 工程立项

工程立项阶段主要包括编制项目建议书、可行性研究、立项评审和立项决策四个环节。

1）编制项目建议书

项目建议书主要对拟建项目提出框架性总体设想。项目建议书的主要内容包括：项目的必要性和依据、产品方案、拟建规模、建设地点、投资估算、资金筹措、项目进度安排、经济效益和社会效益的估计、环境影响的初步评价等。

该环节的主要风险包括：工程项目、企业发展战略与国家产业政策不符；项目建议书内容不完整、不合规，如拟建规模不明确以及投资估算、资金筹措与项目进度安排不协调等。

主要控制措施包括：第一，企业应当指定专门机构归口管理工程项目，并根据发展战略和年度投资计划，结合国家产业政策，提出项目建议书。第二，企业应规定项目建议书的主要内容和编制要求，对项目建议书的内容充分地进行分析论证。

2）可行性研究

可行性研究是对建设项目在技术、财务、经济、政策支持、外部协作等方面进行全面分析，为立项决策提供依据。可行性研究报告的内容主要包括：项目概况，项目建设的必要性，市场预测，项目建设选址及建设条件论证，建设规模和建设内容，项目外部配套建设，环境保护，劳动保护与卫生防疫，消防、节能、节水，总投资及资金来源，经济、社会效益，项目建设周期及进度安排以及《中华人民共和国招标投标法》规定的相关内容等。

该环节的主要风险包括：缺乏可行性研究、可行性研究流于形式或深度不够等，无法为立项决策提供充分、可靠的依据，盲目上马，可能导致难以实现预期效益或项目失败。

主要控制措施包括：第一，企业应当明确可行性研究报告的内容和编制要求，对项目可行性进行深入分析。第二，企业可以委托具有相应资质的专业机构开展可行性研究，并按照有关要求形成可行性研究报告。

3）立项评审

企业应当组织规划、工程、技术、财会、法律等部门的专家对项目建议书和可行性研究报告进行充分论证和评审，出具评审意见，作为项目决策的重要依据。

该环节的主要风险包括：项目评审流于形式、评审不科学等，可能造成决策失误。

主要控制措施包括：第一，在项目评审过程中，企业应当重点关注项目投资方案、投资规模、资金筹措、生产规模、投资效益、布局选址、技术、安全、设备、环境保护等方面，核实相关资料的来源和取得途径是否真实、可靠和完整。第二，企业可以委托具有相应资质的专业机构对可行性研究报告进行评审，并出具评审意见。第三，从事项目可行性研究的专业机构不得再从事可行性研究报告的评审。

4）立项决策

企业应当按照规定的权限和程序对工程项目进行决策。

该环节的主要风险包括：决策程序不规范，造成决策失误；缺乏责任追究制度等。

主要控制措施包括：第一，企业按规定权限和程序对工程项目进行决策。决策过程应有完整的书面记录。第二，重大工程项目的立项应当报经董事会或类似权力机构集体审议批准。总会计师或分管会计工作的负责人应当参与项目决策。任何个人不得单独决策或者擅自改变集体决策意见。工程项目决策失误应当实行责任追究制度。第三，企业应当在工程项目立项后、正式施工前，依法取得建设用地、城市规划、环境保护、安全、施工等方面的许可，并核实取得材料的合法合规性。

2. 工程设计和造价

工程立项后，企业要进行工程设计。设计阶段是影响工程投资最主要的阶段，一般可分为初步设计和施工图设计两个阶段。

1) 初步设计

初步设计是整个设计构思基本形成的过程,主要明确建设的技术可行性和经济合理性,同时确定主要技术方案、工程总造价等。编制初步设计概算是初步设计阶段的一项重要工作,即计算从筹建到竣工验收、交付使用的预期造价。

该环节的主要风险包括:设计单位资质达不到项目要求;审计人员研究不透彻,设计出现较大疏漏;未进行多方案比选;设计深度不够,影响施工。

主要控制措施包括:第一,企业应选择有资质、有经验的设计单位,可以外聘设计单位。第二,企业应当向招标确定的设计单位提供详细的设计要求和基础资料,进行有效的技术、经济交流。在此基础上,采用先进的设计管理实务技术,进行多方案对比。第三,企业建立严格的初步设计审查和批准制度,确保评审质量。

2) 施工图设计

施工图设计是通过图纸把设计者的意图和设计结果呈现出来,作为施工的依据。与施工图设计关联的是施工图预算。施工图预算是施工单位投标报价的重要参考依据。

该环节的主要风险包括:预算严重脱离实际,可能导致项目投资失控;设计深度不足、设计缺陷,造成施工组织、工期、工程质量、投资失控以及生产运行成本过高;工程设计与后续施工衔接不当,导致技术方案未得到有效落实。

主要控制措施包括:第一,企业应当建立严格的概预算编制与审核制度。应当组织工程、技术、财会等部门的相关专业人员或委托具有相应资质的中介机构对编制的概预算进行审核,重点审查编制依据、项目内容、工程量的计算、定额套用等是否真实、完整和准确,确保概预算的科学合理。第二,企业应当建立严格的施工图设计管理制度和交底制度,且按项目要求的进度交付施工图设计深度及图纸,提高设计质量,防止设计深度不足或设计缺陷带来的问题。第三,企业应当建立设计变更管理制度。设计单位应当提供全面、及时的现场服务,避免设计与施工相脱节的现象发生。对于因过失造成设计变更的主体,应当进行责任追究。

3. 工程招标

企业的工程项目一般应当采用公开招标的方式,择优选择具有相应资质的承包单位和监理单位。招标过程包括招标、投标、开标、评标和定标,签订施工合同四个主要环节。

1) 招标

招标工作包括招标前期准备、招标公告和资格预审公告的编制与发布等。

该环节的主要风险包括:违背工程施工组织设计和招标设计计划,将工程"肢解",投标资格不公平、不合理,违法违规泄露标底等。

主要控制措施包括:第一,企业不得违背工程施工组织设计和招标设计计划,将应由一个承包单位完成的工程划分为若干部分发包给几个承包单位。第二,企业应当遵循公开、公正、平等竞争的原则,发布招标公告,提供包含招标工程的主要技术要求、主要合同条款、评标的标准和方法以及开标、评标、定标的程序等内容的招标文件。第三,企业应当严格根据项目特点确定投标人的资格要求,做到公平合理。第四,企业可以根据项目特点决定是否编制标底,需要编制标底的,标底编制过程和标底应当严格保密。

2) 投标

投标阶段包括现场考察、投标预备会以及投标文件的编制和送达。

该环节的主要风险包括:招标人与投标人串通投标或投标人之间串通舞弊;投标人资质不符合要求、以他人名义投标等,影响工程质量。

主要控制措施包括:第一,在确定中标人前,企业不得与投标人就投标价格、投标方案等实质性内容进行谈判。第二,对投标人的信息采取严格的保密措施,防止投标人之间串通舞弊。第三,按照招标公告或资格预审文件中的投标人资格条件对投标人进行严格审查,预防假资质中标或借资质串标。

3) 开标、评标和定标

企业应当依法组建评标委员会。评标委员会应当按照招标文件确定的标准和方法对投标文件进行评审和比较,择优选择中标候选人,及时向中标人发出中标通知书。

该环节的主要风险包括:评标委员会专业水平差,出现定标失误;评标委员会与投标人之间存在舞弊行为,损害建设单位利益。

主要控制措施包括:第一,企业应当依法组织工程招标的开标、评标和定标,并接受有关部门的监督。第二,评标委员会应由企业的代表和有关技术、经济方面的专家组成,应客观公正地提出评审意见,并对评审意见承担责任。第三,评标委员会成员和参与评标的有关工作人员不得透露对投标文件的评审和比较、中标候选人的推荐情况以及与评标有关的其他情况,不得私下接触投标人,不得收受投标人的财物或者其他好处。

4) 签订施工合同

该环节的主要风险包括:合同内容不完整、不清楚,或者订立了背离招标文件实质性内容的合同。

主要控制措施包括:第一,企业应当在规定的期限内与中标人订立书面合同,明确双方的权利、义务和违约责任,如质量、进度、结算方式等。第二,企业和中标人不得再行订立背离合同实质性内容的其他协议。

4. 工程建设

工程建设阶段包括的重要工作有工程物资采购、工程监理、工程价款结算、工程变更。

1) 工程物资采购

工程物资采购分为自行采购和承包单位采购。

该环节的主要风险包括:采购控制不力,质次价高;对承包单位采购物资监督不足,影响工程质量与进度。

主要控制措施包括:第一,企业自行采购工程物资的,可以参照采购活动控制的相关内容办理。重大设备和大宗材料的采购应当根据有关招标采购的规定执行。第二,由承包单位采购工程物资的,企业应当加强监督,确保工程物资采购符合设计标准和合同要求。严禁不合格工程物资投入工程项目建设。

2) 工程监理

该环节的主要风险包括:监理单位监督不力,流于形式,不利于确保工程的进度、质量和安全。

主要控制措施包括:第一,工程监理单位应当依照国家法律、法规及相关技术标准、设计文件和工程承包合同,对承包单位在施工质量、工期、进度、安全和资金使用等方面实施监督。第二,工程监理人员应当具备良好的职业操守,客观公正地执行监理任务。发现工程施工不符合设计要求、施工技术标准和合同约定的,应当要求承包单位改正;发现工程设计不符合建筑工程质量标准或者合同约定的质量要求的,应当报告企业,要求设计单位改正。第三,未经工程监理人员签字,工程物资不得在工程上使用或者安装,不得进行下一道施工工序,不得拨付工程价款,不得进行竣工验收。

3) 工程价款结算

该环节的主要风险有建设资金使用管理混乱、项目资金不落实,影响工程进度;工程进度计算不准确、价款结算不及时等。

主要控制措施包括:第一,企业建立成本费用支出审批制度,对建设资金的使用进行管理。第二,资金筹集应与工程进度协调一致,以免影响工程进度。第三,企业财会部门应当加强与承包单位的沟通,准确掌握工程进度,开展工程项目核算,并根据合同约定,按照规定的审批权限和程序办理工程价款结算,不得无故拖欠。第四,施工过程中,如果工程的实际成本突破了工程项目预算,建设单位应当及时分析原因,按照规定的程序予以处理。

4) 工程变更

该环节的主要风险有工程变更频繁、变更程序不规范、变更缺乏审核或审核不严等。

主要控制措施有:第一,企业应当建立严格的工程变更审批制度,严格控制工程变更。确需变更的,应当按照规定的权限和程序进行审批。第二,重大的项目变更应当按照项目决策和概预算控制的有关程序和要求重新履行审批手续。第三,因工程变更等原因造成价款支付方式及金额发生变动的,应当提供完整的书面文件和其他相关资料,并对工程变更价款的支付进行严格审核。第四,因人为原因导致的工程变更,应当追究当事单位和人员的责任。

5. 工程验收

企业收到承包单位的工程竣工报告后,应当及时编制竣工决算,开展竣工决算审计,组织设计、施工、监理等有关单位进行竣工验收。该环节的主要风险包括:竣工验收不规范,竣工决算审核不严,如质量检验不严或者相关资料不齐全等;竣工决算失真,如虚报项目投资完成额、虚列建设成本等。

主要控制措施包括:第一,企业应当组织审核竣工决算,重点审查决算依据是否完备、相关文件资料是否齐全、竣工清理是否完成、决算编制是否正确。第二,未实施竣工决算审计的工程项目,不得办理竣工验收手续。第三,交付竣工验收的工程项目,应当符合规定的质量标准,有完整的工程技术经济资料,并具备国家规定的其他竣工条件。第四,企业应当按照国家有关档案管理的规定,及时收集、整理工程建设各环节的文件资料,建立完整的工程项目档案。

6. 项目后评估

企业应当建立完工项目后评估制度,在项目完成并运行一段时间后,对项目执行过程、效益等进行系统、客观的分析,重点评价工程项目预期目标的实现情况和项目投资效益等,并以此作为绩效考核和责任追究的依据。

模块三

内部控制绩效篇

第十二章 内部控制评价

【教学目标】

知识目标：
1. 了解内部控制评价的含义及作用。
2. 熟悉内部控制评价的内容、原则与方法。
3. 熟悉内部控制评价的组织工作及程序。
4. 理解和掌握内部控制缺陷认定标准。
5. 掌握内部控制评价报告的内容及编制要求。

能力目标：
1. 掌握各种评价方法的适用场景和操作步骤，能够根据实际情况选择合适的评价方法进行内部控制评价。
2. 学会如何识别、分析和评估内部控制中的缺陷和不足，提出有效的改进建议。

素养目标：
1. 培养学生的自我反思和自我提升能力，在内部控制体系建设中能够有效识别内部控制缺陷，不断提高专业水平。
2. 培养学生对内部控制评价的责任感和敬业精神，注重职业道德和职业操守。
3. 引导学生不断了解最新发展趋势和动态，为未来的学习和工作提供有益参考。

【导入案例】

二维码 12-1　上市公司 2023 年内控白皮书

第一节　内部控制评价概述

一、内部控制评价的定义

内部控制评价作为优化内部控制自我监督机制的一项重要制度安排，是内部控制体系的重要组成部分。依据《企业内部控制评价指引》第二条相关规定,企业内部控制评价,是指企业董事会或类似权力机构对内部控制的有效性进行全面评价、形成评价结论、出具评价报告的过程。对于这一定义,可从三个角度进行理解。

(一) 内部控制评价的主体是董事会或类似权力机构

内部控制评价的主体是董事会或类似权力机构,也就是说董事会或类似权力机构是内部控制设计和运行的责任主体。董事会可指定审计委员会来承担对内部控制评价的组织、领导、监督职责,并通过授权内部审计部门或独立的内部控制评价机构执行内部控制评价的具体工作,但董事会仍对内部控制评价承担最终的责任,对内部控制评价报告的真实性负责。对内部控制的设计和运行的有效性进行自我评价并对外披露是管理层解除受托责任的一种方式,董事会可以聘请会计师事务所对其内部控制的有效性进行审计,但其承担的责任不能因此减轻或消除。

(二) 内部控制评价的对象是内部控制的有效性

内部控制评价的对象是内部控制的有效性。内部控制的有效性是指企业建立与实施内部控制对实现控制目标提供合理保证的程度。

从控制过程的不同角度来看,内部控制的有效性可分为内部控制设计的有效性和内部控制运行的有效性。内部控制设计的有效性,是指为实现控制目标所必需的内部控制程序都存在并且设计恰当,能够为控制目标的实现提供合理保证;内部控制运行的有效性,是指在内部控制设计有效的前提下,内部控制能够按照设计的内部控制程序被正确地执行,从而为控制目标的实现提供合理保证。内部控制运行的有效性离不开设计的有效性,如果内部控制在设计上存在漏洞,即使这些内部控制制度能够得到一贯的执行,也不能认为其运行是有效的。当然,如果评价证据标明内部控制的设计是有效性,但是没有按照设计的那样得到一贯执行,那么就可以得出其不符合运行有效性的结论。

评价内部控制设计的有效性,可以考虑三个方面:

(1) 内部控制的设计是否做到了以内部控制的基本原理为前提,以我国《企业内部控制基本规范》及其配套指引为依据。

(2) 内部控制的设计是否覆盖了所有关键的业务与环节,对董事会、监事会、经理层和员工具有普遍的约束力。

(3) 内部控制的设计是否与企业自身的经营特点、业务模式以及风险管理要求相匹配。

评价内部控制运行的有效性,也可以从三个方面进行考察:

(1) 相关控制在评价期内是如何运行的。

(2) 相关控制是否得到了一直持续的运行。

(3) 实施控制的人员是否具备必要的权限和能力。

从控制目标的角度来看,内部控制的有效性可分为合规目标内部控制的有效性、资产目标内部控制的有效性、报告目标内部控制的有效性、经营目标内部控制的有效性、战略目标内部控制的有效性。其中,合规目标内部控制的有效性,是指相关的内部控制能够合理保证企业遵循国家相关法律、法规,不进行违法活动或违规交易;资产目标内部控制的有效性,是指相关的内部控制能够合理保证资产的安全与完整,防止资产流失;报告目标内部控制的有效性,是指相关的内部控制能够防止、发现并纠正财务报告的重大错报;经营目标内部控制的有效性是指相关的内部控制能够合理保证经营活动的效率和效果及时被董事会和经理层所了解或控制;战略目标内部控制的有效性,是指相关的内部控制能够合理保证董事会和经理层及时了解战略定位的合理性、实现程度,并适时进行战略调整。

需要说明的是,由于受内部控制固有局限(如评价人员的职业判断、成本效益原则等)的影响,内部控制评价只能为内部控制目标的实现提供合理保证,而不能提供绝对保证。

(三)内部控制评价是一个过程

内部控制评价是一个过程,是指内部控制评价要遵照一定的流程来进行。内部控制评价工作不是一蹴而就的,它是一个涵盖计划、实施、编报等多个阶段、包含多个步骤的动态过程。关于内部控制评价流程的内容,详见本章第二节。

二、内部控制评价的作用

企业内部控制评价是对企业内部控制制度的完整性、合理性和有效性进行分析和评定的工作,作为内部控制体系的重要组成部分,对于企业来说,内部控制评价有着重要的意义。

(一)内部控制评价有助于企业自我完善内控体系

内部控制评价是通过评价、反馈、再评价,报告企业在内部控制建立与实施中存在的问题,并持续地进行自我完善的过程。通过内部控制评价查找、分析内部控制缺陷并有针对性地督促落实修改,可以及时堵塞管理漏洞,防范偏离目标的各种风险,并举一反三,从设计和执行等全方位健全优化管控制度,从而促进企业内控体系的不断完善。

(二)内部控制评价有助于提升企业市场形象和公众认可度

企业开展内部控制评价,须形成评价结论,出具评价报告。通过自我评价报告,将企业的风险管理水平、内部控制状况以及与此相关的发展战略、竞争优势、可持续发展能力等公布于众,树立诚信、透明、负责任的企业形象,有利于增强投资者、债权人以及其他利益相关者的信任度和认可度,为自己创造更为有利的外部环境,促进企业的长远可持续发展。

(三)内部控制评价有助于实现与政府监督的协调互动

政府监管部门有权对企业内部控制的建立与实施的有效性进行监督检查。事实上,有关政府部门在审计机构开展的国有企业负责人离任经济责任审计中,就已将企业内部控制的有效性,以及企业负责人组织领导内控体系的建立与实施情况纳入审计范围,并日益成为十分重要的一个部分。尽管政府部门实施企业内控监督检查有其自身的做法和特点,但监督检查的重点部位是基本一致的,比如大多数涉及重大经营决策的科学性、合规性以及重要业务事项管控的有效性等。实施企业内控自我评价,能够通过自查及早排查风险、发现问题,并积极整改,有利于在配合政府监管中赢得主动,并借助政府监管成果进一步改进企业内控实施和评价工作,促进自我评价工作,促进自我评价与政府监管的协调互动。

三、内部控制评价的内容

内部控制评价的内容是内部控制对象的具体化。上一部分已经述及,内部控制评价的对象是内部控制的有效性,而内部控制的有效性,是企业建立与实施内部控制,对实现控制目标提供合理保证的程度。内部控制的目标包括合规目标、资产目标、报告目标、经营目标和战略目标。因此,内部控制评价的内容应是对以上五个目标的内控有效性进行全面评价。具体地说,内部控制评价应紧紧围绕内部环境、风险评估、控制活动、信息与沟通、内部监督五要素进行。

(一)内部环境评价

企业组织开展内部环境评价,应当以组织架构、发展战略、人力资源、企业文化、社会责任等应用指引为依据。其中,组织架构评价可以重点从组织架构的设计和运行等方面进行;发展战略评价可以重点从发展战略的合理制定、有效实施和适当调整三方面进行;人力资源评价应当重点从企业人力资源引进结构的合理性、开放机制、激励约束机制等方面进行;企业文化评价应从建设和评估两个方面进行;社会责任可以从安全生产、产品质量、环境保护与资源节约、促进就业、员工权益保护等方面进行。

(二) 风险评估评价

企业组织开展风险评估评价,应当以《企业内部控制基本规范》有关风险评估的要求,以及各项应用指引中所列主要风险,结合本企业的内部控制制度,对日常经营管理过程中的目标设定、风险识别、风险分析、应对策略等进行认定和评价。

(三) 控制活动评价

企业组织开展控制活动评价,应当以《企业内部控制基本规范》和各项应用指引中的控制措施为依据,结合本企业的内部控制制度,对相关控制措施的设计和运行情况进行认定和评价。

(四) 信息与沟通评价

企业组织开展信息与沟通评价,应当以内部信息传递、财务报告、信息系统等相关指引为依据,结合本企业的内部控制制度,对信息收集、处理和传递的及时性、反舞弊机制的健全性、财务报告的真实性、信息系统的安全性,以及利用信息系统实施内部控制的有效性进行认定和评价。

(五) 内部监督评价

企业组织开展内部监督评价,应当以《企业内部控制基本规范》有关内部监督的要求,以及各项应用指引中有关日常管控的规定为依据,结合本企业的内部控制制度,对于内部监督机制的有效性进行认定和评价,重点关注监事会、审计委员会、内部审计机构等是否在内部控制设计和运行中有效发挥监督作用。

具体的内部控制评价内容可通过设计内部控制评价指标体系来确定,评价指标是对内部控制要素的进一步细化,评价指标可以有多个层级,大体可分为核心评价指标和具体评价指标两大类,企业可根据其实际情况进行细分。具体的评价内容确定之后,内部控制评价工作应形成工作底稿,详细记录企业执行评价工作的内容,包括评价要素、评价指标、评价标准、评价和测试的方法、主要风险点、采取的控制措施、有关证据资料以及认定结果等。工作底稿可以是通过一系列评价表格加以实现,通过对每个要素核心指标的分别评价,最终汇总出评价结果。

四、内部控制评价的原则与方法

内部控制评价的原则与方法是内部控制评价工作的方法基础。内部控制评价的原则是开展评价工作应该遵循的要求与准则,内部评价的方法是执行内部控制评价工作时具体采用的技术手段。

(一) 内部控制评价的原则

与内部控制的原则不完全相同,内部控制评价至少应当遵循三项原则。

1. 全面性原则

全面性原则强调的内部控制评价的涵盖范围应当全面,具体来说,它是指内部控制评价工作应当包括内部控制的设计与运行,涵盖企业及其所属单位的各种业务和事项。

2. 重要性原则

重要性原则强调内部控制评价应当在全面性的基础之上，着眼于风险，突出重点。具体来说，它主要体现在制定和实施评价工作方案、分配评价资源的过程之中，它的核心要求主要包括两个方面：

（1）坚持风险导向的思路，着重关注那些影响内部控制目标实现的高风险领域和风险点。

（2）坚持重点突出的思路，着重关注那些重要的业务事项和关键的控制环节，以及重要的业务单位。

2012年9月，财政部等五部委印发的《企业内部控制规范体系实施中相关问题解释第2号》中指出，集团性企业在确认内部控制评价范围时，应当遵循全面性、重要性、客观性原则，在对集团总部及下属不同业务类型、不同规模的企业进行全面、客观评价的基础上，关注重要业务单位、重大事项和高风险业务。

重要业务单位一般以资产、收入、利润等作为判定标准，包括集团总部、资产占合并资产总额比例较高的分公司和子公司，营业收入占合并营业收入比例较高的分公司和子公司以及利润占合并利润比例较高的分公司和子公司等。

重大事项一般是指重大投资决策项目、兼并重组、资产调整、产权转让项目，期权、期货等金融衍生业务，融资、担保项目，重大的生产经营安排，重要设备和技术引进，采购大宗物资和购买服务，重大工程建设项目，年度预算内大额度资金调动和使用，以及其他大额度资金运作事项等。

高风险业务一般是指经过风险评估后确定为较高或高风险的业务，它也包括特殊行业及特殊业务，国家法律、法规有特殊管制或监管要求的业务等。

3. 客观性原则

客观性原则强调内部控制评价工作应当准确地揭示经营管理的风险状况，如实反映内部控制设计和运行的有效性。只有在内部控制评价工作方案制定、实施的全过程中始终坚持客观性，才能保证评价结果的客观性。

（二）内部控制评价方法

《企业内部控制评价指引》第十五条规定，内部控制评价工作组对被评价单位进行现场测试时，可以单独或者综合运用个别访问、调查问卷、专题讨论、穿行测试、实地查验、抽样和比较分析等方法，充分收集被评价单位内部控制设计和运行是否有效的证据，按照评价的具体内容，如实填写评价工作底稿，研究分析内部控制缺陷。

1. 个别访问法

个别访问法主要用于了解公司内部控制的现状，在企业层面评价及业务层面评价的了解阶段经常使用。访问前应根据内部控制评价需求形成访谈提纲，撰写访问纪要，记录访问的内容。为了保证访谈结果的真实性，内部控制评价工作组应尽量访谈不同岗位的人员以获得更可靠的证据。例如，分别访问人力资源部主管和基层员工，公司是否建立了员工培训长效机制，培训是否能满足员工和业务岗位需要。

2. 调查问卷法

调查问卷法主要用于企业层面评价。调查问卷应尽量扩大对象范围，包括企业各个层级员工，应注意事先保密性，题目尽量简单易答（如答案只需为"是""否""有""没有"等）。例如，你对企业的核心价值观是否认同；你对企业未来的发展是否有信心等。

3. 穿行测试法

穿行测试法，是指内部控制评价工作组在内部控制流程中任意选取一笔交易作为样本，追踪该交易从最初起源直到最终在财务报表或其他经营管理报告中反映出来的过程，即该流程从起点到终点的全过程，以此了解控制措施设计的有效性，并识别出关键控制点。例如，针对销售交易，内部控制评价工作组选取一批订单，追踪从订单处理——核准信用状况及赊销条款——填写订单并准备发货——编制货运单据——订单运送/递送追踪至客户或由客户提货——开具销售发票——复核发票的准确性并邮寄/送至客户——生产销售明细分类账——汇总销售明细分类账并过账至总账和应收账款明细分类账等交易的整个流程，考虑之前对相关控制的了解是否正确和完整，并确定相关控制是否得到执行。

4. 抽样法

抽样法分为随机抽样和其他抽样。随机抽样，是指内部控制评价工作组按随机原则从样本库中抽取一定数量的样本；其他抽样，是指内部控制评价工作组人工任意选取或按某一特定标准从样本库中抽取一定数量的样本。使用抽样法时首先要确定样本库的完整性，即样本库应包含符合控制测试的所有样本。其次要确定所抽取样本的充分性，即样本数量应当能检验所测试的控制点的有效性。最后要确定所抽取样本的适当性，即获取的证据应当与所测试的控制点的设计相关，并能可靠地反映控制的实际运行情况。

5. 实地查验法

实地查验法主要针对业务层面控制，它通过使用统一的测试工作表，与实际的业务、财务单证进行核对的方法进行控制测试，如实地盘点某种存货。

6. 比较分析法

比较分析法，是指通过数据分析，来识别评价关注点的方法。数据分析可以与历史数据、行业（公司）标准数据或行业最优数据等进行比较。比如，针对具体客户的应收账款周转率进行横向或纵向比较，分析存在异常的应收客户款，进而对这些客户的赊销管理控制进行检查。

7. 专题讨论法

专题讨论法，主要是集合有关专业人员，就内部控制执行情况或控制问题进行分析，既可以是控制评价的手段，也可以是形成缺陷整改方案的途径。对于同时涉及财务、业务、信息技术等方面的控制缺陷，往往需要由内部控制管理部门组织召开专题讨论会议，综合内部各机构、各方面的意见，研究确定缺陷整改方案。

在实际评价工作中，以上方法可以搭配使用。此外，内部控制评价工作组也可以使用观察、检查、重新执行等方法，还可以利用信息系统开发检查的方法，或利用实际工作的检查测试经验。对于企业通过系统采用自动控制、预防控制，内部控制评价工作组应在方法上注意与人工控制、发现性控制的区别。

第二节 内部控制评价的组织与实施

内部控制评价是合理保证内部控制有效性的关键步骤，而内部控制评价工作组织方式的合理性则直接关系内部控制工作能否科学、有序开展。组织方式的得当与否，取决于两个方面：其一，合理的组织机构；其二，科学、精简、高效的内部控制评价程序。

一、内部控制评价的组织机构

内部控制评价的组织机构大致可以分为三个层次：内部控制评价的责任主体、内部控制评价的实施主体、其他相关部门。

（一）内部控制评价的责任主体及其职责

董事会是内部控制评价的责任主体，对内部控制评价承担最终的责任，对内部控制评价报告的真实性负责。董事会可以通过审计委员会来承担对内部控制评价的组织、领导、监督职责。董事会或审计委员会应听取内部控制评价报告，审定内控重大缺陷、重要缺陷整改意见，对内部控制部门在督促整改中遇到的困难，积极协调，排除障碍。

（二）内部控制评价的具体组织实施主体及其职责

内部控制评价工作的具体组织实施主体一般为内部审计机构或专门的内部控制评价机构。企业可根据自身的经营规模、机构设置、经营性质、制度状况等特点，决定是否单独设置专门的内部控制评价机构。内部控制评价机构必须具备一定的设置条件：①具备独立性，即能够独立地行使对内部控制系统建立与运行过程及结果进行监督的权力；②具备与监督和评价内部控制系统相适应的专业胜任能力和职业道德素质；③与企业其他职能机构就监督与评价内部控制系统方面应当保持协调一致，在工作中相互配合、相互制约，在效率效果上满足企业对内部控制系统进行监督与评价所提出的有关要求；④能够得到企业董事会和经理层的支持，有足够的权威性来保证内部控制评价工作的顺利开展。对于单独设有专门内部控制机构的企业，可由内部控制机构来负责内部控制评价的具体组织实施工作，但为了保证评价的独立性，负责内部控制设计和评价的部门应适当分离。

企业内部控制评价部门应当拟订评价工作方案，明确评价范围、工作任务、人员组织、进度安排和费用预算等相关内容，报经董事会或其授权机构审批后实施。对于评价过程中发现的重大问题，应及时与董事会、审计委员会或经理层沟通，并认定内部控制缺陷，拟订整改方案，编写内部控制评价报告，及时向董事会、审计委员会或经理层报告；沟通外部审计师，督促各部门、所属企业对内控评价进行整改；根据评价和整改的具体情况拟订内部控制考核方案。

在实践中，也有组织设内部控制评价机构，比如组成内部控制评价小组。评价工作小组应当吸收企业内部相关机构中熟悉情况的业务骨干参加。评价工作小组成员对本部门的内部控制评价工作，应当实行回避制度。

企业也可以委托会计师事务所等中介机构实施内部控制评价，但中介机构受托为企业实施内部控制评价是一种非保证服务，内部控制评价报告的责任仍然应由企业董事会承担。另外，为保证审计的独立性，为企业提供内部控制审计的会计师事务所，不得同时为同一家企业提供内部控制评价服务。

（三）其他相关部门及其职责

1. 经理层

经理层负责组织实施内部控制评价工作，一方面授权内部控制评价机构组织实施；另一方面积极支持和配合内部控制评价的开展，为其创造良好的环境和条件。经理层应结合日常掌握的业务情况，为内部控制评价方案提出应重点关注的业务或事项，审定内部控制评价方案和听取内部控制评价报告，对于内部控制评价中发现的问题或报告的缺陷，要按照董事会或审计委员会的整改意见积极采取有效措施予以整改。

2. 各专业部门

各专业部门负责组织本部门的内控自查、测试和评价工作,对发现的设计和运行缺陷提出整改方案及具体整改计划,积极整改,并报送内部控制机构复核,配合内控机构(部门)及外部审计师开展企业层面的内控评价工作。

3. 企业各所属单位

企业各所属单位也要逐级落实内部控制评价责任,建立日常监控机制,开展内控自查、测试和定期检查评价,发现问题并认定内部控制缺陷,需拟订整改方案和计划,报本级管理层审定后,督促整改,编制内部控制评价报告,对内部控制的执行和整改情况进行考核。

4. 监事会

监事会作为内部监督机制的重要组成部分,在内部控制评价过程中起监督作用。监事会审议内部控制评价报告,对董事会建立与实施内部控制进行监督。

二、内部控制评价程序

内部控制评价程序一般包括制定评价工作方案、组成评价工作组、实施现场测试、汇总评价结果、编制企业内控评价报告、报告反馈与追踪等。这些程序环环相扣、相互衔接、相互作用,构成了内部控制评价的基本流程。

(一) 制定评价工作方案

内部控制评价机构应当以内部控制目标为依据,结合企业内部监督情况和管理要求,分析企业经营管理过程中的影响内部控制目标实现的高风险领域和重要业务事项,确定检查评价方法,制定科学合理的评价工作方案,经董事会批准后实施。评价工作方案既可以以全面评价为主,又可以根据需要采用重点评价的方式。一般而言,在内部控制建立与实施初期实施全面综合评价,有利于推动内部控制工作的深入有效展开;内部控制系统趋于成熟后,企业可在全面评价的基础上,更多地采用重点评价或专项评价,以提高内部控制评价的效率和效果。

(二) 组成评价工作组

评价工作组在内部控制评价机构领导下,承担内部控制检查评价的具体任务。内部控制评价机构根据经批准的评价方案,挑选具备独立性、业务胜任能力和职业道德素养的评价人员实施评价。评价工作组成员应当吸收企业内部相关机构熟悉情况、参与日常监控的负责人或业务骨干参加。企业应根据自身条件,尽量建立长效的内部控制评价培训机制,培养内部控制评价专业人员,熟悉内部控制专业知识及相关规章制度、业务流程及需要重点关注的问题、评价工作流程、检查评价方法、工作底稿填写要求、缺陷认定标准、评价人员的权利和义务等内容。

(三) 实施现场检查测试

首先,充分了解企业文化和发展战略、组织机构设置及职责分工、领导层成员构成及分工等基本情况;其次,评价工作组根据掌握的情况进一步确定评价范围、检查重点和抽样数量,并结合评价人员的专业背景进行合理分工(检查重点和分工情况可以根据需要适当调整);最后,评价工作组根据评价人员分工,综合运用各种评价方法对内部控制设计与运行的有效性进行现场检查测试,按要求填写工作底稿、记录相关测试结果,并对发现的内部控制测试缺陷进行初步认定。评价人员应遵循客观、公正、公平原则,如实反映检查测试中发现的问题,并及时与被评价单位进行沟通。内部控制从纵向检查测试流程,因此工作中各成员之间应注意互相沟通、协调,以获得更有价值的发现。

(四) 汇总评价结果

评价工作组汇总评价人员的工作底稿，初步认定内部控制缺陷。评价工作底稿应进行交叉复核签字，并由评价工作组负责人审核后签字确认。评价工作组将评价结果及现场评价的结果向被评价单位进行通报，由被评价单位相关责任人签字确认后，提交企业内部控制评价机构。

(五) 编制企业内控评价报告

内部控制评价机构汇总各评价工作组的评价结果，对工作组现场初步认定的内部控制缺陷进行全面复核、分类汇总，对缺陷的成因、表现形式及风险程度进行定量或定性的综合分析，按照对控制目标的影响程度判定缺陷等级；内部控制评价机构以汇总的评价结果和认定的内部控制缺陷为基础，综合内部控制工作整体情况，客观、公正、完整地编制内部控制评价报告，并报送企业经理层、董事会和监事会，由董事会最终审定后对外披露。

(六) 报告反馈与追踪

对于认定的内部控制缺陷，内部控制评价机构应当结合董事会和审计委员会要求，提出整改建议，要求责任单位及时整改，并跟踪其整改落实情况；对于已经造成损失或负面影响的，企业应当追究相关人员的责任。

第三节 内部控制缺陷的认定

一、内部控制缺陷的定义和种类

内部控制缺陷指内部控制在设计和运行中存在的漏洞，这些漏洞将不同程度地影响内部控制的有效性，影响控制目标的实现。内部控制缺陷的评估与认定是内部控制评价的重点。衡量内部控制有效性的关键步骤，就是查找内部控制在设计或运行环节中是否存在重大缺陷。因此，内部控制缺陷的认定通常被视作判断内部控制有效性的一个负向维度。企业开展内部控制评价的主要工作内容之一就是要找出内部控制缺陷并有针对性地进行整改。

内部控制缺陷按照不同的标准可以有不同的分类。一般来说，内部控制缺陷可按照以下标准分类。

(一) 按照内部控制缺陷的成因分类

按照内部控制缺陷的成因分类，内部控制缺陷包括设计缺陷和运行缺陷。设计缺陷是指企业缺少为实现控制目标所必需的控制措施，或现存控制设计不适当，即使正常运行也难以实现控制目标。运行缺陷，是指设计有效（合理且适当）的内部控制由于运行不当（包括由不恰当的人执行、未按设计的方式运行、运行的时间或频率不当、没有得到一贯有效运行等）而影响控制目标实现所形成的内部控制缺陷。内部控制存在设计缺陷和运行缺陷，会影响内部控制的设计有效性和运行有效性。

(二) 按照内部控制缺陷的性质分类

按照内部控制缺陷的性质即影响内部控制目标实现的严重程度分类，内部控制缺陷分为重大缺陷、重要缺陷和一般缺陷。重大缺陷是指一个或多个控制缺陷的组合，可能导致企业严重偏离控制目标。当存在任何一个或多个内部控制重大缺陷时，应当在内部控制评价报告中做出内部控制无效的结论。重要缺陷是指一个或多个控制缺陷的组合,其严重程度低于重大缺陷,但仍有可能导致企业偏离控制目标。重要缺陷的严重程度低于重大缺陷,不会严重危及内部控制的整体有效性,但也应当引起董事会、经理层的充分关注。一般缺陷,是指除重大缺陷、重要缺陷以外的其他控制缺陷。

(三) 按照内部控制缺陷的形式分类

按照具体影响内部控制目标的具体表现形式,内部控制缺陷可以分为财务报告内部控制缺陷和非财务报告内部控制缺陷。财务报告内部控制缺陷是指有关企业财务报告可靠性的内部控制制度方面的缺陷,这些缺陷的存在,使企业不能保证财务报告的可靠性,或者不能防止或及时发现纠正财务报告错报。非财务报告内部控制缺陷,是指除财务报告内部控制缺陷外的内部控制缺陷。

二、内部控制缺陷的认定标准

对内部控制缺陷的认定是对内部控制缺陷的重要程度进行识别和确定的过程,即判定一项缺陷属于重大缺陷、重要缺陷还是一般缺陷的过程。内部控制缺陷一经认定为重大缺陷,便会在内部控制评价报告中被出具"否定意见",而被认定为存在重大缺陷的企业内部控制系统,是不能被投资者等利益相关者所相信的。此外,内部控制缺陷,尤其是重大缺陷,代表着内部控制的薄弱环节,是未来内部控制修补和完善的重点。因此,对内部控制缺陷所属的类型进行认定十分重要,它直接关系外界利益相关者对企业的认可度以及企业今后内部控制工作的重点所在。而对内部控制缺陷进行正确认定的关键,是有一套系统、可行的认定标准。

2012年,财政部会同证监会、审计署、银监会、保监会制定了《企业内部控制规范体系实施中相关问题解释第1号》,对于内部控制缺陷的认定,文件中指出,查找并纠正企业内部控制设计和运行中的缺陷,是开展企业内部控制评价的一项重要工作,是不断完善企业内部控制的重要手段。由于企业所处行业、经营规模、发展阶段、风险偏好等存在差异,《企业内部控制基本规范》及其配套指引没有对内部控制缺陷的认定标准进行统一规定。企业可以根据《企业内部控制基本规范》及其配套指引,结合企业规模、行业特征、风险水平等因素,研究确定适合本企业的内部控制重大缺陷、重要缺陷和一般缺陷的具体认定标准。企业确定的内部控制缺陷标准应当从定性和定量的角度综合考虑,并保持相对稳定。通过不断地实践,总结经验,形成一套行之有效的内部控制缺陷认定方法。

企业在开展内部控制监督检查过程中,对发现的内部控制缺陷,应当及时分析其性质和产生原因,并提出整改方案,采取适当形式向董事会、监事会或者管理层报告。对于重大缺陷,企业应当在内部控制评价报告中进行披露。

由于内部控制缺陷的重要性和影响程度,是相对于内部控制目标而言的,应当按照对财务报告目标和其他内部控制目标实现影响的具体表现形式,区分财务报告内部控制缺陷和非财务报告内部控制缺陷,并分别阐述内部控制缺陷的认定标准。

(一) 与财务报告内部控制相关的内部控制缺陷所采用的认定标准

与财务报告内部控制相关的内部控制缺陷所采用的认定标准直接取决于该内部控制缺陷可能导致的财务报告错报的重要程度。其中,所谓"重要程度"主要取决于两个方面的因素:①该缺陷是否具备合理可能性,导致企业的内部控制不能及时防止(或发现)并纠正财务报告错报。②该缺陷单独或连同其他缺陷可能导致的潜在错报金额的大小。一般而言,如果一项内部控制缺陷单独或连同其他缺陷具备合理可能性,导致不能及时防止(或发现)并纠正财务报告中的重大错报,就应将该缺陷认定为重大缺陷。一项内部控制缺陷单独或连同其他缺陷具备合理可能性,导致不能及时防止(或发现)并纠正财务报告中错报的金额,虽然未达到或超过重要性水平,但仍应引起董事会和管理层重视,就应将该缺陷认定为重要缺陷;不构成重大缺陷和重要缺陷的内部控制缺陷,应认定为一般缺陷。

一旦企业的财务报告内部控制存在一项或多项重大缺陷,就不能得出该企业的财务报告内部控制有效的结论。因此,财务报告内部控制重大缺陷的认定十分关键,而区分一项内部控制缺陷是否构成了重大缺陷的分水岭,是重要性水平,重要性水平之上的为重大错报,重要性水平之下的为重要错报或者一般错报。重要性水平的确定有两种方法:绝对金额法和相对比例法。绝对金额法即直接将某一绝对金额作为重要性水平,如将 10 000 元作为重要性水平,则错报金额超过 10 000 元的应该被认定为重大错报;相对比例法是将某一总体金额的一定比例作为重要性水平,如错报金额超过收入总额的 1% 的错报应当被认定为重大错报。

然而,重大缺陷、重要缺陷的界定是相对的,对于有下属单位的集团公司,如果下属单位存在重大缺陷,并不能表明集团公司存在重大缺陷,但至少应作为重要缺陷向董事会、管理层汇报,而下属单位的重要缺陷则应根据其对整个集团的影响及普遍程度,确定是否属于集团重要缺陷,但下属单位重要缺陷至少应该向经理层汇报。

出现以下迹象之一的,通常表明财务报告内部控制可能存在重大缺陷。

(1) 董事、监事和高级管理人员舞弊。

(2) 企业更正已公布的财务报告。

(3) 注册会计师发现当期财务报告存在重大错报,而内部控制在运行过程中未能发现该错报。

(4) 企业审计委员会和内部审计机构对内部控制的监督无效。

需要说明的是,内部控制缺陷的严重程度并不取决于是否实际发生了错报,而是取决于该控制不能及时防止(或发现)并纠正潜在缺陷的可能性,即只要存在这种合理可能性,不论企业的财务报告是否真正发生了错报,都意味着财务报告内部控制存在缺陷。

(二) 非财务报告内部控制缺陷的认定标准

非财务报告内部控制缺陷,是指除财务报告目标之外的与其他目标相关的内部控制缺陷,其包括战略内部控制缺陷、经营内部控制缺陷、合规内部控制缺陷、资产内部控制缺陷。非财务报告目标内部控制缺陷的认定具有涉及面广、认定难度大的特点,尤其是战略内部控制缺陷和经营内部控制缺陷。这是因为战略目标和经营目标的实现往往受到企业不可控的诸多外部因素的影响,所涉及的内部控制只能合理保证董事会和经理层了解这些目标的实现程度。因此,在认定与这些目标相关的内部控制缺陷时,不能只考虑最终的结果,而应主要考察企业制定战略、开展经营活动的机制和程序是否符合内部控制要求,以及不适当的机制和制度对战略目标和经营目标的实现可能造成的影响。

非财务报告内部控制缺陷的认定可以采用定性和定量的认定标准,企业可以根据风险评估的结果,结合自身的实际情况、管理现状和发展要求合理确定。定量标准(即涉及金额的大小)既可以根据造成直接财产损失的绝对金额制定,也可以根据直接财产损失占本企业资产、销售收入及利润等的比率确定;定性标准(即涉及业务性质的严重程度)可根据其直接或潜在的负面影响的性质、影响的范围等因素确定。

以下迹象通常表明非财务报告内部控制可能存在重大缺陷:

(1) 违反法律、法规。

(2) 除政策性亏损原因外,企业连年亏损,持续经营受到挑战。
(3) 缺乏制度控制或制度系统性失效,如企业财务部、销售部控制点全部不能执行。
(4) 并购重组失败,或新扩充下属单位的经营难以为继。
(5) 子公司缺乏内部控制建设,管理散乱。
(6) 企业管理层人员纷纷离开或关键岗位人员流失严重。
(7) 被媒体频频曝光负面新闻。
(8) 内部控制评价的结果特别是重大或重要缺陷未得到整改。

财务报告内部控制缺陷和非财务报告内部控制缺陷其实难以做严格的区分,如内部环境、重大安全事故等。如果对一项缺陷应属于财务报告内部控制缺陷还是非财务报告内部控制缺陷难以准确区分,制定标准时就应基于是否影响财务报告目标的原则来区分。

三、内部控制缺陷的认定步骤

(一) 财务报告内部控制缺陷的认定步骤

结合财务报告内部控制缺陷的认定标准,财务报告内部控制缺陷的认定有五个步骤。

第一步,结合财务报告内部控制缺陷的迹象,判断是否可能存在财务报告内部控制缺陷。

第二步,确定重要性水平和一般水平,以此作为判断缺陷类型的临界值。可采用绝对金额法或者相对比例法进行确定。

第三步,抽样。按照业务发生频率的高低和账户的重要性确定抽样数量。

第四步,计算潜在错报金额。根据控制点错报样本数量和样本费,在潜在错报率对照表中查找对应的潜在错报率,之后统计出相应账户的同向累计发生额,计算控制点潜在错报金额。其计算公式为:

$$潜在错报金额 = 潜在错报率 \times 相应账户的同向累计发生额$$

第五步,如果重要性水平和一般水平是绝对金额,那么可直接将潜在错报金额合计数与其进行比较,判断缺陷类型;如果重要性水平和一般水平是相对数,则需进一步计算错报指标再进行比较判断。错报指标的计算公式如下,其中,分母所选用的指标应与确定重要性水平的指标保持一致。

$$错报指标 = 潜在错报金额合计数 \div 当期主营业务收入(或期末资产)$$

(二) 非财务报告内部控制缺陷的认定步骤

第一步,结合相关迹象,判断是否可能存在非财务报告内部控制缺陷。

第二步,采用定性或者定量的方法确定认定标准。比如,某公司制定的非财务报告内部控制缺陷认定标准,如表 12-5 所示。

表 12-5 公司的非财务报告缺陷认定标准

缺陷认定等级	直接财产损失金额	重大负面影响
一般缺陷	10 万元(含 10 万元)~500 万元	或受到省级(含省级)以下政府部门处罚但未对本公司定期报告披露造成负面影响
重要缺陷	500 万元(含 500 万元)~10 000 万元	或受到国家政府部门处罚但未对本公司定期报告披露造成负面影响

(续表)

缺陷认定等级	直接财产损失金额	重大负面影响
重大缺陷	10 000 万元及以上	或已经对外正式披露并对本公司定期报告披露造成负面影响

第三步,根据标准分别进行认定。

四、内部控制缺陷的处理方法

内部控制缺陷按照成因分为设计缺陷和运行缺陷。对于设计缺陷,应从企业内部的管理制度入手查找原因,需要更新、调整、废止的制度要及时进行处理,并同时改进内部控制体系的设计,弥补设计缺陷的漏洞。对于运行缺陷,则应分析出现的原因,查清责任人,并有针对性地进行整改。

内部控制缺陷按照影响程度分为重大缺陷、重要缺陷和一般缺陷。对于重大缺陷,应当由董事会予以最终认定,企业要及时采取应对策略,切实将风险控制在可承受范围之内。对于重要缺陷和一般缺陷,企业应当及时采取措施,避免发生损失。企业应当编制内部控制缺陷认定汇总表,结合实际情况对内部控制缺陷的成因、表现形式和影响程度进行综合分析和全面复核,提出认定意见和改进建议,确保整改到位,并以适当形式向董事会、监事会或者经理层报告。

对于因内部控制缺陷造成经济损失的情况,企业应当查明原因,追究相关部门和人员的责任。

第四节　内部控制评价工作底稿与报告

企业内部控制评价部门应根据日常监督与专项监督工作,结合内部控制缺陷的认定与整改结果,形成一系列评价底稿,最终形成内部控制评价报告。内部控制评价报告是内部控制评价的最终体现。

一、内部控制评价底稿

内部控制评价底稿是内部控制工作的载体,也是内部控制评价报告形成的基础。在实际工作中,评价底稿一般是通过一系列的评价表格来实现的。一般来说,评价底稿包括业务流程评价表、控制要素评价表、内部控制评价汇总表三个层次。其中,业务流程评价表形成控制要素评价表的"控制活动要素评价"部分,控制要素评价表连同内部控制缺陷汇总表一起构成内部控制评价汇总表,内部控制评价汇总表是形成内部控制报告的直接依据。

（一）业务流程评价表

企业的经营活动涉及多个业务流程,包括采购业务流程、销售业务流程、工程项目流程、担保业务流程等。企业应根据其自身业务特点,设计合理的业务流程模块,由相对独立的评价小组对每个业务流程进行测试与评价,形成业务流程评价表。各类业务流程评价应包括设计有效性和运行有效性。各业务流程评价表应包括评价指标(对控制点的描述)、评价标准(检查是否符合控制要求)、评价证据(如××规定或实施办法或抽取的样本对应的凭证号等)、评价结果(评价得分)、未有效执行的原因等。

（二）控制要素评价表

控制要素评价表包括内部环境评价表、风险评估评价表、控制活动评价表、信息与沟通评价表、内部监督评价表。其中，内部环境评价表、风险评估评价表、信息与沟通评价表、内部监督评价表都是根据现场评价结果直接形成的，而控制活动评价表是在对各业务流程评价表的基础上汇总而成的。内部控制要素评价表的内容包括评价指标、评价标准、评价结果、评价得分等。

（三）内部控制评价汇总表

内部控制评价汇总表包括以下几个部分：内部环境评价及其评分、风险评估评价及其评分，控制活动评价及其评分，信息与沟通评价及其评分，内部监督评价及其评分，缺陷的认定，综合评价得分。内部控制评价汇总表是在内部控制五大要素评价表的基础上汇总形成的，并将缺陷的认定单列项目，作为最后评价得分的减项。为了更清楚地了解缺陷的基本情况，应分类反映缺陷数量、等级等项目。

二、内部控制评价报告

（一）内部控制评价报告的内容

根据《企业内部控制评价指引》第二十一条和第二十二条的相关规定，内部控制评价对外报告一般包括以下内容。

1. 董事会声明

声明董事会及全体董事对报告内容的真实性、准确性、完整性承担个别及连带责任，保证报告内容不存在任何虚假记载、误导性陈述或重大遗漏。

2. 内部控制评价工作的总体情况

明确企业内部控制评价工作的组织、领导体制、进度安排，是否聘请会计师事务所对内部控制有效性进行独立审计。

3. 内部控制评价的依据

说明企业开展内部控制评价工作所依据的法律、法规和规章制度。

4. 内部控制评价的范围

描述内部控制评价所涵盖的被评价单位，纳入评价范围的业务事项，以及重点关注的高风险领域。内部控制评价的范围有所遗漏的，应说明原因及其对内部控制评价报告真实完整性产生的重大影响。

5. 内部控制评价的程序和方法

描述内部控制评价工作遵循的基本流程，以及评价过程中采用的主要方法。

6. 内部控制缺陷及其认定

描述适用本企业的内部控制缺陷具体认定标准，并声明与以前年度保持一致或做出的调整及相应的原因；根据内部控制缺陷认定标准，确定评价期末存在的重大缺陷、重要缺陷和一般缺陷。

7. 内部控制缺陷的整改情况

对于评价期间发现、期末已完成整改的重大缺陷，说明企业有足够的测试样本显示，与该重大缺陷相关的内部控制设计合理且运行有效。针对评价期末存在的内部控制缺陷，公司拟采取的整改措施及预期效果。

8. 内部控制有效性的结论

对不存在重大缺陷的情形，出具评价期末内部控制有效的结论；对存在重大缺陷的情形，不得做出内部控制有效的结论,并需描述该重大缺陷的性质及其对实现相关控制目标的影响程度,以及可能给公司未来生产经营带来的相关风险。自内部控制评价报告基准日至内部控制评价报告发出日,发生重大缺陷的,企业须责成内部控制评价机构予以核实,并根据核查结果对评价结论进行相应的调整,说明董事会拟采取的措施。

(二)内部控制评价报告的编制要求

内部控制评价报告可分为对内报告和对外报告,对外报告是为了满足外部信息使用者的需求,需要对外披露,在时间上具有强制性,披露内容和格式强调符合披露要求;对内报告主要是为了满足管理层或治理层改善管控水平的需要,不具有强制性,内容、格式和披露时间由企业自行决定。

企业因其外部环境和内部条件变化,其内部控制系统不可能是固定的、一成不变的,而是一个不断更新和自我完善的动态体系,因此对内部控制需要经常展开评价,在实际工作中可以采用定期与不定期相结合的方式。

对外报告一般采用定期的方式,即企业至少应该每年进行一次内部控制评价,并由董事会对外发布内部控制报告。年度内部控制评价报告应当以每年的 12 月 31 日为基准日。值得说明的是,如果企业在内部控制评价报告年度内发生了特殊的事项且具有重要性,或因为具有了某种特殊原因(如企业因目标变化或提升),企业需要针对这种特殊事项或原因及时编制内部控制评价报告并对外发布。这种类型的内部控制评价报告属于非定期的内部控制报告。

内部报告一般采用不定期的方式,即企业可以持续地开展内部控制的监督与评价,并根据结果的重要性随时间向董事会(审计委员会)或经理层报送评价报告。从广义上讲,企业针对发现的重大缺陷等向董事会(审计委员会)或经理层报送的内部报告(内部控制缺陷报告)也属于非定期的报告。

根据《企业内部控制基本规范》《企业内部控制评价指引》的要求,财政部等五部委制定了企业内部控制评价报告的格式,供企业编制评价报告时参考,企业也可以根据实际情况对具体的报告方式作适当调整,但有关内容原则上应体现在年度报告中。根据《企业内部控制规范体系实施中相关问题解释第 1 号》的规定,内部控制评价报告的格式如下,括号中为内容填报说明。

××公司××年度内部控制评价报告

××公司全体股东:

根据《企业内部控制基本规范》及其配套指引的规定和要求,结合本公司(以下简称公司)内部控制制度和评价办法,在内部控制日常监督和专项监督的基础上,我们对公司内部控制的有效性进行了自我评价。

一、董事会声明

公司董事会及全体董事保证本报告内容不存在任何虚假记载、误导性陈述或重大遗漏,并对报告内容的真实性、准确性和完整性承担个别及连带责任。

建立健全并有效实施内部控制是公司董事会的责任;监事会对董事会建立与实施内部控制进行监督;经理层负责组织领导公司内部控制的日常运行。

公司内部控制的目标是:(一般包括合理保证经营合法合规、资产安全、财务报告及相关信息真实完整,提高经营效率和效果,促进实现发展战略)。由于内部控制存在固有局限性,故仅能对实现上述目标提供合理保证。

二、内部控制评价工作的总体情况

公司董事会授权内部审计机构(或其他专门机构)负责内部控制评价的具体组织实施工作,对纳入评价范围的高风险领域和单位进行评价(描述评价工作的组织领导体制,一般包括评价工作组织结构图、主要负责人及汇报途径等)。

公司(是/否)聘请了专业机构(中介机构名称)提供内部控制咨询服务;公司(是/否)聘请了专业机构(中介机构名称)协助开展内部控制评价工作;公司(是/否)聘请会计师事务所(会计师事务所名称)对公司内部控制进行独立审计。

三、内部控制评价的范围

内部控制评价的范围涵盖了公司及其所属单位的主要业务和事项(列明评价范围占公司总资产比例或占公司收入比例等),重点关注下列高风险领域:

(列示公司根据风险评估结果确定的内部控制前"十大"主要风险)

纳入评价范围的单位包括:

(无须罗列单位名称,而是描述纳入评价范围单位的行业性质、层级等)

纳入评价范围的业务和事项包括(根据实际情况调整,未尽事项可以充实):

(一)组织架构

(二)发展战略

(三)人力资源

(四)社会责任

(五)企业文化

(六)资金活动

(七)采购业务

(八)资产管理

(九)销售业务

(十)研究与开发

(十一)工程项目

(十二)担保业务

(十三)业务外包

(十四)财务报告

(十五)全面预算

(十六)合同管理

(十七)内部信息传递

(十八)信息系统

上述业务和事项的内部控制涵盖了公司经营管理的主要方面,不存在重大遗漏。

(如存在重大遗漏)公司本年度未能对以下构成内部控制重要方面的单位或业务(事项)进行内部控制评价:

[逐条说明未纳入评价范围的重要单位或业务(事项),包括单位或业务(事项)描述、未纳入的原因、对内部控制评价报告真实完整性产生的重大影响等。]

四、内部控制评价的程序和方法

内部控制评价工作严格遵循基本规范、评价指引及公司内部控制评价办法规定的程序执行(描述公司开展内部控制检查评价工作的基本流程)。

评价过程中,我们采用了(个别访谈、调查问题、专题讨论、穿行测试、实地查验、抽样和比较分析)等适当方法,广泛收集公司内部控制设计和运行是否有效的证据,如实填写评价工作底稿,分析、识别内部控制缺陷(说明评价方法的适当性及证据的充分性)。

五、内部控制缺陷及其认定

公司董事会根据基本规范、评价指引对重大缺陷、重要缺陷和一般缺陷的认定要求,结合公司规模、行业特征、风险偏好和风险承受度等因素,研究确定了适用本公司的内部控制缺陷具体认定标准,并与以前年度保持了一致(描述公司内部控制缺陷的定性及定量标准),或做出了调整(描述具体调整标准及原因)。

根据上述认定标准,结合日常监督和专项监督情况,我们发现报告期内存在(数量)个缺陷,其中重大缺陷(数量)个,重要缺陷(数量)个。重大缺陷分别为:(对重大缺陷进行描述,并说明其对实现相关控制目标的影响程度)。

六、内部控制缺陷的整改情况

针对报告期内发现的内部控制缺陷(含上一期间未完成整改的内部控制缺陷),公司采取了相应的整改措施(描述整改措施的具体内容和实际效果)。对于整改完成的重大缺陷,公司有足够的测试样本显示,与重大缺陷(描述该重大缺陷)相关的内部控制设计且运行有效(运行有效的结论需提供90天内有效运行的证据)。

经过整改,公司在报告期末仍存在(数量)个缺陷,其中重大缺陷(数量)个,重要缺陷(数量)个。重大缺陷分别为:(对重大缺陷进行描述)。

针对报告期末未完成整改的重大缺陷,公司拟进一步采取相应措施加以整改(描述整改措施的具体内容及预期达到的效果)。

七、内部控制有效性的结论

公司已经根据基本规范、评价指引及其他相关法律法规的要求,对公司截至20××年12月31日的内部控制设计与运行的有效性进行了自我评价。

(存在重大缺陷的情形)报告期内,公司在内部控制设计与运行方面存在尚未完成整改的重大缺陷(描述该缺陷的性质及其对实现相关控制目标的影响程度)。由于存在上述缺陷,可能会给公司未来生产经营带来相关风险(描述该风险)。

(不存在重大缺陷的情形)报告期内,公司对纳入评价范围的业务与事项均已建立了内部控制,并得以有效执行,达到了公司内部控制的目标,不存在重大缺陷。

自内部控制评价报告基准日至内部控制评价报告发出日之间(是/否)发生对评价结论产生实质性影响的内部控制的重大变化(如存在,描述该事项对评价结论的影响及董事会拟采取的应对措施)。

我们注意到,内部控制应当与公司经营规模、业务范围、竞争状况和风险水平等相适应,并随着情况的变化及时加以调整。(简要描述下一年度内部控制工作计划)未来期间,公司将继续完善内部控制制度,规范内部控制制度执行,强化内部控制监督检查,促进公司健康、可持续发展。

董事长:(签名)
××公司
×年×月×日

(三) 内部控制评价报告的披露与报送

在我国,随着《企业内部控制基本规范》以及配套指引的陆续推出,内部控制信息披露已经逐渐步入强制性阶段。《企业内部控制评价指引》规定，企业编制的内部控制评价报告应当报经董事会或类似权力机构批准后对外披露或报送相关部门。企业应以每年的12月31日为年度内部控制评价报告的基准日，于基准日后4个月内报出内部控制评价报告。对于委托注册会计师对内部控制的有效性进行审计的公司，应同时将内部控制审计报告对外披露或报送。对于自内部控制评价报告基准日至内部控制评价报告报出日发生的影响内部控制有效性的因素，内部控制评价部门应予以关注，并根据其性质和影响程度对评价结论进行相应调整。企业内部控制评价报告应按规定报送有关监管部门，对于国有控股企业，企业应按要求报送国有资产监督管理部门和财政部门；对于金融企业，企业应按规定报送国家金融监督管理总局及其派出机构；对于公开发行证券的企业应报送证券监督管理部门。

【复习思考题】

1. 谈谈你对内部控制评价定义的理解。
2. 在开展内部控制评价工作时，全面性和重要性哪个更重要？两者应如何权衡？
3. 内部控制评价具体内容有哪些？请说出几种常见的内部控制评价方法。
4. 内部控制的缺陷有几种类型？财务报告内部控制缺陷的认定标准是什么？
5. 根据《企业内部控制基本规范》及其评价指引，内部控制报告的内容与格式有哪些具体要求？

第十三章
企业内部控制审计

【教学目标】

知识目标：
1. 理解内部控制审计的概念及内涵。
2. 熟悉内部控制审计程序。
3. 熟悉信息系统控制测试要点。
4. 掌握内部控制缺陷评价与整改。
5. 掌握内部控制审计报告意见类型。

能力目标：
1. 提升逻辑思维能力和分析问题的能力，能够对审计过程中的数据和信息进行深入分析和评估。
2. 熟悉内部控制审计的方法和技巧，如风险评估方法、审计抽样技术、数据分析工具等。

素养目标：
1. 具备敏锐的风险意识，能够识别和评估内部控制中的潜在风险。
2. 鼓励学生从多个角度审视问题，避免片面性和主观性。

【导入案例】

二维码13-1　A股上市公司2022年
内部控制审计非标意见案例

第一节　内部控制审计概述

一、内部控制审计的背景

2002年7月，美国国会通过萨班斯法案（Sarbanes-Oxley Act），其中的404条款要求发行者管理层对其内部控制进行自我评估，并要求由出具财务报表审计报告的会计师事务所对管理层单独自我评估进行独立鉴证并出具报告。2004年3月,美国公众公司会计监督委员会(PCAOB)发布第2号审计准则《与财务报表审计一同实施的财务报告内部控制审计》,对萨班斯法案的原则性规定做出更加明确的要求,为注册会计师执行提供可操作性的标准。2006年10月,美国公众公司会计监督委员会提出新的第5号审计准则,取代第2号审计准则。2008年7月,我国财政部会同证监会等五部门发布《企业内部控制基本规范》。2010年4月26日,财政部会同证监会等五部门发布《企业内部控制应用指引》《企业内部控制评价指引》和《企业内部控制审计指引》,要求执行企业内部控制规范体系的企业,应当对本企业内部控制的有效性进行自我评价,披露年度自我评价报告,同时聘请具有证券期货业务资格的会计师事务所依照相关审计标准对其财务报告内部控制的有效性进行审计,出具审计报告。上述要求自2011年1月1日起首先在境内外同时上市的公司施行,自2012年1月1日起扩大到在上海证券交易所、深圳证券交易所主板上市的公司施行;在此基础上,择机在中小板和创业板上市公司施行;同时,鼓励非上市大中型企业提前执行。

财政部和证监会办公厅2012年8月14日发布《关于2012年主板上市公司分类分批实施企业内部控制规范体系的通知》,要求:

(1) 中央和地方国有控股上市公司,应于2012年全面实施企业内部控制规范体系,并在披露2012年公司年报的同时,披露董事会对公司内部控制的自我评价报告以及注册会计师出具的财务报告内部控制审计报告。

(2) 非国有控股主板上市公司,且于2011年12月31日公司总市值(证监会算法)在50亿元以上,同时2009年至2011年平均净利润在3 000万元以上的,应在披露2013年公司年报的同时,披露董事会对公司内部控制的自我评价报告以及注册会计师出具的财务报告内部控制审计报告。

(3) 其他主板上市公司,应在披露2014年公司年报的同时,披露董事会对公司内部控制的自我评价报告以及注册会计师出具的财务报告内部控制审计报告。

(4) 特殊情况:一是主板上市公司因进行破产重整、借壳上市或重大资产重组,无法按照规定时间建立健全内控体系的,原则上应在相关交易完成后的下一个会计年度年报披露的同时,披露内部控制自我评价报告和审计报告,且不早于参照上述(1)~(3)原则确定的披露时间;二是新上市的主板上市公司应于上市当年开始建设内控体系,并在上市的下一年度年报披露的同时,披露内部控制自我评价报告和审计报告,且不早于参照上述(1)~(3)原则确定的披露时间。

二、内部控制审计的范围

内部控制是由企业董事会、监事会、经理层和全体员工实施的、旨在实现控制目标的过程。内部控制的目标是合理保证企业经营管理合法合规、资产安全、财务报告及相关信息真实完整,提高经营效率和效果,促进企业实现发展战略。内部控制审计,是指会计师事务所接受委托,对特定基准日内部控制设计与运行的有效性进行审计。

尽管这里提及的是内部控制审计,但无论从国外审计规定和实践看,还是从我国的相关规定看,注册会计师执行的内部控制审计,严格限定为财务报告内部控制审计。从注册会计师的专业胜任能力、审计成本效益的约束,以及投资者对财务信息质量的需求看,财务报告内部控制审计是服务的核心要求。因此,审计意见覆盖的范围是:针对财务报告内部控制,注册会计师对其有效性发表审计意见;针对非财务报告内部控制,注册会计师针对内部控制审计过程中注意到的非财务报告内部控制的重大缺陷,在内部控制审计报告中增加"非财务报告内部控制重大缺陷描述段"予以披露。

财务报告内部控制,是指公司的董事会、监事会、经理层及全体员工实施的旨在合理保证财务报告及相关信息真实、完整而设计和运行的内部控制,以及用于保护资产安全的内部控制中与财务报告可靠性目标相关的控制。

从注册会计师审计的角度,财务报告内部控制包括的内容如下:

(1) 企业层面的内部控制。例如:

① 与控制环境相关的控制(如对诚信和道德价值沟通和落实、对胜任能力的重视、治理层的参与程度、管理层的理念和经营风格、组织结构、职权与责任的分配、人力资源政策与实务)。

② 针对管理层和治理层凌驾于内部控制之上的风险而设计的内部控制(例如针对重大非常规交易的控制、针对关联方交易的控制、减弱伪造或不恰当操作财务结果的动机和压力的控制)。

③ 被审计单位的风险评估过程(如何识别经营风险、估计其重要性、评估其发生的可能性、采取措施应对和管理风险及其结果)。

④ 对内部信息传递和期末财务报告流程的控制(例如与会计政策选择和运用相关的程序、调整分录和合并分录的编制和批准等)。

⑤ 对控制有效性的内部监督(即监督其他控制的控制)和内部控制评价。

⑥ 集中化的处理和控制、监控经营成果的控制,以及重大经营控制和风险管理实务的政策。

(2) 业务流程、应用系统或交易层面的内部控制。例如:

① 授权与审批。

② 信息技术应用控制。

③ 实物控制(如保护资产的实物安全、对接触计算机程序和数据文档设置授权、定期盘点并将盘点记录与控制记录相核对)。

④ 复核和调节。

三、内部控制审计基准日

内部控制审计基准日,是指注册会计师评价内部控制在某一时日是否有效所涉及的基准日,也是被审计单位评价基准日,即最近一个会计期间截止日。

注册会计师不可能对企业内部控制在某个期间段(如一年)内每天的运行情况进行描述,然后发表审计意见,这样做不切实际,并且无法向信息使用者提供准确清晰的信息(考虑到中间对内部控制缺陷的纠正),甚至会误导使用者。

注册会计师对特定基准日内部控制的有效性发表意见,并不意味着注册会计师只测试基准日这一天的内部控制,而是需要考察足够长一段时间内部控制设计和运行的情况。对控制有效性的测试涵盖的期间越长,提供的控制有效性的审计证据越多。单就内部控制审计业务而言,注册会计师应当获取在基准日之前一段足够长期间内有效运行的内部控制审计证据。在整合审计中,控制测试所涵盖的期间应当尽量与财务报表审计中拟信赖内部控制的期间保持一致。

第二节　内部控制审计程序

注册会计师可以单独进行内部控制审计,也可以将内部控制审计与财务报表审计整合进行,即整合审计。在整合审计中,注册会计师应当对内部控制设计与运行的有效性进行测试,以同时实现下列目标:①获取充分、适当的证据,支持在内部控制审计中对内部控制有效性发表的意见;②获取充分、适当的证据,支持在财务报表审计中对控制风险的评估结果。

企业内部控制审计程序主要包括以下几点。

一、计划审计工作

合理地计划内部控制审计工作,有助于注册会计师关注重点审计领域、及时发现和解决潜在问题、恰当地组织和管理内部控制审计工作。同时,还可以帮助注册会计师对项目组成员进行恰当的分工、指导、监督和复核,协调其他注册会计师和外部专家的工作。

(一) 计划审计工作时应当考虑的事项

在计划审计工作时,注册会计师应当评价下列事项对财务报表、内部控制以及审计工作的影响:

(1) 与企业相关的风险,包括在评价是否接受与保持客户和业务时,注册会计师了解的与企业相关的风险情况以及在执行其他业务时了解的情况。

(2) 相关法律法规和行业概况。

(3) 企业组织结构、经营特点和资本结构等相关重要事项。

(4) 企业内部控制最近发生变化的程度。

(5) 与企业沟通过的内部控制缺陷。

(6) 重要性、风险等与确定内部控制重大缺陷相关的因素。

(7) 对内部控制有效性的初步判断。

(8) 可获取的、与内部控制有效性相关的证据的类型和范围。

(二) 总体审计策略和具体审计计划

内部控制审计计划分为总体审计策略和具体审计计划两个层次。

1. 总体审计策略

总体审计策略用以总结计划阶段的成果,确定审计的范围、时间和方向,并指导具体审计计划的制定。制定总体审计策略的过程有助于注册会计师结合风险评估程序的结果确定下列事项:

(1) 向具体审计领域分配资源的类别和数量,包括向高风险领域分派经验丰富的项目组成员,向高风险领域分配的审计时间预算等。

(2) 何时分配这些资源,包括是在期中审计阶段还是在关键日期调配资源等。

(3) 如何管理、指导和监督这些资源,包括预期何时召开项目组预备会和总结会,预期项目合伙人和经理如何进行复核,是否需要实施项目质量控制复核等。

注册会计师应当在总体审计策略中体现下列内容:

(1) 确定审计业务的特征,以界定审计范围。

(2) 明确审计业务的报告目标,以计划审计的时间安排和所需沟通的性质。

(3) 根据职业判断,考虑用以指导项目组工作方向的重要因素。

(4) 考虑初步业务活动的结果,并考虑对被审计单位执行其他业务时获得的经验是否与内部控制审计业务相关。

(5) 确定执行业务所需资源的性质、时间安排和范围。

2. 具体审计计划

具体审计计划比总体审计策略更加详细,内容包括项目组成员拟实施的审计程序的性质、时间安排和范围。计划这些审计程序,会随着具体审计计划的制定逐步深入,并贯穿于审计的整个过程。注册会计师应当在具体审计计划中体现下列内容:

(1) 了解和识别内部控制的程序的性质、时间安排和范围。
(2) 测试控制设计有效性的程序的性质、时间安排和范围。
(3) 测试控制运行有效性的程序的性质、时间安排和范围。

二、实施审计工作

注册会计师应当按照自上而下的方法实施审计工作。自上而下的方法是注册会计师识别风险、选择拟测试控制的基本思路。自上而下的方法始于财务报表层次,从注册会计师对财务报告内部控制整体风险的了解开始,然后,将关注重点放在企业层面的控制上,并将工作逐渐下移至重要账户、列报及其相关认定。随后,确认其对被审计单位业务流程中风险的了解,并选择足以应对评估的某个相关认定的重大错报风险控制进行测试。

自上而下的方法分为下列步骤:
(1) 从财务报表层面初步了解内部控制整体风险。
(2) 识别、了解和测试企业层面控制。
(3) 识别重要账户、列报及其相关认定。
(4) 了解潜在的错报来源并识别相应控制。
(5) 选择拟测试的控制。

注册会计师在实施审计工作时,可以将企业层面控制和业务层面控制的测试结合进行。

注册会计师在测试企业层面控制时,应当把握重要性原则,至少要关注以下几点:

(1) 与内部环境相关的控制。内部环境,即控制环境,包括治理职能和管理职能,以及治理层和管理层对内部控制及其重要性的态度、认识与措施。良好的控制环境是实施有效内部控制的基础。

(2) 针对管理层(董事会、经理层)这类凌驾于控制之上的风险而设计的控制。该控制对所有企业保持有效的内部控制都有重要影响。注册会计师可以根据对企业舞弊风险的评估来做出判断,选择相关的企业层面控制进行测试,并评价这些控制能否有效应对管理层凌驾于控制之上的风险。

(3) 企业的风险评估过程。风险评估过程包括识别与财务报告相关的经营风险和其他经营管理风险,以及针对这些风险采取的措施。首先,企业的内部控制能够充分识别企业外部环境(如在经济、政治、法律法规、竞争者行为、债权人需求、技术变革等方面)存在的风险;其次,充分且适当的风险评估过程需要包括对重大风险的估计、对风险发生可能性的评估以及确定应对风险的方法。注册会计师可以先了解企业及其内部环境的其他方面信息,从而初步了解企业的风险评估过程。

(4) 对内部信息传递和财务报告流程的控制。财务报告流程的控制可以确保管理层按照适当的会计准则编制合理、可靠的财务报告并对外报告。

(5) 对控制有效性的内部监督和自我评价。企业对控制有效性的内部监督和自我评价可以在企业层面上实施,也可以在业务流程层面上实施,包括对运行报告的复核和核对、与外部人士的沟通、对其他未参与控制执行人员的监控活动,以及将信息系统记录数据与实物资产进行核对等。

此外,企业层面控制还包括以下几点:集中化的处理和控制,包含共享的服务环境;监控经营成果的控制;针对重大经营控制及风险管理实务而采取的策略。

注册会计师测试业务层面控制，应当掌握重要性原则，结合企业实际、企业内部控制各项应用指引的要求和企业层面控制的测试情况，重点对企业生产经营活动中的重要业务与事项的控制进行测试。注册会计师应当关注信息系统对内部控制及风险评估的影响。

注册会计师在测试企业层面控制和业务层面控制时，应当评价内部控制是否足以应对舞弊风险。

注册会计师应当测试内部控制设计与运行的有效性。如果某项控制由拥有必要授权和专业胜任能力的人员按照规定的程序与要求执行，能够实现控制目标，则表明该项控制的设计是有效的。如果某项控制正在按照设计运行，执行人员拥有必要授权和专业胜任能力，能够实现控制目标，则表明该项控制的运行是有效的。

注册会计师应当根据与内部控制相关的风险，确定拟实施审计程序的性质、时间安排和范围，获取充分、适当的证据。与控制相关的风险越高，注册会计师需要获取的证据就越多。注册会计师在测试控制设计与运行的有效性时，应当综合运用询问适当人员、观察经营活动、检查相关文件、穿行测试和重新执行等方法。

注册会计师在确定测试的时间安排时，应当在下列两个因素之间做出平衡，以获取充分、适当的证据：①尽量在接近企业内部控制自我评价基准日实施测试；②实施的测试需要涵盖足够长的期间。

在连续审计中，注册会计师在确定测试的性质、时间安排和范围时，应当考虑以前年度执行内部控制审计时了解的情况。

三、完成审计工作

注册会计师完成审计工作后，应当取得企业签署的对内部控制的书面声明，书面声明应当包括下列内容：

（1）企业董事会认可其对建立健全和有效实施内部控制负责。

（2）企业已对内部控制的有效性做出自我评价，并说明评价时采用的标准以及得出的结论。

（3）企业没有利用注册会计师执行的审计程序及其结果作为自我评价的基础。

（4）企业已向注册会计师披露识别出的内部控制所有缺陷，并单独披露其中的重大缺陷和重要缺陷。

（5）对注册会计师在以前年度中识别的、已与审计委员会沟通的重大缺陷和重要缺陷，企业是否已经采取措施予以解决。

（6）在企业内部控制自我评价基准日后，内部控制是否发生重大变化，或者存在对内部控制具有重要影响的其他因素。

此外，书面声明中还包括导致财务报表重大错报的所有舞弊，以及不会导致财务报表重大错报，但涉及管理层和其他在内部控制中具有重要作用的员工的所有舞弊。

如果企业拒绝提供或以其他不当理由回避书面声明，注册会计师应当将其视为审计范围受到限制，解除业务约定或出具无法表示意见的内部控制审计报告。

注册会计师认为审计委员会和内部控制审计机构对内部控制的监督无效，应当就此以书面形式直接与董事会和经理层沟通。书面沟通应当在注册会计师出具内部控制审计报告之前进行。

注册会计师应当与企业沟通审计过程中识别的所有控制缺陷，针对其中的重大缺陷和重要问题，以书面形式与董事会和经理层沟通。注册会计师应当对获取的证据进行评价，形成对内部控制有效性的意见。

注册会计师对在审计过程中注意到的非财务报告内部控制缺陷,应当区别具体情况予以处理:

(1) 注册会计师认定非财务报告内部控制缺陷为一般缺陷的,应当与企业进行沟通,提醒企业加以改进,但无须在内部控制审计报告中说明。

(2) 注册会计师认定非财务报告内部控制缺陷为重要缺陷的,应当以书面形式与企业董事会和经理层沟通,提醒企业加以改进,但无须在内部控制审计报告中说明。

(3) 注册会计师认定非财务报告内部控制缺陷为重大缺陷的,应当以书面形式与企业董事会和经理层沟通,提醒企业加以改进;同时应当在内部控制审计报告中增加非财务报告内部控制重大缺陷描述段,对重大缺陷的性质及其对实现相关控制目标的影响程度进行披露,提示内部控制审计报告使用者注意相关风险。

第三节　信息系统控制测试

一、与信息技术相关的控制

(一) 自动化控制的好处

在信息技术环境下,传统的手工控制越来越多地被自动控制所替代,概括地讲,自动控制能为企业带来以下好处:

(1) 自动控制能够有效处理大流量交易及数据,因为自动信息系统可以提供与业务规则一致的系统处理方法。

(2) 自动控制比较不容易被绕过。

(3) 自动信息系统、数据库及操作系统的相关安全控制可以实现有效的职责分离。

(4) 自动信息系统可以提高信息的及时性和准确性,并使信息变得更易获取。

(5) 自动信息系统可以提高管理层对企业业务活动及相关政策的监督水平。

(二) 自动化控制的风险

同时,对自动控制的依赖也可能给企业带来下列财务报表重大错报风险:

(1) 信息系统或相关系统程序可能会对数据进行错误处理,也可能会去处理那些本身存在错误的数据。

(2) 自动信息系统、数据库及操作系统的相关安全控制如果无效,会增加对数据信息非授权访问的风险,这种风险可能导致系统内数据遭到破坏和系统对非授权交易或不存在的交易做出记录,系统、系统程序、数据遭到不适当的改变,系统对交易进行不适当的记录,以及信息技术人员获得超过其职责范围的过大系统权限等。

(3) 数据丢失风险或数据无法访问风险,如系统瘫痪。

(4) 不适当的人工干预,或人为绕过自动控制。

因此,被审计单位采用信息系统处理业务,并不意味着手工控制被完全取代,信息系统对控制的影响,取决于被审计单位对信息系统的依赖程度。例如,在基于信息技术的自动信息系统中,系统进行自动操作来实现对交易信息的创建、记录、处理和报告,并将相关信息保存为电子形式(如电子的采购订单、发运凭证和相关会计记录)。但相关控制活动也可能同时包括手工的部分,例如,订单的审批和事后审阅以及会计记录调整之类的手工控制。

因此,与财务报告相关的控制活动一般由一系列手工控制和自动控制所组成。由于被审计单位信息技术的特点及复杂程度不同,被审计单位的手工及自动控制的组合方式往往会有所区别。

二、信息技术内部控制测试

在信息技术环境下,手工控制的基本原理与方式在信息环境下并不会发生实质性的改变,注册会计师仍需要按照标准执行相关的审计程序;而对于自动控制,就需要从信息技术一般控制审计与信息技术应用控制审计两方面进行考虑。

(一) 信息技术一般控制测试

信息系统一般控制是指为了保证信息系统的安全,对整个信息系统以及外部各种环境要素实施的、对所有的应用或控制模块具有普遍影响的控制措施,信息技术一般控制通常会对实现部分或全部财务报告认定做出间接贡献。在有些情况下,信息技术一般控制也可能对实现信息处理目标和财务报告认定做出直接贡献。这是因为有效的信息技术一般控制确保了应用系统控制和依赖计算机处理的自动会计程序得以持续有效地运行。当手工控制依赖系统生成的信息时,信息技术一般控制同样重要。

注册会计师应当清楚记录信息技术一般控制与关键的自动应用控制及接口、关键的自动会计程序、关键手工控制使用的系统生成数据和报告,或生成手工日记账时使用系统生成的数据和报告的关系。

由于程序变更控制、计算机操作控制及程序数据访问控制影响到系统驱动组件的持续有效运行,注册会计师需要对上述三个领域实施控制测试。

信息技术一般控制包括程序开发、程序变更、程序和数据访问以及计算机运行四个方面。

1. 程序开发

程序开发领域的目标是确保系统的开发、配置和实施能够实现管理层的应用控制目标。程序开发控制的一般要素包括:

(1) 对开发和实施活动的管理。

(2) 项目启动、分析和设计。

(3) 对程序开发实施过程的控制软件包的选择。

(4) 测试和质量确保。

(5) 数据迁移。

(6) 程序实施。

(7) 记录和培训。

(8) 职责分离。

2. 程序变更

程序变更领域的目标是确保对程序和相关基础组件的变更是经过申请、授权、执行、测试和实施的,以达到管理层的应用控制目标。程序变更一般包括以下要素:

(1) 对维护活动的管理。

(2) 对变更请求的规范、授权与跟踪。

(3) 测试和质量保证。

(4) 程序实施。

(5) 记录和培训。
(6) 职责分离。

3. 程序和数据访问

程序和数据访问这一领域的目标是确保分配的访问程序和数据的权限是经过用户身份认证并经过授权的。程序和数据访问的子组件一般包括安全活动管理、安全管理、数据安全、操作系统安全、网络安全和实物安全。

4. 计算机运行

计算机运行这一领域的目标是确保生产系统根据管理层的控制目标完整准确地运行，确保运行问题被完整准确地识别并解决，以维护财务数据的完整性。计算机运行的子组件一般包括计算机运行活动的总体管理、批调度和批处理、实时处理、备份和问题管理以及灾难恢复。

(二) 信息技术应用控制测试

信息技术应用控制一般要经过输入、处理及输出等环节，与手工控制一样，自动系统控制同样关注信息处理目标的四个要素：完整性、准确性、经过授权和访问限制。然而，自动系统控制造成的影响程度比信息技术一般控制要显著得多，并且需要进一步的手工调查。另外，所有的自动应用控制都会有一个手工控制与之相对应。例如，通过批次汇总的方式验证数据传输的准确性和完整性时，如果出现例外，就需要有相应的手工控制进行跟踪调查。理论上，在测试的时候，每个自动系统控制都要与其对应的手工控制一起进行测试，才能得到控制是否可信赖的结论。例如，一笔交易被否定或者被作标记了，将会进行一个手工调查流程，并且被记录下来。下面将针对不同的信息处理目标来阐述应用控制的应用：

1. 完整性

(1) 顺序标号，可以保证系统每笔日记账都是唯一的，并且系统不会接受相同编号，或者在编号范围外的凭证。此时，需要系统提供一个没有编号凭证的报告，如果存在例外，需要相关人员进行调查跟进。

(2) 编辑检查，以确保无重复交易录入，例如发票付款的时候，检查发票编号。

2. 准确性

(1) 编辑检查，包括限制检查、合理性检查、存在性检查和格式检查等。

(2) 将客户、供应商、发票和采购订单等信息与现有数据进行比较。

3. 授权

(1) 交易流程中必须存在恰当的授权。

(2) 将客户、供应商、发票和采购订单等信息与现有数据进行比较。

4. 访问限制

(1) 某些特殊的会计记录的访问必须经过数据所有者的正式授权。管理层必须定期检查系统的访问权限来确保只有经过授权的用户才能够拥有访问权限，并且符合职责分离原则。如果存在例外，必须进行调查。

(2) 访问控制必须满足适当的职责分离。例如，交易的审批和处理必须由不同的人员执行。

(3) 对每个系统的访问控制都要单独考虑。密码必须要定期更换，并且在规定次数内不能重复；定期生成多次登录失败导致用户账号锁定的报告，管理层必须跟踪这些登录失败的具体原因。

(三) 信息技术应用控制与信息技术一般控制之间的关系

应用控制是设计在计算机应用系统中、有助于达到信息处理目标的控制。例如，许多应用系统中包含很多编辑检查来帮助确保录入数据的准确性。编辑检查可能包括格式检查(如日期格式或数字格式)、存在性检查(如客户编码存在于客户主数据文档之中),或合理性检查(如最大支付金额)。如果录入数据的某一要素未通过编辑检查,那么系统可能拒绝录入该数据,或系统可能将该录入数据拖入系统生成的例外报告之中,留待后续跟进和处理。

如果带有关键编辑检查功能的应用系统所依赖的计算机环境,存在信息技术一般控制的缺陷,注册会计师可能就不能信赖上述编辑检查功能按设计发挥作用。例如,程序变更控制缺陷可能导致未授权人员对检查录入数据字段格式的编程逻辑进行修改,以至于系统接受不准确的录入数据。此外,与安全和访问权限相关的控制缺陷可能导致数据录入不恰当地绕过合理性检查,而该合理性检查在其他方面将使系统无法处理金额超过最大容差范围的支付操作。表13-1列示了重大业务流程和信息系统的匹配。

表13-1　　　　　　　　　重大业务流程和信息系统匹配表

系统名称	系统平台	设备所在地点	上线年份	所支持的业务流程、科目	复杂程度(高、低)	审计范围内(是/否)
填写系统的名称,如费用支付系统	系统的操作平台,如Unix	系统的所在地点,如分布各省公司	初始上线年份,如1998年	如采购、费用支付流程		明确系统是否在审计范围内

第四节　内部控制审计缺陷评价

一、控制缺陷的分类

内部控制存在的缺陷包括设计缺陷和运行缺陷。

设计缺陷是指缺少为实现控制目标所必需的控制,或现有控制设计不适当、即使正常运行也难以实现预期的控制目标。

运行缺陷是指现存设计适当的控制没有按设计意图运行,或执行人员没有获得必要授权或缺乏胜任能力,无法有效地实施内部控制。

内部控制存在的缺陷,按其严重程度分为重大缺陷、重要缺陷和一般缺陷。

重大缺陷是内部控制中存在的、可能导致不能及时防止或发现并纠正财务报表出现重大错报的一项控制缺陷或多项控制缺陷的组合。

重要缺陷是内部控制中存在的、其严重程度不如重大缺陷但足以引起负责监督被审计单位财务报告的人员(如审计委员会或类似机构)关注的一项控制缺陷或多项控制缺陷的组合。

一般缺陷是内部控制中存在的、除重大缺陷和重要缺陷之外的控制缺陷。

二、评价控制缺陷的严重程度

注册会计师应当评价其识别的各项控制缺陷的严重程度,以确定这些缺陷单独或组合起来,是否构成内部控制的重大缺陷。但是,在计划和实施审计工作时,不要求注册会计师寻找单独或组合起来不构成重大缺陷的控制缺陷。

控制缺陷的严重程度取决于:

(1)控制不能防止或发现并纠正账户或列报发生错报的可能性的大小。

(2)因一项或多项控制缺陷导致的潜在错报的金额大小。

控制缺陷的严重程度与错报是否发生无关,而取决于控制不能防止或发现并纠正错报的可能性的大小。

在评价一项控制缺陷或多项控制缺陷的组合是否可能导致账户或列报发生错报时,注册会计师应当考虑的风险因素包括:

(1)所涉及的账户、列报及其相关认定的性质。

(2)相关资产或负债易于发生损失或舞弊的可能性。

(3)确定相关金额时所需判断的主观程度、复杂程度和范围。

(4)该项控制与其他控制的相互作用或关系。

(5)控制缺陷之间的相互作用。

(6)控制缺陷在未来可能产生的影响。

评价控制缺陷是否可能导致错报时,注册会计师无需将错报发生的概率量化为某特定的百分比或区间。

如果多项控制缺陷影响财务报表的同一账户或列报,错报发生的概率会增加。在存在多项控制缺陷时,即使这些缺陷从单项看不重要,但组合起来也可能构成重大缺陷。因此,注册会计师应当确定,对同一重要账户、列报及其相关认定或内部控制要素产生影响的各项控制缺陷,组合起来是否构成重大缺陷。

在评价因一项或多项控制缺陷导致的潜在错报的金额大小时,注册会计师应当考虑的因素包括:

(1)受控制缺陷影响的财务报表金额或交易总额。

(2)在本期或预计的未来期间受控制缺陷影响的账户余额或各类交易涉及的交易量。

在评价潜在错报的金额大小时,账户余额或交易总额的最大多报金额通常是已记录的金额,但其最大少报金额可能超过已记录的金额。通常,小金额错报比大金额错报发生的概率更高。

在确定一项控制缺陷或多项控制缺陷的组合是否构成重大缺陷时,注册会计师应当评价补偿性控制的影响。在评价补偿性控制是否能够弥补控制缺陷时,注册会计师应当考虑补偿性控制是否有足够的精确度以防止或发现并纠正可能发生的重大错报。图13-1给出内部控制缺陷评价的步骤。

案 例

一 般 缺 陷

A注册会计师执行甲公司内部控制审计,财务报表整体重要性确定为2 000万元,实际执行的重要性水平为1 000万元。在对付款授权进行控制测试时,其中一项程序是检查付款发

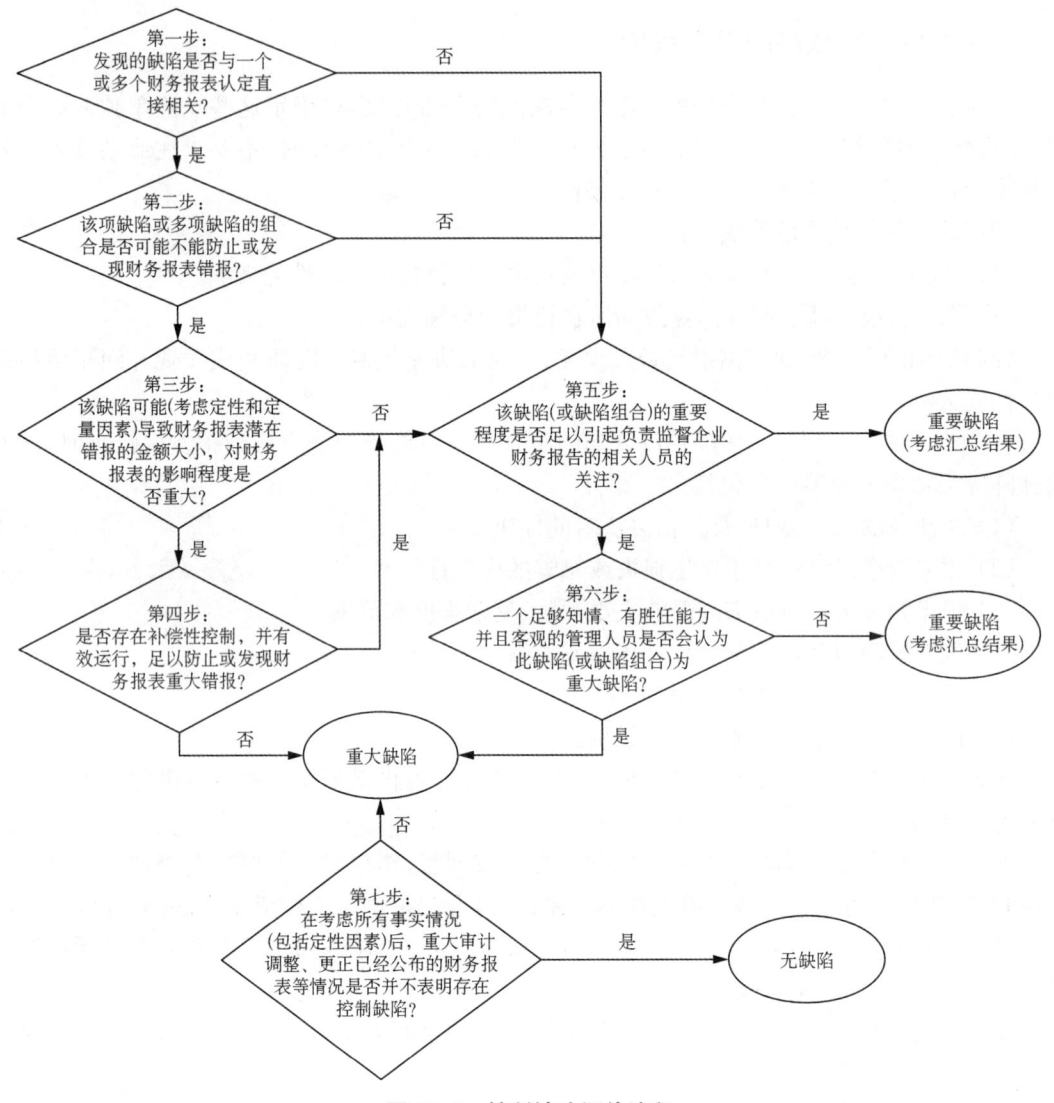

图 13-1　控制缺陷评价流程

票是否有适当的审批且有相关的文件对其进行支持这一关键控制，这项控制活动与 1 600 万元的发票交易相关，选择 25 笔付款并测试它们是否经过了适当的审批，理想状态下应没有异常。但测试结果表明有 1 笔付款(与维修维护相关)未经过授权。

步骤一：发现的缺陷是否与一个或多个财务报表认定直接相关？

由于该缺陷涉及支出，直接影响财务报表认定。

步骤二：该项缺陷是否可能不能防止或发现财务报表错报？

是，付款没有得到审批，有可能导致错报。

步骤三：该缺陷可能导致财务报表潜在错报的金额大小？

涉及支出问题的总金额是 1 600 万元，大于 1 000 万元的实际执行的重要性水平。

步骤四：是否存在补偿性控制，并有效运行，足以防止或发现财务报表重大错报？

经了解和测试，维修与维护服务环节存在下列补偿性控制：

(1) 维修与维护服务环节的采购订单审批和发票审批流程中存在权限分离机制，因此采购订单审批和付款发票审批需要多人合作进行(已测试且该控制有效)。

(2) 对采购订单的审批与政策保持一致(已测试且该控制有效)。

(3) 每月进行成本中心和盈亏状况审阅,即将实际开销及成本与上季度数据进行对比。对于误差,差异容忍度为 100 万元,对于差异大于 1 000 万元的情况会进行调查(已测试且控制有效)。

步骤五:该缺陷的重要程度是否足以引起负责监督企业财务报告的相关人员的关注?

否。

因此,该缺陷为一般缺陷。

案 例

重 大 缺 陷

A 注册会计师执行甲公司内部控制审计,财务报表整体重要性确定为 2 000 万元,实际执行的重要性水平为 1 000 万元。在对月度银行对账进行控制测试时,其中一项程序是检查公司每月是否对其付款账户与银行进行对账,这项控制活动与 6 000 万元现金收据以及付款相关,选择两笔对账并且确定是否每笔对账都已完成以及是否对所有重大或异常事件进行了调查并及时解决,理想状态下应没有例外。但测试结果表明这两笔银行对账都没有完全完成,存在重大的未对账差异(共计 200 万元)且差异存在已超过 1 年。

步骤一:发现的缺陷是否与一个或多个财务报表认定直接相关?

是,涉及银行存款和付款的问题,直接影响财务报表认定。

步骤二:该项缺陷是否可能不能防止或发现财务报表错报?

是,对账没有完成,有可能导致错误不能及时发现。

步骤三:该项缺陷可能导致财务报表潜在错报的金额大小?

这项控制与交易相关且所涉及金额大于 6 000 万元,超过了判定指标。

步骤四:是否存在补偿性控制,并有效运行,足以防止或发现财务报表重大错报?

会计经理会对每次银行对账进行审核并签字确认,经理没有能够发现这些重大的对账错误,因此补偿性控制也被判断为失效。

因此,该缺陷为重大缺陷。

三、内部控制缺陷整改

如果被审计单位在基准日前对存在缺陷的控制进行了整改,整改后的控制需要运行足够长的时间,才能使注册会计师得出其是否有效的审计结论。注册会计师应当根据控制的性质和与控制相关的风险,合理运用职业判断,确定整改后控制运行的最短期间(或整改后控制的最少运行次数)以及最少测试数量。整改后控制运行的最短期间(或最少运行次数)和最少测试数量参见表 13-2。

表 13-2 整改后控制运行的最短期间(或最少运行次数)和最少测试数量

控制运行频率	整改后控制运行的最短期间或最少运行次数	最少测试数量
每季 1 次	2 个季度	2
每月 1 次	2 个月	2

(续表)

控制运行频率	整改后控制运行的最短期间或最少运行次数	最少测试数量
每周1次	5周	5
每天1次	20天	20
每天多次	25次（分布于涵盖多天的期间,通常不少于15天）	25

如果被审计单位在基准日前对存在重大缺陷的内部控制进行了整改,但新控制尚没有运行足够长的时间,注册会计师应当将其视为内部控制在基准日存在重大缺陷。

表13-3列示了内部控制缺陷汇总表（节选）。

表13-3　内部控制缺陷汇总表（节选）

缺陷编号	相关业务流程、应用系统	业务单位	内部控制缺陷描述及影响	缺陷类型（执行/设计）	所影响的账户、交易	财务报表认定							补偿性控制	发生错报的可能性及错报的严重程度分析	缺陷认定结论	对相关的财务报表审计工作的影响
						发生	完整性	准确性	截止	分类	存在	权利和义务	计价和分摊				
1	财务报告—月末结账	总部、所有子公司	财务经理比对薪酬会计编制的《预提工资计算表》和人力资源部编制的《员工人数变动表》,确保公司预提了所有员工的工资且金额计算准确。注册会计师在审计中发现,财务经理由于工作忙碌,且公司人员变动较少,所以没有执行该控制	执行	销售成本、预提工资	√	√	√						财务经理仅仅比较当月预提工资与前3个月预提工资的变动,确认不存在差异。	没有比对薪酬会计编制的《预提工资计算表》和人力资源部编制的《员工人数变动表》,可能导致工资预提错误或遗漏不能被及时发现。由于公司人员变动较少,且人工成本仅占公司总生产成本的1%,因此该控制缺陷对公司财务报表错报影响较小。	一般缺陷	注册会计师对《预提工资计算表》和人力资源部编制的《员工人数变动表》,确认差异金额是否重大

第五节　内部控制审计报告

一、形成审计意见

注册会计师应当对获取的证据进行评价,形成对内部控制有效性的意见。注册会计师应当评价从各种来源获取的审计证据,包括对控制的测试结果、财务报表审计中发现的错报以及已识别的所有控制缺陷,形成对内部控制有效性的意见。在评价审计证据时,注册会计师应当查阅本年度涉及内部控制的内部审计报告或类似报告,并评价这些报告中指出的控制缺陷。

只有在审计范围没有受到限制时,注册会计师才能对内部控制的有效性形成意见。如果审计范围受到限制,注册会计师需要解除业务约定或出具无法表示意见的内部控制审计报告。

在对内部控制的有效性形成意见后,注册会计师应当评价企业内部控制评价报告对相关法律法规规定的要素的列报是否完整和恰当。

根据中国证监会《上市公司实施企业内部控制规范体系监管问题解答》的规定,公开发行证券的公司在年度报告中应披露的财务报告内部控制评价报告应包括以下内容:

(1) 公司董事会关于建立健全和有效实施财务报告内部控制是公司董事会的责任,并就公司财务报告内部控制评价报告真实性做出的声明。

(2) 财务报告内部控制评价的依据。

(3) 根据自我评价情况,认定于评价基准日存在的财务报告内部控制重大缺陷情况。

(4) 对发现的重大缺陷已采取或拟采取的整改措施的说明。

(5) 公司董事会对评价基准日财务报告内部控制有效性的自我评价结论。

(6) 在财务报告内部控制自我评价过程中关注到的非财务报告内部控制重大缺陷情况。

二、审计报告类型

注册会计师在完成内部控制审计工作后,应当出具内部控制审计报告。注册会计师需要在审计报告中清楚地表达对内部控制有效性的意见,并对出具的审计报告负责。在整合审计中,注册会计师在完成内部控制审计和财务报表审计后,应当分别对内部控制和财务报表出具审计报告,并签署相同的日期。

(一) 无保留意见内部控制审计报告

如果符合下列所有条件,注册会计师应当对内部控制出具无保留意见的内部控制审计报告:

(1) 在基准日,被审计单位按照适用的内部控制标准的要求,在所有重大方面保持了有效的内部控制。

(2) 注册会计师已经按照《企业内部控制审计指引》的要求计划和实施审计工作,在审计过程中未受到限制。

内部控制审计报告包括下列要素:

(1) 标题。内部控制审计报告的标题统一规范为"内部控制审计报告"。

(2) 收件人。内部控制审计报告的收件人是指注册会计师按照业务约定书的要求致送内部控制审计报告的对象,一般是指审计业务的委托人。内部控制审计报告需要载明收件人的全称。

(3) 引言段。内部控制审计报告的引言段说明企业的名称和内部控制已经过审计。

(4) 企业对内部控制的责任段。企业对内部控制的责任段说明,按照《企业内部控制基本规范》《企业内部控制应用指引》《企业内部控制评价指引》的规定,建立健全和有效实施内部控制,并评价其有效性是企业董事会的责任。

(5) 注册会计师的责任段。注册会计师的责任段说明,在实施审计工作的基础上,对财务报告内部控制的有效性发表审计意见,并对注意到的非财务报告内部控制的重大缺陷进行披露是注册会计师的责任。

(6) 内部控制固有局限性的说明段。内部控制无论如何有效,都只能为企业实现控制目标提供合理保证。内部控制实现目标的可能性受其固有限制的影响,包括:①在决策时人为判断可能出现错误和因人为失误而导致内部控制失效。②控制的运行也可能无效。③控制可能由于两个或更多的人员进行串通舞弊或管理层不当地凌驾于内部控制之上而被规避。④在设计和执行控制时,如果存在选择执行的控制以及选择承担的风险,管理层在确定控制的性质和范围时需要做出主观判断。

因此,注册会计师需要在内部控制固有局限性的说明段说明,内部控制具有固有局限性,存在不能防止和发现错报的可能性。此外,由于情况的变化可能导致内部控制变得不恰当,或对控制政策和程序遵循的程度降低,根据内部控制审计结果推测未来内部控制的有效性具有一定风险。

(7) 财务报告内部控制审计意见段。审计意见段应当说明企业是否按照《企业内部控制基本规范》和相关规定在所有重大方面保持了有效的财务报告内部控制。

(8) 注册会计师的签名和盖章。

(9) 会计师事务所的名称、地址及盖章。

(10) 报告日期。审计报告的日期不应早于注册会计师获取充分、适当的审计证据(包括董事会认可对内部控制及评价报告的责任且已批准评价报告的证据),并在此基础上对内部控制的有效性形成审计意见的日期。如果内部控制审计和财务报表审计整合进行,注册会计师对内部控制审计报告和财务报表审计报告需要签署相同的日期。

(二) 非无保留意见的内部控制审计报告

1. 内部控制存在重大缺陷时的处理

如果认为内部控制存在一项或多项重大缺陷,除非审计范围受到限制,注册会计师应当对内部控制发表否定意见。否定意见的内部控制审计报告还应当包括重大缺陷的定义、重大缺陷的性质及其对内部控制的影响程度。

如果重大缺陷尚未包含在企业内部控制评价报告中,注册会计师应当在内部控制审计报告中说明重大缺陷已经识别、但没有包含在企业内部控制评价报告中。如果企业内部控制评价报告中包含了重大缺陷,但注册会计师认为这些重大缺陷未在所有重大方面得到公允反映,注册会计师应当在内部控制审计报告中说明这一结论,并公允补充有关重大缺陷的必要信息。此外,注册会计师还应当就这些情况以书面形式与治理层沟通。

如果拟对内部控制的有效性发表否定意见,注册会计师则应在财务报表审计中,避免于存在重大缺陷的控制,同时,需要实施实质性程序确定与该控制相关的账户是否存在重大错报。如果实施实质性程序的结果表明该账户不存在重大错报,注册会计师可以对财务报表发表无保留意见。在这种情况下,注册会计师应当确定该意见对财务报表审计意见的影响,并在内部控制审计报告中予以说明。

如果对财务报表发表的审计意见未受影响,注册会计师应当在内部控制审计报告中导致否定意见的事项段里增加以下类似说明:"在××公司××年财务报表审计中,我们已经考虑了上述重大缺陷对审计程序的性质、时间安排和范围的影响。本报告并未对我们在××年×月×日对×公司××年财务报表出具的审计报告产生影响。"这一说明对于保证审计报告使用者理解注册会计师为何对财务报表发表无保留意见非常重要。

如果对财务报表发表的审计意见受到影响,注册会计师应当在内部控制审计报告的导致否定意见的事项段中增加以下类似说明:"在××公司××年财务报表审计中,我们已经考虑了上述重大缺陷对审计程序的性质、时间安排和范围的影响。"

2. 审计范围受到限制时的处理

注册会计师只有实施了必要的审计程序,才能对内部控制的有效性发表意见。如果审计范围受到限制,注册会计师应当解除业务约定或出具无法表示意见的内部控制审计报告。

如果法律法规的相关豁免规定允许被审计单位不将某些实体纳入内部控制的评价范围,注册会计师可以不将这些实体纳入内部控制审计的范围。这种情况不构成审计范围受到限制,但注册会计师应当在内部控制审计报告中增加强调事项段或者在注册会计师的责任段中,就这些实体未被纳入评价范围和内部控制审计范围这一情况,做出与被审计单位类似的恰当陈述。注册会计师应当评价相关豁免是否符合法律法规的规定,以及被审计单位针对该项豁免做出的陈述是否适当。如果认为被审计单位有关该项豁免的陈述不恰当,注册会计师应当提请其做出适当修改。如果被审计单位未做出恰当修改,注册会计师应当在内部控制审计报告的强调事项段中,说明被审计单位的陈述需要修改的理由。

在出具无法表示意见的内部控制审计报告时,注册会计师应当在内部控制审计报告中指明审计范围受到限制,无法对内部控制的有效性发表意见,并单设段落说明无法表示意见的实质性理由。注册会计师不应在内部控制审计报告中指明所执行的程序,也不应描述内部控制审计的特征,以避免对无法表示意见的误解。如果在已执行的有限程序中发现内部控制存在重大缺陷,注册会计师应当在内部控制审计报告中对重大缺陷做出详细说明。

只要认为审计范围受到限制将导致无法获取发表审计意见所需的充分、适当的审计证据,注册会计师不必执行任何其他工作即可对内部控制出具无法表示意见的内部控制审计报告。在这种情况下,内部控制审计报告的日期应为注册会计师已就该报告中陈述的内容获取充分、适当的审计证据的日期。

当注册会计师拟出具无法表示意见的审计报告时,如果已执行的有限程序使其认为内部控制存在重大缺陷,审计报告还应当包括下列内容:(1)重大缺陷的定义;(2)对识别出的重大缺陷的描述,该描述应当包括重大缺陷的性质,以及重大缺陷在存在期间对企业编制的财务报表产生的实际和潜在影响等信息。

在因审计范围受到限制而无法表示意见时,注册会计师应当就未能完成整个内部控制审计工作的情况,以书面形式与管理层和治理层进行沟通。

三、强调事项、非财务报告内部控制重大缺陷

(一)强调事项

如果认为内部控制虽然不存在重大缺陷,但仍有一项或多项重大事项需要提请内部控制审计报告使用者注意,注册会计师应当在内部控制审计报告中增加强调事项段予以说明。注册会计师应当在强调事项段中指明,该段内容仅用于提醒内部控制审计报告使用者关注,并不影响对内部控制发表的审计意见。

如果存在下列情况,注册会计师应当考虑在内部控制审计报告中增加强调事项段:

(1)如果确定企业内部控制评价报告对要素的列报不完整或不恰当,注册会计师应当在内部控制审计报告中增加强调事项段,说明这一情况并解释得出该结论的理由。

(2)如果注册会计师知悉在基准日并不存在、但在期后期间发生的事项,且这类期后事项对内部控制有重大影响,注册会计师应当在内部控制审计报告中增加强调事项段,描述该事项及其影响,或提醒内部控制审计报告使用者关注企业内部控制评价报告中披露的该事项及其影响。

(二)非财务报告内部控制重大缺陷

对于审计过程中注意到的非财务报告内部控制缺陷,如果发现某项或某些控制对企业发展战略、法规遵循、经营的效率效果等控制目标的实现有重大不利影响,确定该项非财务报告

内部控制缺陷为重大缺陷的,注册会计师应当以书面形式与企业董事会和经理层沟通,提醒企业加以改进;同时在内部控制审计报告中增加非财务报告内部控制重大缺陷描述段,对重大缺陷的性质及其对实现相关控制目标的影响程度进行披露,提示内部控制审计报告使用者注意相关风险,但无需对其发表审计意见。

参考格式13-1、参考格式13-2、参考格式13-3、参考格式13-4、参考格式13-5列示了不同类型的内部控制报告。

参考格式13-1:无保留意见内部控制审计报告

内部控制审计报告

××股份有限公司全体股东:

按照《企业内部控制审计指引》及中国注册会计师执业准则的相关要求,我们审计了××股份有限公司(以下简称××公司)××年×月×日的财务报告内部控制的有效性。

一、企业对内部控制的责任

按照《企业内部控制基本规范》《企业内部控制应用指引》《企业内部控制评价指引》的规定,建立健全和有效实施内部控制,并评价其有效性是××公司董事会的责任。

二、注册会计师的责任

我们的责任是在实施审计工作的基础上,对财务报告内部控制的有效性发表审计意见,并对注意到的非财务报告内部控制的重大缺陷进行披露。

三、内部控制的固有局限性

内部控制具有固有局限性,存在不能防止和发现错报的可能性。此外,由于情况的变化可能导致内部控制变得不恰当,或对控制政策和程序遵循的程度降低,根据内部控制审计结果推测未来内部控制的有效性具有一定风险。

四、财务报告内部控制审计意见

我们认为,××公司于××年×月×日按照《企业内部控制基本规范》和相关规定在所有重大方面保持了有效的财务报告内部控制。

××会计师事务所	中国注册会计师:×××
(盖章)	(签名并盖章)
	中国注册会计师:×××
	(签名并盖章)
中国××市	××年×月×日

参考格式13-2:带强调事项段的无保留意见内部控制审计报告

内部控制审计报告

××股份有限公司全体股东:

按照《企业内部控制审计指引》及中国注册会计师执业准则的相关要求,我们审计了××股份有限公司(以下简称××公司)××年×月×日的财务报告内部控制的有效性。

["一、企业对内部控制的责任"至"四、财务报告内部控制审计意见"参见标准内部控制审计报告相关段落表述。]

五、强调事项

我们提醒内部控制审计报告使用者关注,[描述强调事项的性质及其对内部控制的重大影响。]本段内容不影响已对财务报告内部控制发表的审计意见。

××会计师事务所　　　　　　　　　　　　中国注册会计师：×××
　　（盖章）　　　　　　　　　　　　　　　　（签名并盖章）
　　　　　　　　　　　　　　　　　　　　　中国注册会计师：×××
　　　　　　　　　　　　　　　　　　　　　　（签名并盖章）

中国××市　　　　　　　　　　　　　　　　××年×月×日

参考格式13-3：否定意见内部控制审计报告

内部控制审计报告

××股份有限公司全体股东：

按照《企业内部控制审计指引》及中国注册会计师执业准则的相关要求，我们审计了××股份有限公司（以下简称××公司）××年×月×日的财务报告内部控制的有效性。

["一、企业对内部控制的责任"至"三、内部控制的固有局限性"参见标准内部控制审计报告相关段落表述。]

四、导致否定意见的事项

重大缺陷是内部控制中存在的、可能导致不能及时防止或发现并纠正财务报表出现重大错报的一项控制缺陷或多项控制缺陷的组合。

[指出注册会计师已识别出的重大缺陷，并说明重大缺陷的性质及其对财务报告内部控制的影响程度。]

有效的内部控制能够为财务报告及相关信息的真实完整提供合理保证，而上述重大缺陷使××公司内部控制失去这一功能。

××公司管理层已识别出上述重大缺陷，并将其包含在企业内部控制评价报告中。上述缺陷在所有重大方面得到公允反映。

在××公司××年财务报表审计中，我们已经考虑了上述重大缺陷对审计程序的性质、时间安排和范围的影响。本报告并未对我们在××年×月×日对×公司××年财务报表出具的审计报告产生影响。

五、财务报告内部控制审计意见

我们认为，由于存在上述重大缺陷及其对实现控制目标的影响，××公司于××年×月×日未能按照《企业内部控制基本规范》和相关规定在所有重大方面保持有效的财务报告内部控制。

××会计师事务所　　　　　　　　　　　　中国注册会计师：×××
　　（盖章）　　　　　　　　　　　　　　　　（签名并盖章）
　　　　　　　　　　　　　　　　　　　　　中国注册会计师：×××
　　　　　　　　　　　　　　　　　　　　　　（签名并盖章）

中国××市　　　　　　　　　　　　　　　　××年×月×日

参考格式13-4：无法表示意见内部控制审计报告

内部控制审计报告

××股份有限公司全体股东：

我们接受委托，对××股份有限公司（以下简称××公司）××年×月×日的财务报告内部控制进行审计。

［删除注册会计师的责任段，"一、企业对内部控制的责任"和"二、内部控制的固有局限性"参见标准内部控制审计报告相关段落表述。］

三、导致无法表示意见的事项

［描述审计范围受到限制的具体情况。］

四、财务报告内部控制审计意见

由于审计范围受到上述限制，我们未能实施必要的审计程序以获取发表意见所需的充分、适当证据，因此，我们无法对××公司财务报告内部控制的有效性发表意见。

五、识别的财务报告内部控制重大缺陷

［如在审计范围受到限制前，执行有限程序未能识别出重大缺陷，则应删除本段］

重大缺陷是内部控制中存在的、可能导致不能及时防止或发现并纠正财务报表出现重大错报的一项控制缺陷或多项控制缺陷的组合。

尽管我们无法对××公司财务报告内部控制的有效性发表意见，但在我们实施的有限程序的过程中，发现了以下重大缺陷：

［指出注册会计师已识别出的重大缺陷，并说明重大缺陷的性质及其对财务报告内部控制的影响程度。］

有效的内部控制能够为财务报告及相关信息的真实完整提供合理保证，而上述重大缺陷使××公司内部控制失去这一功能。

××会计师事务所	中国注册会计师：×××
（盖章）	（签名并盖章）
	中国注册会计师：×××
	（签名并盖章）
中国××市	××年×月×日

参考格式13-5：非财务报告重大缺陷的内部控制审计报告

内部控制审计报告

××股份有限公司全体股东：

按照《企业内部控制审计指引》及中国注册会计师执业准则的相关要求，我们审计了××股份有限公司（以下简称××公司）××年×月×日的财务报告内部控制的有效性。

［"一、企业对内部控制的责任"至"四、财务报告内部控制审计意见"参见标准内部控制审计报告相关段落表述。］

五、非财务报告内部控制重大缺陷

在内部控制审计过程中，我们注意到××公司的非财务报告内部控制存在重大缺陷［描述该缺陷的性质及其对实现相关控制目标的影响程度］。由于存在上述重大缺陷，我们提醒本报告使用者注意相关风险。需要指出的是，我们并不对××公司的非财务报告内部控制发表意见或提供保证。本段内容不影响对财务报告内部控制有效性发表的审计意见。

××会计师事务所	中国注册会计师：×××
（盖章）	（签名并盖章）
	中国注册会计师：×××
	（签名并盖章）
中国××市	××年×月×日

【复习思考题】

1. 如何理解内部控制审计的定义?
2. 如何界定内部控制审计的范围?
3. 内部控制审计的目标是什么?
4. 如何界定内部控制审计中注册会计师的责任?
5. 如何理解内部控制审计与财务报表审计的关系?
6. 内部控制审计与财务报表审计的区别有哪些?
7. 在内部控制审计的计划审计工作阶段,注册会计师需要评价哪些重要事项?
8. 如何理解风险评估与内部控制审计的关系?
9. 如何理解内部控制审计自上而下的方法?
10. 在完成审计工作阶段,主要有哪些工作?
11. 我国《企业内部控制审计指引》将内部控制审计报告分为哪几种类型?
12. 标准内部控制审计报告的主要内容有哪些?

模块四

行政事业单位篇

第十四章
行政事业单位内部控制基本理论

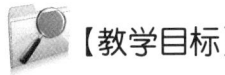【教学目标】

知识目标：
1. 了解行政事业单位内部控制的概念。
2. 理解行政事业单位内部控制的主体范围和客体范围。
3. 掌握行政事业单位内部控制建设的必要性。

能力目标：
1. 掌握行政事业单位内部控制的单位层面要素和业务层面要素。
2. 理解行政事业单位内部控制的目标和原则。
3. 能够运用行政事业单位内部控制的方法开展内部控制建设。

素养目标：
理解提高行政事业单位内部控制管理水平在提升财会监督能效、加强单位内部监督、加强廉政风险防控机制建设中的重要意义，提高政治风险防控意识和接受政治监督的自觉性。

【导入案例】

二维码14-1　澄城县2022年度
内部控制监督检查工作要求

第一节　行政事业单位内部控制内涵

一、行政事业单位内部控制的概念

随着内部控制理论的不断成熟，内部控制的概念也在不断拓展，关于政府内部控制比较有代表性的定义是美国审计总署（GAO）在《联邦政府内部控制准则》中对内部控制的定义："政府为了实现运行的有效性和效率、财务报告的可靠性和符合适用的法律和法规而进行管理的组成部分"。

在我国,财政部于2012年11月颁布的《行政事业单位内部控制规范(试行)》第三条规定:"本规范所称内部控制,是指单位为实现控制目标,通过制定制度、实施措施和执行程序,对经济活动的风险进行防范和管控。"具体来说,这一定义包括了静态和动态两个方面。在静态方面,内部控制是行政事业单位为了防范和管控经济活动风险而建立的内部管理系统,该系统由内部环境、风险评估、控制活动、信息与沟通和内部监督等内容组成,具体体现为各项内部管理制度以及落实制度所需的控制措施和程序。在动态方面,内部控制是通过制定制度、实施措施和执行程序,为实现控制目标的自我约束和规范的过程。此外内部控制还是一个循环往复、不断优化完善的过程,行政事业单位应当针对内部监督检查和自我评价发现的问题,对相关的制度、措施和程序进行持续调整、改进,使各项制度、措施和程序能够适应新情况、新问题,在经济活动风险管控中持续发挥积极的作用。

与较为代表性的内部控制定义相比,《行政事业单位内部控制规范(试行)》中对内部控制的定义既包括了静态方面,也包括了动态方面,而且从行政事业单位的经济活动入手,更符合中国行政事业单位的组织特色。为此,本书采用了《行政事业单位内部控制规范(试行)》中对行政事业单位内部控制的定义,认为行政事业单位内部控制是指单位为实现控制目标,通过制定制度、实施措施和执行程序,对经济活动的风险进行防范和管控。

二、行政事业单位内部控制要素

内部控制要素是指单位建立和实施内部控制的具体内容。目前,较为普遍的内部控制要素是COSO内部控制框架下的五要素,即控制环境、风险评估、控制活动、信息与沟通、监控。该五要素最初针对的是企业部门,但是很多国家和机构在制定内部控制准则时也沿用了该要素分类,例如美国审计总署(GAO)发布的《联邦政府内部控制准则》,最高审计机关国际组织(INTOSAI)发布的《公共内部控制准则指南》。在我国,财政部于2008年颁布的《企业内部控制基本规范》也沿用了该五要素分类,虽然根据我国的具体情况对五要素作了补充和完善,但是还是没有脱离五要素分类的范畴。

在上述提及的行政事业单位内部控制静态定义中,内部管理系统由五要素组成,但是《行政事业单位内部控制规范(试行)》并没有如《企业内部控制基本规范》一样明确规定行政事业单位内部控制的要素,而是创新性地提出了构建单位层面内部控制和业务层面内部控制,将各个要素进行重新梳理和整合,灵活融入行政事业单位内部控制中,这样不仅能够避免五要素之间不能很好实现功能有机耦合、要素联系不够紧密的问题,而且对行政事业单位内部控制的建立和实施进行了更加本土化的设计,更加符合我国行政事业单位的组织特点和业务特点,更具有针对性、适应性和实操性。

可见,行政事业单位内部控制要素可以具体分为单位层面内部控制要素和业务层面内部控制要素,如图14-1所示。

(一)单位层面内部控制要素

单位层面内部控制是从整体层面上对行政事业单位内部控制加以规范,为内部控制运行构建良好的环境,是整个内部控制体系的基础。

根据《行政事业单位内部控制规范(试行)》,单位层面内部控制要素具体包括组织架构、工作机制、关键岗位、关键人员、会计系统和信息系统等。

1. 组织架构

行政事业单位的组织架构是指单位内部机构的设置、职责权限、岗位编制、工作流程及相

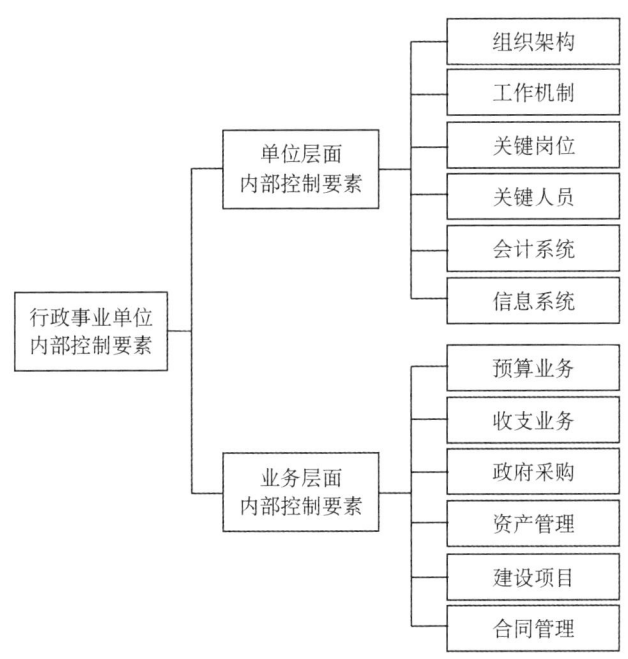

图 14-1 行政事业单位内部控制要素分类

关要求的制度安排,其中机构设置应从决策、执行、监督三个方面进行,并明确三者之间的权责分配。组织架构作为单位内部环境的有机组成部分,在单位内部控制体系中处于重要地位,是促使单位内部控制有效运行,保证内部控制功能发挥的前提和基础。

2. 工作机制

工作机制是指以所设机构为载体,建立科学的执行程序和完善的制度规范,并通过监督和评价来激励程序和规范的有效执行,以此实现规则制衡。从单位整体层面看,行政事业单位应该实现内部决策、执行和监督相互分离的工作机制,设置议事决策工作机制、岗位责任制、关键岗位轮岗机制等制衡机制,使权力受到制衡和约束,保障权力在规定的范围内行使。

3. 关键岗位

关键岗位是指在行政事业单位经济业务活动中起重要作用,与单位目标的实现密切相关,承担起重要工作责任,掌握单位发展所需关键技能的一系列重要岗位的总和。这些岗位既是单位经济活动有效开展的重要保障,也是单位经济活动中最容易发生舞弊和腐败的关键职位。一般来说,行政事业单位的关键岗位主要包括预算业务管理、收支业务管理、政府采购业务管理、资产管理、建设项目管理、合同管理以及内部监督等岗位。

4. 关键人员

关键人员是指在行政事业单位中承担关键岗位工作的人员。有效的内部控制体系是以关键人员的专业胜任能力和职业道德水平为基础的,如果没有专业人才,再科学、再合理的制度设计都难以得到落实。一般而言,行政事业单位关键人员包括预算业务管理、收支业务管理、政府采购业务管理、资产管理、建设项目管理、合同管理以及内部监督等关键岗位的人员。

5. 会计系统

会计系统是为确认、汇总、分析、分类、记录和报告单位发生的经济业务,并保持相关资产和负债的受托责任而建立的各种会计记账方法、会计政策、会计核算程序、会计报告制度和会计档案管理制度等的总称。会计系统控制是指对会计系统实施的,以确保财务报告可靠性为主要目标的控制活动。会计系统控制在行政事业单位内部控制中居于核心地位,多数单位的内部控制建设工作由财务部门来牵头,而单位内部控制主要针对经济活动展开。

6. 信息系统

从广义上来说,信息系统是物流、资金流、事务流和信息流为服务于同类的控制和管理而形成的信息流网络。狭义上来说,信息系统是一个以人为主导,利用计算机硬件、计算机软件和数据资源,及时、正确地收集、加工、存储和提供信息,以实现组织中各项活动的管理、调节和控制的人造系统。随着信息技术在单位管理方面的广泛应用,行政事业单位内部控制的信息化必将成为一种趋势。信息系统控制主要涉及一般控制和应用控制,其中一般控制包括信息系统开发控制、信息系统运维控制、信息系统安全控制等,应用控制包括输入控制、处理控制和输出控制。

(二) 业务层面内部控制要素

行政事业单位业务层面的内部控制是"以预算为主线,资金管控为核心",在具体业务层面详细介绍内部控制的构建和实施。根据行政事业单位的具体业务范围,业务层面内部控制要素包括预算业务、收支业务、政府采购业务、资产管理业务、建设项目业务、合同管理业务等。

1. 预算业务

预算是指单位根据工作目标和计划编制的年度财务收支计划,反映了预算年度内单位的资金收支规模和资金使用方向,是单位财务工作的基本依据。根据《中华人民共和国预算法》(2014年修改),行政事业单位预算由预算收入和预算支出组成,政府的全部收入和支出都应当纳入预算。

行政事业单位预算业务是指预算管理的整个过程,包括预算编制、预算批复、预算下达、预算执行、预算追加调整、决算、绩效评价等环节。这些业务环节相互关联、相互作用、相互衔接,周而复始地循环,构成了单位预算管理系统化体系过程。

2. 收支业务

行政事业单位收支业务又分为收入业务和支出业务。行政单位和事业单位的收入和支出各有不同,一般而言,收入是指单位依法取得的非偿还性资金,支出是指单位开展业务及其他活动发生的资金耗费和损失。

行政事业单位收支业务的基本流程一般包括收支计划、收支执行和收支监督三个阶段。其中,收入业务主要涉及收入项目与标准确定、票据开具与管理、收入收缴、收入退付、收入登记与确认、会计核算以及编制收入管理报告等具体环节;支出业务主要涉及用款计划制定与审批、支出申请与审批、业务借款、费用报销、资金支付、会计核算及编制支出管理报告等具体环节。

3. 政府采购业务

政府采购,是指各级国家机关、事业单位和团体组织,使用财政性资金采购依法指定的集中采购目录以内的或者采购限额标准以上的货物、工程和服务的行为。

一般而言,行政事业单位政府采购业务包括采购计划、采购实施和采购监督三个阶段,主要涉及采购预算编报与下达、采购计划编制与审核、采购需求申报、代理机构选择、采购方式选择、供应商确定、采购合同签订、管理供应过程、采购项目验收、采购结算付款、会计控制、采购资料归档、采购信息公开、质疑与投诉处理以及采购后评估等具体环节。

4. 资产管理业务

根据财政部2015年10月最新发布的《政府会计基本准则》(财政部令78号),行政事业单位资产是指行政事业单位过去的经济业务或者事项形成的、由行政事业单位控制的、预期能够产生服务潜力或者带来经济利益流入的经济资源。

一般而言,行政事业单位资产控制主要涉及资产内部管理体系、货币资产、实物资产、无形资产、对外投资。其中,资产内部管理体系主要涉及资产内部管理制度体系、资产信息管理系统、资产配置、资产使用、资产处置、资产收益等;货币资产管理涉及资金支付申请、审核、审批、支付、记账和对账等环节;实物资产管理涉及实物资产预算、实物资产请购、实物资产取得验收、实物资产领用与登记、实物资产使用与维护、实物资产清查盘点、实物资产更新改造、实物资产统计报告以及实物资产处置等环节;无形资产管理涉及无形资产预算、取得验收、使用保全、定期评估、升级更新以及无形资产处置等业务环节;对外投资管理涉及提出投资意向、投资可行性研究、单位集体论证、投资审批、投资计划编制与审批、投资计划执行、投资使用与管理、投资收益与核算、投资处置与收回以及投资活动评价等业务环节。

5. 建设项目业务

建设项目是指行政事业单位自行或者委托其他单位进行的建造、安装活动。建造活动主要是指各种建筑的新建、改建、扩建及修缮活动,安装主要是指设备的安装工程。大多数行政事业单位建设项目涉及公共建筑、交通运输、铁路、水利、市政等基础设施建设,往往与人民生产、生活息息相关。

行政事业单位的建设项目管理一般包含组织管理体系和各个环节构成的整个管理过程。建设项目主要包括项目立项、工程设计与概预算、工程招标、工程建设以及竣工决算,具体环节包括:项目建议书编制与审核、工程可行性研究报告的编制与审核、初步设计评审及概预算的审批、项目招标、工程施工、工程变更、工程验收、工程结算、竣工验收、竣工决算、竣工审计、项目档案移交、项目完工评价等。

6. 合同管理业务

行政事业单位合同是指为实现一定经济目的,与平等民事主体的法人、自然人以及其他经济单位之间订立的明确相互权利义务关系的协议。合同是行政事业单位经济活动的重要组成部分,行政事业单位进行政府采购、开展工程建设都会涉及合同管理。

一般而言,合同管理包括合同前期准备阶段、合同订立阶段、合同执行阶段和合同后续管理等四个阶段,主要涉及合同策划、合同调查、合同谈判、合同文本拟定、合同审核、合同签署、合同履行、合同结算、合同纠纷处理等流程。

具体以上单位层面和业务层面各要素的内部控制建设详见本书第十五章内容,在此不再赘述。

第二节　行政事业单位内部控制建设的必要性

作为行使国家职能和提供社会公共服务的主体,行政事业单位在我国政治经济生活中发挥着重要的作用。随着经济的不断发展,社会环境愈加复杂,行政事业单位面临更多挑战。严控则强,失控则弱,无控则乱,不控则败,行政事业单位加强内部控制建设具有重要的理论意义和实践价值。

一、行政事业单位内部控制建设的理论必要性

行政事业单位内部控制建设的理论必要性主要体现在委托代理理论。委托代理理论是由美国经济学家伯利和米恩斯提出的,主要研究信息不对称委托代理关系及相关问题。

委托代理理论认为:随着社会生产力的发展、社会分工不断细化,一种基于非对称信息博

弈论下的经济关系——委托代理关系随之产生。但是基于信息不对称、不完全契约和利益冲突等原因,委托代理关系往往会带来委托代理问题。

1. 信息不对称

信息不对称是指在经济和管理活动中,某些参与者比另外一些参与者拥有更多的信息,那些拥有更多信息的参与者可以凭借信息的优势获利。信息不对称可能来源于参与者获得渠道不同,或者获得信息的能力不同等,一般而言,代理人会掌握更多的信息,并且处于强势地位,在委托人无法完全观测并监督代理人的行为或监督成本太高的情况下,代理人就能利用信息优势和公共权力进行权力寻租,即以权力为筹码谋求个人利益。

2. 不完全契约

不完全契约是指缔约双方不能完全预见契约履行期内可能出现的各种情况,从而无法达成内容完备、设计周详的契约条款,契约不完全主要来源于两方面:有限理性和交易成本。其中,有限理性是指人的理性、思维是有限的,对未来事件、外在环境无法完全预期;交易成本是指对未来进行预测,对预测及措施达成协议并写入契约,确保可以执行等,均存在交易成本,在此情况下,缔约各方愿意遗漏许多内容,或有意留待以后出现事件时再行协商。不完全契约会使机会主义滋生,使意图追求自身利益而损害委托人利益的代理人有机可乘。

3. 利益冲突

利益冲突是指代理人和委托人的目标效用函数不一致的情况。在公共资源有限的情况下,代理人作为理性经纪人会追求其自身利益最大化,而委托人(公众)的目标效用在于公共产品或者服务的效率、效能最大化,两者目标效用的不一致会导致利益冲突。代理人处于信息优势的一方,往往会利用自身优势损害另一方的利益,因此产生委托代理问题。

就行政事业单位而言,在外部,社会公众作为公共权力的所有者、公共产品或服务的消费者,与行政事业单位存在委托代理关系;在内部,因其机构内部纵横交错,存在管理者与被管理者的关系,处于信息劣势的一方属于委托人,而信息优势一方为代理人,故上级部门或单位委托下级部门或单位处理地方事务;部门或单位委托负责人领导部门或单位事务;上级领导委托下级官员行使相应职权行政事业单位委托代理关系参见图14-2。

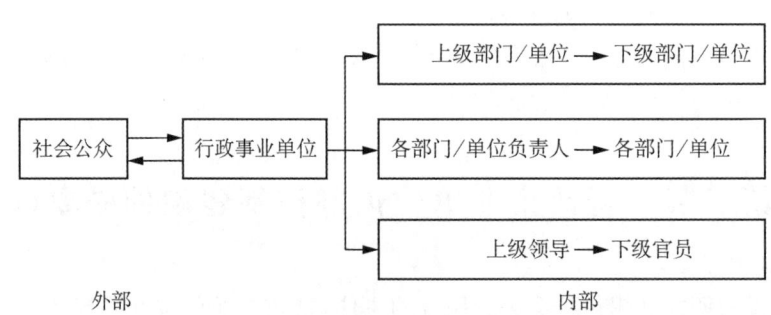

图14-2 行政事业单位委托代理关系

与经济活动中的委托代理问题类似,张亮(2011)认为在公共权力行使以及公共服务提供的过程中,由于双方目标不一致、信息不对称、有限理性和机会主义、契约的不完备性等因素会使行政事业单位有可能违背公众的意志及利益,滥用权力实现自身利益最大化,从而滋生滥用职权、财政资金运用不当、公共服务效率低下等问题。

就解决方法而言,企业可以通过激励和约束机制有效减少委托代理问题,但这对行政事业单位并不十分有效。首先,由于行政事业单位属于强势主体,而社会公众不是具体、确定的个体,在部分社会公众行使监督权时,其他社会公众出于"搭便车"的心理往往会怠于行使监督权,导致委托代理问题得不到有效解决;其次,复杂多层次的委托代理关系使行政事业单位的公共活动过程更具有不可观测性,公众与行政事业单位之间信息严重不对称,要获得全部的信息成本极大且不现实,其获得的收益远小于搜集全部信息的成本。此外,以司法部门的反贪污腐败行动打击各类违法行为也不是一种长效手段,因为它是事后惩戒,且有些损失已经形成,无法挽回,最好还是防微杜渐,将贪污腐败扼杀在萌芽之前,而内部控制制度就为解决这一问题提供了有效的长效机制。对此,张庆龙、聂兴凯(2011)认为良好的制度设计规定了政府履行公共受托责任的规则,而政府部门内部控制在制度落实的过程中发挥重要作用,这是因为有效的内部控制降低了公共受托责任契约的不完备性,弱化了政府部门治理过程失效所引发的问题。

随着我国行政事业单位体制改革的深化,将不断要求行政事业单位行使公共权力更加公正、透明,而行政事业单位内部控制建设和实施则有助于行政事业单位真正履行公共受托责任。

二、行政事业单位内部控制建设的实践必要性

1. 内部控制建设是提高行政事业单位管理水平的必然要求

在当前形势下,行政事业单位迫切需要进一步提高管理水平。从行政事业单位内部来讲,虽然近些年来单位财务管理水平和经济活动的合规合法性总体上不断提升,但是我国行政事业单位在内部管理上仍然存在:内控意识相对薄弱;内控制度实用性差,缺乏可操作性;会计核算基础薄弱;岗位分工控制不到位,不合理兼岗现象较为普遍;财务与业务脱节,资产管理有缺陷;费用支出方面缺乏有效控制;预算控制相对弱化;监督考核机制不到位等突出的内部管理问题。随着社会主义市场经济的不断发展,行政事业单位职能的充分高效发挥面临着前所未有的挑战,加强内部控制建设也就显得尤为重要。

从行政事业单位外部来看,行政事业单位改革一直是我国政府体制改革的重点。自上世纪90年代开始,我国就开始进行行政事业单位改革,党的十八大提出:"行政体制改革是推动上层建筑适应经济基础的必然要求。要按照建立中国特色社会主义行政体制目标,深入推进政企分开、政资分开、政事分开、政社分开,建设职能科学、结构优化、廉洁高效、人民满意的服务型政府"的总体目标,围绕着这一目标,政府陆续推出一系列改革方案,如事业单位分类改革、行政事业单位会计改革等。相关法律法规也陆续出台,例如《中共中央关于全面深化改革若干重大问题的决定》《关于分类推进事业单位改革的指导意见》《党政机关厉行节约反对浪费条例》等等。无论是从单位内部治理,还是外部环境的角度,行政事业单位都需要进一步提高内部管理水平。

行政事业单位内部控制建设能够全面提高单位的内部管理水平。单位有效的内部控制是通过构建完善的组织架构、合理的岗位职责、建立执行监督制度,保证了单位能够认真履行职责、合理使用公共权力、更好地维护公众利益。同时,单位为履行其社会管理职能,在行使职权过程中需要针对拟解决的问题进行设计和抉择,即做出决策。有效的内部控制可以在单位决策执行过程中及时进行风险评估和信息反馈,发现、纠正决策执行中存在的问题,从而保证决策执行的可行性和科学性,提高单位的管理水平。因此,不管是从单位内部,还是单位外部,内部控制建设都是提高行政事业单位管理水平的必然要求。

2. 内部控制建设是加强廉政风险防控机制建设的必然要求

无数历史经验教训告诉我们,一个政党的灭亡很多时候不是来源于外部,而是来自内部。在行政事业单位中,许多干部违法违纪现象频发,屡禁不止。例如,有些领导干部利用资源配

置的权力贪污受贿；有些身处资产保管或采购岗位的干部监守自盗，造成大量国有资产流失；还有一些干部对资产闲置、资源浪费等不合理现象视而不见。这些现象不仅反映出干部的个人作风问题，也反映出某些行政事业单位制衡机制上的缺失，正是这种缺失为极个别违法违纪人员提供了便利，使他们的权力运行失去了监督，偏离了方向。

将清廉和贪腐寄予个人道德修养，本身是不可靠的。当今世界，凡政治相对清明的国家，无不是以完善的制度和严格的执法来维护社会的公平正义，推动社会的整体进步。趋利避害是人之本性，如果收益极大、成本很低，那么大多数人都会趋之若鹜；如果处罚很严、成本很高，那么大部分人都会远远避之。正如中共中央总书记习近平同志所说："腐败问题越演越烈，最终必然会亡党亡国"。为此，他进一步指出：要加强对权力运行的制约与监督，把权力关进制度的笼子中，形成不敢腐惩戒机制，不能腐防范机制，不易腐保障机制。有效的内部控制能够起到制度笼子的作用，通过对事务的事前、事中、事后全程控制，健全完善权力运用监督体系，加大贪污舞弊成本，约束自由裁量权，形成不能腐的防范机制和不易腐的保障机制，有效防范贪污腐败。

因此，内部控制建设是加强廉政风险防控机制建设的必然要求。实际上，内部控制在方向、思路、内容、方法上与中纪委积极推动的廉政风险防控机制建设是基本一致的。只不过，内部控制管的是事，而廉政风险防控管的是人，其思路都是从风险出发，且内部控制是从单位内部经济活动风险管控这一角度出发落实廉政风险防控的具体要求。

第三节 行政事业单位内部控制的主体和客体范围界定

一、行政事业单位内部控制的主体范围

行政事业单位内部控制的主体范围是行政单位和事业单位。其中，行政单位包括国家权力机关、各级行政机关、各级审判机关和检察机关、政党组织、享受国家预算拨款的人民团体、国家规定的其他单位或组织等。在事业单位分类改革完成之前，我国所有的事业单位都是内部控制的主体范围，已纳入企业财务管理体系的事业单位和事业单位附属独立核算的生产经营单位不再隶属内部控制主体范围，事业单位分类改革完成后，原则上事业单位内控主体范围仅包含公益性事业单位，即公益一类和公益二类事业单位。

二、行政事业单位内部控制的客体范围

目前，行政事业单位内部控制的客体范围主要是行政事业单位的经济活动。

我国行政事业单位类型众多，业务活动纷繁复杂。一般而言，行政事业单位的业务活动可以分为经济活动和非经济活动，比如单位发生的资金收支业务和政府采购业务涉及公共经济资源在单位内部的运转，属于单位自身的经济活动，而公安机关的维护交通安全和交通秩序活动，医疗机构的医疗活动等则是单位的专业业务活动，相对而言属于单位的非经济活动。

从理论上来说，内部控制的原理和方式可以适用于行政事业单位所有的业务活动，但是从实践角度来说，将内部控制的客体范围定义为单位的全部业务活动并不现实。一方面，从全球范围来看，即使是内部控制走在前列的美国，其政府内部控制的主线也并不是包括政府全部活动，而是财务报告的内部控制，着重于政府行为的合法合规和资产的安全完整；另一方面，从现阶段而言，从事内部控制工作的一般是财务人员，将内部控制的客体范围指定为单位的全部经

营活动可能会超出财务人员的职责范围。况且,过于宽泛的客体范围尽管可以囊括行政事业单位各类活动,但会使内部控制失去普遍适用性。

行政事业单位不仅是公共服务的提供者和社会事务的监管者,同时也是公共资源的使用者,所以不论何种类型的行政事业单位,其正常运转都离不开公共资金,都需要对其自身所掌握的公共资源进行配置和使用。因此,经济活动是行政事业单位所共有的业务活动。正是基于经济活动是行政事业单位所共有的业务活动的考虑,并且根据我国行政事业单位的实际情况,我们将内部控制的客体范围限定为行政事业单位的经济活动,具体来说就是以财政预算资金为核心的业务活动,主要包括预算业务、收支业务、政府采购、资产管理、建设项目、合同管理等六项业务。由于这些经济活动都与资金相关,并且行政事业单位的资金主要来源于国家财政,并且通过预算的形式加以管理,所以行政事业单位内部控制的客体范围可以概括为"以预算为主线,以资金为核心"的经济活动。

第四节 行政事业单位内部控制目标

行政事业单位内部控制目标,是指行政事业单位建设和实施内部控制所要达到的效果和目的。一般而言,行政事业单位内部控制的目标要和行政事业单位的总体目标一致,但是由于行政事业单位内部控制的控制客体是单位的经济活动,所以内部控制目标需要进一步细化,着重体现内部控制目标的经济属性。

单位内部控制目标主要包括:合理保证单位经济活动合法合规、单位资产安全和使用有效、财务信息真实完整,有效防范舞弊和预防腐败,提高公共服务的效率和效果,如图14-3所示。

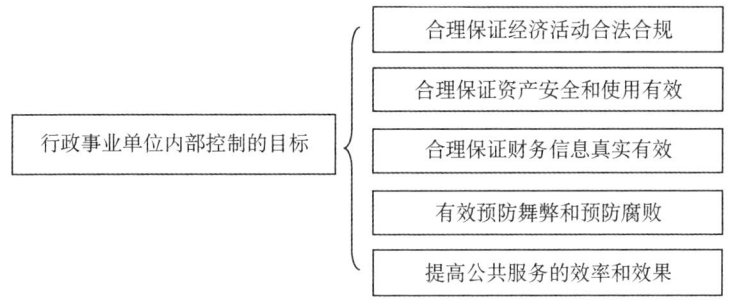

图14-3 行政事业单位内部控制的目标

一、合理保证单位经济活动合法合规

行政事业单位的经济活动必须在法律法规允许的范围内进行,严禁违法违规行为的发生,是行政事业单位内部控制最基本的目标,也是其他四个目标存在的前提和基础。行政事业单位受到的法律约束性较强,无论是外在职能还是内部权利的行使,单位都必须遵循相关法律法规,包括国家法律、行政法规和相关政策文件等,这些法律法规确定了行政事业单位最低的行为准则,行政事业单位必须将合法合规纳入到内部控制的目标之中。违反法律法规,不但影响行政事业单位的长远发展,还会影响其社会形象,进而影响行政事业单位的执行能力和社会公信力。因此,保证单位经济活动合法合规是行政事业单位内部控制最基本的目标。

行政事业单位应该通过制定、实施措施和执行程序，合理保证行政事业单位的经济活动在法律法规允许的范围内进行，符合有关预算管理、财政国库管理、资产管理、建设项目管理、会计管理等方面的法律法规和相关规定，避免违法违规行为的发生。

二、合理保证单位资产安全和使用有效

资产是行政事业单位正常运转的物质基础和财力保障，资产不安全、使用效率低下都将对行政事业单位各项工作的正常开展产生不利影响。

从现实来看，行政事业单位的资产存在被挪用、贪污、盗窃、违规处置、重购轻管等突出问题，甚至有的单位还存在大量的账外资产。行政事业单位必须落实资产管理责任，加强资产的日常管理和定期清查盘点，合理保证资产安全完整。在合理保证资产安全的同时，行政事业单位还应确保资产得到有效使用。目前，资产配置不合理、资产损失浪费、使用效率低下也是行政事业单位资产管理中的突出问题。行政事业单位有必要加强内部控制，将资产管理与预算管理、政府采购管理等相结合，优化资源配置，充分发挥资产效能，提高财政资金使用效率。

三、合理保证单位财务信息真实完整

财务信息是对单位经济活动效率和效果的客观、综合的反映。行政事业单位的财务信息是一个广义的概念，既包括财务报告，又包括预算草案、决算草案和预算执行情况报告，还包括以其他形式报告的与单位经济活动相关的、能以货币计量的信息。

按照国家规定编制和提供真实完整的财务信息是行政事业单位的法定义务，例如，《会计法》（主席令〔1999〕第 24 号）第二十一条规定："单位负责人应当保证财务会计报告真实、完整。"行政事业单位决算报表的编报口径应与单位预算衔接一致，反映单位的全部收支情况。《中华人民共和国预算法》（2014 年修正）第七十五条规定："编制决算草案，必须符合法律、行政法规，做到收支真实、数额准确、内容完整、报送及时。"此外，真实有效的财务信息可以为管理层提供可靠的决策依据。同时，在客观上财务信息也是一种有效的约束机制，有利于行政事业单位遵守财会相关法规，正确履行职责，提升内部管理水平。

随着经济活动日趋复杂，行政事业单位频繁出现单位领导授意编造虚假财务信息、财务制度滞后于外部环境的变化、行政事业单位会计人员的专业素质低下等普遍问题，行政事业单位应该通过适当的内部控制，加强会计核算和预算、决算管理，确保财务信息真实完整。

四、有效防范舞弊和预防腐败

防范舞弊和预防腐败是现阶段行政事业单位内部控制建设尤为重要的目标，其设定具有很强的现实针对性，是我国行政事业单位内部控制有别于企业内部控制规范和国外内部控制标准的一大特色。

我国行政事业单位本身掌控着大量的国家公共资源，在分配资金资源过程中，各个单位应廉洁奉公，按照公开和公正的原则，通过程序化的办公业务流程，达到资源的优化合理配置。但是，由于部分行政事业单位依然存在管理制度不完善、实际执行不到位、监督走过场等突出问题，造成舞弊和贪污腐败行为时有发生，和社会资源的极大浪费与分配不均，这些情况不但降低了人民群众对党和政府的信任度，甚至会影响到党的执政地位稳固性。而内部控制制度是预防腐败制度的重要组成部分，它的基本原则是制衡原则，有利于进一步完善决策权、执行权和监督权三权分离的机制，并建立由事先防范、事中监督和事后惩治相结合的反腐倡廉机制，发挥流程控制作用，有效地预防舞弊和腐败行为。

五、提高公共服务的效率和效果

行政事业单位不以盈利为目的，主要是履行为社会提供公益服务的职能，也就是说，无论是行政单位还是事业单位都肩负着实施法律法规、贯彻国家政策、提供公共服务的使命。为了保障单位公共服务职能的发挥，单位要对各公共服务所需资金和单位内部正常工作开展所需经费进行预算管理。通过加强单位内部控制，降低公共服务的成本，避免片面追求经济效益，忽视社会效益，从而不断地提高单位公共服务的能力和水平。因此，提供公共服务的效率和效果是行政事业单位业务活动的总体目标，也是行政事业单位内部控制的最高目标。

这一目标的实现是以前四个目标为基础的。建立和实施内部控制，加强对单位经济活动的风险防范与管控，有利于为行政事业单位有效履行职能夯实物质基础，实现单位提高公共服务的效率和效果的目标。

第五节　行政事业单位内部控制原则

行政事业单位内部控制原则是指行政事业单位在建立和实施内部控制过程中所必须遵循的基本要求。行政事业单位应当在内部控制原则的指导下，根据单位自身的实际情况，建立并实施内部控制。

行政事业单位内部控制原则具体包括全面性原则、重要性原则、制衡性原则、适应性原则，如图 14-4 所示。

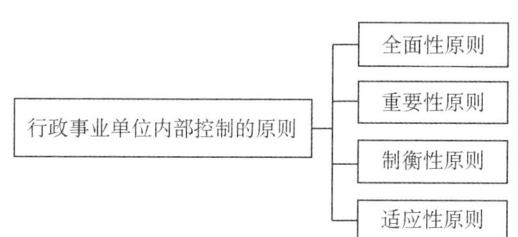

图 14-4　行政事业单位内部控制的原则

一、全面性原则

全面性原则是指内部控制应当贯穿单位经济活动的决策、执行和监督全过程，实现对经济活动的全面控制。

作为一个全方位的整体，行政事业单位内部控制应渗透到单位管理和服务活动整个过程。在人员层次上，行政事业单位内部控制应当涵盖行政事业单位各个层级的人员，包括所有相关工作人员和单位负责人；在范围上，应当覆盖单位及其所属单位的各种业务和事项，包括预算业务、收支业务、政府采购业务等；在流程上，应该渗透到决策、执行、监督（包括评价和反馈）等各个环节，避免内部控制出现空白和漏洞；在设计内容上，内部控制设计不能只关注会计控制的内容，还应兼顾宏观和微观层面，使之覆盖所有的风险控制点。此外，还要考虑各个控制要素、控制过程之间的相互联系，使各业务循环或者部门的子控制系统有机构成单位整体科学、合理的管理系统，保证单位日常活动在预定的轨道上进行。

二、重要性原则

重要性原则要求内部控制在兼顾全面性的基础上,重点关注单位的重要经济活动和经济活动的重大风险,确保单位内部控制不存在重大缺陷。

这一原则要求行政事业单位在进行内部控制时要突出重点,着力防范可能产生的重大风险。重视重要的交易、事项和风险领域,尤其注意防范业务处理过程中的主要风险点,并对关键岗位进行重点监控。主要风险点是指在业务处理过程中一旦出现漏洞或差错就会给单位带来重大损失的高风险领域,关键岗位是指单位经济活动中最容易发生舞弊和腐败的关键职位。在竞争日益激烈的现代社会,经济环境越来越复杂多变,行政事业单位应在兼顾全面的基础上突出重点。对主要风险点和关键岗位有针对性地采取严格的控制措施,确保内部控制的设计和运行不存在重大缺陷,能够将风险降低到可以接受的水平。

三、制衡性原则

相互制衡是建立和实施内部控制的核心理念。制衡性原则要求单位的岗位设置、权责分配、业务流程等方面形成相互制约、相互监督的机制设计。这种制衡可以从行政事业单位横向关系和纵向关系中体现出来,从横向关系来说,完成某个环节的工作需要有来自彼此独立的两个部门或人员协调运作、相互监督、相互制约、相互证明;从纵向关系来说,完成某个工作需要经过互不隶属的两个或两个以上的岗位和环节,以形成上级监督下级、下级牵制上级的监督制约机制。此外,履行内部控制监督检查职责的部门应当具有良好的独立性,任何人不得拥有凌驾于内部控制之上的特殊权力。

四、适应性原则

内部控制应当符合国家有关规定和单位的实际情况,并能够随着情况的变化及时调整。具体体现在,一是建立和实施内部控制要从与本单位的组织层级和业务层级相匹配、从单位实际情况出发,根据国家相关规定,比如预算业务管理、收支业务管理等方面的法律法规和有关规定,以及各单位"三定"规定,按照《行政事业单位内部控制规范(试行)》的要求建立和实施内部控制,即内部控制应当与单位性质、业务范围、经济活动的特点、风险水平以及所处的内外环境等相匹配,并且符合成本效益原则的要求;二是内部控制建设是一个不断完善的动态过程,外部环境的变化、单位经济活动的调整和管理要求的提高,内部控制制度随之得到修订和完善,随着当前的行政事业单位改革进一步深化,政府不断推出各项法律法规,对行政事业单位的各个方面提出了更加详细具体的要求,行政事业单位更应当根据新的变化和要求及时完善制度、改进措施和调整程序,不断完善内部控制体系。

第六节 行政事业单位内部控制方法

行政事业单位内部控制的方法是指单位为实现内部控制目标,针对内部控制的各个方面制定的控制措施和程序。健全的内部控制体系离不开有效的控制活动,设计和落实有效的控制活动一直是完善行政事业单位内部控制的重点,而这与行政事业单位内部控制的方法密切相关,只有采取了恰当的内部控制方法,才能有效保证内部控制活动顺利有效开展。

一般而言,行政事业单位内部控制的方法包括:不相容岗位相互分离、内部授权审批控制、归口管理、预算控制、财产保护控制、会计控制、单据控制和信息内部公开。

一、不相容岗位相互分离

岗位是组织要求个体完成的一项或多项责任以及为此赋予个体的权力的总和。不相容岗位是指从相互牵制的角度出发,不能由一人兼任的岗位。一般来说,不相容岗位相互分离包括:提出事项申请与审核审批该事项申请的岗位相分离、业务审核审批岗位与业务执行岗位相分离、业务执行岗位与信息记录岗位相分离、业务执行和审批岗位与内部监督岗位相分离等。

不相容岗位相互分离控制是内部控制体系中最基本的控制手段,集中体现了相互制衡的基本原则。不相容岗位相互分离的原理是相互牵制,其设计原理在于两个或者两个以上的人员无意识地犯同样错误的可能性很小,有意识地合伙舞弊的可能性也低于一人舞弊的可能性。

不相容岗位相互分离控制要求行政事业单位全面系统分析、梳理业务活动中所涉及的不相容职务,合理设置内部控制关键岗位,明确划分职责权限,实施相应的分离措施,从而形成相互监督、相互制衡的工作机制。

二、内部授权审批控制

内部授权审批控制是行政事业单位根据常规授权和特别授权的规定,明确单位内部各部门、下属单位、各岗位日常管理和业务办理的所授予权限范围、审批程序和相应责任。内部授权审批控制关系单位内部的资源配置和资产使用效益,是行政事业单位内部控制的重要方法。完善的内部授权审批制度将有助于明确岗位权力和责任,层层落实责任,层层把关,有助于单位最大限度地规避风险。

内部授权审批控制要求明确各岗位办理业务和事项的权限范围、审批程序和相关责任,建立重大事项集体决策和会签制度,相关工作人员应当在授权范围内行使职权、办理业务。

行政事业单位的任何授权都应以法律、行政法规和单位的规章制度为依据,并予以书面化,通知到经济活动业务流程中的相关工作人员。授权一经确定,相关工作人员应当在授权范围内行使职权、办理业务,对于审批人超越授权范围的审批业务,经办人有权拒绝办理,并向上级授权部门报告。对与单位经济活动相关的重大问题决策、重要干部任免、重要项目安排及大额资金使用,即"三重一大"业务,还应当通过集体决策和会签制度,合理保证决策科学性,确保任何人不得单独进行决策或擅自改变集体决策意见。

三、归口管理

归口管理是指行政事业单位按照管控事项的性质与管理要求,结合单位实际情况,在不相容岗位相互分离和内部授权审批控制的前提下,明确单位内部各个业务的归口管理责任单位的控制方法。

行政事业单位的有些经济活动分散在各个业务部门具体开展,如果没有统一的管理和监控,就容易导致经济资源流失的风险和财务信息失真的风险。还有一些经济活动涉及的内部部门较多,需要各部门协调完成,如果不进行统一管理,明确权力和相应的责任,一旦发生问题,各部门就可能互相推诿,影响经济活动的顺利开展。单位可以根据经济活动的业务性质,将同类的业务或事项由一个部门或者岗位进行统一管理,如收入归口管理、资产归口管理、合同归口管理等。

四、预算控制

预算是指单位根据工作目标和计划编制的年度财务收支计划,由收入预算和支出预算组成,反映了预算年度内单位的资金收支规模和资金使用方向,是单位财务工作的基本依据,为单位开展各项业务活动、实现工作目标提供财力支持。

预算控制要求单位要强化对经济活动的预算约束,使预算贯穿于经济活动的全过程。需要注意的是,预算控制不同于预算业务控制,预算业务控制是对预算业务的控制,包括预算编制、预算审批、预算执行等环节实施的有效控制,在该业务控制中可以选择不相容岗位相互分离等各种控制方法,而预算控制,本身是一种方法,在行政事业单位的经济活动中发挥着事前计划、事中控制、事后反馈的作用。所以对收支业务、政府采购、建设项目等各项经济活动,都需要强化预算约束,以规范和制约行政事业单位的经济行为。

五、财产保护控制

财产保护控制是指行政事业单位在资产购置、配置、使用和处置过程中对资产予以保护,以确保资产安全和使用有效。

单位应该根据相关法律法规和本单位实际情况对资产进行分类管理,建立健全资产日常管理制度、定期清查机制、资产控制制度和岗位责任制,强化检查和绩效考评,采取资产购置、资产登记、实物保管、定期盘点、账实核对、处置报批等措施,确保单位资产安全和使用有效。

六、会计控制

会计控制是指利用记账、对账、岗位职责落实和职责分离、档案管理等会计控制方法,确保单位会计信息真实、准确、完整。该控制方法是实现合理保证信息真实完整这一内部控制目标的重要方法,为行政事业单位预算管理和财务管理工作提供基础保障。

行政事业单位加强会计控制主要包括:建立健全本单位财会管理制度;加强会计机构建设,配备具有相应资格和能力的会计人员,从事会计工作的人员必须取得会计从业资格证书;合理设置会计岗位,确保各岗位权责明确,不相容岗位相互分离,强化会计人员岗位责任制;着力提高单位会计人员职业道德、业务水平,确保会计人员正确行使责权;规范会计基础工作,加强会计档案的管理,明确会计凭证、会计账簿和财务会计报告处理程序,确保会计基础管理、会计核算和财务会计报告编报有章可循,有据可依等。

七、单据控制

单据控制是指对单位经济活动中外部来源的报销凭证和单位内部形成的表单予以控制的方法,该方法是根据我国行政事业单位的实际情况提出的创新性的控制方法。

单据控制从种类上或来源上可分为表单控制和票据控制。其中,表单通常是指行政事业单位开展经济活动所形成的内部凭证;票据通常是指行政事业单位开展经济活动过程中在报销环节使用的外部凭证,用以证实业务活动的真实性及具体发生金额。

行政事业单位加强单据控制主要包括单据制度化和使用、管理单据规范化两个方面。单据制度化指行政事业单位应当根据国家有关规定和单位的经济活动业务流程,在内部管理制度中明确各项经济活动所涉及的表单和票据;使用和管理单据规范化指相关工作人员必须按照规定使用和管理表单和票据,具体包括填制、审核、归档、保管单据的全环节和全过程,避免单据使用不当、管理不善等情形的发生。

八、信息内部公开

信息内部公开是指对某些与经济活动相关的信息，在单位内部的一定范围内，按照既定的方法和程序进行公开，从而达到加强内部监督，促进部门间沟通协调以及督促相关部门自觉提升工作效率的有效方法。"阳光是最好的防腐剂"，公开透明是监督的最好方式。因此，信息公开也是一种内部控制的方法。

行政事业单位应当建立健全经济活动相关信息内部公开制度。根据国家有关规定和单位的实际情况，明确信息内部公开的内容、范围、方式和程序。行政事业单位还可以在搭建信息公开平台、建立健全工作机制、规范信息公开流程、深化信息公开内容、完善信息公开基础等方面进行努力，建立信息公开责任机制，完善信息公开制度，规范和细化信息公开内容，拓宽信息公开渠道，创新信息公开方式，扩大信息公开覆盖面。以信息化为平台，及时收集各方的反馈意见，构筑行政事业单位与其工作人员的互动机制。此外，行政事业单位要进一步提高信息公开的主动性、自觉性和规范性，使信息公开工作做到主体明确、程序规范、方式灵活、反馈顺畅、回应及时。

【复习思考题】

1. 行政事业单位内部控制的内涵是什么？
2. 行政事业单位内部控制的要素有哪些？
3. 阐述行政事业单位内部控制建设的必要性。
4. 行政事业单位内部控制的主体范围和客体范围分别是什么？
5. 行政事业单位内部控制的目标是什么？
6. 行政事业单位内部控制的原则有哪些？
7. 行政事业单位内部控制的方法有哪些？

第十五章
行政事业单位内部控制建设及报告

【教学目标】

知识目标:
1. 理解并掌握行政事业单位整体层面内部控制要点。
2. 理解并掌握行政事业单位具体业务主要风险及关键控制措施。
3. 了解行政事业单位公共事务活动风险管理。
4. 熟悉行政事业单位内部控制评价与监督的相关规范。
5. 了解行政事业单位内部控制报告的编制原则与编报要求。

能力目标:
1. 具备识别、评估和分析行政事业单位内部控制风险的能力。
2. 能够运用所学知识,对行政事业单位进行整体层面、业务单位层面的内部控制。

素养目标:
1. 引导学生关注行政事业单位内部控制的合规性和有效性,树立风险意识和法律意识。
2. 培养学生的问题意识和解决问题的能力,使他们能够在实际工作中发现问题、分析问题并解决问题。

【导入案例】

二维码15-1　国家铁道部"天价宣传片"案;宣传处长吃回扣40万

第一节　行政事业单位整体层面的内部控制

单位整体层面的内部控制是存在于单位整体范围内,对内部控制目标的实现能够产生深远影响,对业务层面的控制及其他控制的有效实施能够产生普遍影响的控制领域。单位整体层面的控制为业务层面的控制提供环境基础,应从以下几方面进行。

一、建立内部控制的组织架构

单位应根据自身业务性质、业务范围、管理架构,按照决策、执行、监督相互分离、相互制衡的要求,科学设置内设机构、管理层级、岗位职责权限、权力运行规则,切实做到分事行权、分岗设权、分级授权,并定期轮岗。分事行权要求对经济活动的决策、执行、监督,必须明确分工、相互分离,防止职责混淆、权限交叉;分岗设权要求对涉及经济活动的相关岗位,必须依职定岗、分岗定权、权责明确,防止岗位职责不清;分级授权要求对各管理层级和各工作岗位,必须依法依规分别授权,明确授权范围、授权对象、授权期限、授权与行权责任、一般授权与特殊授权界限,防止授权不当、越权办事。

单位应单独设置内部控制职能部门或牵头部门,负责组织协调内部控制工作。同时建立起财会、基本建设、政府采购、资产管理、合同管理等部门或岗位间的沟通协调机制,积极发挥相关部门或岗位在内部控制中的作用,重视单位内部审计、纪检监察部门在内部监督中的作用。

二、科学设置内部控制关键岗位

单位应科学设置内部控制关键岗位,可以在现有编制内按内部控制要求设计工作机制,做到过程分离、岗位分离和不相容岗位分离。不相容岗位至少应包括:经济活动的决策、执行与监督,业务的申请与审核审批、审核审批与业务执行、业务执行与信息记录等岗位。

单位应将专业胜任能力和职业道德修养作为选拔与任用员工的重要标准,以书面形式(岗位责任书或其他相关文件)规定内部控制关键岗位的专业胜任能力和职业道德要求,明确岗位职责、岗位权力以及与其他岗位或外界的关系,并将上述书面要求落实到岗位设置和人员配置中。关键岗位工作人员必须具备相应的资格和能力,同时单位应加强关键岗位工作人员业务培训和道德教育,不断提升员工的业务水平和综合素质。

对重点领域的关键岗位,单位应通过明确轮岗范围、轮岗条件、轮岗周期、交接流程、责任追溯等要求,建立干部交流和定期轮岗制度,不具备轮岗条件的单位应采用专项审计等替代控制措施。对轮岗后发现原工作岗位存在失职或违法违纪行为的,单位应按国家有关规定追责。重点业务领域的关键岗位主要包括预算业务、收支业务、政府采购、资产管理、建设项目、合同管理及内部监督等领域的关键岗位。

三、建立健全议事决策机制

单位应建立健全集体研究、专家论证和技术咨询相结合的议事决策机制。单位领导班子集体决策应坚持民主集中制原则;对于业务复杂、专业性强的经济活动,特别是基本建设项目和政府采购业务,应充分听取专家意见,必要时可以组织技术咨询。

单位应建立健全议事决策制度,包括确定议事成员构成、决策事项范围、投票表决规则、决策纪要撰写、流转和保存以及对决策事项的贯彻落实和监督程序等;特别应明确实行单位领导班子集体决策的"三重一大"事项范围,一般包括重要政策制定、重要人事任免、大额资金使用、大宗资产采购、基本建设项目、重大业务外包、重要资产处置、信息化建设以及预算调整等。"三重一大"事项的认定标准应根据有关规定和本单位实际情况确定,并且一经确定,不得随意变更。"三重一大"事项的内部决策,应形成书面决策纪要,如实反映议事过程及每位议事成员的意见,要求议事成员进行核实、签字,并将决策纪要及时归档保存。

单位应注重决策的具体实施,对决策执行的效率和效果进行跟踪评价,避免决策执行流于形式,失去权威性。

四、加强内部审计,强化内部监督机制

内部监督是确保内部控制有效性的关键要素,内部审计是实施内部监督的重要主体。单

位应加强内部审计工作,保证内部审计机构设置、人员配备和工作的独立性。内部审计机构对监督检查中发现的内部控制缺陷,应按单位内部审计工作程序进行报告;对监督检查中发现的内部控制重大缺陷,有权直接向有关部门报告。

在内部控制建设中,内部审计机构按本单位主要负责人或权力机构的要求,具有如下主要职责:

(1) 对本单位及所属单位财政资金收支、财务收支及其有关的经济活动进行审计。
(2) 对本单位及所属单位预算内、预算外资金的管理和使用情况进行审计。
(3) 对本单位内设机构及所属单位领导人员的任期经济责任进行审计。
(4) 对本单位及所属单位固定资产投资项目进行审计。
(5) 对本单位及所属单位内部控制的健全性和有效性以及风险管理进行评审。
(6) 对本单位及所属单位经济管理和效益情况进行审计。
(7) 相关法规和本单位主要负责人或权力机构要求办理的其他审计事项。

五、依法建立会计机构,配备合格会计人员

单位应依法建立会计机构,配备具有相应资格和能力的会计人员,并保障财会部门的人员编制,以便能够实施必要的不相容岗位相互分离。财会部门关键岗位应实施定期轮岗制度或采取替代控制措施,以防止财务舞弊发生。

单位应加强会计基础工作管理,根据国家相关法规并结合单位实际情况制定和完善各项财务管理制度,如制定经费支出标准、差旅费报销管理办法、会议费报销管理办法、库存现金管理办法、采购管理办法等内部管理制度。单位应根据实际发生的业务和事项按国家统一会计制度的规定及时进行账务处理、编制财务报告,并确保财务信息真实、完整。财会部门与其他业务部门之间应建立沟通协调机制,加强信息沟通,定期开展信息核对工作,实现重要经济活动信息共享。

六、运用现代信息技术加强内部控制

单位应积极推进信息化建设,对信息系统建设实施归口管理,在日常办公、财务管理、资产管理等领域实施信息化。单位在信息化建设的过程中,应将经济活动及其内部控制流程和措施嵌入信息系统中,减少或消除人为操纵的因素,保证信息系统安全、可靠、可恢复、可审计。

第二节 行政事业单位业务层面的内部控制

行政事业单位的业务活动主要有预算业务、收支业务、政府采购业务、资产业务、建设项目和合同管理等。单位实施业务层面内部控制的思路是:一是明确该项业务活动的内部控制目标;二是分析该项业务活动面临的总体风险;三是设计业务流程;四是识别和分析业务流程各环节、各步骤的风险点;五是针对风险点,设置控制点,针对主要风险点设置关键控制点;六是在控制点和关键控制点采取控制措施,实施控制活动;七是定期评价该项业务内部控制的有效性,持续优化和改进其内部控制。

一、预算业务控制

单位应建立健全预算编制、审批、执行、决算与评价等预算内部管理制度,合理设置岗位,

明确相关部门和岗位的职责权限,确保预算编制、审批、执行、决算与评价等不相容岗位相互分离。

(一)预算编制环节控制

1. 预算编制环节的主要风险

(1)以财会部门为主,业务部门参与度较低,可能导致预算编制不合理。

(2)预算编制范围和项目不细、编制粗糙,随意性大,可能导致预算约束不够。

(3)预算编制依据的相关信息不足,可能导致预算目标与单位实际情况脱节。

(4)预算编制基础数据不充分,导致预算准确率不高。

(5)预算目标及指标体系设置不完整、不科学。

(6)预算编制程序不规范、方法选择不当、信息沟通不顺畅等,导致预算编制缺乏科学性。

2. 预算编制环节的关键控制措施

(1)采取有效措施确保预算编制的合规性。单位财会部门应正确把握预算管理相关政策,做好相关人员的培训工作,统一部署预算编制工作,确保预算编制相关人员及时、全面地掌握相关规定,从而使预算编制符合要求。

(2)建立单位内部各部门之间的沟通协调机制。建立内部预算编制、预算执行、资产管理、基础建设管理、人事管理等部门或岗位的沟通协调机制,提高业务部门预算参与度,充分掌握预算编制的相关信息,根据业务需要和财力编制预算,保证预算编制的准确性和科学性。

(3)完善编制方法,细化预算编制,保证预算编制的科学性。编制预算应改变传统的"基数+增长"的方法,在对当年预算执行情况进行评价的基础上,根据单位实际情况制订下一年度工作计划,在全面分析基础数据的基础上,对各项收支的规模与结构进行预计和测算,细化预算编制。重大预算项目采取立项评审方式,对预算项目的可行性、绩效等方面进行综合立项评审。

(4)强化相关部门的审核责任。单位内部各业务部门提交的预算建议数及基础申报数据应经过归口管理部门和财会部门的审核。归口管理部门应根据业务计划对基础申报数据的合理性进行审核;财会部门主要对预算建议数进行合规性审核,重点关注业务部门对预算建议数的测算是否符合规定的标准,预算安排是否符合国家的政策要求等。

(二)预算审批与执行环节控制

1. 预算审批与执行环节的主要风险

(1)预算指标分解不合理,可能导致内部各部门财力与事权不匹配,影响部门职责的履行和资金使用的效率。

(2)缺乏严格的预算执行授权审批制度,可能导致预算执行随意。

(3)预算审批权限及程序混乱,导致越权审批,使预算执行缺乏严肃性。

(4)预算执行过程缺乏有效监控,导致预算执行不力,预算目标难以实现。

(5)缺乏健全有效的预算反馈和报告体系,导致预算情况不能及时反馈和沟通。

2. 预算审批与执行环节的关键控制措施

(1)合理进行预算指标分解和预算审批。单位财会部门收到财政部门(或上级部门)的年度预算批复后,应在本单位年度预算总额范围内,及时细化分解本年度内部预算指标。内部预算指标分解应按各部门(及各下属单位)业务计划对预算资金进行分配,对各项业务的预算金额、标准和具体支出方向进行限定。进行预算审批时,单位财会部门应结合实际预留机动财力。对于在预算审批时尚无法确定具体内容的业务,单位财会部门可先审批该类业务的预算总额,在预算执行过程中履行执行申请与审批管理。由上级单位统筹管理的预算,可一次性或分次分批下达预算指标,以保留适当的灵活性,避免频繁的预算调整。

(2) 强化执行申请和支付控制。预算执行一般包括直接执行、政府采购执行、依申请执行三种方式,除政府采购外,对于支出金额较大、非经常性业务,单位应先进行预算执行申请。业务部门根据已批复的预算指标提出申请,不得超出可用指标额度,必须将指标额度、支出事项和执行申请一一对应,符合指标批复时的业务范围及经费支出管理办法和细则的相关规定。在资金支付环节,业务部门借款申请或报销申请按规定的审批权限和程序审批完成后,由审核岗对凭证、票据等审核无误后,出纳岗方可依据审批完成的借款申请或报销申请的资金来源和账户类型,办理具体的资金支付。

(3) 建立预算执行追踪问责机制。单位应建立预算执行分析机制,采取季报、实地检查、重点项目跟踪等形式,加强对部门或单位预算资金使用情况的跟踪与检查,定期通报预算执行情况,总结预算执行中出现的问题,及时采取应对措施,提高预算执行的效率。

(三) 预算决算与评价环节控制

1. 预算决算与评价环节的主要风险

(1) 未按规定编报决算报表,不重视决算分析工作,决算分析结果未得到有效运用,单位决算与预算相互脱节,可能导致预算管理效率低下。

(2) 预算考核不严格、不合理、不到位,可能导致预算目标难以实现,预算管理流于形式。

(3) 未按规定开展预算绩效管理,评价结果未得到有效应用,可能导致预算管理缺乏监督。

2. 预算决算与评价环节的关键控制措施

(1) 强化决算管理。单位应加强决算管理,确保决算真实、完整、准确、及时;加强决算分析工作,强化决算分析结果运用;建立健全单位预算与决算相互反映、相互促进的机制。

(2) 提高绩效管理水平。单位应加强预算绩效管理,建立"预算编制有目标、预算执行有监控、预算完成有评价、评价结果有反馈、反馈结果有应用"的全过程预算绩效管理机制。

二、收支业务控制

(一) 收入业务控制

1. 收入业务的主要风险

(1) 各项收入征收标准和项目超出法定范围,存在收费不规范或乱收费现象。

(2) 收入缺乏统一的管理和监控机制,可能导致贪污舞弊。

(3) 违反"收支两条线"管理规定,对应缴财政收入进行截留、挪用甚至私分,或者各项收入不入账或设立账外账,可能导致私设"小金库"情况出现。

(4) 业务部门和财会部门沟通不够,单位没有掌握所有收入项目的金额和时限,造成应收未收,可能导致单位利益受损。

(5) 对各类票据、印章的管控不善,可能导致票据丢失,相关人员发生错误或舞弊。

2. 收入业务的关键控制措施

(1) 建立健全收入内部管理制度,合理设置岗位,明确相关岗位的职责权限,确保收款、会计核算等不相容岗位相互分离。

(2) 各项收入应由财会部门归口管理并进行会计核算,严禁设立账外账。业务部门应在涉及收入的合同或协议签订后,及时将合同副本等材料提交财会部门,作为账务处理依据,确保各项收入应收尽收,及时入账。财会部门应定期检查收入金额是否与合同约定相符;对应收未收项目应查明情况,明确责任主体,落实催收责任。

(3) 严格执行"收支两条线"管理规定。有政府非税收入收缴职能的单位,应按规定项目和标准征收政府非税收入,按规定开具财政票据,做到收缴分离、票款一致,并及时、足额上缴国库或财政专户,不得以任何形式截留、挪用或私分。

(4) 建立健全票据管理制度。财政票据、发票等各类票据的申领、启用、核销、销毁均应履行规定手续。单位应按规定设置票据专管员,建立票据台账,做好票据的保管和序时登记工作。票据应按顺序号使用,不得拆本使用,同时应做好废旧票据管理工作。负责保管票据的人员要配置单独的保险柜等保管设备,并做到人走柜锁。单位不得违反规定转让、出借、代开、买卖财政票据、发票等,不得擅自扩大票据适用范围。

(二) 支出业务控制

1. 支出业务的主要风险

(1) 支出申请、支出范围及标准不符合相关规定和要求,基本支出与项目支出之间相互挤占,可能导致单位预算失控或经费控制目标难以实现。

(2) 支出未按规定审批,重大支出未经领导班子集体决策,可能导致错误或舞弊。

(3) 支出不符合国库集中支付、政府采购、公务卡结算等相关规定,可能导致支出业务违法违规。

(4) 票据报销凭证虚假、不规范或不合理,可能发生以虚假发票套取资金等违法违规行为。

(5) 对各项支出缺乏定期分析与监控,重大问题缺乏应对措施,可能导致单位支出失控。

2. 支出业务的关键控制措施

(1) 建立健全支出内部管理制度,确定单位经济活动的各项支出标准,明确支出事项的开支范围,明确支出报销流程,按规定办理支出事项。

(2) 合理设置岗位,明确相关岗位的职责权限,确保支出申请和内部审批、付款审批和付款执行、业务经办和会计核算等不相容岗位相互分离。

(3) 按支出业务类型,明确内部审批、审核、支付、核算和归档等关键岗位的职责权限。对于实行国库集中支付的,严格按财政国库管理有关规定执行。

(4) 加强支付控制。明确报销业务流程,按规定办理资金支付手续。签发的支付凭证应进行登记。对于使用公务卡结算的,按公务卡使用和管理的有关规定办理业务。

(5) 加强支出的核算和归档控制。与支出业务相关的原始材料应提交财会部门作为账务处理的依据,由财会部门相关人员根据支出凭证及时、准确地登记账簿。

(6) 加强支出业务分析控制。单位应定期编制支出业务预算执行情况分析报告,为单位领导决策提供有用的信息,以便及时发现问题并积极采取有效的应对措施。

(三) 债务业务控制

1. 债务业务的主要风险

(1) 未经充分论证或集体决策举借大额债务,可能导致不能按期还本付息、单位利益受损。

(2) 缺乏严格的债务管理制度,债务管理权限不清,可能导致单位陷入债务危机。

(3) 债务未按规定纳入会计核算系统,形成账外债务,可能导致单位财务风险。

(4) 债务对账和检查不严,长期未进行账务核对,未对债务进行清理,可能导致账实不符。

2. 债务业务的关键控制措施

(1) 实行不相容岗位分离控制。根据国家规定可举借债务的单位应建立健全债务管理制度,明确债务管理岗位的职责权限、确保债务管理与资金收付、债务管理与会计核算、债务核算与资金收付等不相容岗位相互分离。不得由一人办理债务业务的全过程。

(2) 对债务实施授权审批控制。单位应建立举借和偿还债务的审批程序。大额债务的举借和偿还属于重大经济事项,应进行充分论证,并由单位领导班子集体研究决定。

(3) 加强对债务的会计控制。单位应加强债务的对账和检查控制,定期与债权人对账,做好债务的会计核算和档案保管工作。

三、政府采购业务控制

单位应建立健全政府采购预算与计划管理、政府采购活动管理、验收管理等政府采购管理制度,明确相关部门和岗位的职责权限,确保政府采购需求制定与内部审批、招标文件准备与复核、合同签订与验收、验收与保管等不相容岗位相互分离。

(一) 政府采购业务的主要风险

(1) 政府采购、资产管理和预算编制等部门或岗位间缺乏沟通协调,没有编制政府采购预算和计划,或者政府采购预算和计划编制不符合相关标准与单位实际情况,或未按已批复的预算安排政府采购计划,可能导致采购失败或资金、资产浪费。

(2) 政府采购活动不规范。未按规定选择政府采购方式、发布政府采购信息,对政府采购进口产品、变更政府采购方式等事项审批手续不严,可能导致单位被提起诉讼或受到处罚、采购的产品质次价高、单位资金受损。

(3) 政府采购项目验收不规范,可能导致所购物品的品种、规格、数量、质量等与采购合同约定有差异,单位利益受损。

(4) 政府采购业务质疑投诉答复工作不到位,可能导致政府采购业务质疑投诉不能妥善解决,单位形象受损。

(5) 政府采购业务的记录控制不严格,采购业务相关资料保管不善,可能导致政府采购业务混乱、责任不清。

(6) 相关供应商或采购中介机构泄露涉密政府采购项目,可能导致单位利益受损。

(二) 政府采购业务的关键控制措施

(1) 加强对政府采购业务预算与计划的管理。根据单位实际需求和相关标准编制政府采购预算,按已批复的预算安排政府采购计划。

(2) 实施归口管理,加强对政府采购活动的管理,建立政府采购、资产管理、财会、内部审计、纪检监察等部门或岗位相互协调、相互制约的机制。

(3) 加强对政府采购申请的内部审核,按规定选择政府采购方式、发布政府采购信息。对政府采购进口产品、变更政府采购方式等事项应加强内部审核,严格履行审批手续。

(4) 加强对政府采购项目验收的管理。根据规定的验收制度和政府采购文件,由指定部门或专人对所购物品的品种、规格、数量、质量和其他相关内容进行验收,并出具验收证明。

(5) 加强对政府采购业务质疑投诉答复的管理。指定牵头部门负责、相关部门参加,按国家有关规定做好政府采购业务质疑投诉答复工作。

(6) 加强对政府采购业务的记录控制。妥善保管政府采购预算与计划,各类批复文件、招标文件、投标文件、评标文件、合同文本、验收证明等相关资料。定期对政府采购业务进行分类统计,并在内部进行通报。

(7) 加强对涉密政府采购项目的安全保密管理,与相关供应商或采购中介机构签订保密协议或在合同中设定保密条款。

四、资产业务控制

单位应对资产实行分类管理,建立健全资产管理制度,合理设置岗位,明确相关部门和岗位的职责权限,确保资产安全和有效使用。

(一)货币资金控制

1. 货币资金业务的主要风险

(1)岗位设置不合理,不相容岗位没有分离,可能出现差错和舞弊。

(2)货币资金支付相关签字或盖章手续不严格,可能导致货币资金被非法套取或挪用。

(3)货币资金核查不严格,日常核对工作不到位,账实不符和银行存款未达账项处理不及时,可能导致货币资金被贪污或挪用。

(4)未按规定的审批权限和程序开立、变更和撤销银行账户,可能导致单位违规或利益受损。

2. 货币资金业务的关键控制措施

(1)建立健全货币资金管理岗位责任制,合理设置岗位,不得由一人办理货币资金业务的全过程,确保不相容岗位相互分离。出纳不得兼管稽核、会计档案保管以及收入、支出、债权、债务账目的登记工作。

(2)严禁一人保管收付款项所需的全部印章。财务专用章应由专人保管,个人名章应由本人或其授权人员保管。负责保管印章的人员要配备单独的保管设备,并做到人走柜锁。

(3)按规定应由有关负责人签字或盖章的,应严格履行签字或盖章手续。

(4)加强授权审批控制,审批人应在授权范围内审批,不得越权审批。大额资金支付审批应实行集体决策。经办人应在职责范围内,按审批人的批准意见办理货币资金业务。对于审批人越权审批的货币资金业务,经办人有权拒绝办理。

(5)加强对银行账户的管理,严格按规定的审批权限与程序开立、变更和撤销银行账户。

(6)加强货币资金的核查控制,指定不办理货币资金业务的会计人员定期和不定期地抽查盘点库存现金,核对银行存款余额,抽查银行对账单、银行日记账及银行存款余调节表,核对是否账实相符、账账相符。对调节不符、可能存在重大问题的未达账项应及时查明原因,按相关规定处理。

(二)实物资产和无形资产控制

1. 实物资产和无形资产的主要风险

(1)资产管理职责划分不清,未对资产实施归口管理,可能导致资产毁损、流失或被盗。

(2)资产管理混乱,领用和发出未严格履行手续,没有建立资产台账和资产清查制度,可能导致资产流失、资产信息可靠性下降、账实不符等。

(3)未按国有资产管理相关规定办理资产的调剂、租借、对外投资、处置等业务,可能导致资产配备超标、资源浪费、资产流失、投资遭受损失等。

(4)资产疏于维护或长期闲置,可能导致资产使用年限缩短、使用效率低下。

(5)对应投保的资产不办理投保,导致不能有效防范资产损失。

2. 实物资产和无形资产的关键控制措施

(1)对资产实施归口管理。明确资产使用和保管责任人,落实资产使用人的管理责任。对于贵重资产、危险资产、有保密等特殊要求的资产,单位应指定专人保管、专人使用,并规定严格的接触限制条件和审批程序。

(2) 按国有资产管理相关规定,明确资产的调剂、租借、对外投资、处置的程序、审批权限和责任。

(3) 建立资产台账,加强实物管理。单位应定期清查盘点资产,确保账实相符。财会、资产管理、资产使用等部门或岗位应定期对账;发现不符的,应及时查明原因,并按相关规定处理。

(4) 建立资产信息管理系统,做好资产的统计、报告、分析工作,实现对资产的动态管理。

(三) 对外投资控制

1. 对外投资的主要风险

(1) 投资可行性研究缺失或不充分,盲目投资,可能导致资产损失。

(2) 对外投资决策程序不当,重大投资未经集体决策,或超过单位资金实力进行投资,可能导致投资失败和财务风险。

(3) 对投资项目的追踪管理不到位,可能导致对外投资被侵吞或严重亏损。

2. 对外投资的关键控制措施

(1) 合理设置岗位,明确相关岗位的职责权限,确保对外投资的可行性研究与评估、对外投资决策与执行、对外投资处置的审批与执行等不相容岗位相互分离。

(2) 加强投资决策控制,由单位领导班子集体研究决定。

(3) 加强对投资项目的追踪管理,及时、全面、准确地记录投资价值变动和收益情况。

(4) 建立责任追究制度,对重大投资决策失误、未履行集体决策程序和不按规定执行对外投资业务的部门及人员,应追究相应的责任。

五、建设项目控制

单位应建立健全建设项目管理制度,合理设置岗位,明确相关部门和岗位的职责权限,确保不相容岗位相互分离。

(一) 建设项目的主要风险

(1) 项目可行性研究不充分、审批不规范,可能导致建设项目难以实现预期目标或项目失败。

(2) 建设项目违规或超标,可能造成财政资金浪费。

(3) 项目设计方案不合理,概预算脱离实际,技术方案未能有效落实,可能导致建设项目质量存在隐患、投资失控以及项目建成后运行成本过高等问题。

(4) 招投标过程中的各种舞弊行为,可能导致招标工作违法违规、中标人实际难以胜任。

(5) 项目变更审核不严格、变更频繁,可能导致预算超支、投资失控、工期延误等问题。

(6) 建设项目价款结算管理不严格,价款结算不及时,项目资金不落实,使用管理混乱,可能导致工程进度延迟或中断、资金损失等。

(7) 竣工验收把关不严,可能导致工程交付使用后存在重大隐患。

(8) 虚报项目投资完成额、虚列建设成本或隐匿结余资金,未经竣工财务决算审计,可能导致竣工决算失真等。

(9) 建设项目未及时办理资产及档案移交、资产未及时入账,可能导致产生账外资产等。

(二) 建设项目的关键控制措施

(1) 建立与建设项目相关的议事决策机制。严禁任何个人单独决策或擅自改变集体决策意见。决策过程及各方面意见应形成书面文件，与相关资料一同妥善归档保管。

（2）建立与建设项目相关的审核机制。项目建议书、可行性研究报告、概预算、竣工决算报告等应由单位内部的规划、技术、财会、法律等部门相关工作人员或委托具有资质的中介机构进行审核，出具评审意见。

（3）严格招标控制。依据国家有关规定组织建设项目招标工作，并接受有关部门的监督。单位应采取签订保密协议、限制接触等必要措施，确保标底编制、评标等工作在严格保密的情况下进行。保证招标活动的公平、公正、合法、合规。

（4）严格把关建设项目资金使用，合理办理价款支付审核和结算手续，建设项目资金实行专款专用，严禁截留、挪用和超批复内容使用资金。财会部门应加强与承建单位的沟通，掌握建设进度，加强价款支付审核，按规定办理价款结算。实行国库集中支付的建设项目，单位应按财政国库管理制度相关规定支付资金。

（5）加强对建设项目档案的管理。做好相关文件、材料的收集、整理、归档和保管工作。

（6）严格建设项目变更审批程序。经批准的投资概算是工程投资的最高限额，如有调整，则应按国家有关规定报经批准。单位建设项目工程洽商和设计变更应按有关规定履行审批程序。

（7）加强竣工决算控制。建设项目竣工后，单位应及时办理竣工决算，组织竣工决算审计，并根据批复的竣工决算与有关规定办理建设项目档案和资产移交等工作。建设项目已实际投入使用但未办理竣工决算的，单位应根据建设项目实际投资暂估入账，转作相关资产管理。

六、合同管理控制

单位应建立健全合同管理制度，合理设置岗位，明确合同的授权审批和签署权限，妥善保管和使用合同专用章，严禁未经授权擅自以单位名义对外签订合同，严禁违规签订担保、投资和借贷合同。单位应对合同实施归口管理，建立财会部门与合同归口管理部门的沟通协调机制，实现合同管理与预算管理、收支管理的有机结合。

（一）合同管理的主要风险

（1）合同订立的范围和条件不明确，违规签订担保、投资和借贷合同，可能导致单位经济利益受损。

（2）为规避国家有关规定，将需要招标或高级别领导审批的重大合同进行拆分，导致经济活动违法违规。

（3）对合同对方的资格审查不严格，对方当事人不具有相应的能力和资质，可能导致合同无效或单位经济利益受损。

（4）对技术性强或法律关系复杂的合同，未组织熟悉技术、法律和财会知识的人员参与谈判，对合同条款、格式审核不严格，可能使单位面临诉讼或经济利益受损。

（5）合同的授权审批和签署权限不清晰，违规使用合同专用章，未经授权擅自以单位名义对外签订合同。

（6）合同生效后，对合同条款未明确约定事项没有及时协议补充，可能导致合同无法正常履行。

（7）未按合同约定履行合同，可能导致面临诉讼或单位经济利益受损。

（8）对合同履行缺乏有效监控，未能及时发现问题或采取有效措施弥补损失，可能导致单位经济利益受损。

(9) 未按规定程序办理合同变更、解除等手续,可能导致单位经济利益受损。

(10) 合同及相关资料的登记、流转和保管不善,可能导致相关资料丢失,影响合同正常履行或产生合同纠纷。

(11) 合同涉及的国家秘密或商业秘密被泄露,可能导致国家或单位利益受损。

(12) 合同纠纷处理不当,可能导致单位利益、信誉和形象受损。

(二) 合同管理的关键控制措施

(1) 加强对合同订立的管理,明确合同订立的范围和条件。对于影响重大、涉及较高专业技术或法律关系复杂的合同,单位应组织财会、技术、法律等方面的人员参与谈判,必要时可聘请外部专家参与相关工作。谈判过程中的重要事项和参与谈判人员的主要意见,单位应予以记录并妥善保管。

(2) 对合同履行情况实施有效监控。合同履行过程中,出于对方或单位自身原因导致合同可能无法按时履行的,单位应及时采取应对措施。单位应建立合同履行监督审查制度,对合同履行过程中签订补充合同或变更、解除合同等应按有关规定进行审查。财会部门应根据合同履行情况办理价款结算和进行账务处理。对于未按合同条款履约的情况,财会部门应在付款之前向单位有关负责人报告。

(3) 加强合同登记管理。合同归口管理部门应加强合同登记管理,定期对合同进行统计、分类和归档,详细登记合同的订立、履行和变更情况。与单位经济活动相关的合同应同时提交财会部门作为账务处理的依据。

(4) 加强合同信息安全保密工作。未经批准,单位不得以任何形式泄露合同订立与履行过程中涉及的国家秘密、工作秘密或商业秘密。

(5) 加强对合同纠纷的管理。发生合同纠纷时,单位应在规定的时效内与对方协商谈判。合同纠纷协商一致的,双方应签订书面协议;合同纠纷经协商无法解决的,经办人员应向单位有关负责人报告,并根据合同约定选择仲裁或诉讼方式解决。

第三节 行政事业单位公共事务活动风险管理

随着内外公共环境的快速变化和公众风险意识的提升,影响公共部门目标实现的各种不确定性因素显著增加。公共事务活动涉及面广,其风险具有影响力强、系统性发生的特点,是对有关机构公共管理水平和服务能力的挑战,甚至可能影响地区经济发展、社会安全和政府公信力等。鉴于此,国家质量监督检验检疫总局和国家标准化管理委员会于2016年12月联合发布了《公共事务活动风险管理指南》(GB/T 33455—2016),为公共事务活动风险管理及其具体实施提供规范和指导。

行政事业单位作为提供社会公共服务的主体,其公共事务活动风险管理过程包括明确环境信息、风险评估、风险应对、监督和检查、沟通和记录。具体如下。

一、明确环境信息

单位进行公共事务活动风险管理时,首先应采用适当的方法,收集、分析、整理和归纳内外部环境中与风险相关的信息,为后续进一步风险管理提供信息保障。环境信息包括内部环境信息和外部环境信息两部分。

（一）内部环境信息

公共事务活动风险管理在特定目标和管理条件下进行，具体的公共事务活动应服务于单位整体目标的实现，且公共事务活动风险可能会影响单位战略及运营的方方面面。内部环境信息主要包括：本单位、本事务的管理目标及管理现状；公共事务活动及工作描述；与本事务相关的组织结构、管理职责、管理流程、资源配置、成本约束等情况；与本事务相关的标准、规范、指南等及其执行情况；公共事务活动所需的技术、途径、人力等；本单位、本事务的重大合同、协议及其管理情况；本单位、本事务的风险事件历史记录；与公共事务活动风险相关的奖惩机制等。

（二）外部环境信息

外部环境信息是指本单位外部与公共事务活动风险管理相联系的政治、经济、文化、技术、自然环境等相关信息。外部环境信息主要包括：与本单位、本事务相关的法律法规约束；与本单位、本事务相关的监管机制、机构、政策及其执行等情况；可能涉及的利益相关者及其利益诉求、价值观、博弈能力和相互关系等；舆论关注情况及媒体监督机制；潜在的事态发展或升级情形；影响本单位、本事务目标实现的外部关键因素及其历史和变化趋势等。

二、风险评估

（一）风险识别

公共事务活动风险识别是单位在全面掌握相关、最新的内外部环境信息的基础上，运用恰当的技术和方法，对可能影响其目标实现的风险源、风险事件及其原因、影响范围、潜在的后果等进行识别，并最终形成公共事务活动风险清单的过程。

1. 风险识别内容

公共事务活动风险是公共事务活动中，可能给公共利益带来损害的各种不确定性因素的总和。从风险要素来看，公共事务活动风险识别的内容包括风险源、风险事件及其原因、影响范围等。从风险类型来看，公共事务活动风险识别的内容包括识别管理人员引发的风险、管理过程引发的风险和管理对象引发的风险。这些风险往往不是孤立的，各类风险通常相互联系、相互作用。因此，在对风险进行识别时，单位还应关注各风险之间的关联性。

2. 构建风险识别框架

为保证公共事务活动风险识别的全面性、准确性和系统性，单位可以选择不同的角度或不同角度的组合，构建符合自身需求的风险识别框架。单位可以根据法律法规、管理目标、以往发生的案例、利益相关者、外界关注热点、组织机构设置、工作流程以及单位所处环境等进行识别，系统梳理与分析，发现可能存在的风险。

3. 查找公共事务活动风险事件

单位应根据构建的风险识别框架，综合运用一定的技术和方法查找相关风险事件，并尽可能地列举这些事件。公共事务活动风险识别的方法主要有检查表法、案例分析法、问卷调查法、头脑风暴法、标杆分析法、情景分析法、故障树分析法等。这些方法各有其优缺点和适用范围。在实务中，单位应结合公共事务活动的实际情况选择采用某一具体方法或其组合。一般而言，单位选择的风险识别技术和方法，应与其目标、能力及其所处环境相匹配。为提高风险识别的准确性，通常不能简单地采用一种方法，应综合采用多种方法进行风险识别。

4. 形成风险清单

单位应对查找出的公共事务活动风险事件进行归类并进行适当描述,必要时对每个风险设置相应的编号和名称,并将每一风险事件发生的概率、可能产生的后果、可能发生的时间、涉及部门或岗位、责任人员、涉及利益相关者、适用管理依据等信息统一列表,形成风险清单。单位所处内外部环境在不断变化,因此有必要对风险清单定期进行更新和持续升级。

(二) 风险分析

在风险识别的基础上,单位应充分考虑和分析风险事件的诱因、发生的可能性及其后果、不同风险及其风险源的相互关系,并综合考量现有的管理措施及其效率和效果等,对风险进行定性和定量分析,为风险评价和风险应对提供支持。

1. 风险分析的内容

风险分析旨在识别风险事件诱因、估计风险发生概率、预测潜在后果,并确定风险等级。公共事务活动风险分析主要包括以下三部分内容:

(1) 风险可能性分析。通过分析风险源,识别影响风险发生的可能性因素,并估计风险发生的概率。风险可能性分析主要应考虑制度的完善程度与执行力度、利益相关者的综合状况、执行人员素质、所涉及工作的频次、外部环境的影响程度和稳定性、过去发生的类似风险事件的情况以及所处领域的特殊性和规律性等因素。

(2) 后果分析。通过识别风险的影响及其后果,考虑现有的风险承受能力和可接受度,估计风险的后果类型及其严重程度。后果的类型,包括财产类损失和非财产类损失。对于公共事务活动而言,单位不仅应考虑和分析风险事件造成的财产类损失,通常更应关注造成的非财产类损失,例如生命健康损失、政府公信力下降、社会秩序破坏、市场环境恶化等。后果的严重程度,包括财产损失金额的大小、非财产损失的影响范围、法律法规的规定、利益相关者的反应等。在某些情况下,可能需要运用多个指标对后果进行描述。

(3) 社会敏感度分析。通过对利益相关者、风险事件发生的时间和地点等进行敏感度分析,以确定风险的敏感度和防控难度。公共事务活动涉及面广,其风险事件一旦发生则影响深远且系统性强,容易引发连锁反应,具有高度的社会敏感度。因此,单位在对公共事务活动风险进行分析时,除应考虑风险事件对直接利益相关者的影响程度及其风险容忍度外,还应审慎评估可能产生的社会负面影响和连带风险。特别是对公共利益有重大影响的重大决策、重大政策、重大项目、重大活动等,对其进行社会敏感度分析更为必要,且应贯穿于从计划制订到执行反馈的全过程。

2. 风险分析的方法

根据公共事务活动风险分析的目的、可获得的信息数据和资源,风险分析可以是定性、定量或两种方式的组合。一般情况下,首先采用定性分析,从基本面揭示主要风险及其相互关系。在必要时可酌情进行更具体的、定量的风险分析。

对公共事务活动风险事件发生的可能性和后果的分析,可以根据专家意见得出,也可以利用相关历史数据推导确定,还可以利用故障树和事件树等建模方法来预测。与此同时,还应注意分析方法本身的局限性。

(三) 风险评价

公共事务活动风险评价是指将风险分析的结果与风险准则相比较,或在各种风险分析结果之间进行比较,确定公共事务活动风险等级,以便做出风险应对决策。公共事务活动具有公共特性,其风险事件的发生可能危及公共利益,因此公共事务活动风险评价不仅要考虑财务方面,还要考虑合法性、合理性、科学性、可行性、安全性,甚至是习俗、道德层面的要求,其风险评价标准应更加多元化。

公共事务活动风险评价的步骤一般为:首先,在风险分析的基础上,按不同维度(比如,风险事件发生可能性的高低、后果严重程度的大小以及社会敏感度的高低等)对风险进行排序,以明确风险对利益相关者的影响程度;其次,对照公共事务活动风险准则,对风险进行分级;最后,根据管理需要,进一步确定需要重点关注和优先应对的风险。

三、风险应对

单位应根据风险评价的结果,针对风险或风险事件采取相应的应对措施,将风险控制在可承受范围内。公共事务活动风险应对包括选择风险应对策略、评估风险应对现状、制订和实施风险应对计划三个环节。

(一)选择风险应对策略

公共事务活动风险应对策略包括规避风险、预防风险、降低风险、转移风险、接受风险等,各风险应对策略可单独或组合使用。单位在选择风险应对策略时,应考虑:公共事务活动管理部门的法定职责、战略目标、价值观和社会责任;公共事务活动风险管理的目标、资源、偏好和承受度;风险应对策略的实施成本与预期收益;利益相关者的诉求和价值观、对风险的认知和承受度等。

(二)评估风险应对现状

如果单位对某些公共事务活动风险采取了规避、降低或转移等应对策略,则需进一步评估风险应对的现状,了解风险应对存在的不足和缺陷,为制订风险应对计划提供支撑。评估风险应对现状应考虑的主要因素包括:是否明确与风险应对相关的职责权限;资源配置状况,即单位内部的相关机构设置、人员配备、设备条件和经费预算能否满足公共事务活动风险应对需要;过程监控要求,即是否要求对公共事务活动进行定期或不定期的监督和控制、证据资料保留、信息沟通和预警;对相关人员在风险应对工作中的绩效是否设立了奖惩机制;对与风险应对相关的执行者是否有明确的资质、能力要求;是否定期或不定期开展对管理活动的相关检查;相关人员是否具备应有的风险意识。

(三)制订和实施风险应对计划

1. 制定风险应对措施

制定公共事务活动风险应对措施,通常涉及以下几种类型:

(1)资源配置类,指设立或调整与公共事务活动风险应对相关的机构、岗位和人员,补充工作经费等。

(2)法律法规类,指制定或完善与公共事务活动风险应对相关的法律、法规、制度与流程。

(3)标准、规范类,指针对特定风险,编写标准、规范、作业指导书等文件,供相关人员使用。

(4)预案类,指事先制订风险应对计划、财务安排和应急措施,包括所需的硬件设备。

(5)信息类,指针对某些风险事件进行舆论宣传、新闻公关或发布预警信息。

(6)活动类,指开展某些专项活动或成立工作组,研究应对特定风险。

(7)培训类,指对某些关键岗位人员进行相关培训,提高其风险管理技能。

2. 风险应对措施的实施计划

风险应对措施确定之后,单位需进一步制订风险应对措施的实施计划。风险应对措施的实施计划应至少包括：实施风险应对措施的岗位、人员安排，责任分配和奖惩机制；资源需求和配置方案；风险应对措施涉及的具体业务及管理活动；实施风险应对措施的优先次序和条件；报告和监督、检查的要求；实施时间表等。

如果专门的法律法规已对某些公共事务部门或活动的风险应对或突发事件处理进行了规定，则应按照相关要求制订风险应对计划和措施。单位可根据自身需求和资源状况建立重大公共事务活动风险预警制度，根据对内外部环境变化的监控结果，及时发布风险预警信息，并制订相应的应急预案。

在制定风险应对措施后，单位应对其剩余风险进行评估。如果剩余风险不可承受，则应调整或制定新的风险应对措施，并评估新措施的效果，将剩余风险降低至可接受水平。

四、监督和检查

单位应及时监督和检查公共事务活动风险管理流程的运行状况，针对存在的问题及时加以改进，以确保风险应对计划的有效实施。在监督和检查工作中，单位应努力做到：对照风险应对计划检查工作进度与计划偏差；监测、分析风险因素的变化、发展趋势；跟踪了解在不采取新措施的情况下可以接受的风险后果；监督并记录风险应对计划实施后的剩余风险并评估其影响程度；定期评审风险应对计划和应急预案；切实开展公共事务活动风险管理绩效评估；持续关注内外部环境的变化，善于发现新的风险。

单位应真实、公正地记录并及时报告监督和检查的结果，确保公共事务活动风险管理的有效性和持续性。为保障公共事务活动风险管理活动的顺利实施，单位还应重视外部监督机制的作用，鼓励和强化舆论监督、社会监督与外部利益相关者的监督，特别是在涉及复杂的利益关系或对公共利益有重大影响的重大决策时，应主动寻求外部监督，提高利益相关者和社会公众的参与度与满意度。

五、沟通和记录

（一）沟通

在公共事务活动风险管理过程中的每个阶段，单位都应与内外部利益相关者进行有效的沟通和协商，让利益相关者充分了解单位面临的风险及其给利益相关者带来的影响，正确理解风险管理决策的依据，并根据相关信息做出恰当的决策，确保风险管理活动有效执行。

沟通的内容主要包括：单位或活动的内外部环境信息；单位或活动的重大风险情况、重大事项、重大决策及其依据和理由；利益相关者的利益诉求和风险偏好；公共事务活动风险识别、分析和评价的情况；公共事务活动风险应对措施、应对计划的执行和监督情况及预期效果等。

（二）记录

记录是实施和改进风险管理过程的基础。记录具有可追溯性，是信息重复使用的需要、进一步分析风险和调整风险应对措施的要求，也是公共事务活动本身持续提高和改善的需要。建立记录应考虑建立和维护记录所需的成本与工作量，获取信息的方法、读取信息的难易程度和储存媒介等因素。

记录的内容主要包括：与公共事务活动相关的重大事项信息；风险识别、分析和评价的方法及结果；风险的应对措施、应对计划及取得的效果；监督和检查的相关内容；利益相关者之间的信息沟通等。

第四节 行政事业单位内部控制的监督与评价

内部控制的监督与评价是确保内部控制建设不断完善并有效实施的重要环节。行政事业单位内部控制监督与评价包括内部监督、外部监督和自我评价三个层次。

一、内部监督

内部监督是内部控制体系中不可或缺的要素，是确保内部控制有效性的关键。内部监督是单位对其内部控制的建立与实施情况进行监督检查。单位应建立健全内部监督制度，明确各相关部门或岗位在内部监督中的职责权限，规定内部监督的程序和要求，确保内部监督检查工作有效开展。

（一）内部监督机构

内部监督应与内部控制的建立和实施保持相对独立，内部监督机构不能由具体组织内部控制实施和日常管理的部门承担。对于设立了独立内部审计部门或专职内部审计岗位的单位，应指定内部审计部门或岗位作为内部监督的实施主体，同时还应发挥内部纪检、监察部门在内部审计监督中的作用；对于没有内部审计部门或岗位，或内部审计部门出于某些原因无法有效履行内部监督职能的单位，可以成立内部监督联合工作小组履行相应的职能。

内部审计机构或实际履行内部监督职责的有关机构，应根据国家法律法规和单位领导的授权及要求，采取适当的程序和方法，对内部控制的建立与实施情况进行监督检查，形成检查结论并出具书面检查报告。

（二）内部监督的内容和要求

单位应建立健全内部监督制度，负责内部监督的部门或岗位应定期或不定期地检查单位内部管理制度和机制的建立与执行情况，以及内部控制关键岗位及人员的设置情况等。通过日常监督和专项监督，检查内部控制实施过程中存在的突出问题、管理漏洞和薄弱环节，进一步改进和加强内部控制。同时，单位要将内部监督结果与干部考核、追责问责结合起来，并采取适当形式将内部监督结果在内部公开，促进自我监督、自我约束机制的不断完善。

单位应根据自身实际情况确定内部监督的方法、范围和频率，通常不能少于一年一次。

二、外部监督

外部监督主要由财政部门和政府审计部门承担，同时应充分发挥纪检、监察等部门的作用，构建严密的外部监督体系。

（一）财政部门的外部监督

财政部及其派出机构和县级以上地方各级人民政府财政部门应对单位内部控制的建立与实施情况进行监督检查，有针对性地提出检查意见和建议，并督促单位进行整改。

（二）审计部门的外部监督

国家审计署及其派出机构和县级以上地方各级人民政府审计机关对单位进行审计时，应调查了解单位内部控制建立和实施的有效性，揭示内部控制相关缺陷，有针对性地提出审计处理意见和建议，并督促单位进行整改。

三、自我评价

内部控制自我评价是单位自行组织的,对单位内部控制的有效性进行评价,形成评价结论,出具评价报告的过程。

(一) 内部控制自我评价的内容

单位开展内部控制自我评价的内容包括但不限于:

(1) 单位组织架构中的职责分工的健全状况。

(2) 各项内部控制制度及相关措施是否健全、规范,是否与单位内部的组织管理相吻合。

(3) 各项业务工作中的处理与记录程序是否规范、经济,其执行是否有效。

(4) 各项业务工作中的授权、批准、执行、记录、核对、报告等手续是否完备。

(5) 各岗位的职权划分是否符合不相容岗位相互分离的原则,其职权履行是否得到有效控制。

(6) 是否有严格的岗位责任制度和奖惩制度。

(7) 关键控制点是否均有必要的控制措施,其措施是否有效执行。

(8) 内部控制制度在执行中受领导层的影响程度。

(二) 内部控制自我评价的程序

1. 建立内部控制自我评价机构

内部控制自我评价机构应根据单位整体控制目标,制定内部控制自我评价工作方案,明确评价的目的、范围、组织、标准、方法、进度安排和费用预算等内容,报单位负责人审批。

2. 对内部控制的建立和执行情况进行调查

内部控制自我评价工作机构应通过审阅相关的规章制度、现场询问有关人员、实地观察等方法调查了解内部控制的建立和执行情况,并做出初步评价。

3. 对内部控制进行测试

内部控制自我评价范围的确定应遵循风险导向、自上而下的原则,同时确定需要评价的分支机构、重要业务单元、重点业务领域或流程环节。

4. 对内部控制进行评价

单位在内部控制自我评价中,应对内部控制缺陷进行认定和分析,包括设计缺陷和运行缺陷。设计缺陷是指缺少为实现控制目标所必需的控制或现有控制设计不适当、即使正常执行也难以实现控制目标;运行缺陷是指现有控制设计完好但没有按设计意图运行,或者执行者没有获得必要授权或缺乏胜任能力以有效地实施控制。单位对自我评价过程中发现的问题,应从定量和定性等方面进行衡量,判断是否构成内部控制缺陷。

内部控制自我评价要求对单位内部控制的有效性发表意见,包括设计有效性和运行有效性。设计有效性是指为实现控制目标所必需的内部控制程序都存在并且设计恰当,能够为控制目标的实现提供合理保证;运行有效性是指在内部控制设计有效的前提下,内部控制能够按设计的内部控制程序正确地运行,从而为控制目标的实现提供合理保证。

5. 编写内部控制自我评价报告

单位对于自我评价结果应及时编制内部控制自我评价报告,对内部控制的有效性发表意见,指出内部控制存在的缺陷,并提出整改建议。自我评价报告应提交单位负责人,应对拟采取的整改措施做出决定,并督促落实整改。

单位应结合年末控制缺陷的整改结果,编制年度内部控制自我评价报告,报告至少应包括

下列内容:
(1) 内部控制自我评价的目的和责任主体。
(2) 内部控制自我评价的内容和所依据的标准。
(3) 内部控制自我评价的程序和所采用的方法。
(4) 内部控制缺陷的认定情况,造成重大缺陷的原因及相关责任人。
(5) 内部控制缺陷的补救措施及整改建议。
(6) 内部控制是否有效的结论。

第五节 行政事业单位内部控制报告

内部控制报告是指行政事业单位在年度终了,结合本单位实际情况,依据相关规定编制的能够综合反映本单位内部控制建立与实施情况的总结性文件。内部控制报告编报工作按"分级负责、逐级汇总、单向报送"的方式,各地区,各垂直管理部门分级组织实施并以自下而上的方式逐级汇总,非垂直管理部门向同级财政部门报送,各行政事业单位按行政管理关系向上级行政主管部门单向报送。行政事业单位主要负责人对本单位内部控制报告的真实性和完整性负责。

一、内部控制报告编制原则

行政事业单位编制内部控制报告应遵循下列原则:

(1) 全面性原则。内部控制报告应包括行政事业单位内部控制的建立与实施、覆盖单位整体层面和业务层面的各类经济活动,能够综合反映行政事业单位的内部控制建设情况。

(2) 重要性原则。内部控制报告应重点关注行政事业单位重点领域和关键岗位,突出重点、兼顾一般,推动行政事业单位围绕重点开展内部控制建设,着力防范可能产生的重大风险。

(3) 客观性原则。内部控制报告应立足于行政事业单位的实际情况,坚持实事求是,真实、完整地反映行政事业单位内部控制的建立与实施情况。

(4) 规范性原则。行政事业单位应按财政部规定的统一报告格式及具体要求编制内部控制报告,不得自行修改或删减报告及附表格式。

二、内部控制报告的编制与报送

(一) 行政事业单位内部控制报告的编制与报送

年度终了,行政事业单位应根据本单位当年内部控制建设的实际情况及取得的成效,以能够反映内部控制工作基本事实的相关材料为支撑,按财政部发布的统一报告格式编制内部控制报告,经本单位主要负责人审批后对外报送。行政事业单位能够反映内部控制工作基本事实的相关材料一般包括:内部控制领导机构会议纪要、内部控制制度、业务流程图、内部控制检查报告、内部控制培训会等。

各单位应结合本单位内部控制建立与实施的实际情况,明确相关内设机构、管理层级及岗位的职责权限,按规定的方法、程序和要求,有序开展内部控制报告的编制、审核、报送、分析使用等工作。

(二) 部门行政事业单位内部控制报告的编制与报送

各部门应在所属行政事业单位上报的行政事业单位内部控制报告和部门本级内部控制报

告的基础上,汇总形成本部门行政事业单位内部控制报告。各部门汇总的行政事业单位内部控制报告应以所属行政事业单位上报的信息为准,不得虚报、瞒报和随意调整。各部门应在规定的时间内,向同级财政部门报送本部门行政事业单位内部控制报告。

(三)地区行政事业单位内部控制报告的编制与报送

地方各级财政部门应在下级财政部门上报的行政事业单位内部控制报告和本地区部门行政事业单位内部控制报告的基础上,汇总形成本地区行政事业单位内部控制报告。地方各级财政部门汇总的本地区行政事业单位内部控制报告应以本地区部门和下级财政部门上报的信息为准,不得虚报、瞒报和随意调整。地方各级财政部门应在规定的时间内,向上级财政部门逐级报送本地区行政事业单位内部控制报告。

三、内部控制报告的使用

行政事业单位应加强对本单位内部控制报告的使用,通过对内部控制报告中反映的信息进行分析,及时发现内部控制建设工作中存在的问题,进一步健全制度,提高执行力,完善监督措施,确保内部控制有效实施。各地区、各部门应加强对行政事业单位内部控制报告的分析,强化分析结果的反馈和使用,切实规范和改进财务管理,更好地发挥对行政事业单位内部控制建设的促进和监督作用。

四、内部控制报告的监督检查

各级财政部门、各部门应对所报送的内部控制报告内容的真实性、完整性和规范性进行监督检查。中央部门内部控制报告信息质量监督检查工作由财政部组织实施,各地区行政事业单位内部控制报告信息质量监督检查工作由同级财政部门按统一的工作要求分级组织实施,各部门所属行政事业单位内部控制报告信息质量监督检查由本部门组织实施。

行政事业单位应认真、如实编制内部控制报告,不得漏报、瞒报有关内部控制信息,更不得编造虚假的内部控制信息。单位负责人不得授意、指使、强令相关人员提供虚假的内部控制信息,不得对拒绝、抵制编造虚假内部控制信息的人员进行打击报复。

【复习思考题】

1. 行政事业单位整体层面内部控制的要点有哪些?
2. 行政事业单位预算业务的主要风险有哪些?对应的关键控制措施有哪些?
3. 行政事业单位收支业务的主要风险有哪些?对应的关键控制措施有哪些?
4. 行政事业单位政府采购业务的主要风险有哪些?对应的关键控制措施有哪些?
5. 行政事业单位内部控制的监督与评价有哪几个层次?
6. 行政事业单位内部控制报告编制原则有哪些?